Colección Támesis

SERIE B: TEXTOS, 63

EL FERÍ DE BENASTEPAR, O LOS MOROS DE SIERRA BERMEJA

The *Textos* series provides authoritative, annotated editions and translations of key literary and historical texts from medieval to modern Spain, Portugal and Latin America. English-language introductions and commentary provide information on provenance, authorship, textual history, and contexts of production and reception.

Previously published books in the series may be viewed at
https://boydellandbrewer.com/search-results/?series=byd57-textos-b

MIGUEL HUÉ Y CAMACHO

EL FERÍ DE BENASTEPAR, O LOS MOROS DE SIERRA BERMEJA

Edición, introducción y notas de
Javier Muñoz de Morales Galiana y Daniel Muñoz Sempere

TAMESIS

First published 2023
Tamesis, Woodbridge

ISBN 978 1 85566 390 9

Tamesis is an imprint of Boydell & Brewer Ltd
PO Box 9, Woodbridge, Suffolk IP12 3DF, UK
and of Boydell & Brewer Inc.
668 Mt. Hope Avenue, Rochester, NY 14620–2731, USA
website: www.boydellandbrewer.com

A CIP record for this title is available
from the British Library

ÍNDICE

AGRADECIMIENTOS

Este trabajo ha sido posible gracias a la financiación proporcionada por el proyecto 'Idea de España e idea de Andalucía en los siglos XVIII–XIX. De la prensa crítica al artículo de costumbres y aledaños' (PID2019-110208GB-I0), otorgado por el Ministerio de Ciencia e Innovación.

Ronda y los lugares de *El ferí de Benastepar.*

Introducción

El ferí de Benastepar, o los moros de Sierra Bermeja es una novela histórica escrita por el médico jerezano Miguel Hué y Camacho (1803–1841). El texto nunca fue publicado y ha sido desconocido por la crítica hasta que lo hallamos fortuitamente entre los papeles de Serafín Estébanez Calderón en la Biblioteca Nacional de Madrid. Es un manuscrito pulcramente escrito y encuadernado, tal vez una versión previa a su traslado a la imprenta o incluso pensada para su circulación manuscrita. *El ferí de Benastepar* viene así a completar el canon conocido de la novela romántica decimonónica, pero es además un texto que, desde la periferia literaria andaluza, y con un interés marcadamente localista, aborda temas de calado global como el orientalismo romántico, la frontera como geografía imaginada y la memoria histórica de los moriscos.

La novela se encuentra ambientada en la Sierra Bermeja, en las inmediaciones de Ronda, una zona en la cual Hué había ejercido como médico desde 1834. El trasfondo histórico es el de la primera rebelión de los moriscos granadinos en 1499–1501, y en particular aquellos que fueron liderados por el caudillo de la aldea de Benastepar, al que llamaban 'el ferí'. La palabra que encabeza la novela aparece escrita de diversas formas en las fuentes de la obra, a veces como un nombre propio, otras como un sustantivo común: ferí, Fehri, Feri… Se trata de una deformación de 'cherif' o 'gerif', del hispanoárabe šaríf ('noble, descendiente de Mahoma'), que en castellano derivaría a 'jerife'. Como explica Hué en una nota al texto, este término sería utilizado en la época en la cual se ambienta la novela para referirse 'a los caudillos principales de los pueblos', de manera que 'los cristianos de la Sierra de Ronda, por corrupción, les decían ferí o feríes'.[1]

La historia gira en torno a los amores entre Abenamet —el 'ferí' de Benastepar, un caballero musulmán de orígenes nobles— y la dama cristiana Elvira, con las primeras rebeliones de los moriscos de Sierra Bermeja como trasfondo. Se trata de una historia de amor romántico que sigue muy de cerca, desde el mismo nombre del protagonista, algunos de los planteamientos de *Les aventures du dernier Abencérage* (1826) de Chateaubriand, es decir, un amor trágico, imposibilitado por la barrera religiosa, un abismo que separa a los personajes y frente al cual, desde una óptica romántica, la renuncia a la pasión

[1] Véase p. 76, n. 7.

amorosa es tan impensable como la apostasía. Esta historia se desarrolla en paralelo a los acontecimientos históricos que tuvieron lugar en Ronda y sus alrededores tras la conquista del Reino de Granada, el primer levantamiento de los moriscos granadinos —en rigor, antes de las conversiones forzosas de principios del siglo XVI, todavía mudéjares— y las luchas de poder a nivel local que enfrentaron a las autoridades que asumieron el control de la región. La lectura de *El ferí de Benastepar* reviste, por tanto, un interés que va más allá del mero afán erudito por completar nuestro conocimiento del legado literario decimonónico: nos recuerda la importancia de Al-Ándalus y la frontera medieval en unos años capitales para la creación de una identidad nacional moderna, y cómo imaginaron los escritores andaluces el pasado de su propio territorio, una geografía que en la imaginación romántica había aparecido dibujada con rasgos exóticos y orientalizantes.

Autoría de la novela: José Miguel Hué y Camacho, 'el Andaluz' (1803–1841)

La aparición de un manuscrito anónimo entre los papeles de Estébanez Calderón sugería la posibilidad de ampliar el corpus hasta el momento conocido del Solitario con lo que parecía ser una novela de temática morisca, *El ferí de Benastepar*, vinculada probablemente al mismo tema tratado en la novela corta *Cristianos y moriscos* (1838) del propio Estébanez.[2] Sin embargo, el hecho de que el texto en cuestión apareciera sin firma alguna, sumado a la escasa correspondencia en las grafías, nos llevó a plantearnos la atribución a una persona distinta a partir de los escasos datos que el manuscrito ofrecía.

Las alusiones a la tertulia de Ronda,[3] sin embargo, nos ofrecieron indicios que podían restringir la identidad del novelista a un grupo muy reducido de individuos, comprendido por los hermanos Antonio y Francisco de los Ríos Rosas, Manuel Martínez Bueso y Miguel Hué y Camacho.[4] De todos ellos, había al menos dos cuyo perfil biográfico y artístico parecía corresponderse con el del autor que compuso la obra que aquí ofrecemos: tendríamos, por un lado, a Antonio de los Ríos, autor de un poema posterior sobre la misma temática, 'El jerife de Benastepar',[5] mientras que el otro candidato sería Hué y Camacho,

[2] La novela que aquí editamos se corresponde con los manuscritos 2173, 2174 y 2175 de la BNE, procedentes los tres de 'la librería de don Serafín Estébanez Calderón', como figura en la Biblioteca Nacional, *Inventario general de manuscritos. VI (2100–2374)* (Madrid: Ministerio de Educación Nacional), pp. 80–81.

[3] Véase la nota del autor al tomo 2, cap. 27 (p. 184, n. 1).

[4] Juan Pérez de Guzmán y Gallo, 'Historia política y parlamentaria del excelentísimo señor don Antonio de los Ríos Rosas', *Boletín de la Real Academia de la Historia*, No. 63 (1913), pp. 434–447 (p. 444).

[5] Antonio de los Ríos Rosas, *Poesías* (Málaga: Dirección y administración, 1884), pp. 19–60.

cuyo nombre no sería solo 'Miguel' sino 'José Miguel', del cual nos consta que compuso varias narraciones históricas de temática andaluza, las *Leyendas y novelas jerezanas* (1838), estudiadas por Marieta Cantos Casenave.[6]

La biografía de este último escritor, aparecida en *Hombres ilustres de la ciudad de Jerez de la Frontera*, nos confirma que se trata del verdadero autor del texto, en cuanto que refiere numerosas obras escritas por él, muchas de estas inéditas, y entre ellas la que aquí editamos, que cita, aunque de manera un tanto inexacta, como 'El Fehri (sic) de Benastepar'.[7] Pero todo intento por descubrir más datos de este escritor nos lleva a un estado de la cuestión más bien pobre, en cuanto que, por permanecer la mayor parte de su producción inédita, tanto la crítica como la historia de la literatura apenas le han dedicado atención más allá del citado trabajo sobre las *Leyendas*. Sin embargo, el reciente artículo de Amparo Gómez Martín y José López Rompero, publicado en 2019, nos ha permitido adoptar una perspectiva mucho más amplia de todo cuanto llegó a componer, que, en sí, constituye un corpus verdaderamente más amplio que lo que se vio reflejado en las editoriales de entonces.[8]

El conocimiento de múltiples manuscritos cedidos a la Biblioteca Central de Jerez por el tataranieto del escritor, Alfonso Hué García,[9] nos llevó a la consulta de estos y al hallazgo, aparte de numerosos papeles personales, de otras tantas obras literarias, en su mayoría inéditas, que nos facilitan contextualizar con mayor exactitud la obra aquí presentada. En una de las hojas observamos que *El ferí de Benastepar* no es sino la primera de una serie literaria titulada *Las noches de Benaoján*, planteada por el autor de la siguiente manera:

1. *El ferí de Benastepar o los moros de Sierra Bermeja*
2. *El alfaquí*
3. *La tala de Guadalevín*
4. *El castillo de Benadalid*
5. *La venta*

[6] Marieta Cantos Casenave, 'Las Leyendas y novelas jerezanas de José Miguel Hué y Camacho entre la historia, la memoria y la ficción', en González Troyano, A., *Historia, memoria y ficción 1750-1850: IX Encuentro de la Ilustración al Romanticismo* (Cádiz: Servicio de Publicaciones de la Universidad, 1999), pp. 49–60.

[7] Diego Ignacio Parada y Barreto, *Hombres ilustres de la ciudad de Jerez de la Frontera* (Jerez: Imprenta del Guadalete), p. 224.

[8] Amparo Gómez Martín y José López Romero, 'El legado literario y documental del escritor jerezano Miguel Hué y Camacho', *Revista de Historia de Jerez*, No. 22 (2019), pp. 267–280. Existe también una reciente biografía novelada a cargo de Antonio Mariscal Trujillo: *Doctor Hué*, Jerez, Peripecias Libros, 2021.

[9] Amparo Gómez Martín y José López Romero, p. 269.

Conviene aclarar que en el cuarto elemento de esta lista parecía figurar, originalmente, *El hombre de Tempul*, título que aparece tachado y sustituido por el que ahí vemos, *El castillo de Benadalid.*[10] Un cuento breve nombrado de la misma manera apareció en 1839 publicado en dos partes en el periódico *El Guadalhorce*, y firmado por 'el Andaluz'.[11] El cotejo entre ese impreso y un manuscrito del texto encontrado entre los papeles de la Biblioteca Central de Jerez[12] nos permite determinar que, en efecto, se trata del mismo escrito, que sería el único de *Las noches de Benaoján* que, hasta donde sabemos, llegó a verse publicado, si bien con un seudónimo, 'el Andaluz', que probablemente el autor llegase a utilizar en más ocasiones.

Una lectura de ese texto, sumada a la del que aquí editamos, nos lleva a determinar que la vinculación de estas obras no es tanto argumental, como podría inferirse de la ordenación, sino temática. 'El castillo de Benadalid' transcurre en la misma época que *El ferí* y en la misma zona geográfica, al tiempo que también trata sobre la inadaptación y rebeldía de los moriscos supervivientes. El protagonista de nuestra novela, el ferí de Benastepar, es mencionado superficialmente en un poema cantado por un juglar presuntamente converso: 'Amor a las bellas, honor al guerrero / la guerra se gana corriendo a la lid, / así la ganaron los héroes famosos, / así la ganara el ilustre ferí', versos que provocan indignación en el señor del castillo, Manrique de Lara, quien replica bramando '¿Cómo? ¿El ferí de Benastepar? ¡Perro maldito…! ¿Sabes lo que has dicho? (…) ¿Celebrar en mis barbas a ese moro que estará ardiendo en los profundos infiernos y que mató en las sierras de Casares a mi pariente don Alonso de Aguilar?'.[13]

La alusión a la derrota de Alonso de Aguilar y a la posterior muerte del ferí, ambos sucesos reflejados en esta novela, nos lleva a suponer 'El castillo de Benadalid' como una narración transcurrida poco después de los sucesos de *El ferí* y vagamente conectada con esa otra. La alusión al otro protagonista mediante un poema proviene del que resulta ser otro morisco insurgente disfrazado de juglar, 'el Mejuar', que, según él mismo se jacta, 'asaltó castillos, destruyó pueblos enteros y aborreció de muerte a los cristianos',[14] y en todo ello, según sus propias alabanzas, parece haber tenido como referente al ferí.

No prosigue, en cualquier caso, la historia de los personajes de *El ferí de Benastepar*, sino de otros vagamente conectados, de modo que ambos textos se prestan a ser leídos de manera independiente. Así se publicó, de hecho, el

[10] Esta lista puede encontrarse en el legajo de papeles pertenecientes a Hué que tiene por signatura M/236.

[11] El Andaluz, 'El castillo de Benadalid. Leyenda rondeña', *El Guadalhorce. Periódico semanal de literatura y artes*, Nos. 23 y 24 (1839), pp. 177–179 y 185–187.

[12] M/216.

[13] El Andaluz, p. 177.

[14] El Andaluz, pp. 178–179.

texto de *El Guadalhorce*, que no se anunció como parte de ninguna serie, sino tan solo como 'Leyenda rondeña'. Pero los lectores más fieles, de haberse logrado la publicación de la serie completa, habrían podido acceder a una visión más amplia del universo novelesco que Hué y Camacho desarrolla en *Las noches de Benaoján*, caracterizadas por presentar la sociedad posterior a la caída de Al-Ándalus con especial énfasis en la inadaptación de los moriscos.

Como sea, más allá de estas conexiones no está claro cuál es exactamente la intertextualidad que pretendía el autor, si bien nos consta, gracias a la citada lista, que estos cinco textos fueron concebidos no por separado, sino como proyecto, y que probablemente hubiera querido ofrecerlos al público como colección. El título de *Las noches de Benaoján* puede deberse al tiempo que estuvo en esa localidad trabajando como médico desde 1834,[15] en alusión a que las pudo haber compuesto en esa época, si bien el hecho de que haya podido excluir una del proyecto inicial y sustituirla por otra podría sugerir una idea mucho más acotada y definida.[16]

El estudio de esta cuestión, en cualquier caso, entrañaría incógnitas y limitaciones en cuanto que, de las cinco obras, cuatro permanecieron inéditas; además, hay una de ellas, *La tala de Guadalevín*, tercera de la serie, de la que no parece haberse conservado manuscrito alguno; resulta probable, incluso, que ni siquiera llegara a escribirla, y que no la hubiera listado más que como parte de un proyecto inacabado, si bien Parada y Barreto deja constancia de ella como una inédita 'novela en un tomo'.[17] Lo cierto es que, entre los manuscritos cedidos por su heredero, Alfonso Hué García, no figura ninguno correspondiente a esa obra, pero sí los del resto de las *Noches*.

15 Diego Ignacio Parada y Barreto, p. 227.

16 Llama la atención, no obstante, que esta no sea la única colección literaria de la que *El hombre de Tempul* queda excluida. En el prólogo a sus *Leyendas*, comenta que 'si hay quien derrame una sola lágrima al leer las desgracias del hombre de Tempul, recompensado seré copiosamente de mis desvelos y trabajo', José Miguel Hué y Camacho, *Leyendas y novelas jerezanas* (Ronda: Imprenta de D. J. Pérez de Guzmán, 1838), p. XIII; sin embargo, al final de la obra encontramos una 'Advertencia' en la que comenta que 'por circunstancias particulares inevitables no ha sido posible incluir en esta colección la novela de *El hombre de Tempul*, de que se habla en el prólogo, y se sustituyó en su lugar por la de *Los gitanos*', José Miguel Hué y Camacho, p. 324. Desconocemos cuáles pudieron ser esas 'circunstancias inevitables', ni si fueron las mismas que lo condicionaron a sustituirla por 'El castillo de Benadalid' en *Las noches de Benaoján*. De estas últimas quizá pudo haberla extraído por planear incorporarla más adelante a las *Leyendas y novelas*, pero esto haría aún más desconcertante su escisión de esa otra colección, si bien pudo haberse debido a cuestiones relativas a la extensión que la imprenta pretendiera darle al correspondiente tomo. Lo cierto es que *El hombre de Tempul* bien podría haber compartido el carácter polémico de *El ferí de Benastepar*, lo que también habría motivado su correspondiente silencio.

17 Diego Ignacio Parada y Barreto, p. 228.

Sabemos, por ello, que se trataba de una colección de textos de extensión variable. De todos estos, *El ferí de Benastepar* es la obra más larga de todas, hasta el punto de que el manuscrito de la Biblioteca Central de Jerez está incompleto.[18] *El alfaquí. Novela histórica*, segundo título de la serie, es, en cambio, un texto mucho más breve, de noventa y seis páginas manuscritas en un solo cuaderno, pero cuya extensión alcanza los límites mínimos como para poder ser calificada de novela y no de cuento; a ello se le suma que aparece dividida en capítulos y subtitulada 'novela histórica', lo que implica unas claras connotaciones intencionales. Caso distinto es el de 'El castillo de Benadalid', texto breve publicado, como dijimos, solo en dos partes, que desarrolla una acción muy sencilla y concentrada, sin apenas detalles; lo mismo, a juzgar por la extensión, podríamos afirmar de 'La venta', ya que los respectivos manuscritos de ambas obras alcanzan poco más de veinte páginas.[19]

Las noches de Benaoján, por tanto, son un conjunto de cinco narraciones de extensión variable y temática similar, que comprenden dos novelas —*El ferí de Benastepar* y *El alfaquí*—, dos cuentos —'El castillo de Benadalid' y 'La venta'— y un texto del que no podemos asegurar su existencia, *La tala de Guadalevín*.

Las noches de Benaoján constituyen tan solo una pequeña parte de los textos legados a la Biblioteca Central de Jerez. Encontramos, además, un manuscrito con comedias[20] y otro con *El hombre de Tempul*,[21] la novela que en un principio iba a sustituir a 'El castillo de Benadalid' dentro de esa colección y a 'Los gitanos' en las *Leyendas y novelas*. A su vez, ese mismo fondo incluye también otra serie literaria muy similar, que también comprende narraciones de extensión variable, y que en ese caso sí parece estar completa. Se trata de las *Crónicas sevillanas*, que constarían, tal como están numeradas, de las siguientes obras:[22]

1. *Alejo y Guiomar*
2. *Los bandos de Sevilla*
3. *El conde de Niebla*
4. *Los negros*
5. *La peste de Sevilla*

[18] M/221. El texto contenido en esos cinco cuadernos, aparte de estar repleto de tachaduras y correcciones, salta del capítulo 20, 'La feria de Ronda', al 40, 'Libertad y tristeza'. Es muy probable que se haya perdido algún cuaderno intermedio.

[19] *El alfaquí*, 'El castillo de Benadalid' y 'La venta' están contenidos en el mismo manuscrito, M/216 de la Biblioteca Central de Jerez.

[20] M/215. Para un análisis de estas obras teatrales, véase Amparo Gómez Martín y José López Romero, pp. 271–278.

[21] M/214.

[22] La primera de estas obras está contenida en el M/218 de la Biblioteca Central de Jerez; la segunda, en el M/219, mientras que las tres restantes están recopiladas en el M/220.

A todos estos títulos deberíamos añadirles también la que parece ser la única novela extensa e independiente que Hué publicó en vida: *La hija de Abenabó*, cuyas circunstancias de publicación no están del todo claras. Sobre esta, Parada y Barreto comenta que fue una 'novela interesante publicada en Jerez en la colección del *Jerezano*, periódico que se publicaba en su época'.[23] La Biblioteca Pública de Cádiz es la única que, según nos consta, alberga números del que parece ser ese periódico, cuyo título completo es *El jerezano: periódico científico-literario y avisador*; no obstante, tan solo tiene un número suelto, el 513, perteneciente al año 1841, en el que el escritor falleció, así como otros tantos correspondientes al 1847.[24]

Podría parecer, por ello, que se trata de una novela perdida, pero la Biblioteca Pública de Huelva tiene un ejemplar de una obra con el mismo título, publicada en Cádiz, Imprenta de Lázaro Estruch, y de manera presuntamente póstuma, en 1842, aunque en la portada no figura que es de Hué y Camacho, sino del 'autor de las *Leyendas jerezanas*', y en el catálogo aparece atribuida a José Arias Bela.[25] A este otro nombre se le habían adjudicado, precisamente, las *Leyendas*, pero López Romero ya desmintió esto y verificó que pertenecían a nuestro autor, quien también lo sería de *La hija de Abenabó*.[26] Esta última obra llegó a merecer los elogios de Alberto Lista, quien ya había valorado muy positivamente sus *Leyendas y novelas*,[27] y considera que esa otra narración tiene 'mérito', 'verosimilitud', que en ella 'están igualmente respetadas la moral y la lengua castellana, cosa muy poco común el día y menos en esta clase de obras', y que 'nuestro idioma ganará en su publicación tener una obra bien escrita, y que proporcionará a sus lectores un entretenimiento útil'.[28]

Por tener la singularidad de haber sido impresa y leída por sus contemporáneos, *La hija de Abenabó* también merecería un estudio aparte y de quizá mayor relevancia. En cualquier caso, visto y demostrado lo prolífico de Hué como novelista, que solo viera la luz ese título no hizo en modo alguno justicia, en su tiempo, a sus capacidades reales, si bien esa sola obra pudo ser considerada por Lista como superior a otras similares que se publicaban. Y es que el autor de *El ferí de Benastepar* bien pudo haber sido, en lo artístico, uno de los novelistas más brillantes del Romanticismo español, pero sus nulas fortunas, vital y literaria, lo condenaron al desconocimiento en sus días y al olvido en la posteridad. A su carácter enfermizo y depresivo se le sumó la ruina

23 Diego Ignacio Parada y Barreto, p. 228.

24 La signatura de esta colección de periódicos en la Biblioteca Pública de Cádiz es PA-PP-21.

25 La signatura del correspondiente ejemplar es H-R 821 ARI hij.

26 José López Romero, 'Breves aportaciones a un catálogo de novelas y novelistas españoles del siglo XIX', *Trivium*, No. 10 (1998), pp. 239–247 (pp. 245–246).

27 Una copia de la reseña de Lista sobre las *Leyendas y novelas jerezanas* puede localizarse entre el legajo de la Biblioteca Central de Jerez con signatura M/216.

28 Alberto Lista, 'Carta', *El nuevo avisador*, No. 101 (1843), p. 2.

económica a la que su profesión de médico local, insuficiente para conseguir el sustento vital necesario, lo condenaba, sin que su incursión en el terreno de la agricultura pudiera evitarle una temprana y prematura muerte.[29] En esta misma novela podemos ver, de hecho, cómo en algunos capítulos introduce reflexiones llenas de escepticismo sobre los rumbos que la medicina tomaba, en tanto que se lamentaba de que supersticiones diversas hubiesen parasitado su disciplina y defenestrado a quienes, como él, aún querían abordarla desde un rigor científico.[30]

En ese contexto, la creación literaria fue para él un foco de esperanza que pudo llevarlo a mantener la ilusión por encontrar una segunda vía por la que obtener sustento. Prueba de ello es la carta a su tío en la que deja constancia de su intención de publicar al menos parte de las muchas obras que para entonces había compuesto.[31] Sin embargo, Hué encontró una muerte temprana y precipitada sin ver cumplidas sus ambiciones, dejando tras de sí tan solo un legajo de papeles que sus herederos han podido preservar y mantener de generación en generación hasta llegar a nuestros días.

En *El ferí de Benastepar*, sin embargo, tal vez hubiera depositado gran parte de su confianza, como queda demostrado en la limpieza y el pulimiento del manuscrito que hemos utilizado, cuya encuadernación, además, refleja que tal vez pudo haber estado destinado ya no solo a la imprenta, sino a la lectura directa por parte de sus allegados. Pero que esa transcripción en concreto apareciera entre los papeles de Estébanez Calderón nos permite intuir que quizá hubiera remitido una copia al Solitario con el fin de obtener por parte de un escritor consagrado alguna clase de valoración o espaldarazo que diera impulso a su carrera literaria, tal como hizo Lista, aunque sin repercusión relevante, con respecto a *La hija de Abenabó*.

El fracaso en estas tentativas de buscar apoyo en otros escritores refleja que, si Hué no obtuvo demasiado reconocimiento, al menos trató de llevar a cabo cuanto estaba en su mano por ello, lo que parece contradecirse con el hecho de que el manuscrito de *El ferí* apareciera anónimo. Si asumimos que esto se debió a la fuerte carga antiinquisitorial que, como veremos, contiene la novela, y que esta pudo haber sido compuesta antes de la abolición del Santo Oficio en 1834, podremos atender a otra posibilidad, esto es, que la novela que aquí estudiamos no estuviera nunca destinada a la imprenta, sino a la circulación manuscrita, única vía por la que difundir esta clase de textos mientras las élites represoras cohibían la libertad de imprenta.

Estamos, por tanto, ante un caso de marginación artística y social; de censura, indiferencia, silencio y olvido, reflejo de cómo el rumbo de la literatura de entonces pudo ser forzosamente redirigido en una dirección. Que

29 Diego Ignacio Parada y Barreto, p. 227.

30 pp. 133–134.

31 Está en el legajo de la Biblioteca Central de Jerez con referencia M/236.

esto hubiera podido acontecerle a un novelista es prueba de que situaciones similares podrían haberse dado de manera recurrente, lo que ampliaría la visión que hasta el momento tenemos del Romanticismo español.

Fuentes de la novela: el orientalismo romántico y la segunda vida de la novela morisca

En la advertencia inicial al manuscrito de *El ferí de Benastepar*, Hué declara estar movido por el interés de explorar la historia y la geografía de su entorno:

> Conocedor de todos los pueblos, cavernas, subterráneos y demás sitios pintorescos de que abunda la Serranía de Ronda, y que hasta ahora no han sido descritos por nadie, he creído oportuno escribir una novela donde estén enlazados con la sublevación primera de los moros efectuada en 1500, los usos y costumbres de aquella época, y los magníficos cuadros de la naturaleza (p. 37).

Nos encontramos por tanto ante un punto de partida que reivindica lo local como materia de inspiración, la temática y la ubicación andaluza como tema propicio para una novela histórica afín a las modernas corrientes del Romanticismo coetáneo. Tanto *El ferí de Benastepar* como la serie de novelas en la que ésta se incluiría —*Las noches de Benaoján*— responden así a un interés literario marcado por vivencias, recuerdos y estudios volcados hacia un universo local determinado, al igual que el resto de la obra en prosa de Hué, centrada en el pasado legendario de Jerez y Sevilla. Esta mirada localista no debe distraernos del contexto amplio en el cual se enmarca esta recreación del pasado andaluz: la del orientalismo romántico y la fortuna del tema morisco en la literatura. *El ferí de Benastepar* debe ser entendido como otra muestra del auge de la temática andalusí en la literatura europea, parte fundamental del entusiasmo por España suscitado en amplios sectores del Romanticismo europeo y manifestación local de la interpretación romántica del legado de Al-Ándalus y el tema granadino.

La memoria histórica de Andalucía como frontera está presente en otros escritores andaluces contemporáneos que publicaron obras de temática orientalista, precedidas a menudo de declaraciones y advertencias acerca de su propia raigambre en la tierra cuyas historias pretendían reelaborar como materia literaria. El depositario del manuscrito de *El ferí*, el malagueño Estébanez Calderon, fue un importante arabista español pionero del orientalismo romántico, experto en textos aljamiados y catedrático de árabe en el Ateneo de Madrid desde 1837.[32] Su novela *Cristianos y moriscos* (1838), sobre

[32] Antonio Cánovas del Castillo, *'El Solitario' y su tiempo. Biografía de D. Serafín Estébanez Calderón y crítica de sus obras*, 2 vols. (Madrid: Imprenta de A. Pérez Dubrull, 1883), I, 305.

la que volveremos, va precedida de una dedicatoria a Luis de Usoz en la cual presenta su relato como 'fantasías nacidas en un suelo de azahares, en un país de ilusiones y recuerdos, retratando las desventuras de una nación desgraciada, los infortunios de altos personajes traídos a menos, a la muerte, y al vilipendio por el desdén y la crueldad de la mala suerte', invitando al lector a distinguir 'la realidad de la ficción, lo que son memorias lejanas de lo que son ecos de sensaciones más inmediatas, de impresiones acaso palpitantes todavía'.[33] Esta idea, la de un acercamiento al legado musulmán de Andalucía desde una perspectiva que imbrica la lejana memoria histórica —el pasado fronterizo de la Iberia medieval— con impresiones recientes, autobiográficas, aparece en otras obras del orientalismo romántico a cargo de escritores andaluces, sobre todo en aquellas compuestas desde el exilio, tales como el *Aben Humeya* (1830) del granadino exiliado en París Martínez de la Rosa o 'The Alcázar of Seville' (1825) del sevillano afincado en Inglaterra José María Blanco White. Ambos autores, desde sus respectivos exilios, entrelazan la ficción histórica de tema morisco con recuerdos personales imbuidos de nostalgia y ligados a parajes que evocan el pasado andalusí,[34] combinando así las 'memorias lejanas' de la historia medieval con las 'sensaciones más inmediatas' de su propio recuerdo. Para ciertos escritores románticos provenientes de la región —pensemos también, por poner otro ejemplo, en algunos de los *Romances históricos* (1841) del Duque de Rivas—, Andalucía se presenta como un tema cargado de connotaciones y reminiscencias personales, que aparecen a menudo confundidas en una reelaboración historicista que funde pasado y presente.

Escritores andaluces como Hué se aproximan a la memoria histórica de los moriscos en una época en la cual la temática había tenido una cierta vigencia en las letras europeas. En el terreno de la novela, existen dos hitos claros que enmarcan el auge de la literatura de tema granadino: por un lado, Chateaubriand

33 Serafín Estébanez Calderón, *Obras. Novelas, cuentos y artículos* (Sucesores de Rivadeneyra, 1893), pp. 6–7. Sala Valldaura cita, en su estudio de *Cristianos y moriscos*, una carta de Estébanez en la cual el escritor malagueño reitera el aspecto autobiográfico de su interés por la temática morisca: 'Recuerdo con placer las consejas históricas que así en invierno como en verano, así en las madrugadas como en la caída de la tarde, me contaban y yo oía con curiosa avidez de los alpujarreños y gentes de camino, por esos mismos sitios en que una madrugada me relató cierto caminante el descubrimiento que se hizo, en una recóndita cueva, de armas, vestidos, almalafas, capellares y albornoces, sin duda reliquias de algunos moriscos alzados…, entonces todo esto era poesía para mí', 'La novela histórica (y fantástica) *Cristianos y moriscos*, de Estébanez Calderón', *Revista Hispánica Moderna* Año 43, No. 2 (Dec., 1990), pp. 147–159, 150.

34 Daniel Muñoz Sempere, 'The Return to Al-Andalus in Blanco White´s 'The Alcazar of Seville'', en Scott, R.; Vakil, A; Weiss; J., *Al-Andalus in Motion: Travelling Concepts and Cross-Cultural Contexts*, King's College London Medieval Studies, 28 (London: Centre for Late Antique & Medieval Studies, King's College London, 2021).

con *Les Aventures du dernier Abencérage* (compuesta en 1806, publicada por vez primera en 1826) creó una narración que reunía de forma concisa no solo las ya conocidas vicisitudes del clan de los nobles Abencerrajes, sino también el tema del amor imposible entre el caballero musulmán y la dama cristiana. Por otro lado, Washington Irving, en su *Chronicle of the Conquest of Granada* (1829) y, sobre todo, en *Tales of the Alhambra* (1832), crearía el conjunto de relatos que de forma más duradera moldearían la imagen literaria del reino nazarí y la de Andalucía como región limítrofe entre los universos cristianos y musulmán. Otros autores europeos bucearon en el tema morisco como uno de los capítulos más interesantes de la historia medieval y moderna de España: Samuel Taylor Coleridge en *Osorio* (1797, refundida posteriormente como *Remorse* en 1813), el exiliado Telésforo de Trueba en *Gómez Arias; or, the Moors of the Alpujarras* (1828), así como en varios episodios de su *Romance of History: Spain* (1830), o Felicia Hemans en *The Abencerraje* (1819). La historia de los últimos musulmanes españoles, desde la caída del Reino de Granada al posterior exilio y conflictiva integración de los moriscos granadinos, presentaba una fuente inagotable de material para el orientalismo romántico.[35] Esta fijación por el legado andalusí determinaría los rasgos de la literatura y el pensamiento sobre España en la interpretación de escritores, artistas y eruditos románticos. El carácter caballeresco, medievalizante, del país podía explicarse ahora por ese elemento de mestizaje cultural, por su carácter fronterizo.[36]

Este orientalismo romántico revitaliza el Romancero y los temas de la llamada novela morisca, así como la reconstrucción histórica de los episodios que rodearon la caída del Reino de Granada. Con el término 'novela morisca', María Soledad Carrasco-Urgoiti designó hace tiempo el tipo de relato ficcional que incluiría tanto *El Abencerraje* (1565) como los dos tomos de las *Guerras civiles de granada* de Pérez de Hita (1596 y 1619) y cuentos insertos en obras de mayor extensión como el *Guzmán de Alfarache* (1599, 1604). Estas obras evocan las luchas entre cristianos y musulmanes que tuvieron lugar alrededor de la conquista castellana de Granada en 1492, tanto las escaramuzas y guerras en la frontera entre ambos reinos como las revueltas moriscas que se sucedieron una vez sucumbido el reino nazarí. Fue este un tipo de relato que pintaba las luchas fronterizas de forma estilizada, caballeresca, con énfasis en la integración de los conversos a la religión del contrario, o la lealtad y el acatamiento del código caballeresco entre oponentes.[37]

35 Diego Saglia, *Poetic Castles in Spain. British Romanticism and Figurations of Iberia* (Amsterdam: Rodolpi, 2000), pp. 254–269.

36 Xavier Andreu Miralles, *El descubrimiento de España: Mito romántico e identidad nacional* (Madrid: Taurus, 2016), pp 81–85.

37 María Soledad Carrasco Urgoiti, *The Moorish Novel* (Boston: Twayne, 1976), pp. 41–52.

El Abencerraje tal vez sea la más conocida: la novela narra el encuentro entre dos caballeros, el cristiano Rodrigo de Narváez y el musulmán Abindarráez, en las inmediaciones del pueblo fronterizo de Álora. Tras derrotar a los peones de Narváez, Abindarráez se enfrenta en duelo singular con el caballero cristiano, que resulta vencedor y le toma como prisionero. Abindarráez se revela a su captor como uno de los últimos Abencerrajes de Granada, caídos ya en desgracia. Relata también el caballero moro los motivos que le habían puesto camino a la villa de Coín: el matrimonio con su enamorada Jarifa, con quien se había propuesto entablar una boda secreta ante la oposición del padre de la prometida. Movido por la admiración hacia su noble enemigo, Narváez le otorga un permiso de tres días para visitar a su amada, con la condición de que a su término vuelva a su prisión. Al expirar el plazo, Abdindarráez, fiel a su palabra, regresa a Álora junto a Jarifa —que prefiere compartir su prisión que abandonarle—, tras lo cual el alcaide cristiano intercede en favor de los enamorados frente al padre de Jarifa y acaba por otorgar la libertad a Abindarráez sin pedir recompensa a cambio. Esta celebración de virtudes caballerescas, herederas de la cosmovisión de los romances fronterizos, tendrá, a juicio de Carrasco-Urgoiti, continuidad en obras que incluyen episodios de solidaridad o reconocimiento entre campos opuestos, reiterando el mensaje del *Abencerraje*: que la excelencia moral libera a los contendientes para superar las barreras que los dividen.[38] El otro gran hito de la novela morisca sería la *Historia de los bandos de los Zegríes y Abencerrajes* (1595), de Ginés Pérez de Hita, que también se recrea en la descripción del espíritu caballeresco que floreció a ambos lados de la frontera.

El primer volumen de Pérez de Hita (1595), en particular, sería la obra que abriera la imaginación del continente europeo al colorido mundo del ocaso de la dinastía nazarí. Pérez de Hita narra las últimas décadas del reino nazarí de Granada, desde la Batalla de los Alporchones (1452) hasta la conquista del reino por los Reyes Católicos. La creciente animosidad entre las familias granadinas de los Zegríes y los Abencerrajes es el hilo conductor en torno al cual vienen engarzadas historias de amores caballerescos y duelos entre cristianos y musulmanes. Las reimpresiones y traducciones de la obra —vehículo, a su vez, de algunos de los romances fronterizos más famosos— crearían una auténtica moda 'alhambrista' que popularizaría algunos de los motivos literarios más duraderos sobre Al-Ándalus: la matanza de los Abencerrajes, el último suspiro del moro o las luchas entre moros y cristianos en la Vega de Granada.[39]

38 Carrasco Urgoiti, *The Moorish Novel*, p. 72.

39 Soledad Carrasco Urgoiti, *El moro de Granada en la literatura: del siglo XV al XIX* (Madrid, Revista de Occidente, 1956; ed. facsímil Granada: Archivum, 1989), pp. 225–281; Diego Saglia, 'Entre Albión y el Oriente: orientalismo romántico y construcción de la identidad nacional en el exilio londinense', en José María Ferí

Si bien *El ferí de Benastepar* se enmarca en la moda alhambrista cuyo epicentro es la obra de Pérez de Hita y su fama europea entre los siglos XVIII y XIX, sus fuentes inmediatas son otras. El ferí de Benastepar es un personaje a caballo entre la historia y la leyenda que aparece en diversas fuentes rodeado de una cierta confusión que afecta a la misma ortografía del nombre 'ferí' y que es, como hemos explicado, un fósil léxico hispanoárabe. Su debatible existencia viene referida en algunas crónicas, ligada siempre a la muerte de Alonso Fernández de Córdoba —'Alonso de Aguilar'—, hermano del famoso Gonzalo Fernández de Córdoba. Alonso de Aguilar habría fallecido en Sierra Bermeja cuando capitaneaba una expedición enviada por los Reyes Católicos para sofocar el levantamiento de los mudéjares granadinos. En diciembre de 1499 se habían sublevado los habitantes del Albaicín en Granada, como respuesta a la política de conversiones emprendida por el cardenal Cisneros. Si bien dicha revuelta se extinguió al poco tiempo, el espíritu de rebelión se extendió a otros focos: las Alpujarras, Almería y, entre enero y mayo de 1501, la serranía de Ronda.[40] Esta última campaña, que sirve de trasfondo a *El ferí de Benastepar*, sería famosa por haber requerido la intervención personal del rey Fernando tras una desastrosa derrota de las tropas castellanas, en la cual falleció Alonso de Aguilar —según algunas fuentes, a manos del propio ferí.

Con respecto a este episodio, la mayoría de las fuentes dan por buena la versión de Jerónimo de Zurita, según el cual los moros sublevados en Sierra Bermeja estarían acaudillados por 'un muy valiente moro, que llamaban el ferí de Benastepar', que vencería al de Aguilar, causando estragos en sus tropas y poniendo 'en gran rebato, y turbación toda la tierra, por se haber perdido tan desastradamente un señor tan principal, y tan ilustre, como era don Alonso señor de la casa de Aguilar: que fue muy estimado por su persona entre los mayores, y más señalados, que hubo en aquellos tiempos'.[41] Una versión parecida ofrecen Luis de Mármol en su historia de la rebelión de los moriscos,[42] así como Juan de Mariana en *Historia general de España* (1601, 1605). Este último señala la muerte de Alonso de Aguilar como fruto de un combate singular con el ferí y nos ofrece más rasgos sobre su personalidad como líder de los moriscos sublevados: entona, en medio del combate,

Coll, Enrique Rubio remades, *La península romántica: el Romanticismo europeo y las letras españolas del XIX*, [Palma de Mallorca]: Genueve, 2014, pp.73–91; Alicante: Biblioteca Virtual Miguel de Cervantes, 2018.

40 Antonio Domínguez Ortiz, Bernard Vincent, *Historia de los moriscos. Vida y tragedia de una minoría (*Madrid: Alianza Editoria, 2003), p. 19.

41 Jerónimo de Zurita, *Historia del rey Don Hernando el Católico. De las empresas, y ligas de Italia* (Zaragoza: Imprenta de Domingo de Portonaris y Ursino, 1580) I, f. 203.

42 *Historia del rebelión y castigo de los moriscos del Reyno de Granada* (Málaga: Juan René, 1600), f. 31

una arenga a sus tropas mediante la cual les infunde el valor necesario para acometer a los cristianos.[43]

La fuente que más extensamente trata la muerte de Aguilar, y la que sirve de inspiración directa y referencia textual para la novela de Hué, es, sin embargo, un fragmento de Diego Hurtado de Mendoza. En *Guerra de Granada* (1627), Hurtado de Mendoza relata cómo las huestes del Duque de Arcos, en su campaña contra los moriscos de las Alpujarras en 1568, atraviesan el paraje donde Alonso de Aguilar había sido derrotado años atrás. Se trata de un fragmento que, como otros de *Guerra de Granada*, está modelado en los *Anales* de Tácito, en particular en el paso del general Germánico por el bosque de Teutoburgo, donde años antes habían perecido las legiones de Varro.[44] Al igual que en Tácito, el campo de batalla en la frontera entre Roma y las tribus bárbaras, con sus osamentas y despojos, es un trágico recordatorio de una dolorosa derrota que fijó momentáneamente los límites de la expansión imperial, un flashback a un momento de ignominia que perdura en el presente:

> En el entretanto que la gente se juntaba, le vino voluntad [al duque de Arcos] de ver y reconocer el fuerte de Calaui en Sierra Bermeja, que los moros llamaban Gebalhamar, a donde en tiempos pasados se perdieron don Alonso de Aguilar y el conde de Ureña; don Alonso, señalado capitán y ambos grandes príncipes entre los andaluces; el de Ureña abuelo suyo de parte de su padre; y don Alonso bisabuelo de su mujer. Salió de Casares descubriendo y asegurando los pasos de la montaña; provisión necesaria

[43] 'Acaudillaba los demás un moro muy valiente y diestro, que llamaban el Ferí de Benastepar. Este moro recogió los que huían, y visto el mal orden de los cristianos, habló a los suyos en esta sustancia: 'Amigos y soldados, ¿dónde vais? ¿Dónde dejáis vuestras haciendas, mujeres y hijos? Si no os valen vuestras manos, ¿quién os podrá remediar? ¿Dónde iréis que no os alcancen? Locura es poner la esperanza en los pies los que tienen espadas en sus manos: a los valientes todo es fácil; los cobardes de todo se espantan. Mirad el desorden de vuestros contrarios (acaso un barril de pólvora de los nuestros se encendió que dio lugar a que se viese lo que pasaba) cerraos pues y herid en los que están derramados y cargados de vuestras haciendas. Yo iré delante de todos y os abriré el camino: si en mí no vieredes obras, nunca mas creáis mis palabras'. Animados con esto los moros vuelven a la pelea y cierran con los cristianos. El caudillo acometió á don Alonso que solo con pocos todavía peleaba: tenia las corazas desenlazadas, así el moro le hirió por los pechos malamente. Acudieron otros y cargaron sobre él tantos golpes que apenas después pudieron reconocer el cuerpo muerto que quedó en poder de los moros: con el fueron muertos más de doscientos hombres…' (*Obras del Padre Juan de Mariana*, tomo segundo. Edición de Francisco Pi y Margall (Madrid: Rivadeneyra, 1854), p. 271.

[44] A. Morel-Fatio, 'Quelques remarques sur la Guerre de Grenade de D. Diego Hurtado de Mendoza', *Annuaires de l'École pratique des hautes études*, 1914, 5–50; Charles Davis en 'Tacitean elements in Diego Hurtado de Mendoza´s Guerra de Granada', *Dispositio*, vol. X, 27, 1985, pp. 85–96.

> por la poca seguridad en acontecimientos de guerra y poca certeza de la fortuna. Comenzaron a subir la sierra, donde se decía que los cuerpos habían quedado sin sepultura; triste y aborrecible vista y memoria. Había entre los que miraban nietos y descendientes de los muertos o personas que por oídas conocían ya los lugares desdichados. Lo primero dieron en la parte donde paró la vanguardia por la oscuridad de la noche, lugar harto extendido y sin más fortificación que la natural, entre el pie de la montaña y el alojamiento de los moros. Blanqueban calaveras de hombres y huesos de caballos amontonados, desparcidos, según, cómo y donde habían parado; pedazos de armas, frenos, despojos de jaeces. Vieron más adelante el fuerte de los enemigos, cuyas señales parecían pocas y bajas y aportilladas. Iban señalando los prácticos de la tierra dónde habían caído oficiales, capitanes y gente particular; referían cómo y dónde se salvaron los que quedaron vivos, y entre ellos el conde de Ureña, y don Pedro de Aguilar, hijo mayor de don Alonso; en qué lugar y dónde se retrajo don Alonso y se defendía entre dos peñas; la herida que el Ferí, cabeza de los moros, le dio primero en la cabeza y después en el pecho, con que cayó; las palabras que le dijo andando a brazos: '¡Yo soy don Alonso!'; las que el Ferí le respondió cuando le hería: 'Tú eres don Alonso, mas yo soy el Ferí de Benastepar'; y que no fueron tan desdichadas las heridas que dio don Alonso como las que recibió.[45]

Esta versión aparece también en el Canto XVII de la *Austriada* (1589) de Juan Rufo, de forma casi literal.[46] El fragmento de Hurtado de Mendoza tendrá una cierta fortuna en épocas venideras. Además de servir de inspiración para un episodio de *Gómez Arias* de Telésforo de Trueba, Quintana lo reproduce en su biografía del Gran Capitán, y tanto Antonio de Capmany como Eugenio de Ochoa lo extractan como modelos de prosa histórica.[47] En *El ferí de Benastepar*, Hué incluye el diálogo entre el ferí y Alonso de Aguilar en una clara referencia intertextual:

45 Diego Hurtado de Mendoza, *Guerra de Granada*, edición de R. Blanco-González (Madrid: Castalia, 1970), pp. 377–378.

46 Si bien existe la opinión de que el fragmento de *Guerra de Granada* es una prosificación de los versos de Rufo en la *Austriada*, es posible que Rufo pudiese haber tenido acceso al manuscrito de *Guerra de Granada*, y que por tanto Hurtado de Mendoza —que sigue más de cerca el texto de Tácito— fuese la fuente de aquel, a pesar de haberse impreso en época posterior. Véase Georges Cirot, 'La *Guerra de Granada* et l'*Austriada*', *Bulletin hispanique*, 1920, 22.3, 149-159 y Ramón Menéndez Pidal, *Antología de prosistas castellanos* (Madrid: Imprenta Clásica Española, 1917), p. 11, n. 253.

47 Manuel José Quintana, *Vidas de españoles célebres* (Madrid: Imprenta Real, 1807), p. 247; Antonio de Capmany, *Teatro histórico-crítico de la elocuencia española* (Madrid: Sancha, 1787), III, pp. 62–63; Eugenio de Ochoa, *Tesoro de los prosadores españoles desde la formación del romance castellano hasta fines del siglo XVIII...* (Paris: Baudry, 1841), p. 309.

> [...] pero extendió la noche su negro manto, y a su oscuridad acercáronse los moros a los cristianos impunemente, y los herían a su placer; a poco empezaron a desmayar los hijos de Castilla, y a desbandarse sin orden alguno; don Alonso se retiró contra una peña, y allí se defendía valerosamente del ferí; tirole este un tajo en la cabeza que lo hizo vacilar.
>
> —Ríndete —le dijo Abenamet—, ¿quién eres, que te defiendes con tanto tesón?
>
> —Yo no me rindo nunca; yo soy don Alonso.
>
> —Yo soy el ferí de Benastepar.
>
> Renovose de nuevo la pelea hasta que, traspasado el pecho, cayó el valeroso Aguilar, varón ilustre que se halló en mil azarosas pugnas y escabrosos combates (p. 289).

Una extensa cita de Hué alerta al lector sobre la historicidad de este episodio, dando por buena la versión de Hurtado de Mendoza y el romance 'Río verde / río verde', que sitúan la muerte de Alonso de Aguilar en Sierra Bermeja, frente a la segunda parte de la *Historia de los bandos* de Pérez de Hita, que, en desacuerdo con esta versión, la ubica en las Alpujarras. Pérez de Hita difiere también de la versión dada por Juan de Mariana y Hurtado de Mendoza en negar la posibilidad de que Alonso de Aguilar hubiera sido derrotado en combate singular, 'pues no era tan corto el valor de don Alonso que por esforzado que fuese un moro le rindiera y matara'.[48] A pesar de esto, la inspiración del episodio y su reelaboración por parte de Hué guardan una deuda importante si no con la versión de los hechos proporcionada por Pérez de Hita sí con el espíritu de su narración: el duelo entre Abenamet y Alonso de Aguilar en cierto modo ritualiza la lucha entre los contendientes de una manera que recuerda los encuentros entre caballeros cristianos y granadinos en la *Historia de los bandos*. El combate se establece sobre los prolegómenos de un diálogo caballeresco, en el cual Alonso de Aguilar y el ferí Abenamet se presentan y se jactan de su valor y el prestigio conferido por su linaje. El duelo serviría de inspiración para el pasaje de Hurtado de Mendoza y otros autores, pero es posible que también capturara la imaginación de generaciones posteriores que asociarían —bien a través de testimonios literarios o de tradición oral— el recuerdo de los dos contenientes al del paraje de Sierra Bermeja donde el encuentro tuvo lugar: ya en 1773, el cura de Genalguacil —aldea

[48] (*Segunda parte*, xxiii). El cronista Andrés Bernáldez tampoco da constancia de la existencia del ferí de Benastepar ni de su parte en la muerte de Alonso de Aguilar (*Historia de los Reyes Católicos D. Fernando y D. Isabel*, 2 vols. (Sevilla: José María Geofrín, 1870) II, p. 161.

edificada sobre las ruinas de Benastepar—, Simón de Zamora, escribe un informe en el cual, al describir su término municipal, rememora la muerte de Alonso de Aguilar en lucha con 'mas de cinquenta adversarios Mahometanos' y cómo 'tuvo lid con uno muy esforzado, el cual traiendo bien apurado y a los avances al dicho Don Alonso, este le dijo ardiendo en saña y esforzando su valor: mira que soi Don Alonso de Aguilar. Y el moro le replicó: pues io estar el Gran Ferí de Benestepar y aquí el alma echar'.[49]

Las variantes del relato permiten atisbar una sugestiva historia de transmisión histórico-legendaria. Nos interesa, sin embargo, el fragmento de Hurtado de Mendoza por varias razones. Además de ser una de las fuentes identificables de la novela, y origen de la leyenda del personaje, es un texto en el que tienen lugar una serie de encuentros espacio-temporales en una geografía fronteriza —reforzada por la precisa situación del combate 'entre dos peñas'. Conviven pasado y presente, memorias personales y colectivas —el recuerdo de la muerte de Alonso de Aguilar como pesar y acicate para los soldados de Juan de Austria—, pero también un encuentro entre dos enemigos que se reconocen mutuamente como adversarios de estima a pesar de representar mundos enfrentados. La confrontación entre el ferí y Alonso de Aguilar es, en Juan de Mariana y Hurtado de Mendoza, casi un reflejo de la lucha entre Varo y Arminio en el bosque de Teutoburgo tal y como la relata Táctito en *Anales* 1.60-62, es decir, la irrupción del caudillo bárbaro que arenga a sus tropas para infundirles valor y acomete en duelo singular al líder de las tropas imperiales. Este recurso le sirve a Hurtado de Mendoza para reafirmar el papel civilizador de la monarquía católica en su campaña contra los moriscos granadinos —Juan de Austria, al igual que Germánico, es el encargado de restaurar el orden en los confines del imperio vengando la humillante derrota de la generación anterior—, pero a la fuente clásica se le añade un elemento nuevo que configuraría la fortuna posterior del texto: el mutuo reconocimiento entre dos contendientes que se presentan de manera que recuerda a un encuentro caballeresco, en el que los combatientes anteponen su nombre y sus respectivos linajes al cruce de las armas.

El paralelismo y el reconocimiento mutuo crea una suerte de simetría entre adversarios que infunden respeto en sus respectivas comunidades. En *El ferí de Benastepar*, al contrario que en Hurtado de Mendoza y en otras reelaboraciones del episodio como la de *Gómez Arias*, de Trueba, el punto de vista es, sin embargo, el del 'bárbaro' ferí Abenamet, que en la novela es un caballero idealizado con las características trágicas y caballerescas típicas

[49] Archivo Histórico Municipal de Málaga: 'Suplemento al Diccionario Geográfico Malacitano', sección 3, núm. 129, citado por Pedro Sierra Cózar en 'Un testimonio sobre la derrota y muerte de Don Alonso de Aguilar', en Virgilio Martínez Enamorado y José Antonio Castillo Rodríguez (eds.), *El fin de Al-Ándalus en la Serranía de Ronda* (Ronda: Editorial La Serranía, 2007), 87–95: 92–93.

del Abencerraje romántico. Ambos caballeros, el cristiano y el musulmán, representan una serie de valores —patriotismo, valor, entrega pasional— que contrastan con la plebe y en particular con las indisciplinadas tropas de Alonso de Aguilar, 'gente toda concejil de la ínfima plebe, dispuesta más bien a la rapiña y al robo que a pelear por la patria' (p. 289). A lo largo de la novela, Hué insiste en la afinidad entre los personajes patricios por encima de la barrera religiosa —Elvira, el noble padre de esta, el ferí Abenamet, Alonso de Aguilar— frente a un populacho y bajo clero descontrolado, codicioso y esclavo de sus pasiones.

Llegamos así a una de las particularidades más notables de la novela en su acopio e interpretación de fuentes: al igual que con el resto de los hechos históricos y novelescos que relata, la interpretación del fragmento de Hurtado de Mendoza y su reelaboración como novela se desarrolla sobre todo desde la perspectiva del ferí Abenamet, y no desde la del notable cristiano Alonso de Aguilar. Gran parte de la novela va encaminada a recuperar —a imaginar— la memoria de un personaje relegado a los márgenes de la historia oficial. Hué recupera no solo el fósil léxico 'ferí' para referirse a su héroe, sino que se explaya en el relato de la destrucción de Benastepar, su lugar de origen, que, al igual que su nombre, ha sido borrado de la historia. En el texto, Benastepar es presentada como un reducto del islam en el recién conquistado reino de Granada, y su destrucción aparece como otra de las muchas atrocidades cometidas por las tropas cristianas. Si bien este un dato que no casa del todo con la historia oficial,[50] en la novela la gente de don Alonso de Aguilar, descontrolada, le prende fuego a Benastepar para encubrir sus crímenes y su rapiña. La devastación de este lugar es también, según la lógica de la novela, el desencadenante de la rebelión encabezada por el ferí.[51] Abenamet es, a partir de este traumático acontecimiento, el rey exiliado de un territorio vencido y de una aldea exterminada y reducida a cenizas cuya memoria ronda, como una presencia fantasmal, los parajes en los que transcurre la novela.

[50] Si bien las *Coplas de lo acaescido en Sierra Bermeja* relatan el saqueo de Benastepar como parte de los acontecimientos que rodearon la muerte de Alonso de Aguilar ('Sin más reparar / salen de poblado, / a Benestepar / presto han arribado, / todo lo han robado', Marcelino Menéndez Pelayo, *Antología de los poetas líricos castellanos Parte segunda: Los romances viejos IV*, (Madrid, Consejo Superior de Investigaciones Científicas, 194), 454), según Pascual Madoz, el pueblo fue despoblado en una época posterior debido a la falta de agua (*Diccionario geográfico-estadístico-histórico de España y sus posesiones de ultramar* (Madrid: Imprenta de La Ilustración, 1847), VIII, 344.

[51] p. 273. 'El cabildo de Ronda es el principal culpable de este alzamiento; en efecto, señores, si no se hubiese quemado a Benastepar, el ferí, que es el rey electo por los sublevados, quizás no estaría al frente de ellos'.

Los asesinatos y tropelías cometidas con los moriscos aparecen como manchas en el carácter nacional. La novela presenta, por un lado, el campo de los vencidos como un pueblo derrotado, que enciende focos de resistencia alentado por los últimos reductos de un patriotismo encarnado en figuras como la de Abenamet y, por otro, los vencedores: la muchedumbre incontrolada, frailes e inquisidores, que son dibujados en marcado contraste con las acciones de los líderes, en particular con don Alonso y el ferí, cuyo duelo tiene un eco grotesco y deformado en el asesinato de Alí Jarillo. Como veremos, los personajes de la novela se distinguen precisamente en cuanto a su capacidad de albergar sentimientos nobles —patriotismo, abnegación, amor romántico— frente al materialismo y al fanatismo de la turba, en una visión de los hechos históricos que le debe mucho tanto a las convenciones de la novela romántica y sentimental como a la ideología del liberalismo moderado, siempre desconfiada del papel del pueblo en las revoluciones políticas.

Temas, estructura y personajes

Como anuncia el mismo título, la obra pretende recuperar el personaje del ferí de Benastepar, que presuntamente fue quien dio muerte a Alonso de Aguilar según la tradición textual antes comentada. Pero, si estas alusiones no pasan de lo puntual, la novela de Hué se encarga de dotar al personaje de mayor entidad y de una historia particular. Conocemos, de este modo, su nombre —Abenamet—, y no solo su rango social; somos conscientes, a su vez, de lo mucho que ha sufrido a causa de los cristianos, de la crueldad con la que estos acabaron con sus padres, y de cómo la sociedad de entonces lo aboca a la romántica ocupación de bandolero o 'monfí', rebelde e insumiso a los dictámenes de las nuevas autoridades católicas.

Pero el texto, como era habitual en las novelas históricas de entonces, no nos plantea la trama de manera lineal y unívoca, sino con constantes alteraciones espacio-temporales y con diversidad tanto de personajes principales como de puntos de vista. Al comienzo del relato, no conocemos nada sobre la historia del ferí, que no hace acto de presencia hasta bien avanzada la novela, y que no explicará su pasado hasta mucho después. Por el contrario, el narrador comienza focalizando sobre una partida de caza compuesta por ociosos caballeros cristianos, a quienes acompaña la joven Elvira, hija de uno de ellos y sobrina de otro, don Tello, pariente con el que mantiene una relación muy estrecha, y que contribuye a educarla en unos valores de libertad, igualdad y tolerancia más propios, como veremos, de los liberales decimonónicos que de la transición de la Edad Media al Renacimiento. Con todo, la etapa histórica escogida facilita al autor bosquejar rápidamente el carácter de estos personajes, ya que tanto la mencionada dama como su tío se muestran, a diferencia de otros miembros de la partida, compasivos y generosos con los vencidos moriscos, que difícilmente logran adaptarse a su nueva situación política.

Una fortuita casualidad lleva a que Elvira trabe contacto súbitamente con Abenamet, el ferí de Benastepar, y estos dos tendrán varios encuentros más en sucesivos lances. De este modo, y a la manera más propia de esta clase de narraciones, se enamoran repentinamente el uno del otro, sin que las diferencias religiosas o culturales sean un impedimento real para su pasión. El principal obstáculo que tendrán será el libidinoso fraile Silvestre, muy similar al arzobispo de la *Cornelia Bororquia* (1801) de Luis Gutiérrez, que acostumbra a secuestrar muchachas para su propia satisfacción sexual, y que también procurará hacer lo propio con Elvira, para lo cual cuenta, además, con el apoyo de la Inquisición. El ferí, entonces, interviene y la rescata de este tribunal, y más adelante lanza a sus monfíes contra el castillo de Gaucín, en el que se ocultaba el depravado clérigo, que acaba pereciendo.

Pero la perpetua guerra que Abenamet mantiene contra los invasores cristianos, que no augura nada parecido a una victoria, preocupa en exceso a Elvira hasta sumergirla en 'melancólicas reflexiones' que la abocan a contraer una 'fiebre lenta' (p. 296), que más adelante se revela mortal. Entonces, en el lecho mortuorio, el ferí accede a casarse con su amada por el rito cristiano, tras lo que ella perece. Queda frustrado entonces el plan del afable don Tello, que pretendía viajar a Italia, lejos del terror inquisitorial, y llevarse consigo a los dos amantes; termina, por tanto, realizando su travesía en solitario, mientras que Abenamet insiste en su cruzada personal hasta que cae en una batalla contra el marqués de Cádiz.

La trama posibilita que se despliegue un variado elenco de personajes cristianos y musulmanes, en su mayoría arquetípicos y de no demasiada profundidad psicológica, pero dispuestos de un modo que da lugar a enfoques relativamente novedosos y no muy usuales en la narrativa de aquellos años. Destaca entre los personajes secundarios el de Sancho Nuño, glotón y amigo de la poesía y los poetas, que aporta, con su erudición gastronómica, el contrapunto cómico al dramático devenir de la novela. Elvira y el ferí, por su parte, forman una pareja de enamorados abocada al sufrimiento desde un inicio a causa de la diferencia de credos. La primera responde al estereotipo de 'María' típico de la época isabelina, cándida, casta y entregada en todo momento a la autoridad paterna, pero dibujada desde el principio con rasgos marciales y un carácter 'sostenido y varonil' (p. 40); se diferencia, en cambio, de otros personajes similares debido al carácter débil de su padre, sujeto extremadamente pasivo,[52] y a que no llega a contraer matrimonio hasta el final de sus días, lo que le concede una independencia y libertad inusuales, y alabadas también por su tío.

[52] En uno de los primeros diálogos de la novela podemos observar cómo el padre de Elvira no es capaz, en una conversación, de mantener un criterio propio, sino de dar la razón sistemáticamente a los interlocutores que en cada caso tiene (p. 41).

Don Tello es, de hecho, otro de los personajes principales del texto, que hace acopio del mayor virtuosismo moral presentado así en la novela, y que parece reflejar las convicciones personales del autor. Es cristiano y católico, pero está muy lejos del fanatismo, y cree firmemente en la necesidad de respetar religiones distintas de la suya. No tiene hijos ni más herederos que su propia sobrina, a quien en principio pretende legarle todos sus bienes. Ha peleado en batalla contra los musulmanes durante la conquista del sur, pero admite haber sentido un profundo pesar por ello (p. 53). En todo momento aprueba los amores de su sobrina con el ferí y no los cuestiona a pesar de las diferencias entre estos, sino que hace lo posible por que los amantes sean felices, hasta planearles, como hemos mencionado, una vida mejor en Italia. El clima de intolerancia característico de España, del que la Inquisición es culmen, repugna profundamente a su carácter sensible, por lo que no encuentra más salida que la emigración, lo que podría ser trasunto de muchos liberales románticos que sufrieron el exilio.

Pero el principal héroe del texto no es este, sino Abenamet, abocado a una situación de rebeldía y marginación social desde un inicio. Este personaje quizá sea el más complejo de todos los que la narración ofrece, porque su historia se explica a partir de las constantes contradicciones en las que se inserta, producto todas ellas del agresivo choque cultural que vive. Los cristianos, enemigos de su religión y su cultura, se lo arrebatan todo; por ello, pasa de ser una autoridad en el mundo árabe, un 'ferí', a ser un 'monfí' o bandido musulmán proscrito bajo el yugo católico. De la civilización invasora es, no obstante, la mujer de la que se enamorará, y por la que luchará aun teniendo que enfrentarse a la Inquisición, e incluso llegará a someterse a otro rito religioso con tal de contraer matrimonio con ella. Destacable es, sobre todo, que este personaje ofrezca una visión mucho más positiva y heterodoxa, llamada a provocar empatía hacia la figura del morisco, en la que más adelante profundizaremos.

En paralelo a la trama amorosa y a los sucesos bélicos, la novela se detiene en el retrato de la cultura de la Andalucía fronteriza. Este es otro de los temas centrales del relato; la obra, de hecho, destaca frente a otras de su género por reproducir con no poco detalle, y a la manera de Scott,[53] las costumbres de los moriscos después de la toma de Granada, con especial atención al mestizaje que entonces tuvo lugar y a la asimilación por parte de la civilización cristiana de hábitos originariamente musulmanes.

Especial detallismo hay al dar explicaciones sobre gastronomía, tema que se inserta en la conversación entre algunos personajes cristianos que degustan platos árabes, en concreto, el 'al-muri', al tiempo que se reflexiona sobre

[53] El detallismo habido en la descripción de las costumbres, propio de Scott e imitadores, es consecuencia de poner el énfasis en la observación a partir de la filosofía de Condillac; véase Russell P. Sebold, *La novela romántica en España: entre libro de caballerías y novela moderna* (Salamanca: Universidad, 2002), p. 24.

la dimensión conflictiva de ciertos rasgos culturales como el vino (p. 45). Obsérvese, no obstante, que el modo en que esto se trata es mucho más crítico que el del novelista escocés y otro similares con respecto al costumbrismo, tema que los románticos solían abordar como consecuencia del 'espíritu del pueblo, especie de alma colectiva que inspiraba las gestas históricas y las creaciones culturales de cada país'.[54] Si tenemos en cuenta todo lo ya expuesto sobre lo fronterizo en esta novela, una costumbre como el beber vino puede contemplarse aquí ya no solo como reflejo de una presunta 'alma del pueblo', sino, por el contrario, como una forma de imponer una hegemonía cultural.

Por ello, Hué y Camacho se inclina a resaltar la pervivencia de la cultura árabe en Andalucía como forma de simpatizar con los vencidos y considerar sus aportaciones a la civilización de su zona geográfica, que no puede explicarse asumiendo la uniformidad de un único pueblo. En consecuencia, podemos apreciar los comentarios del narrador relativos a que 'comidas, edificios, medicinas, lenguaje, todo estaba mezclado; veíase una elevada torre de castellana fábrica al lado de los dorados chapiteles de antigua mezquita; el vino y el jamón alternaban en las mesas con las albóndigas, almorís y almojábanas, pasteles y guisos de los musulmanes' (p. 59). A su vez, desde un punto de vista más utilitarista y pragmático que espiritual, valora también la cultura árabe como algo que ha favorecido el desarrollo de, por ejemplo, la tecnología (p. 46).

Lo novedoso de esta clase de costumbrismo se justifica no solo por el enfoque, sino también porque, si tenemos en cuenta que la obra se compuso en algún momento entre 1831 y 1836, y probablemente antes de 1834, se estaría adelantando a *Cristianos y moriscos* (1838) de Estébanez Calderón, en la que, por lo demás, lo costumbrista estaba planteado de otra manera, dado que no seguía el molde del novelista escocés, sino el del *Decamerón*, lo que da lugar a una extensión mucho más breve, por lo que la acción transcurre de un modo más directo y sin interrupciones descriptivas.[55] *El ferí*, en cambio, presenta una estructura más propiamente romántica, con continuas descolocaciones espacio-temporales y múltiples tramas simultáneas que dan lugar al carácter 'laberíntico' propio de esta narrativa,[56] y la acción avanza lentamente, siempre compaginada con la descripción y los excursos sobre costumbres; por ejemplo, el capítulo 20° se titula precisamente 'La feria de ronda', y se articula, sobre todo, en torno a tal festividad.

El detallismo pretendido sirve en todo momento a la finalidad de ofrecer, dentro de una evidente y compasiva simpatía, una visión lo más crítica y completa posible sobre los musulmanes ibéricos. Hué y Camacho no llega

[54] José Álvarez Junco, *Las historias de España: visiones del pasado y construcción de identidad* (Barcelona: Crítica, 2013), p. 219.

[55] Russell P. Sebold, p. 171.

[56] Russell P. Sebold, p. 44.

a idealizarlos o a exaltarlos, ni a ver en ellos una civilización por completo admirable;[57] pero tampoco se sitúa, como Zorrilla y muchos otros, en el extremo opuesto que habría implicado ver en los árabes al 'otro' fundamental contra el que España se construía.[58] Por el contrario, el autor, como hemos visto, no duda en condenar, cuando es necesario, lo que juzga reprochable de la dominación musulmana, si bien valora muy positivamente mucha de la herencia que de estos habría recibido su país, y en especial la zona de Andalucía, sobre todo en lo relativo a los hábitos cotidianos.

La reflexión meditada sobre una cultura ajena, en este contexto, da lugar al que es el otro gran tema del texto: la cuestión de la tolerancia, que necesariamente se aborda al meditar sobre las implicaciones de la intransigencia sufrida por una civilización en la que, tal como en el texto se contempla, no solo había elementos censurables. Por ello, el tribunal de la Inquisición adquiere relevancia adicional en la trama de la novela y en el conjunto de la composición. En cuanto que apología de un concepto de 'tolerancia' muy en consonancia con las ideas de Locke, *El ferí* es, ante todo, una denuncia airada contra este tribunal, y en varias ocasiones se apela a lo ilegítimo de este y a la necesidad de que sea abolido, al referirse, por ejemplo, al 'celo horrible y fanático de los inquisidores' (p. 255), a cómo 'la pérfida Inquisición persigue a los muertos aunque pasen años y años' (p. 300), y a que este órgano es un 'Tribunal impío' (p. 298).

Gran parte del argumento gira en torno a los devaneos lujuriosos de un clérigo de 'depravados y abominables vicios' (p. 139), fray Silvestre, que se vincula con la Inquisición para secuestrar y abusar de una inocente joven cristiana, doña Elvira, a quien acusa injustamente de querer renegar del cristianismo. Casualmente es de esta muchacha de quien está enamorada Abenamet, 'ferí' de Benastepar, y ello supone la piedra angular del conflicto; el protagonista se enfrenta al catolicismo no solo por motivos religiosos, sino para salvar a una inocente de las garras de la Inquisición. Hué y Camacho desarrolla así una vertiente anticlerical característica de los turbulentos años treinta del siglo XIX, que pondría a la obra en conexión con otras novelas contemporáneas pobladas por clérigos fanáticos y lascivos, como *La bruja o cuadro de la corte de Roma* (1830), de Vicente Salvá, *Liki o la catecúmena* (1835), de Joaquín del Castillo y Mayone, o la posterior novela social de autores del medio siglo como Wenceslao Ayguals de Izco o Ceferino Tresserra. La referencia más clara, sin embargo, seguramente sea el anticlericalismo ecléctico y reformista de Luis Gutiérrez en *Cornelia Bororquia* (1801), con la que guarda sospechosos paralelismos: comparten ambas novelas la caricatura de un clero corrupto contrapuesta al modelo contrario encarnado por una

[57] En relación a cómo Conde narra la historia de los musulmanes ibéricos desde su punto de vista, véase Jesús Torrecilla, pp. 161–167.

[58] Andreu Miralles, p. 149.

figura clerical benévola y ajena a las intrigas de frailes e inquisidores: el padre Vicente en *El ferí*, el anciano Casinio en *Cornelia Bororquia.* Tampoco parece ser casual en este sentido la mención, en nota al pie, al caso de 'Juana Bohorques' (p. 258), hermana de María Bohorques, una de las víctimas de la Inquisición cuya historia sirvió de base a la novela de Gutiérrez.[59]

La trama de *Cornelia Bororquia* planteaba cómo la Inquisición era utilizada como instrumento para permitir y encubrir abusos sexuales por parte del clero, prueba de lo cual es el antagonista principal, el arzobispo, sujeto, como bien analiza Sebold, de reminiscencias sádicas,[60] que aporta un matiz terrorífico al texto por suponer en sí una inversión de lo que podría esperarse en una persona presuntamente cercana a Dios y a la religión.[61] La diferencia con el marqués de Sade, en ese punto, es que Gutiérrez configura a otro personaje que viene a oponerse al lujurioso clérigo en cuanto que encarna el lado más 'amable' de la religión católica: Casinio, sacerdote virtuoso y estrictamente cristiano, que, precisamente por serlo, se oponía a los abusos por parte de la Iglesia, de la que no pretendía tanto una abolición sino una reforma que traería la depuración del Santo Oficio; este personaje era, precisamente, el que encarnaba el punto de vista del autor.[62] Por su parte, *El ferí de Benastepar* nos ofrece una situación muy similar, ya que a fray Silvestre se le opone, del mismo modo, el caballero don Tello, quien también es muy crítico con el fanatismo del ya mencionado don Juan,[63] porque demuestra ser un ferviente cristiano que, precisamente por serlo, abomina de que exista tal cosa como la Inquisición, por lo que considera que tal órgano es muy poco católico en su concepción, y que debe ser abolido; él es, precisamente, quien pronuncia las ya citadas consideraciones relativas a la impiedad de la institución.

No obstante, Hué y Camacho se muestra algo más radical y cercano a Sade que Gutiérrez, ya que plantea, al igual que en las novelas del primero,[64] que su principal antagonista perteneciente al clero, fray Silvestre, no es en realidad cristiano ni mucho menos católico, sino un hombre al que el narrador acusa de ser 'irreligioso y malvado' (p. 284). Su nulo respeto al Dios cristiano se resalta, sobre todo, cuando Elvira lo amenaza con la 'cólera celeste', a lo que

[59] Véase Juan Antonio Llorente, *Historia crítica de la Inquisición de España* (Barcelona: Imprenta de Oliva, 1835) IV, 66–69

[60] Russell P. Sebold, pp. 69–70.

[61] Miriam López Santos, *La novela gótica en España (1788–1833)* (Vigo: Academia del Hispanismo), p. 263.

[62] Miguel Avilés Fernández, 'La Literatura Inquisitorial (Aportaciones a la historia de un género historiográfico)', *Revista de la Facultad de Geografía e Historia*, No. 4 (1989), pp. 79–114 (p. 97).

[63] Véase, a ese respecto, la conversación que mantienen estos dos personajes en el capítulo noveno (pp. 94–95).

[64] Russell P. Sebold, p. 60.

él responde 'Nada temo cuando se trata de satisfacer mis caprichos' (p. 259). Ocurre, así, lo mismo que en novelas como *Justine y Juliette*; esto es, que la orden sacerdotal no implica en modo alguno una fe de ningún tipo, sino que el antagonista parte de un completo materialismo que le mueve a utilizar la religión y sus instituciones como medio para alcanzar una satisfacción sexual.

Gutiérrez, por el contrario, no especificaba en ningún momento cuál era el credo real del arzobispo, lo cual pasa a ser, en términos de Ingarden, un 'lugar de indeterminación' en la obra literaria;[65] puede deberse a mero ateísmo, o también a una lujuria mal reprimida por los votos de castidad, como ocurre en *El monje* de Lewis, *Nuestra señora de París* de Hugo o *Aves sin nido* de Matto de Turner. Sin embargo, en cuanto que Hué y Camacho concreta y especifica la irreligiosidad del fraile, lo anticlerical de la obra se agudiza aún más, por suponer un descrédito aún mayor de los estamentos eclesiásticos en cuanto que los juzga infectados de ateísmo.

Este punto de vista, por tanto, oscila entre Sade y Gutiérrez, en cuanto que toma del primero el materialismo de los sacerdotes, y también el detallismo mórbido con el que describe el sistema del que fray Silvestre dispone para amenazar a su víctima (pp. 255–260). Pero a la consiguiente maldad de estos se le contrapone, tal como ocurre en *Cornelia Bororquia*, el virtuosismo cristiano de quien profesa una fe sincera: la propia Elvira, así como don Tello y el propio Abenamet. Este último, aunque no es cristiano, al menos profesa una religión, y eso al menos lo lleva a adquirir una moralidad superior que lo dignifica frente al nihilismo libertino y egoísta.

Sin embargo, la complejidad psicológica del ferí es algo mayor, ya que su religiosidad no siempre se mantiene como una constante en toda la obra. Cuando los cristianos arrasan sus tierras y matan a su familia, brota en él un ímpetu en extremo violento, irreligioso y suicida: 'Yo debí entonces allí morir; sí, yo debí morir; maldecí en mi infortunio aún al mismo Alá que nos sustenta a todos; quise quitarme la vida con mis propias manos' (p. 168). De tal aversión a la divinidad se infiere un satanismo idéntico al que Sebold atribuye a los héroes románticos de la novela española como rasgo diferencial frente a la narrativa extranjera.[66]

A partir de ahí, Abenamet puede ser considerado cercano al estereotipo del héroe byroniano,[67] porque, aparte de su afinidad con el Diablo en cuanto

[65] Roman Ingarden, 'Corrección y reconstrucción', en Warning, R., *Estética de la recepción* (Madrid: Visor), pp. 35–53 (p. 37).

[66] Russell P. Sebold, p. 39.

[67] La idea de que el héroe byroniano se define como la síntesis entre lo satánico, lo sádico y lo dandi puede localizarse en Cedric Hentschel, *The byronic teuthon: aspects of german pessimism 1800–1933* (London: Methuen, 1940), pp. 8–9. A Abenamet, sobre todo, se le podrían aplicar los dos primeros adjetivos, como más adelante desarrollamos.

que suicida y detractor de Dios, se caracteriza por una actitud sádica en su ímpetu vengativo al declarar 'yo los asesinaré a sangre fría, me sentaré sobre sus palpitantes cadáveres, y me sonreiré al ver los gestos dolorosos de su prolongada agonía' (p. 264). El hecho, a su vez, de que la intolerancia cristiana lo haya arrastrado a ser un bandido árabe que vive en la sierra —un 'monfí'— incrementa también su carácter marginal, condición sobre la que él mismo reflexiona: '¿Quién soy yo, en efecto, sino el jefe impío de una cuadrilla de bandidos? (...) Destierros y persecuciones, robos y asesinatos; he aquí lo que acompaña al ferí de Benastepar' (p. 294). Aunque en origen, bajo la cultura árabe, Abenamet hubiera sido precisamente una figura de autoridad y administrador de la ley, después pasa a violar sistemáticamente la de los cristianos y a convertirse en poco más que un criminal, lo que lo aproxima a los personajes propios de las narraciones de López Soler, *Jaime el Barbudo* y *El pirata de Colombia*, ambas de 1832.[68] La primera de estas está considerada como la primera novela de bandidos de la narrativa española,[69] pero *El ferí* podría adelantársele en caso de que hubiera sido compuesta en 1831.

Con todo, el sentido de responsabilidad para con los suyos le impide caer, como fray Silvestre, en un descreimiento total, y en el discurso que él mismo pronuncia ante los moriscos observamos cómo en él no ha desaparecido por completo la fe en su Dios, sino que la utiliza para alentar a los suyos (pp. 267–268). Esto entronca, precisamente, con lo ya mencionado de cómo don Tello encarna la visión del mismo autor en cuanto que es portador de un catolicismo tolerante y reformista, que rehúsa servirse de la violencia para imponerse. A este caballero, de hecho, las guerras de religión tan solo le inspiran una dolorosa tristeza, como comenta en relación a que, durante las batallas, solía 'esgrimir furibundo la potente tizona; mas si la celada del caso no hubiera ocultado mi rostro, vierais por él correr amargas y abundantes lágrimas' (p. 54). A pesar de su acendrado catolicismo, el hecho de tener que matar musulmanes lo lleva a derramar lágrimas, porque reprueba el asesinato como forma de propagar su propia fe; la incorporación voluntaria de Abenamet a esta es reflejo, precisamente, de lo que se pretendería buscar desde esta óptica aperturista.

El concepto dieciochesco de 'sensibilidad', señalado por Sebold en *El delincuente honrado* de Jovellanos o en la propia *Cornelia Bororquia*, es lo que permite caracterizar a este personaje en cuanto que se pone el énfasis en lo

[68] Con relación al papel del criminal en estas dos novelas, véase Enrique Rubio Cremades, 'La narrativa de Ramón López Soler: ficción y realidad', *Romance Quarterly*, Vol. 39, No. 1 (1992), pp. 17–21.

[69] Enrique Rubio Cremades, 'La novela histórica del romanticismo español', en Carnero, G., *Historia de la Literatura Española. Siglo XIX (I)* (Madrid: Espasa Calpe, 1997), pp. 610–642 (p. 625).

lacrimógeno,[70] lo cual hace que esta novela sea aún más deudora de la novela sentimental y de las modalidades previas al Romanticismo en general. Esta actitud no solo no es incompatible con lo que predica la Iglesia, sino precisamente necesario para poder ser un cristiano sincero, como el mencionado Casinio, y no un fanático como don Juan. Sin embargo, el radicalismo de personas como su compañero hace que don Tello sea paradójicamente rechazado por los de su propia cultura, quienes lo acusan, al igual que a muchos liberales de la época de Hué y Camacho, de estar en exceso abierto a las ideas provenientes del extranjero. Obsérvese, por ejemplo, lo que le comenta la madre de Elvira: 'Esas son, Tello, las leccioncitas que has aprendido en Italia, y con ellas has embaucado a mi hija' (p. 128).

Aunque en ese caso se mencione Italia, que era el país a la vanguardia cultural de entonces, al lector de la época le sería difícil no hacer la equivalente traslación a Francia, teniendo en cuenta, sobre todo, las ya mencionadas acusaciones de 'afrancesamiento' que entonces se vertían sobre los liberales. El personaje de Elvira, sobrina de don Tello, simboliza precisamente lo que ocurre al llevar tales ideas hasta sus últimas consecuencias. En todo momento se muestra sensible y empática para con los vencidos musulmanes, a quienes considera sus iguales, y cuya opresión le parece injusta, ya que desde un inicio menciona que 'se les ha puesto en terrible y azaroso escollo, donde solo ven por una parte miseria y persecución, o mala fe y violación de los principios de su creencia por otra' (p. 41).

De este modo, y tal y como era tendencia para los liberales de entonces, la historia —en concreto, la de los moriscos— aquí se utiliza, realmente, para explorar problemas contemporáneos. Esto se debía, tal como explica Álvarez Junco, al miedo a utilizar la lógica o el racionalismo como modo de legitimar una mentalidad progresista, por temor, sobre todo, a acusaciones de afrancesamiento como las que se vierten sobre don Tello en la propia novela, pero esta actitud, a la larga, solo favorecía al conservadurismo en cuanto que tomaba como referente las tradiciones y hechos pasados.[71] Si *El ferí de Benastepar* se opone a otras manifestaciones literarias de entonces es, precisamente, porque la atención no recae sobre los hechos históricamente probados, sino sobre las lagunas en el conocimiento de las que, por no haber nada contrastado, podía el novelista fabular cuanto quisiera sin entrar en necesaria contradicción con la realidad.

Amor romántico y literatura fronteriza

Al igual que en otras obras centradas en un héroe romántico, el conflicto que marca al protagonista puede ser entendido desde un doble punto de vista: tanto

70 Russell P. Sebold, p. 64.
71 José Álvarez Junco, p. 219.

como fruto de un sino trágico y un carácter en pugna contra el mundo como por las vicisitudes históricas que han contribuido a oprimir a un colectivo determinado. El Abenamet de *El ferí de Benastepar* es un exiliado, último superviviente de un reino vencido y de una aldea borrada de los mapas. Pero, curiosamente, Elvira es, hacia el final de la novela, una desterrada que comparte la suerte del caballero musulmán: el acoso al que ha sido sometida por el diabólico fraile, así como su estancia en las cárceles de la Inquisición, la convierten en una paria. Escapa de los calabozos inquisitoriales, pero el hecho de haber sido prisionera del Santo Oficio significa que Elvira está 'del todo perdida y deshonrada' (p. 264) ante la mirada de sus contemporáneos. Como explica don Tello hacia el final de la novela, en una situación normal, en la que ambos enamorados han mantenido su rango y posición social, la unión entre Abenamet y Elvira sería impensable por motivos religiosos y políticos. Sin embargo, una vez deshonrada Elvira a manos de la Inquisición, sería concebible que los amantes se uniesen en el destierro (p. 298). Según la lógica de la novela, el matrimonio entre ambos es posible debido a la condición alienada de la heroína

La historia de amor entre Elvira y Abenamet culmina, como decimos, en el matrimonio de ambos. Elvira cae gravemente enferma y Abenamet, aunque reacio a cometer apostasía religiosa, acaba por aceptar un matrimonio cristiano en el lecho de muerte de su amada. Elvira fallece instantes después de pronunciar el 'sí, quiero', y el ferí muere al poco batallando contra cristianos. Esta boda en el lecho de muerte es importante por varios motivos: por un lado, al igual que en la novela de Chateaubriand, los protagonistas se encuentran frente al dilema trágico-romántico bajo el cual dejar de amar es tan impensable como apostatar. La única solución es el exilio o la muerte. Ninguno de los personajes de *El ferí de Benastepar* reniega de su religión, pero la boda es oficiada por un cura católico —personaje benevolente representante de un cristianismo ilustrado y excepción en una novela plagada de caricaturas anticlericales—, por lo cual podemos asumir que Abenamet acaba convirtiéndose sin apostatar de forma explícita, asimilando su legado al universo cristiano. Por otro, Elvira muere al poco tiempo sin que se consume el matrimonio, sin descendencia y sin que el sincretismo experimentado por los personajes tenga continuidad en generaciones posteriores ni repercusiones simbólicas en el presente.

Esta unión tiene múltiples lecturas en el contexto del orientalismo romántico y más en particular en el de la temática oriental en la novela romántica española. Es, por un lado, una acción hecha posible por la alienación de dos personajes cuya superior sensibilidad los sitúa muy por encima de la ramplonería de una sociedad movida por sórdidos intereses, lo cual no es más que otro motivo recurrente de la novela romántica. En *Sab* (1841) de Gómez de Avellaneda —una novela con la cual *El ferí* guarda más de un punto de conexión— Carlota y Sab encuentran difícil acomodo en un mundo movido por el afán de riqueza y prestigio social, de modo que, a pesar de la barrera racial y la muerte trágica del esclavo, ambos se reconocen mutuamente, al final, como dos almas verdaderamente sensibles. Por otro lado, la boda puede representar, aunque de forma indirecta, la asimilación de los valores representados por Abenamet al universo cristiano, ya que, si bien no se convierte de forma explícita, sí que se somete a una boda católica. Pero es, también, un gesto fútil, ya que Elvira muere al poco tiempo y el matrimonio solo sirve para enfatizar el insuperable abismo entre dos personajes destinados a amarse trágicamente y al exilio de sus respectivos hogares. Al igual que en *Sab*, de Avellaneda, el momento definitivo en el triunfo del amor romántico es aquel en el cual el personaje sobre el cual pesa un sino trágico logra expresar su amor tomando el control de la escritura. Sab, el noble esclavo de Avellaneda, logra arrancar, después de muerto, una lágrima de su amada Carlota a través de una carta en la cual desnuda los entresijos de su corazón y le desvela su amor. El ferí Abenamet, por su parte, narra su vida y sus desvelos a Elvira en la 'Historia del ferí', que ocupa los capítulos 23 y 24, una larga misiva autobiográfica en la cual Abenamet le suplica a Elvira: 'déjame siquiera que te hable una vez de mi pasión fuertísima y ardiente; pues así disfruta mi alma el más puro y saludable consuelo; solo te pido encarecidamente me concedas una señalada merced, y es poder hablarte algunas palabras en secreto' (p. 173). Este consuelo, el irónico y romántico consuelo de expresar sentimientos irrealizables mediante la escritura y de hacer posible en el texto aquello que la sociedad proscribe, posibilita al ferí trascender las barreras que lo separan de Elvira de forma que 'produjo tal impresión en el ánimo de la compasiva lectora, que hondos suspiros comenzaron a salir de su pecho' (p. 169).

Es interesante situar la pasión entre Abenamet y Elvira, así como su trágica consecución, en las coordenadas de las representaciones de amores entre cristianos y musulmanes —ya sean moriscos o mudéjares recién conquistados— en la novela romántica española. En *Ramiro, Conde de Lucena* (1823), de Rafael Humara y Salamanca, ambientada en la Sevilla sitiada por las tropas castellanas en el siglo XIII, el amor entre un caballero cristiano y una princesa musulmana es una pasión destructiva, una 'ofuscación mental y emotiva' que acarrea la deshonra del protagonista.[72] *Isabel de Solís* (1837), de Francisco Martínez de la Rosa, toma como punto de partida la vida de la cautiva cristiana del mismo nombre para relatar los últimos años del Reino de Granada. Su conversión al islam —temporal, ya que al final de la novela vuelve al seno de la iglesia católica— y matrimonio con el rey nazarí Muley Hacén aparece, sin embargo, más bien como producto de las circunstancias y de un carácter poco

[72] Donald Shaw, 'A propósito de Ramiro, conde de Lucena', (Alicante: Biblioteca Virtual Miguel de Cervantes, 2016), edición digital a partir de *Romanticismo 3–4: atti del IV Congresso sul romanticismo spagnolo e ispanoamericano (Bordighera, 9–11 aprile 1987). La narrativa romántica*, Genova, Istituto di Lingue e Letterature Straniere Centro di Studi sul Romanticismo Iberico, 1988, pp. 121–127, 125.

resoluto que como resultado de una fuerte pasión que allane en su camino las diferencias religiosas o patrióticas.[73] Estébanez Calderón, depositario del manuscrito de *El ferí*, escribió en 1838 la novela corta *Cristianos y moriscos*, una de las pocas novelas históricas románticas que recrean el ambiente de los moriscos granadinos. En esta, María es una morisca descendiente de los reyes de Granada que, a pesar de lamentar la situación de los suyos, no comparte los planes de sublevación de su primo Muley, quien es, a la sazón, pretendiente de esta. María está enamorada del caballero cristiano don Lope, que sirve al rey Carlos V en sus guerras europeas. La parte inicial recrea, sobre todo, la cultura y las costumbres de las comunidades moriscas del siglo XVI: como bien escribe Josep María Sala Valldaura en relación al costumbrismo de la novela, 'lo costumbrista se subsume en el problema étnico',[74] de tal forma que la detallada descripción propia del cuadro de costumbres se emplea para la indagación en conflictos históricos, lo cual es hasta cierto punto aplicable a la novela de Hué. El inesperado regreso de don Lope actúa como desencadenante de la acción novelesca: su llegada provoca un conflicto entre cristianos y moriscos que acaba dirimiéndose en un duelo ente éste y Muley. Angustiada por el duelo, María acude al lugar donde el cristiano y el morisco se baten, pero debido a su turbación se precipita al vacío desde un puente roto —de alto contenido simbólico— que lleva al paraje donde tiene lugar el duelo, y que en otras ocasiones había podido cruzar con facilidad. Don Lope, al saber de la muerte de María, se arroja tras ella por el mismo puente, dando así lugar a la leyenda de los dos amantes que se aparecen en el lugar como fantasmas. Como apunta Sala Valldaura, 'muy románticamente, el final no permitirá la solución integradora de María, ni siquiera la convivencia pacífica, la tolerancia que es norma en el hacer de Antonio Gerif [tío de esta]'.[75] El puente roto, presente en la novela desde sus inicios, simboliza la brecha entre cristianos y moriscos, una brecha que el amor puede salvar con un simple salto y que al final condena a los amantes a un final trágico que, sin embargo, les hace perdurar en la memoria y el folklore local. Frente a estos ejemplos, la relación entre Abenamet y Elvira aparece dibujada en tonos más amables, a pesar de la situación de ostracismo que ambos comparten y que es más causa que resultado de su efímera unión.

¿Cómo interpretar los diversos encuentros —sincretismo, lucha, amor romántico— con los que Hué caracteriza la frontera como geografía literaria? En referencia a *Cristianos y moriscos*, Alberto González Troyano habló de una 'inmersión en aquella Andalucía dual en creencias y razas… un peregrinaje

73 Carrasco Urgoiti, *El moro de Granada*, 292–292.
74 Sala Valldaura, 153.
75 Sala Valldaura, 154.

nostálgico hacia aquel pasado'.[76] En su valoración de conjunto del orientalismo romántico, Jo Labanyi rechaza la idea de nostalgia en la primera generación romántica y opina que la vuelta al pasado fronterizo representa, en algunos casos, un movimiento más profundo: 'Spanish Romantics turn to the medieval period - specifically to the frontier dividing and joining the Christian and Muslim kingdoms - as a way of constructing what one might call a "border subjectivity": that is, a notion of the modern liberal subject that is not - or not yet rigidly bounded'.[77] Esta proyección al presente decimonónico ha sido retomada por Jesús Torrecilla, que ve en el orientalismo de los liberales, en particular de aquellos exiliados tras la restauración fernandina de 1823, una proyección hacia el mundo de Al-Ándalus de su propia situación política heterodoxa, una forma de legitimar su propio proyecto político.[78] Estas ideas deben cuestionarse teniendo en cuenta los estudios recientes de Xavier Andreu sobre nacionalismo español romántico, que sitúa el orientalismo de la primera generación de liberales interesados por el mundo andalusí como parte de una ideología que sostiene, en la mayoría de los casos, la superioridad del cristianismo sobre el islam y el carácter providencial de la unión de los reinos de Castilla y Aragón, en el cual no tenían cabida los reinos musulmanes de la península.[79] Como hace patente la lectura de autores como José Zorrilla, pero también otros anteriores como José Joaquín de Mora o Telésforo de Trueba,[80] el legado andalusí debía ser 'bautizado' para incorporarlo en el imaginario nacional, combinando así maurofilia con islamofobia.

Esa forma de imaginar el espacio de la frontera andaluza como zona de encuentro se presta, creemos, a una lectura en la cual la presencia de lo oriental

[76] 'Cristianos y moriscos. El mundo fronterizo de Estébanez Calderón', en *Draco: Revista de literatura española*, 1, 1989, pp. 81–87, 85.

[77] 'Love, Politics, and the Making of the Modern European Subject: Spanish Romanticism and the Arab World', *Hispanic Research Journal* 5.3 (2004): 229–243, 229

[78] Jesús Torrecilla, *España al revés: los mitos del pensamiento progresista (1790–1840)* (Madrid: Marcial Pons Historia, 2016), p. 56.

[79] Andreu, pp. 170–187. James T. Monroe ya había sugerido que la interpretación del legado árabe por parte del primer liberalismo español fue mayoritariamente pesimista, relacionada con el concepto de decadencia nacional en el cual la influencia islámica era un estigma y un lastre ineludible —frente a la interpretación conservadora, que negaría este influjo y su permanencia en la cultura y la civilización— (*Islam and the Arabs in Spanish Scholarship (16th Century to the Present),* Second Edition, Foreword by Michelle M. Hamilton, David A. Wacks, Harvard: Harvard University Press, 2021, p. 73).

[80] Daniel Muñoz Sempere, 'Aben Humeya and the journey of historical myths: On Telesforo de Trueba's *The Romance of History: Spain* (1830) and its Spanish translation (1840)' en Marieta Cantos Casenave, Daniel Muñoz Sempere, *Otherness and national identity in 19th-century Spanish Literature* (Leiden: Brill, 2022).

responde a diversas inspiraciones, afanes e ideologías que conviven entrelazadas en el texto. El Romanticismo español, en su acercamiento a la temática musulmana, enfatizó a menudo la exploración de las relaciones entre Oriente y Occidente, en consonancia con las líneas de investigación marcadas por el incipiente orientalismo de arabistas como Antonio Conde (1766–1820), Pascual de Gayangos (1809–1897) o el propio Estébanez Calderón.[81] En la novela que nos ocupa, la nostalgia hacia un mundo crepuscular e híbrido, que se extingue en la trágica boda de Abenamet y Elvira, no sugiere tanto una alternativa a la sociedad presente como la posibilidad de habitar temporalmente los últimos momentos de un pasado fronterizo que forma parte del patrimonio histórico y legendario. La mirada hacia los moriscos y su levantamiento es, por tanto, ambivalente: al poco de comenzar la novela observamos que el narrador acusa a los musulmanes de ser 'orgullosos', 'fanáticos' y de extender su civilización 'llevando siempre la razón en la punta de la espada' (p. 58). Esto no cohíbe que muestre una actitud empática y compasiva para con ellos, en cuanto que denuncia sin tapujos la crueldad de los cristianos durante la guerra y la posterior intolerancia del bando vencedor: '¿No hemos visto arrasados sus pueblos, robadas sus casas por la desenfrenada soldadesca, degollados sus sacerdotes y violadas sus vírgenes?' (p. 128); 'Engreídos nuestros contrarios con la palabra entre ellos tan acatada de cristianos viejos, miran con desprecio a los que de nuevo entran en su religión' (p. 268). Así pues, aunque considera que el cristianismo es superior al islam, rechaza que la imposición a la fuerza sea algo aceptable. Es decir, la compasión hacia los musulmanes —'tan hijos de ella [España] como los mismos cristianos' (p. 171)— hubiera sido la mejor forma de permitir que Castilla se impusiera como modelo cultural y religioso entre los habitantes de los territorios recién conquistados, que hubieran terminado aceptando la superioridad del cristianismo en lugar de haber sido condenados al destierro en masa. Tan central es esta idea a la ideología de la novela que es reiterada por el propio ferí Abenamet, quien, a pesar de su acendrado patriotismo, declara que 'si el yugo de los cristianos hubiera sido suave, lo sobrellevaríamos con resignación' (p. 293). La insurrección morisca aparece, así, como respuesta natural a la intolerancia de la plebe y al influjo corruptor del clero y la Inquisición, pero, a su vez, como amenaza al proyecto nacional representado por los Reyes Católicos y el último suspiro de una civilización, la árabe, que desde que 'pisaron el suelo español debió conocerse que tarde o temprano tendrían que tornar a sus lares primitivos' (p. 58).

Los moriscos son en todo momento víctimas de injusticias, y su rebelión es considerada lícita, e incluso algunos de los personajes más fielmente cristianos de la novela empatizan con la causa de Abenamet. Esto ocurre con el caballero don Tello, quien se refiere, en cierto momento, como 'ilustre Abenamet' al

81 Monroe, p. 61.

caudillo morisco (p. 268); véanse, además, sus reflexiones sobre la causa de sus adversarios políticos al comienzo de la novela: '¿Es mengua, acaso, o vituperable baldón defender la patria? ¿Cuál era la patria de los moros? ¿No eran esas elevadas torres? ¿Si nosotros los vencimos...?' (p. 42).

La reina Isabel la Católica, como figura, queda exculpada de toda intolerancia llevada a cabo por los cristianos, lo que se traduce en una visión parcial y en cierto modo partidista de los sucesos históricos (p. 129). De todo ello se culpa a su hermano, Enrique IV, a quien responsabiliza de haber llenado de vicios las filas cristianas (p. 111). Consideraciones así podrían encontrar su origen en el mito fundacional en torno a los Reyes Católicos que por entonces proliferaba, y que sirvió de soporte al nacionalismo historiográfico del que sería ejemplo paradigmático el historiador Modesto Lafuente, uno de los principales del XIX español.

Así, la intolerancia denunciada, la ruptura de la convivencia, es resultado de este influjo perverso sobre las huestes cristianas. Encarnación de esto último es el personaje de don Juan Pérez, que disfruta con la aniquilación que traen las guerras (p. 53), y se nos demuestra fanático, embelesado por lo bélico a causa de 'la exaltación de la fe católica' y 'la extirpación de las herejías' (p. 45). Caso idéntico es el del soldado Jaime, quien se muestra en extremo satisfecho de 'la dulce libertad que el ejercicio de las armas nos acarrea, porque al fin, si no nos han dado tierras en el repartimiento, también el rico botín de los pueblos hinche a veces nuestros bolsillos' (p. 97). La rapiña a la que Enrique IV los ha acostumbrado es, por tanto, el motivo fundamental de su carácter intolerante y destructivo, reflejo deformado del verdadero amor a la patria.

La pasión amorosa y la sensibilidad se encuentran así con una tercera virtud que identifica a los personajes nobles y les hace reconocerse mutuamente a través de la barrera étnica y religiosa: el patriotismo. Si bien desde un punto de vista teleológico la civilización cristiana y el pueblo castellano son los destinados a imponerse en el devenir histórico, el amor a la libertad y la lealtad a la patria de los moriscos son valores encomiables que otorgan legitimidad a la rebelión. El ferí Abenamet se declara a Elvira como 'un hombre compasivo, humano, pero ama la libertad y la independencia de su país; por eso es mirado por los ganadores de Ronda como el más aborrecible monstruo que ha podido abortar la tierra' (p. 76). El amor a la libertad es así un principio innegable en el que resuenan ecos de las luchas políticas contemporáneas ('al santo nombre de libertad siento encenderse en mi corazón una ardorosa hoguera, y me parece que solo valgo por miles' p. 179) y que no es incompatible con un pensamiento historicista providencialista que ve su expulsión como necesaria para la consolidación territorial de la España cristiana. El patriotismo del 'otro' morisco es, a pesar de su condena al fracaso, entendido como un sentimiento tan noble como el propio.

El patriotismo morisco del ferí es, al igual que su amor por Elvira, un afán trágico que sitúa en ciertos momentos a la novela en conexión no solo con la novela histórico-romántica sino también con la narrativa abolicionista en boga en el primer tercio del siglo XIX. Abundan, a lo largo del texto, alusiones a los moriscos como esclavos que insinúan la similitud de ambas experiencias. Abenamet desvela a Elvira que 'un terrible día se prepara; los esclavos quieren romper las vergonzosas cadenas; el choque será mortífero y cruel, y ¡ay del infeliz vencido! Sé lo que debes a la patria, pero conozco tu carácter, y no tengo miedo de decirte que queremos tornarnos de siervos en señores' (p. 188). Los moriscos conquistados, en particular los jóvenes, 'se han acostumbrado por eso fácilmente a la esclavitud' (p. 223) al no haber conocido otra forma de vida. Al igual que en la gran novela abolicionista romántica en lengua castellana, *Sab* de Gómez de Avellaneda, la identidad espiritual entre dos almas sensibles trasciende la separación que la sociedad ha establecido entre una clase dominante (la castellana) y otra subalterna (la morisca). Si *Sab*, por su lado, ejerce una gran cautela a la hora de apoyar la rebelión armada de los oprimidos, y prefiere presentar al mulato Sab como un atormentado héroe romántico antes que como cabecilla de un pueblo en lucha, en *El ferí de Benastepar*, la distancia histórica y posterior derrota de los moriscos no impide que el ferí sea, entre otras cosas, un patriota en lucha por las libertades de su pueblo.

La nostalgia por una Andalucía fronteriza se solapa de esta forma con la nostalgia rousseauniana por un mundo natural anterior a la erección de barreras sociales y religiosas, aunque esta sea una visión tan idealizada como el inocente abolicionismo de Carlota en *Sab*.[82] La convivencia medieval es así un estado previo a la aparición de las identidades políticas y religiosas y a la irrupción del sentimiento patriótico. La convivencia medieval es una inocencia perdida hacia la que se proyecta una sensación de nostalgia que, creemos, permea gran parte de la novela. Los 'puros sentimientos patrióticos' son, por otro lado, el detonante, a ambos lados de la barrera religiosa, de los acontecimientos que hacen mover la rueda de la historia de forma inexpugnable, y que condenan a los enamorados a la muerte o al destierro. En cualquier caso, la insistencia en los encuentros culturales, bélicos, amorosos y religiosos que articulan la novela atestigua la importancia de la frontera granadina en la imaginación de escritores andaluces como Hué, cuya vida transcurrió entre Jerez y Ronda, y cuya obra se volcó en un peregrinaje hacia un pasado fronterizo concebido como propio.

[82] 'Cuando yo sea la esposa de Enrique —añadió después de momento de silencio—, ningún infeliz respirará a mi lado el aire emponzoñado de la esclavitud. Daremos libertad a todos nuestros negros. ¿Qué importa ser menos ricos? ¿Seremos por eso menos dichosos? Una choza con Enrique es bastante para mí, y para él no habrá riqueza preferible a mi gratitud y amor' (Gertrudis Gómez de Avellaneda, *Sab* (Manchester: Manchester University Press, 2001), 80).

Como novela histórica romántica, *El ferí de Benastepar* emplea la imaginación para llenar las lagunas de nuestro conocimiento histórico de explicaciones y resoluciones simbólicas a problemas pasados y presentes. Sirviéndose tan solo de un nombre mencionado de manera pasajera en crónicas y romances, Hué y Camacho narra una historia de amor que presenta una serie de interesantes ambigüedades frente al relato histórico oficial que poco a poco iría asentándose, a lo largo del siglo XIX, sobre los orígenes étnicos, culturales y religiosos de la nación. La imposibilidad de publicar la obra, la prematura muerte de su autor y el olvido total al que fue condenado el respectivo manuscrito contribuyeron a ocultar la existencia de perspectivas como esta, alternativas a lo habitual en el liberalismo romántico de la España decimonónica.

Nota al texto

Reproducimos aquí el texto perteneciente al manuscrito de la novela hallado en la colección de papeles de Serafín Estébanez Calderón, en la Biblioteca Nacional de Madrid, con las signaturas Mss/2173-Mss/2175. Una comparación con el manuscrito conservado en la Biblioteca Municipal de Jerez sugiere que este es un borrador parcial de aquél, con discrepancias poco relevantes.

En nuestra transcripción modernizamos la ortografía en consonancia con el uso actual, y corregimos la puntuación cuando lo estimamos oportuno.

EL FERÍ DE BENASTEPAR O LOS MOROS DE SIERRA BERMEJA

Advertencia preliminar

Conocedor de todos los pueblos, cavernas, subterráneos u demás sitios pintorescos de que abunda la Serranía de Ronda, y que hasta ahora no han sido descritos por nadie, he creído oportuno escribir una novela donde estén enlazados con la sublevación primera de los moros efectuada en 1500, los usos y costumbres de aquella época, y los magníficos cuadros de la naturaleza.

Ojalá logre que mis lectores derramen alguna piadosa lágrima en memoria de la interesante doña Elvira, y se entusiasmen en el amor santo de la patria al escuchar los puros y libres acentos del ferí de Benastepar; esta es la única y dulce recompensa que exijo del público.

Capítulo 1º

La alquería

Aquí la verde pera
Con la manzana hermosa
De gualda y roja sangre matizada,
Y de color de cera
La cermeña olorosa
Tengo, y la endrina de color morada;
Aquí de la enramada
Parra que al olmo enlaza
Melosas uvas cojo,
Y en cantidad recojo
Al tiempo que las ramas desenlaza
El caluroso estío
Membrillos que coronan este río.

Canción de Lope de Vega.[1]

Bermejeaba ya el sol en el oriente una hermosa mañana del mes de agosto, cuando viose salir por la Puerta del Almocábar[2] escogida aunque numerosa cabalgada; indicaban sus armas y arreos que festiva y bulliciosa cacería era su objeto. Mientras, dejando a un lado la fuente de los Gomeles,[3] aguijoneaban sus caballos por el camino de Sijuela, diré a mis lectores en cortas palabras las personas que en ella iban. Montada en un brioso alazán, era la primera doña Elvira de Castro, de veinte años, esbelta estatura, facciones peregrinas y poco comunes, pelo negro como el ébano, que contrastaba perfectamente con las blancas plumas de su verde sombrerillo de caza; la hacían en extremo hermosa; no era menos admirable por su bella índole, cultivado talento, facilidad en explicarse, destreza en montar a caballo y en disparar una flecha; había poco

1 Los versos están extraídos del primer libro de *La Arcadia* (1598).

2 La Puerta del Almocábar se construyó en Ronda a finales del siglo XIII; el nombre venía del árabe 'Al-maqàbir', es decir, cementerio.

3 La fuente de los Gomeles estaba, junto al arrabal viejo, en 'la única entrada llana que por el Mediodía tenía la ciudad bajo los muros de la fortaleza', pero fue arrastrada 'a principios del siglo XVIII' por 'una de las grandes avenidas del río', explica Juan Pérez de Guzmán, *La casa del rey moro en Ronda* (Valladolid: Máxtor, 2009), p. 21.

tiempo que pasara a Ronda desde Sevilla, y fue desde entonces el pasmo de cuantos lograron conocerla; su melancólico temperamento, y, por consiguiente, su carácter sostenido y varonil, la hacían aún más seria y circunspecta que lo que era en realidad; iba a su lado su padre don Felipe, caballero de costumbres blandas y suaves, buen amigo, pero sin tener jamás opinión propia, y condescendiente con todos, hasta rayar en debilidad.

Seguían don Tello de Lara y don Juan Pérez, sujetos de ilustre alcurnia, y de los ganadores de Ronda; tendría el primero como cuarenta años, pariente cercano de don Felipe, y al servicio de los Reyes Católicos, pero rico en haciendas; ni tomaba la soldada que el rey diera a otros, ni quiso tierras ni olivos en el repartimiento que después de la toma de Ronda hicieran entre sí los vencedores de los bienes de los moros. Franco, hermoso e independiente en sus opiniones, era el reverso de la medalla de don Juan Pérez, que murmuraba continuamente de lo poco que le dieran en premio de sus muchas hazañas, y encomiaba sus altos hechos en las guerras de Granada y Ronda; no era, por cierto, tan valiente como decía, mas tampoco era cobarde, pero tenía otros vicios que mancillaban su alma; envidioso, altanero y poco compasivo, a nadie en el mundo juzgaba digno de su aprecio.

Jadeando encima de un corcel que se encabritaba a cada paso, gracias a la mala dirección del jinete, seguía detrás de todos don Sancho Nuño, caballero útil solo por disponer una comida, o aderezar una mesa; si alguna vez se había presentado en las lides, eran las armas en su mano cual débil caña en poder de niño juguetón, pero enteco y consumido; en verdad sea dicho, tampoco se picaba de guapo, mas sí de buen jinete y de gran cazador; aficionado a la poesía, salían los versos a borbotones de su boca viniendo o no al caso; varios criados y ballesteros con aprestos de caza y comida completaban la campestre expedición.

Admiraban los viajantes el pintoresco paisaje y las infinitas bellezas que a cada paso se les presentaban, y, sobre todo, doña Elvira, que visitara la tierra por primera vez.

—Ya veréis —dijo don Tello— las magníficas huertas de Sijuela, que nada dejan que desear por su esmerado cultivo y por los variados y diversos árboles ya silvestres, ya frutales, que encuéntranse en ella.

—Dejo con mucho gusto —replicó don Sancho— a un lado los árboles, aunque luzcan, en vez de frutas, orientales rubíes y nacaradas perlas, y voy solo pensando, con perdón sea dicho, en el almuerzo; los repetidos saltos de mi bullente cabalgadura han aguzado furiosamente mi apetito, en un igual caso fue cuando Juan de Mena…

—Hacednos la merced —le replicó doña Elvira— de suspender vuestra poética comparación; pronto quiere nuestro amigo don Sancho volvernos tarumba con su sempiterno charlar.

—¡Es tan buen poeta don Juan de Mena!

—Nadie lo duda, y yo misma leo con placer inmenso sus obras, mas cada cosa requiere su ocasión.

—Convenido, pero en cuanto al almuerzo…

—En cuanto al almuerzo —dijo don Tello—, no hagáis el menor recelo; haráse pronto, y sestearemos en la vecina alquería de un conocido mío moro.

—¡Moro! —replicó don Juan con viveza.

—Sí, y hace poco tornóse cristiano.

—Lo mismo creerá el pícaro en Jesucristo que yo en un maldito zancarrón.

—No hay más que dos caminos hábiles; o irse a la morería, o hacerse cristianos. ¿Qué hará el desgraciado que tenga familia para no perder sus paternales bienes? ¿No es verdad, don Felipe?

—Sin duda —repuso este— debe, debe hacerse cristiano.

—Pero —insistió don Juan—, será un mal cristiano, como que lo es por el solo interés. ¿No es cierto, don Felipe?

—Es verdad, sí, es verdad; será un mal cristiano.

—Pues entonces es espantosa maldad.

—Estriba la maldad —le interrumpió doña Elvira —en que se les ha puesto en terrible y azaroso escollo, donde solo ven por una parte miseria y persecución, o mala fe y violación de los principios de su creencia por otra; no tienen todos el alma grande y fuerte para resistir impávidos la miseria para abandonar los caros objetos que cercaron su causa; muchos, por eso, se hacen cristianos.

—Muy bien, muy bien —dijo don Sancho—, sois la sola para moralizar; ni Epicteto os iguala, así Jorge Manrique…

—Por Dios, dejadnos ahora de Jorge Manrique.

—Calláreme, doña Elvira, mas os juro por las musas que ya que no gustáis oír una de sus coplas, tampoco oiréis el trovo que de ellas acaba de hacer un fraile cartujo amigo mío, y, por cierto, es un retazo de maestro.

—Nos consolaremos fácilmente de tal desgracia.

—Bueno, y yo entretanto divertiré mi forzado silencio empinando un traguito de lo caro.

Hízolo así repetidas veces, descolgando una bota de cuero, que haría muy bien sus tres azumbres, del arzón de la silla, en tanto que los demás siguieron indiferentes conversaciones hasta que avistaron la alquería.

En un pequeño almijar que delante de la puerta estaba, vieron al morisco con una hija suya como de dieciséis años, ordeñando unas vacas; dio un salto doña Elvira de su caballo, sin permitir que le ofreciese su ayuda el oficioso don Juan, y todos los demás hicieron lo mismo, excepto don Sancho, a quien dos criados tuvieron que arrancar, más bien que bajar, de la silla.

—Alabado sea Dios —dijo don Tello.

—Por siempre sea alabado —respondió la muchacha.

—Aquí venimos a descansar un rato y tomar un bocado.

—Mi pobre casa —respondió el morisco—, y todo lo que encierra, está siempre al servicio de don Tello y su honrada compañía.

—Vamos, vamos entrando; Elvira, colócate en este banquillo, que quizás estarás mejor que no en esa desvencijada silla.

—Aquí estoy bien, tío. ¿Y tú, niña, cómo te llamas?

—Yo, María.

—¿Y tu padre?

—Mi padre…

—Sí, tu padre.

—Su padre —la interrumpió el huésped— se llama ahora Pedro.

—¿Cómo ahora? —replicó don Juan.

—Porque en otro tiempo me llamaba Almanzor.

—¡Ah! Sí, ya se me había olvidado…

—¿Y tienes más hermanos? —continuó doña Elvira.

—Ya María no tiene hermanos. ¿Veis desde aquí la torre que ahora se llama del homenaje? Pues mirad, cuatro hijos míos murieron hace quince años en ella, defendiendo su patria.

—¿Y os atrevéis —le replicó don Juan— a recordar…?

—¿Y por qué no se atrevería? —dijo don Tello— ¿Es mengua, acaso, o vituperable baldón defender la patria? ¿Cuál era la patria de los moros? ¿No eran esas elevadas torres? ¿Si nosotros los vencimos…?

—Nos vencisteis —interrumpió Pedro con calor— porque…

—No es ahora el momento de pesquisar por qué os vencimos, lo cierto es que así aconteció; si nuestra bandera, la bandera de Castilla, ondea en sus encumbradas almenas, dejémosles que se lamenten de su triste suerte. ¡Infelices! Casi todos ellos han perdido su suelo natal, sus casas y sus haciendas.

—Y qué bien se han lucido esas haciendas —siguió don Juan, enroscándose con una mano sus largos y poblados bigotes—; a mí solo me dieron una caballería de tierra y doce olivos, ya veis. ¡A mí! ¡Y qué olivos!

—No los tendrán mejores sus dueños en África —dijo doña Elvira—, pero dejemos una conversación que molesta.

—Sí —repitió su padre—, molesta, molesta.

—Tratemos —exclamó don Tello— de almorzar, que es lo que ahora atañe al caso; Pedro, dispón que tu hija…

Fresca como la rosa de mayo, adelantóse María, extendió sobre una mesa toscos pero limpios manteles, y puso encima un aseado barreño de madera lleno de blancos requesones y dos azafates de paja rebosando rojizos albérchigos y amoretados priscos.

—¿Dónde está ese demonio de don Sancho, nuestro encargado en la vitualla? —prosiguió don Tello.

—Allá voy, allá voy, que estoy desembanastando estos comestibles; en tanto que os repiqueteáis unos con otros, atiendo yo solo a lo sustancial.

Dichas estas palabras entró con dos criados, y mientras ponían los manjares sobre la mesa, miraba don Felipe al suelo sin decir palabra, don Tello hablaba de agricultura con Pedro, y doña Elvira y don Juan sostenían un animado diálogo.

—¿Será cierto —le decía este— que las punzantes flechas del amor os hayan herido vuestro corazón?

—Como son las flechas punzantes, huyo de ellas.

—¿Ningún caballero de la galante corte de Isabel habrá podido ablandar vuestra esquivez?

—Procuro siempre alejarme del peligro.

—¿Consideráis al amor como tan peligroso? ¿No es acaso una dulce cadena?

—Por lo mismo que es cadena no lo quiero.

—Ya, pero es una cadena de olorosas flores.

—Sí, pero tal vez entre las más olorosas flores hállase oculta espina.

—Vaya, aún no os ha llegado la hora.

—Quizás será.

—En cuanto a mí, ya me ha llegado.

—¡Ya! Me alegro. ¿Y se podrá saber la persona que ha cautivado ese almibarado corazón?

—No le place al cautivo hablar de prisiones, ni al náufrago de las tempestades del mar.

—Admiro vuestra prudencia.

—Con todo, pudiera por mis hechos de armas, por mis reiterados servicios…

—Pudierais aspirar a la dama más ilustre y apuesta de Andalucía.

—Solo una ha herido mi corazón, y se llama…

—Vamos, ¿cómo se llama?

—Doña Elvira de Castro.

—¡Jesús! ¡Válgame santa María! ¡Qué disparate tan grande decís!

Iba, sin duda, a replicar don Juan, mas estorbolo y llamoles la atención la ruidosa disputa que tenía don Sancho con don Tello.

—Os digo y os repito —decía don Sancho— que antes debe servirse a la mesa el cuarto de carnero asado que el pernil de tocino.

—Pues yo os digo, y os repito, que he visto mesas de gentes de pro donde los reposteros colocaban primero el pernil.

—Blasfemia espantosa; no cejaré jamás sobre este punto.

—Sencilla cosa es —dijo acercándose doña Elvira— conciliar vuestras opiniones; pónganse el pernil y el carnero a la par en la mesa, y pelillos a la mar; no es razón que se enfaden dos amigos por asunto que tan poco monta.

—Monta y remonta muchísimo, porque se interesa el honor del arte que profeso, convéngome, a pesar de todo, pues como decía…

—Chito, chito, no digáis lo que otros decían.

—Cruel cosa es que no os pueda siquiera encajar un verso; pues no, voto a sanes,[4] que no evitaréis os diga que esta linda niña, ordeñando las vacas, me ha recordado aquello de

Moza tan fermosa
non vi en la frontera
como la[5] *vaquera*
de la Finojosa.
faciendo la vía
de Calatraveño
a Santa María,
vencido del sueño
por tierra fragosa
perdí la carrera
do vi la vaquera
de la finojosa.

Recitó don Sancho estos versos con una volubilidad extraordinaria de lengua, temiendo, al parecer, que lo interrumpieran, y luego añadió:

—¡Gracias al Todopoderoso que pude al fin deciros, en paz y sosiego, estas coplas del marqués de Santillana!

—Porque ya nos causáis lástima —respondió doña Elvira— os hemos dejado desfogar vuestra poética vena.

Sentáronse a la mesa, y en tanto que don Juan echaba al paño piropos y flores a doña Elvira, no cesaba don Sancho de ponderar el primor de los manjares preparados por él.

—Pronto, señores, este pastel de ternera veréis qué adobo tiene tan exquisito.

—En efecto —respondió don Felipe.

—¿No hacéis reparo en el extraño gusto de este asado? Pues es debido a la salsa nueva inventada por mí, y que lo cerca por todas partes, como los griegos cercaban a la triste y desgraciada Troya; entra en su composición la canela y el clavo, especia traída de la India a Europa.

—¡Si lo supiese el rey Fernando! —dijo don Tello.

—No ignoro que ha prohibido este lujo, y quiere nos contentemos con el ajo y el pimiento, mas yo, gracias a un amigo que acaba de llegar de Lisboa, he logrado haber a las manos una libra de estos condimentos; es notable, por cierto, el gusto picante, pero azucarado, que prestan.

—En efecto —volvió a responder don Felipe.

—¿Y qué diréis de esta torta hecha con dátiles, miel, harina y huevo?

[4] 'Voto a Sanes': Voto a todos los Santos. Sanes, contracción de Santos.

[5] En el original, 'una'; véase marqués de Santillana, *Obras completas* (Barcelona: Planeta, 1988), p. 10.

—Rica está, por san Pedro —dijo don Juan—, y a esa mezcla llaman los moros *al-muri*;[6] en honor de ella quiero hacer las amistades con el amigo Pedro; además, se interesa tanto esta señora...

—Me intereso siempre —le replicó con energía doña Elvira— por todos los desgraciados, ora vistan la capa corta de los cristianos, ora el alquicel de los musulmanes.

—Vaya, Pedro —añadió don Juan—, toma esta tajada de pernil, que, por cierto, está bien cocida y sabrosa.

—No como tocino —respondió Pedro.

—¡Ah! ¡Ya! No me acordaba; al menos prueba un trago de este excelente vino de Genalguacil.

—No bebo vino.

—Tampoco me acordaba.

—No tenéis nada de qué acordaros; nuestra ley, digo, la ley que he seguido hasta hace poco, me vedaba esa comida y ese licor; ya no me es prohibido, mas por la falta de costumbre no me gustan.

—Tiene Pedro sobrada razón —exclamó don Tello—; si a vos, don Juan, que por la gracia de Dios sois cristiano, os llevasen a la Bebería, y os hicierais moro y quisieran comieseis langostas como los naturales del país, diríais que os repugnaban por la falta de costumbre; pues igual cosa dice don Pedro.

—Muy bien, muy bien —respondió don Sancho—, venga acá ese pernil y ese vino, que yo lo comeré, beberé por nuestro huésped, y brindo por los hombres de bien de todo el mundo, y porque Dios todopoderoso conserve luengos y prósperos años la vida a nuestros reyes don Fernando y doña Isabel.

—Y por la exaltación de la fe católica —prosiguió don Juan—, y extirpación de las herejías.

—Amén, amén —repitieron todos, menos don Tello, que le dijo al oído a su sobrina:

—¿Si creerá este tonto que está aquí entre herejes? Pélenme las barbas si salgo más a diversión alguna con él.

—Y haréis muy bien, tío.

Antes que el sol molestara, pasearon detenidamente las tierras de la alquería, admirando por doquier el poder de la naturaleza y del arte reunidos; veíase en una parte un florido bosquete donde alternaban, mezclados con el oloroso naranjo, el rojizo guindo y el copudo granado, varias clases de perales y manzanos; entrelazábanse sus ramas, y era solo interrumpido el silencio que reinaba en aquella mansión por los melifluos gorjeos del jilguero y de la alondra; ¡ah! Gozaba allí el alma el sabroso placer y la pura alegría que en vano buscamos en los encumbrados salones tapizados en plata y oro.

6 De esta palabra proviene la actual 'almorí' (DRAE).

Subieron después, aunque con penoso trabajo por parte de don Sancho, a un empinado cerro poblado de encinas, alisos, serbos y peruétanos; divisábase desde allí, por una parte, las gruesas almenas de la vecina Ronda, y aun veíanse a los centinelas pasear por la muralla con el arcabuz al hombro; dos lágrimas frías como la nieve, y tristes como el sueño del sepulcro, corrieron por las mejillas de Pedro; advirtiólo doña Elvia, y lanzara un profundo suspiro; jamás su alma se avezó a ver tranquila los sufrimientos del hombre desgraciado; más bajo corría el manso Guadalevín, regando innumerables huertas, y por el opuesto lado, el río de Sijuela, murmullando entre los guijarros, atravesaba las posesiones de Pedro; picaba un poco el sol, y nuestros viajeros tomaron asiento en el menudo césped de una pequeña meseta sombreada por tres robustos álamos negros.

—¿Qué máquina extraña —dijo don Sancho— es la que tengo delante de mí? Ruedas, sogas, palos; por san Gil, dime, Pedro, qué cosa es.

—Esta, señor, es una noria, invención de los moros para regar; esas vasijas de barro llámanse arcaduces, y bajan a lo hondo a buscar el agua que luego vierten en la superficie de la tierra, con ella y la que me presta el río he podido en pocos años hacer fructífero el suelo que solo criaba lentiscos y retamas; a más de lo que habéis visto, siembro trigo, alubias y altramuces para mi sustento, alazor para adornar mis comidas, forrajes para mis vacas y caballos y arvejas para surtir mis palomares.

Registraron después el jardín, pequeño en verdad, pero lleno de blancas azucenas, morados lirios, encendidos claveles y olorosos aromas y calambucos; fatigados de tanto andar, sentáronse todos al pie de un estanque menos doña Elvira y don Sancho, que a la alquería se tornaron. El fin de la primera era conversar con la linda hija de Pedro, y el de don Sancho tomar un bocado y beber un traguito, pues decía que con el ejercicio tenía ya el almuerzo en los talones; unía este sujeto a su charlatanismo y glotonería una no pequeña dosis de indiscreta curiosidad, y así es que comenzó a escudriñar la casa de punta a cabo apenas entró; entretanto, le decía doña Elvira a María.

—Querida niña, ¿estás aquí contenta? ¿No deseas irte a la ciudad?

—No, señora, casi siempre he vivido en el campo, y así crea vuesamerced que estoy aquí alegre, y más estaría si no nos incomodasen a menudo.

—¿Quién se atreve a incomodarte?

—Los cristianos, ya casualmente, ya de intento, vienen muchas veces, y a fuer de vencedores; ¡qué cosas nos dicen! Perros, herejes, cristianos nuevos, y toman sin pagar la leche y la fruta, y mi padre, aunque disimula, se enfada tanto que un día temo una desgracia; solo tal cual vez viene don Tello a consolarnos y alentar nuestra triste vida.

—¡Crueles! —exclamó con viveza doña Elvira— ¿No os basta el haber sojuzgado al industrioso pueblo que tornó estos páramos y eriales en feraces campiñas, sino que aún añadís la rapiña y el insulto? María, vente conmigo, te tendré y cuidaré como hermana.

—Señora, es imposible; mi padre…

—¡Ah! Sí, tu padre… Hablaré al menos al corregidor de Ronda, que es amigo de mi casa, y nadie será osado a molestar a tan honrosa familia.

—Mucho lo agradeceremos.

—Sí, le hablaré, hermosa María, enjuga tus lágrimas, si no harás que también las derrame.

—¡Si todos los cristianos fueran así! ¡Si tuviesen el corazón tan amoroso…!

Oyeron a esto un gran estrépito en un cuarto interior que le servía de despensa, y vieron a don Sancho forcejeando por abrir una puerta.

—¿Qué hace vuesamerced? —le dijo María, asustada.

—Ver si logro registrar toda la casa por entero, pues ya solo me falta este recoveco.

—Estese quedo, por la virgen.

—¿Y con qué derecho —le replicó doña Elvira— pretendéis escudriñar los secretos de esta familia?

—Bien sabe Dios que no me gusta molestar.

—Pero sois curioso en demasía.

—De mi difunta madre heredé esa pequeña falta, y después con mi afición a las ciencias…

—¿Y qué tienen que ver las ciencias con tan maldito vicio?

—¡Oh! Mucho, muchísimo; en primer lugar, jamás permítame doña Elvira que vea…

Antes que esta y María pudiesen contenerlo, ya el imprudente había dado otro empujón a la puerta; no resistió entonces, abriose y por ella salieron de improviso dos moros.

—Pérfidos cristianos —dijo uno de ellos—, ¿os turbamos nosotros en vuestras casas? ¿Penetramos acaso en la ciudad? ¿No nos habéis desterrado de ella como malhechores, y vagamos arrastrando penosa existencia de risco en risco, de peñasco en peñasco? ¿Por qué venís a indagar nuestros secretos escondites? Pues bien, presos vendréis con nosotros, y nuestro ilustre caudillo dispondrá de vuestra vida.

—Yo —respondió don Sancho— soy hombre de paz, y solo, y solo…

La turbación de su lengua le impidió proseguir, y empezó a mirar por todas partes por si brujuleaba algún ballestero, mas todos dormían a mansalva debajo de los árboles.

—Caballeros, si acaso lo sois —dijo doña Elvira—, retiraos a esa tenebrosa estancia, nadie sabrá de vuestra existencia en este sitio, os aseguro eternal secreto.

—Cuidado —prosiguió María—, que respetéis a esta señora, es la cristiana de mejores entrañas que darse puede.

—¡Hola! Zulema, ¿también tú defiendes a nuestros mortales enemigos?

—No está mala la nueva —dijo, entre dientes, don Sancho—; ¡bueno! ¿Conque la niña se llama Zulema y no María? Y parecía una santita.

A pesar de las súplicas de esta, de las disculpas balbucientes de don Sancho, y de las enérgicas palabras de doña Elvira, trataron los moros de llevarse por fuerza a los cristianos a su oculto asilo. Sonó en esto una voz desde dentro que decía:

—Alí, Hacem, ¿dónde estáis?

—Quedasteis frescos —exclamó el moro que hasta entonces había callado—, ya se acerca quien os ajustará bien las cuentas.

Don Sancho temblaba de pies a cabeza, y doña Elvira estaba sorprendida y pálida a pesar de su varonil carácter, cuando se presentó a la entrada del escondite otro gallardo moro.

—¿Por qué se halla así…?

—¿Señor…? —dijo uno de ellos.

—¡Ah! Ya lo entiendo; soltad inmediatamente a esos cristianos; doña Elvira de Castro, silencio y discreción. Caballero, ¡ay de ti si violas este secreto!

Dichas estas palabras, entráronse los tres, y cerraron tras sí la puerta.

Capítulo 2°

El viaje a Libar

Llegaron en estas pláticas al pie de una alta montaña, que, casi como peñón tajado, estaba sola entre otras muchas que la rodeaban. Corría por su falda un manso arroyuelo y hacíase por toda su redondez un prado tan verde y vicioso que daba contento a los ojos que la miraban.

Cervantes, parte 1ª, libro 3 del *Quijote.*

Quedaron todos cabizbajos y pensativos después de la ida de los moros; parecíales a doña Elvira y a don Sancho, que no era realidad sino solo terrorífica visión lo que habían visto; María, turbada, temiendo la justa reconvención de los huéspedes, sentose en un rincón, y, fingiendo candoroso semblante, se puso a mondar alubias; don Sancho principiara a pasear arriba y abajo, y doña Elvira fue la que primero rompió la palabra, diciendo:

—Convenid, don Sancho, que sois curioso en demasía con sus puntas de desatento.

—Convenido, convenidísimo estoy; el ímpetu de esta mi curiosidad, que no me es dado contener, se parece a río caudaloso que se desborda.

—A los tormentosos ríos se les pone su dique; el de la curiosidad impertinente e indiscreta es la razón; hoy, por ella, nos habéis puesto a dos dedos del precipicio.

—¿Mas quién pudiera, señora, imaginar que aquella dichosa puerta encerrase un subterráneo, que aquel subterráneo tuviese otra salida, y que por la otra salida entrasen moros? Vaya, esta es una cadena que solo el diablo puede desliar y entender.

—A trueque de no enfadarme con vos como debiera, os mando que a ninguna persona viviente digáis la menor palabra de lo que habéis visto; además, lo requiere vuestra propia seguridad.

—No tengáis cuidado, callaré más que un mudo, pues no olvido las sabrosas y enconfitadas razones que me dijo al partir el amigo moro; a vos os trató con más dulzura; ¡ya se ve, las faldas tienen sus privilegios! Pero mirad la gatita muerta de Zulema con qué privilegio parece que no enturbia el agua, ¡fiarse luego de mujeres! No en mis días; juro por Apolo y las diez musas que no me he de dejar engañar de ninguna.

—Ni creo que tampoco ninguna se dejará engañar por vos.

—Podrá ser, y estaremos iguales; mas estas mías son palabras sueltas, y después me quitan más las hembras que la miel a las moscas.

Llegaron a poco los demás cazadores, y empezaron a rebullirse de su sueño los criados.

—Señores —exclamó don Tello—, quien trate de comer, que lo empiece a hacer al instante, pues son las dos de la tarde, el camino hasta la fuente de Libar no es corto, y nos ocupará lo que resta de día.

Como había sido el almuerzo copioso, nadie quiso probar bocado, excepto don Sancho, que se engulló medio pernil y una azumbre de vino, quizás en menos tiempo que gastó en decirlo; mientras montaban a caballo y se despedían de Pedro y de su hija, acabó don Sancho de relamerse y le dijo a esta:

—A pesar de que sois...

Lanzóle doña Elvira una mirada, y don Sancho prosiguió.

—Tan callada y seria, y a mí me place la gente charlantina[1] y bulliciosa; con todo, no puedo deciros en prueba de mi puro afecto lo que así en igual ocasión decía el marqués de Santillana:

Entre Torres y Ximena[2]
Acerca de un alloçar
Fallé moça de Bedmar
San Julián en buena extrema.
Pellote negro vestía
Y lienços blancos tocaba
A fuer del Andalucía
Y de Alcorques se calçaba.
Si mi voluntad ajena
No fuese en mejor lugar
No me pudiera excusar
De ser preso en su cadena.

—¿Qué os parece? Los versillos no son malos; pero acércate acá ballestero, a ver si puedes hallarme este izquierdo estribo; poco a poco, empújame tú, Pedro, por detrás. Juan, sujeta bien el caballo... Cuidado... Despacio... Zas... Gracias a Dios que llegué al fin a lo alto de esta maldita bestia.

[1] Esta palabra no aparece en el DRAE ni en el NTLLE, pero la encontramos en el *Arte de hablar bien francés* de Chantreau, como traducción de 'commère': 'C'est une commère qui s'arréte partout pour babiller, es una charlantina que en todas partes se detiene para charlar'; Pedro Nicolás de Chantreau, *Arte de hablar bien francés o Gramática completa dividida en tres partes* (Madrid: Imprenta de Sancha, 1797), p. 161.

[2] En el original, 'Canena'. Marqués de Santillana, p. 9.

—No he visto en mi vida —le respondió don Juan— hombre para jinetear más torpe y más malo que vos.

—Depende de que ahora tengo embotado el cuerpo con la comida; luego, estos condenados y agrios caminos; luego, este animal que parece una avispa; luego, estos estribos tan largos... Si no, ya, ya veríais quién era don Sancho Nuño.

Principió la caminata y saliéndose algunas veces de la vereda para de más cerca observar los primores que las diferentes huertas encerraban; cayeron a las orillas del río Guadairo; doña Elvira iba sumergida en la más profunda meditación. '¿Quién será', decía para sí, 'aquel gallardo moro? El oro que cubría la media luna de su turbante, la rica tela de su pajiza marlota, su majestuoso talle, sus lacónicas palabras, todo me hace creer que es persona principal. ¿Y cómo sabía mi nombre? ¡Ay! Aún no tendrá treinta años, y ya perseguido y triste, se presenta solo cual ave agorera de la noche, o cual rayo de luz que súbito desaparece'. Ocupada en estas cavilaciones, que aumentaban su natural melancolía, aflojando las riendas a su brioso corcel, caminaba lentamente en medio de todos; si su alma antes de aquel momento odiaba de muerte la tiranía, si sufría en extremo al considerar la desgracia de los moros a quienes los caprichos de veleidosa fortuna lanzara para siempre de su torreada ciudad, si, aunque amante de las glorias de Aragón y Castilla, lloraba en secreto por los vencidos, y muy más viendo el insolente despotismo de los vencedores, aumentáronse sin cuento estos afectos en su pecho desde el anterior suceso.

—Escucha, hija —exclamó don Felipe—, prepárate a ver una cosa que hasta ahora igual no has visto; deja que demos la vuelta a este peñasco; ahora... Mira a la derecha.

—¡Jesús, padre, qué boquerón tan terrible!

—A ese llaman —prosiguió don Tello— la cueva del Gaduares, y ahora empiezan a decirle, sin saber por qué, del Gato.[3]

—¿Habéis entrado dentro, tío?

—No, la he visto desde la puerta, y me parece no es muy profunda; hállase a la entrada un hondísimo lago, lleno de azulados albures, anguilas y monstruosos barbos; sale por ella el río Gaduares, que, aunque ahora parece manso arroyuelo, hínchase en el invierno, corre cual espumoso torrente y caen sus aguas despeñadas en el Guadalquivir, que empieza aquí a tomar el nombre de Guadiaro.

—¿Pues por dónde —preguntó doña Elvira— entra ese río?

3 La cueva del Gato está en el término municipal de Benaoján, y a través de esta cavidad vuelve a surgir el río Gaduares a la superficie.

—La entrada sí que es una caverna asombrosa; dista media legua de este sitio, y se llama el hundidero de Montejaque;[4] no son muchos los que han tenido la curiosidad y atrevimiento de entrar en él, mas don Sancho y yo lo hicimos el mes de julio del año anterior; después de bajar una empinada y peligrosa cuesta...

—Donde muchas veces —interrumpió don Sancho— tenía que servirme de bastón la rabadilla.

—Se presenta la boca del hundidero que tendrá, como todo él, ciento y sesenta varas de altura, y sobre sesenta a sesenta de ancho; síguese luego saltando de piedra en piedra por la misma madre del río, hasta que se llega a un largo y profundo charco, se pasa por encima por el angosto filo de más resbaladizas lajas.

—Malditos sean el charco, las lajas, y la hora que entré dentro —dijo don Sancho.

—El amigo no debe estar muy contento con el hundidero; determinóse a entrar en compañía de gente del país, que casi en volandas lo llevaban; a pesar de su cuidado, resbalóse un pie, y como pesa y acababa de comer cual acostumbra, fue necesario echarle una robusta soga por debajo de los brazos y sacarlo ya casi dentro del agua como si fuera un cuerpo muerto o el más pesado leño.

—Y entretanto que os reíais, sudaba yo a chorros y me encomendaba a todos los santos y santas de la corte celestial habidos y por haber, y en especial a santa Rita abogada de imposibles, pues tal lo creía salir con bien de aquel endiablado sitio, y luego tuve que volver a andar por el maldito filo, pegado a las lajas como verdinegra lagartija; en fin, señores, creedme, fue una vez, pero aguzado será el garabato del que meterme otra dentro.

—Después que se pasa —siguió don Tello— con harto trabajo este primer charco, hay que atravesar otros dos no tan profundos, por encima de tablas y maderos que a prevención para este caso se llevan; tendrá la caverna cuatrocientas varas de largo y vese en lo más hondo una laguna, más allá de la cual júntanse tanto las peñas que no es posible pasar adelante; del golpeo de las gotas de agua que destilan de lo alto, hanse excavado en los peñascos pequeñas pilitas donde se conserva con una limpieza y frescura extraordinaria; también las sales reconcentradas por el frío forman en su techumbre y costados, pirámides, tabernáculos, estatuas y otras figuras de varios tamaños y colores; finalmente, admira allí para todas partes el viajante el alto poder de la naturaleza que sabe sola crear tan caprichosas y variadas bellezas.

Atravesaron el río, y, dejando a la derecha el pueblo de Benaoján, subieron por la escalereta a buscar la sierra; no se hartaba doña Elvira de contemplar absorta los cenicientos peñascos que formando aguzadas puntas por doquier

[4] Don Tello se refiere a la cueva del Hundidero, ubicada en la localidad de Montejaque, que conecta con la del Gato; véase Juan Manuel Cano Valenzuela, p. 10.

se presentaban a la vista, y alzaban hasta el cielo sus musgosos flancos; árida y pobre era allí la vegetación; notábanse solo a trechos silvestres chaparros y verdes acebuches que parecían suspensos en el aire sobre las cabezas de los caminantes; si las risueñas arboledas que acababan de ver, parecidas a la florífera y olorosa ribera del plateado Betis, inspiraban alegres y festivos pensamientos, aquellas encumbradas rocas, donde oíase retumbar de rato en rato el agudo chillido de las aves de rapiña, causaban en los sensibles corazones lúgubre y religioso respeto; llegaron finalmente al llano de Libar, cuando el sol bañaba con su lumbre los mares de occidente.

—Si la habitación que nos va a hospedar esta noche —dijo don Sancho— es tan buena como estos caminos, pesia mi alma si no me arrepentiré mil veces de haber salido a esta cacería; más valiera que hubiéramos escogido para llegar de nuestros venatorios recreos, alguna frondosa llanura donde no se estuviera continuamente a pique de romperse un cristiano una pierna, o abrirse los cascos en un santiamén... ¡Ya sé que, si uno aquí se cayese, no le sabría a almendras el golpe!

—Nuestra habitación —le respondió don Tello— será esa cabreriza que tenéis a la vista; las camas, por lo regular, no serán muy blandas, pero avisados como están desde ayer, creo hallaremos siquiera, ya que no bueno, mediano hospedaje.

Llegaron y advirtieron en el cabrero cierta inquietud que don Tello creyó natural efecto de no estar aquella pobre gente acostumbrada a ver personal de alguna categoría en su choza, y procuró tranquilizarlo.

—No tengas cuidado, amigo mío; veo te sorprendes al considerar cómo has de abrigar tanta gente en tu estrecha casa, mas nosotros nos acomodamos en cualquier parte; parece que hay dos cuartos separados...

—El de la derecha está hasta el techo lleno de paja —respondió el cabrero.

—No hayáis miedo por eso, mi sobrina dormirá en el de ahí enfrente, nosotros aquí en el hogar, y los criados a cielo raso. ¿Te agrada el ajuste?

—Lo que disponga vuesamerced lo doy yo por hecho.

Mientras don Sancho mandaba encender lumbre, calentar los manjares y poner la mesa, dijo don Tello:

—Parece que a todos nos ha picado mala víbora según el sepulcral silencio en que hemos venido envueltos desde que pasamos el río, sobre todo el amigo don Juan.

—A otros —respondió este— les gustan los amenos vergeles, las risueñas praderas, los agrestes peñascos y todos estos que llaman magníficos cuadros de la naturaleza, pero a mí me placen solo los sonidos del belicoso atambor o del agudo clarín; más quiero asaltar un castillo que solazarme bajo la sombra de repuestas arboledas.

—Soy —repuso don Tello— de contrario dictamen; odio hasta no más los militares aprestos, y disgústame sobremanera ver correr la sangre de nuestros semejantes, oír los gemidos del moribundo y contemplar los yertos cadáveres mutilados y esparcidos por el suelo; a pesar de esto, he sido y seré el primero que me presente en los campos del combate, aunque maldiciendo las impías guerras que entre sí hacen los hombres.

—Pues no, no tenéis el corazón tan blando, os he visto mil veces…

—Esgrimir furibundo la potente tizona; mas si la celada del caso no hubiera ocultado mi rostro, vierais por él correr amargas y abundantes lágrimas.

—Tiene razón don Tello —repuso don Sancho—, porque a quién le gusta matar a nadie; vamos, señores, sentándose, la cena está ya a punto… Como digo, a quién le gusta romper ni que le rompan un brazo… Vaya, probad, doña Elvira, este aloncito de pollo, porque al fin los porrazos y los golpes duelen muchísimo; ¡a fe que si duelen! Estando yo en el sitio de Almería…

—Por cierto —replicó don Juan—, que echasteis a correr de los primeros.

—Y, si no, bien tonto fuera si no lo hiciese… Tomad un trago, don Felipe… Figuraos que me dispararan un arcabuzazo a quemarropa, así bien…

Al decir estas palabras, levantóse para narrar mejor el sucedido, dio con la cabeza en el candil que los alumbraba, cayó este al suelo y todos quedaron a oscuras.

—No está mala la batalla —replicó doña Elvira—, lo habéis hecho como un príncipe.

Después de encendida la luz, prosiguió don Sancho.

—Lo malo es que me he achicharrado la cabeza con el aceite. ¡Qué! Les tengo inmortal odio a estos candiles, invención maldita de los árabes, al fin cosa de herejes; en cualquier sitio que se plantan, se están bamboleando media hora, como los Judas que cuelgan los chicos en las calles los Sábados Santos;[5] mas no, no quiero perder el hilo de mi cuento; zas, llega el tiro y me quiebra una pluma del sombrero, ¿qué había de hacer? Si viene otro, dije para mi sayo, y me quiebra un brazo o una pierna, ya tenemos a Perico fraile;[6] en vista de argumento tan poderoso, tomé las de Villadiego, plantéme a razonable distancia detrás de una pared, y desde allí exhortaba sin parar a los soldados a que cumpliesen con su deber.

—Sin duda —le dijo don Tello— para vos, que desde seguro sitio queríais echarla de valiente, se hizo el refrán antiguo que dice 'a bien te salgan, hijo, tus barraganadas, el toro estaba muerto y hacíanse alcocarras con el capirote desde las ventanas'.[7]

5 El narrador está refiriéndose a la tradición de Semana Santa, muy habitual en ciertas localidades como Sevilla, de quemar una efigie del apóstol Judas.

6 Este modismo, también registrado como 'ya tenemos a Periquito hecho fraile', se usaba 'para manifestar el logro de una cosa o el encumbramiento de cualquier persona', explica Ramón Caballero y Rubio, *Diccionario de modismos (frases y metáforas)* (Madrid: Antonio Romero, 1900), p. 1162.

7 Este refrán, 'aplícase a los que hacen ostentación de gran valor cuando se hallan en paraje seguro. —Es una variante del refrán *A moro muerto, gran lanzada*', explica

—Además, pensé, por las barbas de mi abuela, que no volvería jamás a poner mi persona en tan apretado lance… Ea, don Tello, vaya otra poquita de salsa… Sabed que pienso entablar mañana una cacería… Pero no, no adelantemos noticias.

Acabaron en tanto la cena, y a poco entregáronse todos en los brazos de Morfeo.

José María Sbarbi, *Diccionario de refranes, adagios, proverbios, modismos, locuciones y frases proverbiales de la lengua española. Tomo I A-LL* (Madrid: Librería de los sucesores de Hernando, 1922), p. 104.

Capítulo 3º

Ronda

Del otro lado el pensamiento vago
Mira el pendiente y levantado risco
Lo que sujeta amenazando a estrago
Y allí vino a plantar donde un Lantisco
Con gran dificultad se sustentara
Guindos y endrinos el sagaz morisco.
Rimas de Espinel, al doctor Luis de Castilla.[1]

Razón será, mientras duermen los viajantes, que yo entretenga a mis lectores un rato sobre el estado de Ronda en los tiempos en que pasaban los sucesos que refiriendo voy.

Vencido el orgullo de los godos en las letales orillas del Guadalete, cual mortífera mole que encierra en sus flancos el rayo asolador, lanzáronse por el Andalucía las hordas musulmanas; si no curaron en un principio de conquistar a Ronda, destrozados los cristianos de nuevo en Jaén, Córdoba y Sevilla, abiertas las puertas de las otras ciudades y castillos a los vencedores, pronto ondeó la media luna en sus encumbradas almenas; esparciéronse los árabes por toda la serranía, y hallaron en ella sitios inaccesibles para fundar pueblos y tierras vírgenes que cultivar; los romanos y godos habían desdeñado esta comarca, mas viose a los pocos años de la dominación agarena descollar ya entre tajados riscos, ya entre espesos matorrales los pueblos de Montejaque, Benaoján, Benaocaz, Pujerra, Júzcar, Faraján y otros muchos; también edificaron sobre antiguas ruinas, como Ubrique sobre Ocusitano,[2]

[1] 'Al doctor Luis de Castilla' de Vicente Espinel, (*Diversas rimas* (Madrid: Luis Sánchez, 1591), pp. 71–75).

[2] Sobre Ubrique, Madoz comenta que 'hay quien ha querido buscar entre las varias antiguallas del término de esta población el solar de la antigua Altubi, barbarizando su nombre más de lo que aparece ya en los escritores que lo adulteraron en Ucubi, pues lo dan convertido en Ocusitano', Pascual Madoz, *Diccionario geográfico-estadístico-histórico de España y sus posesiones de Ultramar. Tomo XV* (Madrid: Imprenta del Diccionario geográfico-estadístico-histórico de Pascual Madoz, 18449), p. 199. 'Ocusitano', por tanto, derivaría de 'Ucubi' y 'Altubi', nombres por los que se conocía a una antigua villa sobre la que presuntamente se habría edificado Ubrique. Esta hipótesis queda desmentida en cuanto que sabemos que la antigua 'Ucubi', en

y Benajú sobre Sepona;[3] brindábales a ello el despejado cielo, la abundancia de exquisitas y limpias aguas y la variedad de frutos; veíase, en efecto, alzar entre espesos breñales la palmera africana su majestuosa frente al lado de la encina del norte.

Pasados algunos años, la suavidad del clima y la feracidad de las tierras contribuyeron sobremanera a amansar y civilizar los duros corazones de los hijos del profeta; no eran ya aquellos alarbes homicidas de feroz mirada, de modales groseros, empuñando siempre la espantosa gumía para asesinar aun a las mujeres y niños; mientras unos, montados en briosos corceles, ya caracoleaban por el llano de Ronda ejercitándose en militares ejercicios, o ya al sonido de los añafiles y atabales volaban a las lides a defender su nueva y naciente patria; otros, pacíficos cultivadores, convertían los áridos páramos en deliciosos jardines, y en fructíferos huertos; cultivaron, pues, varias especies nuevas de cereales, plantaron viñas en Genalguacil, Benastepar y Benameda; comían las azucaradas uvas, y vendían el vino a los cristianos; encañaron y condujeron aguas por ásperos y desusados sitios; trajeron de su primitiva patria el rojizo granado, el oloroso albaricoque, o damasco, y el almendro, cuyas blancas flores anuncian por doquier la vuelta de los placeres, de los bulliciosos amores, enjertaron y perfeccionaron los manzanos, perales y cerezos; veíaseles a fuerza de industria colocar como por encanto guindos y endrinos en los huecos de las peñas y en los filos de los tajos más pendientes; aumentaron la coscoja en los bosques, y la preciosa grana que ella produce, servía para ella teñir sus marlotas y turbantes, y aclimataron por último la seda en los pueblos de Algatocín, Benalauría, Benadalid y otros, y su abundante cosecha daba precioso pábulo a las brillantes fábricas de Granada.

---

realidad, se corresponde con Espejo, en Córdoba; véase Lourdes Roldán Gómez, 'El acueducto romano de Ucubi (Espejo, Córdoba)', *Cuadernos de Prehistoria y Arqueología de la Universidad Autónoma de Madrid*, No. 19 (1992), pp. 245–264 (p. 245). Pero en Ubrique, y concretamente en el Salto de la Mora, se descubrieron 'las ruinas de la ciudad íbero-romana de 'Ocuri'', como apunta Luis Javier Guerrero Misa, 'Juan Vegazo, descubridor de la ciudad romana de Ocuri y pionero de la arqueología de campo en Andalucía', *Papeles de Historia*, No. 5 (2006), pp. 34–58 (p. 34). Probablemente haya habido una confusión entre las dos villas romanas.

3 La ciudad romana de Saepo o Saepona, mencionada por Plinio el Viejo y a menudo identificada con las ruinas de Vsaepo, situada en las inmediaciones de Cortes de la Frontera. En efecto, 'queda constancia en el mapa del yacimiento romano de 'Sepona', actualmente denominado por los investigadores como Usaepo, tierra que también albergaron (sic) un despoblado andalusí conocido como El Peñón de Benajú', José Miguel Rodríguez Calvente, Virgilio Martínez Enamorado y Juan Antonio Chavarría Vargas, 'Análisis del mapa realizado por Francisco Javier Espinosa y Aguilera como fuente para la historia moderna', *Takurunna*, Nos. 8–9 (2018–2019), pp. 175–201 (p. 187).

Mas ya, entretanto, el dedo del Altísimo había señalado la hora de la destrucción total de los agarenos; el día 24 de mayo de 1485 entró en Ronda el católico rey don Fernando V,[4] y la bandera castellana ondeó en la torre del homenaje para no volver a quitarse jamás; desde esta rota preveíase ya que la de Granada era inevitable, y el año de 1492 su impotente rey Boabdil entregó las llaves de la Alhambra y se retiró al África a llorar su bien merecida suerte.

Desde que los árabes pisaron el suelo español debió conocerse que tarde o temprano tendrían que tornar a sus lares primitivos; orgullosos, fanáticos, llevando siempre la razón en la punta de la espada, aunque el blanco ambiente de la península templó su excesivo ardor marcial, aunque las filosóficas escuelas de Córdoba,[5] Toledo[6] y Granada[7] ilustraron sus almas, nunca se desprendieron de la terrible superstición; mirando siempre como infieles a los cristianos, y recibiendo de ellos, en recompensa, igual dictado, jamás pudieron amalgamarse, amarse, y formar un solo pueblo unos y otros como contención a los godos; discordes, divididos y afeminados, fueron sus potentes ciudades cayendo sucesivamente en poder de sus contrarios, hasta que llevaron en Granada el golpe mortal; aun antes hubieran sufrido este fracaso, si, rendidos los príncipes y señores cristianos, hubiesen siempre conspirado de consuno contra ellos, mas por ambición y codicia se hicieron muchas veces entre sí cruda guerra; mientras dejaban en muelle paz a los hijos de Mahoma y guarte cuando estos últimos, aprovechando tan feliz coyuntura, no talaban a sangre y fuego los campos y villas de sus descuidados competidores.

Cuando los Reyes Católicos conquistaron la ciudad, no estaba tan poblada, ni bajo la forma que en el día; componíase solo del casco de ella, comprendido dentro de las primeras murallas, de los arrabales Viejo y de Almocábar, situados entre los primeros y segundos revellines y entre algunas casas que se extendían por más allá del puente viejo en el sitio que hoy llaman Calle Real;[8]

4 La fecha es incorrecta por dos días; en realidad, Ronda fue tomada el 22 de mayo de 1485, según puntualiza José Enrique López de Coca Castañer, 'La frontera de Granada: acerca del territorio y la línea divisoria (siglos XIV y XV)', *Historia. Instituciones. Documentos*, No. 45 (2018), pp. 187–205 (p. 193).

5 El narrador parece referirse al averroísmo, doctrina filosófica del cordobés Averroes (1126–1198).

6 La filosofía en el Toledo andalusí se desarrolló, sobre todo, en la corte de al-Maʿmūn, califa que gobernó entre 813 y 833.

7 La Granada andalusí contó, por su parte, con el filósofo Ibn Tufayl (c. 1110–1185), cuyo pensamiento ha sido estudiado por Salvador Gómez Nogales, 'Ibn Tufayl de Granada (1110?–1185): entre la intuición mística y la filosofía: en el VIII centenario de su muerte', *Revista de información de la comisión nacional española de cooperación con la Unesco*, No. 44 (1985), pp. 123–130.

8 Es cierto que uno de esos dos arrabales era el arrabal viejo, pero el otro era más conocido como arrabal nuevo; a estas dos zonas se le sumaba el recinto amurallado, conocido como 'medina', la Ronda previa a la conquista también contaba con 'otra

en posición topográfica, en numerosas y bien colocadas torres, barbacanas y demás fuertes, la hacían casi inexpugnable, y así fue soberbio triunfo que facilitó mucho la entrega de Granada, la conquista de esta población.

Regáronse los moros por varios lugares de los más ásperos de la Sierra Bermeja, y ochocientos caballeros nobles, a más de otros muchos pecheros, repoblaron la ciudad y se repartieron entre sí las tierras de los vencidos, durante los siete años que mediaron entre su toma y la de Granada; ocupados los reyes en la conquista de esta última ciudad, procuraron y mandaron que se contemporizase con los moros de los lugares; el yugo fue entonces suave, mas apenas cayó por tierra el último baluarte del poder agareno, soltaron el freno los vencedores; tropelías, robos, asesinatos, todo se puso por obra para reducir a la desesperación a los infelices vencidos.

Ya no se oían en los salones de la torreada ciudad los encantadores sonidos de la dulzaina, ni veíanse las bulliciosas zambras de las apuestas doncellas, ni el agudo añafil reunía en la plaza los enamorados moros, ni brillara en los matizados turbantes las orientales perlas y los encarnados rubíes, ni las bellezas de Ronda saludaron a sus queridos con sus blancos pañuelos desde las encumbradas celosías; aunque eran muy galantes los caballeros de la brillante corte de Isabel, nunca podían igualarse con los vencidos, pues no teniendo muchos de los primeros más bienes que su poderosa tizona, estaban siempre en perpetuo alarde, y mal se avienen los pacíficos placeres y los tiernos amores con los horrorosos espectáculos de continuas peleas.

Sucedía en la época de que voy hablando, que mal ya he dicho era quince años después de la toma de la ciudad, que muchas de las costumbres de sus vecinos se resentían de cierta semejanza con las de los árabes; sus criados, comidas, edificios, medicinas, lenguaje, todo estaba mezclado; veíase una elevada torre de castellana fábrica al lado de los dorados chapiteles de antigua mezquita; el vino y el jamón alternaban en las mesas con las albóndigas, almorís y almojábanas, pasteles y guisos de los musulmanes; aun muchos de los ganadores, venidos casi todos de Extremadura y Castilla la Vieja, probaban por primera vez no solo estas preparaciones de cocina, sino los mismos manjares que las componían, como las alcaparras, alcauciles y dátiles. En el curso de la obra irán conociendo mis lectores otras cosas notables de esta ciudad y sus sierras que ahora sería molesto y ocioso declarar.

área de expansión urbana que se conoce con el nombre, al menos desde el siglo XV, del Mercadillo'; en cuanto a la ubicación, solo el viejo estaba 'entre el puente y los baños', mientras que el otro se encontraba 'protegido al este por la muralla de la puerta de Macabar', explica Virgilio Martínez Enamorado, 'Ronda', en Carreño López, C.; y Cortés Martínez, I, *Itinerario cultural de almorávides y almohades. Magreb y Península Ibérica* (Sevilla: Consejería de Cultura, 1999), pp. 356–364 (p. 360). En cuanto a la Calle Real, que aún hoy sigue existiendo, se encuentra junto al Puente Viejo, por lo que es correcta la alusión proporcionada por Hué.

Capítulo 4º

La cacería

Eduardo *Pero ya que huyó una fiera*
De un hombre alcanças vitoria,
Que tus ojos me han herido
Bellísima caçadora
En lo mejor del sentido
Y eres del alma, señora
Como del monte lo has sido.

El príncipe perseguido, comedia de Luis Vélez de Guevara, jornada 1ª.[1]

Serían poco más o menos las dos de la mañana cuando alzó la cabeza de la cama don Sancho, y viendo que aún nadie se rebullía, llamó al cabrero y le dijo:

—Parece que no has dormido esta noche.

—Yo, señor, duermo poco.

—¡Y qué temprano está ya la puerta abierta!

—Es costumbre que tenemos de abrirla con estrellas.

—¿Tendrás, por casualidad, liga para cazar pájaros?

—Sí, señor.

—¿Y no habrá alguna fuente donde hacerlo?

—Aquí a dos pasos está la de Libar, única en esta comarca, y asombroso sitio para lo que vuesamerced quiere.

—Pues mira, llévame allá cuando veas empieza a clarear.

—Ahora, señor, es el momento de ir para que, al amanecer, que vienen los pájaros de todas partes, estén ya puestas las varetas.

—Pues vamos; llamaré a algunos criados que me acompañen.

—Mientras menos bulla y gente, para esta clase de caza es mejor.

—Dices bien, así cuando doña Elvira despierte ya tendré la provisión hecha; busca la liga en tanto que empino un sorbo para sobrellevar con paciencia el

[1] Hué y Camacho equivoca la obra de la que proviene la cita; no es *El príncipe perseguido*, sino *El príncipe viñador* (1688). El novelista probablemente haya confundido el título del drama con el de otro que sí se titula *El príncipe perseguido*, pero que no es de Vélez de Guevara, sino de tres autores: Luis Belmonte Bermúdez, Agustín Moreto y Cabaña y Antonio Martínez de Meneses.

fresco de la madrugada, que, por cierto, se deja sentir bien en estas alturas; Pedro, Juan, Diego —prosiguió, asomándose a la puerta—, ¿dónde diablos habéis metido la bota?

Despertaron dos o tres criados, trajéronsela, bebió y tornaron de nuevo a acostarse alrededor de la choza.

—Ya estoy listo —prosiguió—, manos a la obra, y Dios nos dé buena suerte.

Embozado en su capa, y calado el sombrero hasta los ojos, emprendió su marcha, y volviendo a pocos pasos casualmente la cara, vio tras sí otro embozado de elevada estatura.

—¿Quién es? —le preguntó al cabrero.

—Un criado mío que va a curar de las cabras paridas en lo alto del cerro de la atalaya, donde está el redil.

—Sea en buena hora.

A estas palabras el embozado tirara a la izquierda, y ellos a la derecha en busca de la fuente; esta, situada en un espacioso llano, circuido de empinadas montañas, era abundantísima en agua pura y cristalina; cuando en los rigores del estío se marchitaba la vegetación, las azucenas y amapolas crecían lozanas y floridas en torno suyo, los pájaros de todas aquellas sierras no tenían otro abrevadero, y así las águilas, buitres y demás aves de rapiña acudían allí al nacer y ponerse el sol, lo mismo que las tórtolas, perdices, alondras y jilgueros.

—¿Y cómo ponéis en este país las varetas con la liga? —le dijo don Sancho a su compañero.

—Todo el secreto consiste en montarlas y enredarlas bien entre los espinos.

—Cabal, perfectamente; así las ponía yo también en Sevilla a orillas del río de Guadaira.

En realidad sea dicho, jamás don Sancho había puesto unas tan siquiera en su vida, aunque otra cosa aparentase; conoció el cabrero que el tal sujeto era el hazmerreír de sus huéspedes, y trató de chasquearlo; púsole la liga clara como el agua, y pretextando quehaceres, se fue, dejando a nuestro amigo ocupado en aquella para él tan penosa tarea.

—Vamos, señores, arriba todo el mundo, que ya es día claro —exclamó don Tello, que fue el primero y que se vistió—. ¡Hola! Don Juan, no os acicaléis más los bigotes; parece que vais a un sarao; vos, arriba, que se pierde el mejor tiempo; ballesteros, muchachos, quédense aquí dos o tres solamente, id los demás por detrás de la sierra de los Alfaques, no tenéis que batir desde muy lejos el terreno, pues son aquí abundantísimas las cabras monteses; nosotros nos pondremos en la cañada, y según está el día nublado, espero próspera fortuna; si hiciese más calor tendríamos que retirarnos temprano, y no saldría la caza de sus peñas, aunque los ojeadores la aturdiesen a palos y gritos, mas don Sancho… Don Sancho, nada; eso parece.

—Con perdón de vuesamerced —dijo el cabrero— debo decirle que ese caballero está desde la madrugada cazando pajarillos aquí cerca.

—Ahora recuerdo que anoche nos dijo algo; vamos, don Juan, a buscar a ese majadero.

Guiados por el huésped, fueron a la fuente, mas no lo hallaron allí ni en sus contornos; después de muchas pesquisas oyeron una voz que desde la falda de unos tajados peñascos decía:

—¿No hay quien se duela de un infeliz que está encimado sin poder salir de su fatigoso apuro? Don Juan, don Tello, vamos, nadie se acuerda del pobre don Sancho.

—Aquí al frente tomad por la derecha, luego dos pasos a la izquierda.

—Ya caigo en lo que esto podrá ser —repuso el cabrero—; entre esas dos peñas hay una porción de charcos de agua llovediza que tendrán vara y media de hondura; quizás ese señor habrá caído dentro de alguno.

Hallaron en efecto a don Sancho metido en agua y fango hasta el pescuezo, y sacáronlo con mil trabajos de tan penosa situación.

—Pero —le preguntó don Tello—, ¿qué aventura os ha sucedido? ¿Qué avechuchos son esos que tenéis en la mano?

—Así que me enjugue cantaré; estos pájaros que no he querido soltar, aunque casi estuve para ahogarme, son un regalo destinado a doña Elvira, y es lo único que cazar he podido. ¡Maldita liga y malditas varetas! Lo mismo los animalitos volaban con ellas cual si llevasen una paja en el pico, y eso los pocos que se agarraban.

Llegados a la choza, púsose don Sancho otros vestidos, calentóse y luego contara cómo habiéndose pegado una tórtola a una vareta, salió volando contra el suelo enredada en el espino, y metiose por entre unos tajos, que habiéndola seguido fuésele un pie, y cayó en una pila de agua de donde le era imposible salir por lo resbaladizo de sus paredes.

—Aquí tienes, sobrina —prosiguió don Tello—; estos tres cernícalos, magnífico regalo que este caballero te hace.

—¡Cómo cernícalos!

—Sí, tres aves de rapiña, con sus agudas uñas y sus encorvados picos; ¡si vieras, Elvira, que, gallardo mozo, estaba el amigo dentro de la pila! Podía aplicársele el dicho de Juan de Mena, 'aquel que en la barca parece sentado'.[2]

—Me matáis con mis propias armas y os burláis de mí; paciencia, acercadme media azumbre de vino, y armémonos antes que se vayan los machos cual se fueron las perdices y las tórtolas.

Colocaron a don Sancho en la punta izquierda de la armada, lugar por donde no podía pensarse que saltase ningún bicho, y le pusieron la ballesta apoyada en un armatoste, pues aseguró no tenía fuerza para sostenerla con

[2] Es el primer verso de la copla CLX del *Laberinto de fortuna*. Juan de Mena, *Obras completas* (Barcelona: Planeta, 1989), p. 261.

la mano.[3] Seguían después don Juan, don Tello y don Felipe, y en la punta derecha estaba doña Elvira; sonaron a poco las cornamentas y trompas de caza, y cual ligeros céfiros lanzáronse varios machos y cabras de los picachos a buscar la llanura, mas las flechas de los cazadores los tendían por el suelo a lo mejor de su veloz carrera. Al cabo de un rato, unos gritos acompañados de prolongadas risas hicieron salir de sus puestos a todos, y hallaron al cabrero disputando agriamente con don Sancho mientras los criados que habían salido de la choza se reían a cuál más; era el caso que este había muerto de un ballestazo a uno de los perros de aquel.

—¿Pero no vio vuesamerced que era perro? —decía el primero.

—Le vi tiesas las orejas y se me figuraron cuernos, y si no don Tello purgará nuestro litigio. ¿No es verdad que se parece mucho un perro a una cabra montés?

—Sin duda, lo mismo que un huevo a una castaña; mas conclúyase esta ruidosa cuestión, y no perdamos tiempo; quedaos aquí, don Felipe, y vos, don Sancho, poneos entre Elvira y yo.

A poco de este nuevo arreglo saltó un macho de una peña; iba doña Elvira a tirarle, mas don Sancho empezó a huchear y dar palmadas, de que, espantado el animal, saliose de los puestos y se encaminó por la derecha a buscar otra vez la falda de la sierra; picada doña Elvira, sálese de su apostadero, y después de maldecir mil veces a media voz al imprudente don Sancho, encaminose detrás del bicho, ora avanzando a paso ligero, ora tapándose con las rocas, logró acercársele y herirlo al parecer mortalmente, según el reguero de sangre y la lentitud de su paso indicaban; subió el macho seguido por la cazadora a un estrecho callejón de piedras nacedizas[4] que había en lo alto; viéndose acosado tan de cerca, revolvióse para herir a doña Elvira con sus armas; peligrosa en extremo se hizo entonces la situación de esta, pues estaba colocada en lo más empinado de una estrecha meseta; por ligero que fuese el empuje que recibiera, rodaba sin remedio y hacíase pedazos entre las afiladas puntas de las peñas; ni la estrechura del sitio, ni la celeridad de su adversario en acometerla, le dieron

[3] Con el uso de los arcabuces casi ya no se usaban las ballestas más que para la caza, y estas eran mucho más ligeras y pequeñas que las que servían para la guerra (*N. del A.*). Este dato no es del todo preciso. A principios del siglo XVI, época en la que se desarrolla la novela, aún se seguía utilizando la ballesta como arma bélica. Prueba de esto es la colección de ballestas de guerra pertenecientes a Maximiliano I, y datadas entre 1508 y 1515, a las que alude Álvaro Soler del Campo, 'Notas sobre un grupo de ballestas españolas para el emperador Maximiliano de Austria', *Gladius*, No. 19 (1999), pp. 189–196 (p. 189). (*N. de los E.*).

[4] '*Nacediza*. —Dícese de la piedra propia del sitio donde está, para distinguirla del canto rodado', Juan González Campuzano y Eduardo de Huidobro, 'Apuntes para un vocabulario montañés (Continuación)', *Boletín de la Biblioteca Menéndez y Pelayo*, No. 3 (1920), pp. 113—125 (p. 120).

lugar a armar de nuevo la ballesta; preparose con todo a disputar el terreno con el empeño del que se halla en un lance tan apurado y terrible; enderezose el macho sobre sus pies para derribarla, mas hendió el aire al propio tiempo una ligera flecha, y el animal cayó muerto a los pies de su contraria.

—¿Quién es mi libertador? —dijo, casi en voz alta, doña Elvira.

—Yo —respondió un moro, saliendo de entre ocultos tajos—; he tenido la dicha de conservar la preciosa existencia de la más apuesta de las doncellas de Ronda; Alá sin duda guio mi brazo.

—¿Será cierto —continuó doña Elvira, conociendo en su defensor al mismo moro de la alquería— que ya por dos veces te soy deudora de la libertad y de la vida?

—Chico servicio es este para quien tanto se merece.

—Mas dime, generoso moro; ¿por qué sigues mis pasos? ¿Por qué te hallo en todas partes donde voy?

—El heliotropo gira continuamente sus cenizosas flores, buscando los rayos luminosos del fecundo sol; así yo busco la luz de tus ojos divinales.

—Admírame mucho tu osadía. ¿Sabes quién soy?

—Porque sé quién eres y lo que vales, por eso te sirvo cual si fuese tu ángel custodio, según dicen los cristianos; ¡oh! Plegue al poderoso Mahoma, a quien venero, que jamás asalten tu corazón las cuitas crueles que despedazan el de este infeliz desterrado.

—¿Mas quién eres?

—Soy, señora... Mas atended, vuestros amigos y criados se acercan; me retiro, tal vez nos veremos pronto, tal vez está escrito en el libro del destino que nos tornemos a ver... Pero siempre... A Dios, doña Elvira.

—El cielo te haga feliz cual yo deseo, valiente moro.

A estas razones, cual corzo perseguido por ligeros galgos, se apartó de la vista de doña Elvira.

Llegaron en tanto apresuradamente don Tello, don Juan y don Felipe, pues don Sancho, aunque quiso, no pudo seguir sus pasos.

—Has sido una imprudente en subir tan arriba —dijo el padre a la hija—, y nos has tenido con recelo.

—¿Mas y el bicho a quien seguías?

—Casualidad grande ha sido haberlo derribado.

—Murió al fin, murió —gritó don Sancho, acercándose—, eso ya lo había yo adivinado.

—Si no fueseis imprudente —le respondió doña Elvira— no me hubiera sucedido...

—¿Pues qué te ha sucedido, sobrina?

—No me hubiera sucedido —prosiguió esta, temiendo haber dicho mucho— lastimarme los pies con los filos de los tajos.

Después de esta plática, llegaron los criados y ballesteros, recogieron los bichos muertos, que serían ocho o diez, y sentáronse todos a comer.

Capítulo 5º

La tempestad

—Soy de parecer —le respondí— que busquemos un sitio que nos libre de la tempestad que nos amenaza; descubrimos y nos adelantamos al instante hacia una calle de copudos árboles que nos condujo al pie de una montaña donde había una ermita.

Gil Blas de Santillana, tomo 2º.[1]

—Protesto con todas las venas de mi corazón —dijo don Sancho, después que hubo razonablemente comido— que no voy a Benameda. ¿Queréis que el afilado colmillo de algún jabalí, o la robusta manaza de algún oso, haga briznas mi pobre cuerpo? No estoy, señores, de ese proceder; vaya en buenhora a sufrir tales tramojos a quien le plazcan tan azarosas diversiones.

—Pero, hombre de Dios, ¿a qué tanto charlar? —le respondió don Tello— Desde Ronda sabéis que habíamos hoy de cazar en Benameda; si no queréis acompañarnos, tornaos solo a la ciudad.

—Me iré con dos o tres criados.

—Eso no, que todos nos hacen notable falta.

—Si así os encapricháis, tendré que seguir con vosotros, y bien sabe Dios con cuánto miedo, mas o no saldré de la ermita, o colgárenme en la copa del más alto roble o álamo, y veré desde allí los toros, pues, lo que hace poner los pies en el suelo, abrenuncio de la tentación más maldita y peliaguda que tener pueda.

—Venid siempre, que en sitio seguro os pondremos.

Serían las once de la mañana cuando pusiéronse en camino, bajando por las empinadas cuestas de la sierra de Libar a buscar casi por frente de Jimera el vado del río Guadiaro; la estechez del camino que les obligaba a seguir unos tras otros, impedía entablar animada conversación; al llegar empero al llano delante de dicho pueblo, acercose don Juan a doña Elvira, y le dijo:

—Admiro, señora, vuestro profundo silencio.

—El camino es tan áspero que harta ocupación llevo en manejar el caballo para no despeñarme.

1 No hemos encontrado ninguna edición castellana del *Gil Blas*, de Alain-René Lesage, que coincida con esta traducción, la cual puede haber sido llevada a cabo por el propio Hué.

—No era nada bueno el de ayer, y teníamos el gusto de oíros algunas palabras, palabras que yo escuchaba con inmenso placer.

—Pues no creo valiesen tanto.

—Aun las personas más indiferentes atienden con respetuosa atención a los armoniosos acentos que salen de vuestros labios.

—Vaya, amigo don Juan, si fuerais poeta diría que recordabais los encantos de alguna ideal señora.

—¿Quién puede acordarse de nadie estando junto a vos?

—¡Jesús! ¡Qué adulador os vais volviendo!

—Jamás la mentira salió de mi labio. ¡Mas vos sois tan cruel conmigo…!

—¡Yo!

—Sí, vos; solo os place aplaudir y hablar de ciertas gentes despreciables…

Turbose doña Elvira, mas, repuesta alguna cosa, prosiguió diciendo:

—Yo no aplaudo ni defiendo sino a la virtud, y extraño uséis tan poco decoro conmigo.

—No ha sido mi ánimo en lo más mínimo ofenderos.

—Pues conclúyase entonces esta plática que mucho me molesta —dijo.

Y, apretando los ijares a su alazán, adelantose un buen trecho del caballero, que quedó mustio y mal parado con semejante respuesta, y exclamó para sí:

—¡Qué orgullo! ¡Ah! ¡Plegue a Dios que algún día se os baje! Sin duda es hermosa, pero es insufrible su desdén para una persona de mis prendas y valía.

—Amigos míos —prorrumpió don Tello—, reparad en los picos y crestas de sierra Bermeja, ¿no veis la cenizosa niebla que los rodea? Si Dios no nos vale, vamos a sufrir una de las más fuertes tormentas que darse suelen en estos países; acelerad el paso, si se puede alcanzar antes que descargue lo alto del camino que va de Ronda a Gibraltar, no es tanto el peligro, pues desde allí a Benameda no son tan temibles los torrentes. Ea, Elvira, tú y yo nos adelantaremos, ya que nuestros caballos son más veloces que los demás, Pedro, Diego, seguidnos a toda carrera; los demás queden con don Juan y don Felipe, cuidado con don Sancho; ¡es tan torpe!

Apretaron en esto los corceles el tío y la sobrina, seguidos por los dos ballesteros a pie; ya casi habían llegado a la cumbre cuando al estampido de terribles truenos, rasgáronse los cielos y empezaron a caer mares de agua sobre la tierra; dio don Tello la capa a su sobrina, púsose la de un ballestero, y, aguijoneando de nuevo llegaron con bien al camino de Gibraltar.

—¿Veis —le dijo don Tello a doña Elvira— aquella colina de tierra bermeja? Pues allí está la ermita de Benameda.

—Sí —respondió esta—, un santo varón conocido de mi casa habita en ella; procuremos llegar pronto.

Apiñáronse las nubes y se oscureció entonces el cielo de un modo espantoso; caían por todas las laderas mil torrentes de espumante agua que arrastraban tras sí tierra, ramas de árboles y enormes tajos; a su ruido horrible mezclábase el retumbido de los truenos en los peñascos y el silbo de los desatados aguilones asordando a los fatigados viajeros; la claridad de los rayos que formaban surcos profundos de luz por entre las tinieblas, guiaba a don Tello y a su sobrina; aun esta claridad benéfica en tan apurado lance extinguiose a poco; los truenos y los relámpagos cesaron, mas el agua y la oscuridad aumentaban de continuo; volvió la cara doña Elvira, y hallose esta sola; gritó; mas, entre aquel estruendo de la naturaleza, ¿cómo habíanse de oír sus débiles voces?

—No hay remedio —dijo entonces para sí— que seguir sola; si vuelvo atrás, ¿quién sabe si perderé la senda? Vislumbro, aunque con trabajo, la colina encarnada de Benameda; sea ella, pues, el iris de mi salvación; avanzaremos, que el miedo no se hizo para mi alma.

No cansaremos enumerando las fatigas que pasó en lo que de camino le restaba; ya hundíase su caballo en tierra movediza hasta los pechos, ya la rama movible de su árbol le arrebataba la capa de los hombros, o ya se le presentaba delante un río de agua, que detenía su marcha, molida y extenuada de fatiga, lo mismo que su brioso alazán; llegó al pie del cerro de Benameda sobre las cuatro de la tarde; aclaró algo entonces el horizonte y ya pudo subir la cuesta con más sosiego.

Dejémosla por ahora y veamos lo que entretanto pasaba en la ermita.

Capítulo 6º

La ermita

Apenas entramos, cayó una gran lluvia mezclada de relámpagos y de espantosos truenos. El ermitaño se hincó de rodillas delante de una imagen de san Pacomio, que estaba pegada a la pared, y nosotros hicimos otro tanto.

Gil Blas de Santillana, tomo 2º.[1]

El pueblo de Benameda fue uno de los que más se defendieron antes y después de la conquista de Ronda; sus habitantes, sin más muros que sus impávidos pechos, arrostraron mil veces el ímpetu de los tercios castellanos, hasta que casi todos sellaron con gloriosa muerte su amor a la libertad e independencia; entonces arrasaron los cristianos y solo dejaron en pie la mezquita y una casa inmediata; el fervor de algunos religiosos y la piedad de varios señores de Ronda la convirtieron a poco tiempo en iglesia; su arquitectura, aunque cambiada en parte, conservó con su techo bajo y sus macizos arcos y columnas el aspecto de fábrica musulmana; un piadoso sacerdote de austera y penitente vida había residido en ella de continuo para suministrar el pasto espiritual a los vecinos de los cercanos pueblos que en huertos y viñas junto a ellas vivían; después de su muerte, aumentóse el descontento de los moriscos, y no hubo quien quisiese vivir en aquel despoblado; para evitar la total ruina de la ermita, pasó a vivir a ella un lego del convento de santo Domingo de Ronda, que era muy bien mirado en su religión por razones particulares que ignoramos; fray Silvestre había militado, y cuando frisaba en los cincuenta de la edad, cambió la espada por el traje de fraile dominico para eterna vergüenza de su orden; lujurioso, hipócrita y azumbrándose al menos una vez al día, solo lo iguala en tan depravados vicios su ama Leonarda; tendría esta sobre cuarenta años, y, por su alta estatura, cara larga, ojos hundidos, aunque chispeando fuego, y color moreno, conocíase bien la sangre árabe que corría por sus venas. Fray Silvestre era un hombre grueso y aparramado, cara amoretada, ojos rojizos y de continuo lagrimosos, nariz aguileña, barba puntiaguda, modales desagradables cuando libremente se entregaba a sus excesos, sino adulador y de flexible carácter cual mañoso gato.

—Endemoniado es el temporal —dijo el fraile a su ama.

1 Véase la nota al comienzo del capítulo anterior.

—No sé cómo ha de venir Osmin —le respondió esta, asomándose a la ventana del cuarto que caía al camino de Ronda, y vomitando entre dientes sendas maldiciones.

La habitación donde estos dos satélites de Bercebú estaban en aquel momento era espaciosa; veíase junto a la ventana una mesa de rojizo cerezo en embutidos de naranjo, y fray Silvestre, sentado junto a ella, empinaba sendos vasos de vino; varias sillas de buena hechura, tapices de Flandes y una magnífica cama, con tres anchos y bien mullidos colchones, completaban el aderezo de esta pieza.

—Toma, Leonarda —prosiguió el fraile—, bébete este traguito, ¿si llegará hoy ese demonio? Milagro será no le suceda algún desmán, lo sentiría bastante, no por él…

—Por él, ¿qué cuidado se os había de dar que se llevasen los diablos a un monfí?[2]

—Dices bien, la necesidad me hace solo que los ocupe.

—No digáis la necesidad, sino vuestro insaciable capricho; no os contentáis con los moriscos de Genalguacil y Jubrique que vienen a nuestras frecuentes comilonas, sino que también queréis…

—Quiero, Leonarda, como te he dicho mil veces, diferenciar; vaya, toma otro buche, que este vinillo se cuela sin sentir.

—Cuidad, no os pongáis calamocano como acostumbráis.

—¡Qué, aún no me he bebido dos azumbres!

—Tiemblo no se descubra a lo que Osmin ha ido.

—Ya hace cuatro años que aquí vivo, y nadie hasta ahora ha conocido mis mañas.

—Decid más bien vuestras infernales diabluras.

—¿Por qué no dices las nuestras? ¿No tomas tú la competente parte en ellas? Leonarda, no nos engañemos unos a otros; tú y yo debemos arder en el infierno por una eternidad.

—Yo solo obedezco.

—No, tú tienes, como yo, las más malditas inclinaciones del mundo; nos encontramos por casualidad, y, cual dice antiguo adagio, ‘Dios los cría y ellos se juntan’.

—Podrá ser.

—Si vieras —prosiguió el fraile, que ya estaba algo bebido—, si vieras cómo me río interiormente al considerar, cual creen en Ronda, que soy un santo varón.

—Por eso mismo si se descubre la trampa…

[2] Llamábanse monfíes en tiempo de los Reyes Católicos a los salteadores que en cuadrillas más o menos numerosas infestaban el reino de Granada, y en especial las Alpujarras y serranía de Ronda; ya cristianos, ya moros, eran el azote de los viajantes y aun a veces de los pueblos pequeños (*N. del A.*).

—En estos días de turbulencias, cuando los cristianos piensan solo en extinguir las gentes de tu raza de la de Israel, ¿quién quieres tú, Leonarda, que se acuerde para bueno ni mucho del ermitaño de Benameda? Conserve yo en la apariencia y exterioridad la virtud, y luego, ¿a quién le atañe en lo más mínimo que me lleve el diablo? Váleme además mucho este hábito, pues como hace poco se fundó en Ronda nuestro convento, aún conserva la pureza de su regla, y se da mucho a respetar; encubertado con él, hago lo que me agrada.

—Y aún mucho más de lo que la prudencia manda; si algún día se descubren las fechorías de esos monfíes…

—Entonces picamos de soleta,[3] Leonarda; disfrutemos en tanto alegremente de la vida, que a fe mía bien corta es; si tal cual vez el remordimiento quiere asirse a mi alma, lo despego de ella y lo ahogo con diez vasos del zumo de la parra; mas oye, por la puerta del jardín… ¿Si será Osmin?

Bajó Leonarda, y a poco volvió diciendo:

—Viene con el encargo. ¿Entra aquí?

—Mujer de Barrabás, ¿no sabes estoy esperando amigos de Ronda? Quédese en la bodega con Santiago, y Osmin que suba.

—Descreo —dijo Osmin al acercarse a la mesa—, de todos los santos y santas de Mahoma, si me vuelvo a entrometer en otro negocio así de esta catadura.

—¡Qué lengua tienes! —le respondió Leonarda— Lo mismo hablas de Mahoma que de Cristo.

—Dices bien, a mí me sucede lo que a ti; malas landres me coman si tan siquiera tienes tú tampoco una migaja de religión.

—¡Yo!

—Sí, tú, Leonarda.

—Eres un desollado.

—Y tú una deslenguada cotorrera, y si no mirara…

—Ea, chito, no amohinarse, siempre estáis como perros y gatos; desembucha, hijo mío, que rabio por oírte.

—¿Qué tengo de desembuchar? En dos palabras está todo dicho: nos pusimos en acecho; salió el padre para Ronda; llegamos a la puerta, mas la maldita niña la había atrancado de firme; ni una mosca podía entrar por ella; dimos vueltas alrededor por si hallábamos algún resquicio para introducirnos, aunque fuera del ancho de una mano nos bastaba; al cabo de muchas pesquisas, detrás del gallinero, como a veinte varas de la casa, una trampa alzada; dudamos un poco si bajar o no por el boquerón, mas al fin encomendamos al demonio, y apurando una botella, desenvainamos los alfanjes, nos metimos, y a poco hallamos una puerta; abrímosla, y figuraos nuestro placer al vernos dentro de la Alquería; lo demás está entendido sin hablarle; la niña quiso defenderse, mas la amenazamos, le tapamos la boca, la colocamos en

[3] Picar de soleta: 'Andar aprisa, correr, huir' (DRAE).

un caballo, y, a pesar de todo el infierno que parece haberse desatado hoy con agua y rayos, acaba de llegar sana y salva a las órdenes de vuestra paternidad.

—Muy bien, Osmin, me gusta, has hecho el mandado como hombre de pro; toma un sorbo, que bien lo mereces.

—Si vierais el frío endiablado que hemos traído por esos caminos de Dios; Santiago, como novel en el oficio, tiritaba que daba risa verlo.

—¿Y tú?

—¿Había de tiritar quien lleva doce años y medio de monfí?

—¿Y la niña es bonita?

—Lo mismo que una plata; tiene unos ojillos negros.

—¿Y qué decía?

—¿Qué había de decir? Lágrimas, suspiros, maldiciones, todo lo empleó para vencer nuestro empeño; ¡mas a buen árbol se arrimaba!

—Sí, a ti —le replicó Leonarda—, que tienes el corazón como una piedra...

—Cada cual cumple con su deber; a ti te toca zalamear a tu amo, y a mí terciarme al hombro el arcabuz, o plantar mi alfanje a que le dé el viento, y el que caiga que no sea tonto.

—¡Malditas manos!

—No son muy buenas, Leonarda, ya habrán despachado al otro barrio sus veinte personas.

—Toma, Osmin —le interrumpió el fraile—, esos cuatro escudos de oro.

—No es gran dinero.

—Otra vez seré más largo; vete a la bodega, llévale a la muchacha que coma, y consuélala con buen modo; si ella se porta como debe, verá que no ha caído en manos de tigres ni leones.

Después de apurar otros dos vasos y guardar cuidadosamente el dinero, marchose Osmin, y Leonarda le dijo a su señor:

—¿Qué pensáis hacer de esa niña?

—Le sucederá como a otras, la tendremos aquí una temporada y luego irá a viajar por el África; bien sabes que todas se venden allá a buen precio; nunca faltan monfíes que las lleven a la costa, ni corsarios que las transporten a Argel o Túnez.

—¿Y las pesquisas que hará su padre?

—Sabrá por ellas que se la han robado, y santas pascuas. Parece que la tormenta aprieta de nuevo, mi logro será que vengan los cazadores de Ronda; escribiome don Felipe que llegaría hoy con su hija y amigos; ¡ay, Leonarda! ¡Si vieras qué hermosa es doña Elvira! ¡Mas qué adusta es la niña! El diablo que la aguante; hasta ahora conserva su corazón libre e independiente, mas no haya miedo, que a cada puerco le llega su Sanmartín; pero escucha, golpes están dando a la puerta de la ermita, mira si son ellos.

Con la camándula en la mano atravesó Leonarda la iglesia y abrió la puerta.

—Loado sea Dios —dijo, al verla, doña Elvira—, ¿podré hospedarme mientras pasa la tempestad?

—La ermita está toda a la orden de vuesamerced; bájese, que en esa cuadra acomodaremos al caballo; ¡qué lástima de niña mojada y solita por estos vericuetos! Vamos, alma mía, entra y descansaréis.

Mientras Leonarda ataba el caballo, pasó doña Elvira a la iglesia, y postróse ante el Ser Supremo para darle gracias porque de tan fuerte apuro la había sacado, y rogarle que lo propio hiciese con su padre y tío; volvió Leonarda, y le dijo:

—Voy, hermosa niña, a avisar al padre.

Subió la escalera con celeridad, y entró en el cuarto de fray Silvestre; no era ya esta la anterior habitación, era una sala larga y estrecha, llena de telaraña y polvo; podíase creer que por penitencia no se limpiaba; mas solo era porque se ocupaba poco; un angosto tablado de madera, un mal jergón de paja, y una pobre almohada formaban la cama que en un rincón se veía; junto a una que más parecía hendedura que ventana estaba una mesa de pino, y encima una Biblia, un crucifijo y una calavera; dos o tres derrengadas sillas completaban el agua de esta vivienda.

—¿Quién ha llamado? —exclamó el fraile, viendo entrar a su ama.

—Parece que hoy os brinda por todas partes la fortuna; una señora joven, linda como el sol, se nos ha entrado por la puerta, y está orando en la iglesia; sus arreos indican que viene de caza, y que la tempestad la ha sorprendido en el camino.

—Vamos, esa es la hija de don Felipe; su padre y los demás compañeros no deben estar lejos; en gran apuro me pone esa niña con venir sola; no hay más que dos caminos, o resistir a la tentación, lo que para mí es imposible, o avanzar rápidamente antes que llegue su padre; luego me escabullo... Además de que ella, por su propio honor, callará; que suba al instante, Leonarda.

Entró doña Elvira, y hallara al fraile sentado junto al hogar con la Biblia en la mano.

—Llegad, hija mía, sentaos aquí; Leonarda, enciende al instante la lumbre; vendréis arrecida. ¿Y vuestro padre?

—No sé, la tormenta nos separó en las alturas de Jimera; mas si no le ha sucedido algún desmán, pronto deben llegar todos; nuestro propósito, a no ser por tal contratiempo, era cazar esta tarde jabalíes y osos a las orillas del río Genar.[4]

—Por muy fundados que estén nuestros planes —replicó el fraile— muchas veces la mano del señor los desbarata, cual el aguilón furioso deshace la robusta galera en medio de las olas del océano; además, hija mía, cuando se encaminan nuestros pasos a objetos mundanos, casi nunca tienen buen fin;

[4] Entendemos que se refiere al actualmente denominado río Genal. Recibía también esa variación el nombre, que podemos encontrar en otros autores como Francisco de Paula Mellado, *España geográfica, histórica, estadística y pintoresca* (Madrid: Mellado, 1845), p. 594.

laudable es, por cierto, la caza que se dirige a exterminar bestias feroces, mas su bullicio, profanos diálogos y la glotonería que siempre la acompaña, son cosas reprensibles y que mucho desagradan al rey de los reyes.

Encendiose en tanto la lumbre, quitose doña Elvira la capa y el sombrerillo, y acercose a calentar; la tormenta, que durante una hora había calmado, apretó de nuevo; un luminoso relámpago, seguido de un ruido horrible, hizo estremecer la habitación; postrose el ermitaño delante de la mesa, y a su ejemplo hicieron lo mismo doña Elvira y Leonarda.

—Poderoso Dios —exclamó aquel—, dígnate mirar con ojos de piedad a estos gusanos de la tierra, a estos pequeños reptiles que ante tu omnipotencia postrados te piden perdón por sus infinitas culpas; levanta de dos tu diestra vengadora, y acábense estas exhalaciones y meteoros que envías como ministros de tu poder para castigar nuestras maldades.

Largó un poco el temporal, y el fraile y doña Elvira sentáronse otra vez al fuego, mientras Leonarda preparaba la mesa para dar algún refrigerio a la gentil cazadora.

—Mirad qué locura —decía—, pasar trabajos para tan mundana diversión, una niña tan delicada; si fuese al menos para hacer una obra meritoria a los ojos de Dios, pase enhorabuena, pero... ¡Vaya, los caprichos de los hombres son singulares!

—Sentaos a tomar un bocado —prosiguió el ermitaño—, yo, aunque solo me sustento con frutas y legumbres, por si la providencia endilga como hoy a estos parajes algún pasajero extraviado, o viene un amigo, tengo en mi pobre despensa otros mejores alimentos, pues no todos se avienen, hija mía, a comer lo poco que yo, y a pesar de eso admiremos el poder del Omnipotente; mirad qué grueso estoy, que se ha de hacer paciencia, y loemos al que todo lo puede y sustenta, hasta al más pequeño pajarillo; toma, Leonarda, la llave.

Abrió esta una puertecita que se veía en la misma pieza, y que por medio de otra comunicaba con un reducido corral que servía de huerto, y tornó a poco con su plato de jamón cocido, un pollo asado, pan y un jarro de vino.

—A pesar que más necesito descanso que alimento, con todo tomaré un bocado por no desairar tan obsequiosos huéspedes —dijo doña Elvira.

—Sí, hija mía —prosiguió fray Silvestre, acercándose a la mesa—, comed bastante; vaya, probad esta pechuga; bien, me gusta, ahora un traguito.

—No bebo vino.

—Pero un poco, para acalorizarse; vaya una lonjita de pernil; otro buchecito; voy a excitaros y daros el ejemplo, a pesar que tampoco lo gasto.

Bebiese, en efecto, como medio jarro de un golpe, y luego añadió:

—Si yo desapruebo, hija mía, estas comidas y bebidas, no es porque en sí sean malas, sino por el abuso escandaloso que de ellas se hace; Dios crio todas las cosas sobre la tierra para que usemos de ellas con la debida prudencia, pues... Acerca, Leonada, el jarro, y échame otro vasito.

Doña Elvira empezó ya a mirar al fraile con cierta desconfianza, y este, olvidando su primitiva ficción, se engulló dos o tres trozos de pernil y medio pollo, por más señas y muecas que le hacía su ama para sujetarlo.

Acabose la comida, y sentose otra vez a la lumbre doña Elvira, mientras Leonarda alzaba los manteles; fuese luego por la puerta de la despensa, cerró en tanto fray Silvestre la otra que caía a la iglesia, y guardó en su bolsillo la llave, diciendo:

—Como la tarde está tan cruda, puede entrar viento por allí y haceros daño, y bien sabe Dios —y acercaba una silla a doña Elvira— no quisiera sucediese el menor desmán a tan preciosa criatura; en efecto, señora, la hermosura es la imagen de Dios; ¡y ya veis, doña Elvira, si debemos adorar a Dios! Además, amigo, no sea más que por complacerlo, es obligación nuestra amarnos mutuamente todos los cristianos, ¿no es verdad?

—¿Quién duda semejante cosa?

—¡Ya! Sí, pero diferente debe ser este amor según las circunstancias y las personas. Otros más austeros que yo reprueban el mutuo cariño de las de distinto sexo; mas yo considero que, elevando nuestras almas hacia el Ser Supremo, y siendo para buen fin, podemos entregarnos…

Acercó a estas palabras tanto la silla a doña Elvira, que esta se levantó encolerizada, y le dijo:

—¿En qué pensáis, o por quién me tomáis?

—No os alteréis, señora; extraño es se abrigue tanta esquivez en un cuerpo tan gentil y apuesto; doy gracias a la providencia…

—Padre Silvestre, ya estoy harta de oír vuestras impías palabras; otra inocente caería en el anzuelo, mas yo no. ¿Pensáis que no conozco por entre el velo de esas hipócritas razones las perversas ideas que se abrigan en vuestro pecho? Reportaos conmigo, o si no…

—Trataba de que fuésemos amigos, mas ya que tiráis y decís me conocéis, fuerza será apartar todo fingimiento; doña Elvira, os he visto en Ronda, y aun en vuestra casa varias veces; me gustáis en extremo. ¿Si vos misma venís a entregaros en mis manos, a quién acusáis?

—¿Y os atreveríais, hombre infernal…?

Avanzose doña Elvira a la puerta de la despensa, mas hallola también cerrada.

—Hija mía, están todos los pasos cogidos, la paloma cayó en poder del milano.

—Aún no me conocéis, soy capaz de mataros o matarme yo misma.

—No, cordera cándida, ni sucederá una cosa ni otra, tú condescenderás, y luego callarás, pues buena cuenta te tiene.

—Furia horrible; ¡ah! ¿Por qué entré sola en esta mansión del crimen? Retiraos, padre, o si no…

—Tengo un secreto particular para amansar los tigres como vos; ahora mismo pondrán a vuestro caballo donde nadie columbrarlo pueda, vos iréis a una oscura mazmorra, y, aunque venga y os busque vuestro padre, la tierra no sabrá de vos hasta que yo quiera, ¿lo entendéis?

Aproximose más el fraile a doña Elvira, y esta exclamó en alta voz.

—¿No hay quien socorra a una desdichada?

—Yo —dijo otra[5] que sonó desde afuera—, yo socorro a todos, y en especial a doña Elvira de Castro.

A estas palabras rompiose con gran estrépito la cerradura, abriose la puerta de la despensa de par en par, y entrara por ella el mismo moro de la alquería y de la sierra de Libar.

—¡A qué buen tiempo vienes! —exclamó doña Elvira.

—Sí, Alá ha permitido que venga a buen tiempo; monstruo —prosiguió encarándose con el fraile, que trémulo se arrinconara contra una silla—, pagarás ahora el enorme delito de haber ofendido tan alta y delicada señora.

—Yo… Siempre… Espero —respondió fray Silvestre.

—Nada de disculpas —y echó mano a la gumía que llevaba en la cintura, mas doña Elvira le sujetó el brazo.

—Detente, reflexiona que mi familia se acerca, que es un religioso…

—Señora —dijo el fraile—, os suplico que me perdonéis, nunca pensé molestaros… El vino se me subió a la cabeza…

—Perdonado quedáis en favor del santo hábito que vestís, y ojalá que en lo sucesivo seáis más prudente y recatado.

—Espero que nadie podrá hablar de mi mala conducta en adelante; más bien comprendéis que, si se cunde este suceso, pierdo mi opinión. ¿Y para qué entonces quiero la vida? Máteme antes el puñal de ese moro.

—Aunque agraviada tan profundamente por vos, descuidad que no saldrá de mi boca la relación de este lance.

Dio el moro un silbido, y presentáronse otros dos por la misma puerta.

—Alí —dijo el libertador de doña Elvira— lleva este fraile sin hacerle el menor daño hasta trasponerlo del Genar allá; que hallase al menos esta noche libre este edificio de su impura presencia; tú, Hacem, salte afuera, y avisa cuando la familia de esta señora se acerque; voy —prosiguió— a abrir la puerta que cae a la ermita, después cerraremos esta despensa como antes, para que todo se halle arreglado al venir tu padre, ya que no quieres se sepa esta aventura.

—Te debo en dos días —le respondió doña Elvira— la libertad, la vida, y lo que es más que todo, el honor. ¿No deberé saber a quién soy deudora de tamaños beneficios?

—Bástame, doña Elvira, haberte sido útil.

—No; exijo precisamente me digas quién eres.

—Me llamo Abenamet.

—Pues, Abenamet, cuando mi padre venga sabrá…

5 Entiéndase, 'otra voz'.

—Nada debe saber, nada, señora; soy un desterrado, sin patria, sin hogar seguro.

—Pues callaré entonces, ¿mas por qué te persigue así el cruel destino?

—Porque soy… Más vale que no hable; vais a asustaros al oír mi segundo nombre, o, por mejor decir, el nombre con que todos me conocen.

—Será imposible después de los beneficios que de ti he recibido.

—Pues yo soy, señora…

—Vaya, ¿quién?

—El ferí de Benastepar.[6]

—Tú —repitió doña Elvira, asustada y confusa—, tú el ferí de Benastepar, ese hombre aborrecible… ¡Ah, perdóname!

—Conozco bien —contestó el ferí con amarga sonrisa— la profunda impresión que ha hecho este nombre en tu alma; tal es el efecto de los negros colores con que me pintan los cristianos.

—A nadie he oído en particular…

—¡Ah, señora! El ferí de Benastepar es un hombre compasivo, humano, pero ama la libertad y la independencia de su país; por eso es mirado por los ganadores de Ronda como el más aborrecible monstruo que ha podido abortar la tierra; sé muy bien lo que de mí se publica, y siento en el alma que lo creas.

—No ocultaré que te tenía por el más malvado del mundo, un monfí era para mí mejor que tú, mas ya…

—¿Conque ya sospechas otra cosa? No es el rocío de la aurora más puro y agradable a las flores que tus palabras para mí; son el bálsamo religioso de la Meca, que cicatriza las más penetrantes heridas.[7]

—¿Cómo podré creer lo que dicen de ti al ver las acciones que en mi favor has hecho?

—No las hubiera practicado por todos los cristianos igualmente; ¡me persiguen tanto! Mas doña Elvira… Este corazón de fuego… Si supieras…

—Cuéntame, Abenamet, tu historia, que la escucharé con la mayor atención.

Estando en estas pláticas, llegó Hacem acelerado, y dijo que los cristianos empezaban a subir la cuesta de la ermita.

—Fuerza es, señora —prosiguió el ferí— que nos separemos; no hagas cuidado; silencio y discreción; ya que deseas saber los tormentos de este infeliz, buscaré medio de que llegue mi historia a tus manos; quédate en paz, doña Elvira.

—A Dios, Abenamet.

Sentose doña Elvira al fuego, los moros atravesaron la despensa y, saltando las bordas del huerto, desaparecieron.

[6] Llamábanse entre los moros cherifes o gerifes a los caudillos principales de los pueblos, y los cristianos de la Sierra de Ronda, por corrupción, les decían ferí o feríes (*N. del A.*). Véase lo comentado al respecto en la introducción (*N. de los E.*).

[7] El bálsamo de la Meca era un medicamento que se importaba desde América, y que servía para curar las heridas.

Capítulo 7º

Reunión de los cazadores en la ermita

Escuchad atentamente
Hasta el fin desde el principio
(...)
Que yo soy por mis pecados
De aquellos que aqueste siglo
Arrojó para poetas
Entre truenos y granizo.
Romance satírico anónimo.[1]

—¿Qué silencio es este? —gritó don Tello desde la iglesia— ¿No hay nadie en esta ermita?

—Mi amado tío, ¿aquí estoy yo?

—Gracias al cielo, don Felipe, que oigo la voz de vuestra hija; subamos corriendo, ¡hola, sobrina! ¡No tienes mala lumbre! ¡Qué tarde infernal! ¿Has llegado buena?

—Sí, señor.

—¿Y el ermitaño?

—Él y su ama Leonarda estaban aquí cuando vine, me dieron de comer y encendieron el fuego, mas después se han ido a no sé dónde.

El cielo entonces se había ya despejado, y parecía, según la diafanidad de la atmósfera, que no había habido la menor tempestad; solo se escuchaba el sordo murmullo de los mil torrentes que continuaban llevando al río Genar sus fangosas aguas; ataron los criados los caballos entre las ruinas de un antiguo edificio que estaba junto a la ermita y aún conservaba parte de su techumbre, y ellos mismos acomodáronse allí del mejor modo posible; se calentaron y enjugaron los recién venidos, y después empezó a hablar don Tello.

—No puedes comprender, mi querida sobrina, el pesar inmenso que hemos traído por el camino sin saber de ti; descansábamos con la halagüeña esperanza, como en efecto ha sucedido, de encontrarte aquí sana, salva y bien obsequiada por el padre Silvestre.

1 Este romance anónimo aparece recogido en Pedro Flores, *Romancero general en que se contienen todos los romances que andan impressos* (Madrid: Juan de la Cuesta, 1614), p. 428. Los versos omitidos por Hué son los siguientes: 'si es verdad que las verdades / las dicen locos y niños'.

'Si supieran', dijo para sí doña Elvira, 'lo bien obsequiada que he sido'.

—No sé por dónde te escabulliste; yo te seguía de bien cerca, cuando mi caballo metió una mano entre dos peñas, y quedó inmóvil sin poder sacarla; bajéme, di voces que te detuvieses, pero nadie me respondió; envié tras ti a un ballestero, mas este sin duda se extravió, o se ahogó, pues no lo hemos vuelto a ver; entretanto, llega tu padre con los demás amigos, y merced a su ayuda pude salir de mi apuro; ya estábamos a un cuarto de legua de aquí; aún me parece que te vi entonces subir la cuesta de Benameda, cuando don Sancho dejó acercar mucho su caballo al borde de un derrumbadero, fuéronsele los pies, y los dos cayeron; la bestia se hizo mil pedazos; mas el amigo pudo afianzarse a las ramas de un acebuche no lejos del camino; como era el tajo tan pendiente y resbaladizo, nadie osó bajar hasta donde estaba; nos precisó esperar a que algo aclarase el cielo, buscar entonces una soga en una cabreriza, y atar a don Sancho por la cintura para sacarlo de aquel abismo; este ha sido el principal motivo de nuestro retardo, si no tras ti hubiéramos llegado todos.

—A ninguna persona de este mundo le suceden iguales averías que a este don Sancho —respondió doña Elvira.

—Qué hemos de hacer; son percances que sobrevienen por andar en estos diabólicos vericuetos; y no penséis que he quedado tan bien parado del golpe; treinta o cuarenta cardenales vense por mi cuerpo repartidos, de varios colores, tamaños y hechuras a guisa de matizada alfombra, pues, a pesar de ellos, no se me ha quitado el apetito, y ya está discurriendo mi caletre, que se ha de cenar, porque también debéis saber que nos aconteció la desgracia de que se despeñó la mula de la vitualla; salvósela, mas fue a costa de perder la comida, de suerte que hablando en conciencia, ignoro cómo hemos de resistir el hambre esta noche; mas pecho al agua; yo, antes de acostarme en ayunas, he de registrar este que más bien parece camaranchón de ratones que vivienda de criaturas racionales, por si hallo alguna cosa que meter por encima de la barba; nada, aquí hay unas disciplinas, quienquiera se azote en buena hora; yo tengo las carnes muy tiernas y me dolería muchísimo... Una puerta cerrada, veamos... La llave está en falso... Tras... Ya se abrió... Llegad, señores. ¡Hola! Esto ya es hilo de otro paño.

Entraron todos al instante, menos doña Elvira, que quedose con su padre al hogar.

—Y luego dirán los frailes —prosiguió don Sancho— que no se cuidan; ¡mirad qué cama! No la tiene mejor el duque de Arcos. ¿Y tapices? ¿Y buenas sillas? ¡Qué tal!

—Esta habitación —respondió don Tello— estará destinada sin duda para los huéspedes que vengan a la ermita, aunque no es pecado mortal acostarse en una buena cama, creo que fray Silvestre tendrá sus escrúpulos en hacerlo.

—No hay que fiarse mucho; debajo de una mala capa se encuentra un buen bebedor.

—La virtud de fray Silvestre es muy conocida de todos; su cama es sin duda la pobre tarima que está ahí fuera.

—Sea lo que fuere, al fin ya tenemos este auxilio.

—Me alegro mucho, pues podrá descansar mi sobrina, que no está acostumbrada, como nosotros, a tan malos ratos.

Así que se enteró esta de aquel descubrimiento, dijo deseaba acostarse al instante; púsose manos a la obra y se determinó que doña Elvira se quedase en la cama grande; en un colchón junto al hogar, don Felipe y don Tello, y don Sancho y don Juan Pérez sobre la tarima del padre Silvestre.

—Si este —exclamó don Tello— viene, entonces veremos cómo se ha de arreglar el asunto, mas habrá ido probablemente a hacer algunas piadosas visitas en el contorno, y no vendrá tan aína.

Retirose doña Elvira a su cuarto, y bastante por cierto necesitaba reposar; aunque durmió poco, pudo entregarse libremente a las melancólicas reflexiones que los sucesos de aquella tarde le sugerían.

Entretanto, don Sancho no desistió de sus pesquisas; abrió la otra puerta y halló en la despensa pan, vino, queso, un pernil y algunas legumbres; acercóse después a un rincón oscuro donde estaban dos o tres tinajas, mas un rumor sordo que a su parecer escuchó le hizo retroceder; 'zape', dijo para sí, 'cepos quedos, no sea que tengamos otro moro con planta como en la alquería, pues, desde aquella hora, cada mata, árbol o pared se me figuran turbantes'; salió, pues, desde donde estaban los demás a disponer la cena.

Sentáronse a comer, y don Sancho, cuya interminable parola no se extinguía a pesar del magullamiento de su cuerpo, empezara a decir:

—Debéis dar gracias a la Divina Providencia que os deparó un sujeto como yo para dirigir dignamente la parte masticatoria; si no, pobres de nosotros esta noche; observad con cuán pocos auxilios os pongo delante una cena capaz de resucitar a un difunto; primeramente, esta ensalada de berros, probadla, don Felipe, veréis qué bien oleada y adobada está; luego admirad mi ingenio; con solo un poco de pernil os he preparado tres platos diferentes; cocido, asado y salpimentado con vinagre, ajos y perejil, y con salsa amarilla; tenéis después para remate estas ricas berenjenas con queso, que no se aderezan mejor en la misma cocina de la reina Isabel, que es en verdad aficionadilla a comer buenos bocados; allí, sirviendo de mayordomo, aprendí lo que sé de este arte utilísima, desconocida casi de los antiguos.

—¡Cómo desconocida de los antiguos! —dijo don Tello.

—Sí, señor, los griegos primitivos asaban un toro entero, y lo colocaban en las mesas de los reyes según el cantor de Ilión;[2] luego ya os acordáis de

2 Está aludiendo a una escena de la rapsodia III de la Odisea. Véase Homero, *Odisea* (Barcelona: Orbis, 1982), pp. 42–43.

la maldita salsa negra de los lacedemonios,[3] que hoy haría vomitar al más robusto asturiano; en cuanto a los hijos de Rómulo, aunque aprestaban mejor los manjares, especialmente en los tiempos de Lúculo y de Heliogábalo,[4] tiempos de glotona y apetitosa memoria, consistía más bien el lujo en lo raro de las comidas, que en lo delicado de las salsas y guisos; mas ahora atiéndese principalmente a lo sustancial; esto es lo que aconsejaba el Arcipreste de Hita, hombre, vamos, ese sí que era un hombre aficionado a comer y beber; numerosos fueron los versos que hizo durante su vida en loor de la vitualla y de Baco.[5]

—¿Y vos —le interrumpió don Tello— no tenéis composiciones métricas de vuestro propio peculio?

—¡Uf! Muchísimas tengo, mas es tan fatal mi memoria y tan rara, que no me acuerdo de lo que hago al día siguiente…

—A ver si recordáis…

—¡Ya! Ya caigo en una cantiga… Ea, atención, y no interrumpáis al lujo de Apolo; servidme entretanto alguna otra tajadilla de pernil, pues veo que mientras hablo me vais dejando *per istam*.

—No os moriréis de hambre.

—Venga un trago, ¡Jesús! Ya coló, y empiezo:

Place mucho a tierno amante
Referir alborozado
La belleza
De su señora constante
Y su hablar fino y preciado
Y su lindeza.
Otros en verso gentil

3 La salsa negra, que se componía de 'sal, vinagre y sangre' es citada como ejemplo de la austeridad de los lacedemonios por Louis Pierre Anquetil, *Compendio de la historia universal, o pintura histórica de todas las naciones, su origen, vicisitudes y progresos hasta nuestros días* (Madrid: Imprenta real, 1801), v. 2, p. 155.

4 Lucio Licinio Lúculo (118 a.C.–56 a. C.) y Vario Avito Basiano (203–222) —conocido después de su muerte como Heliogábalo— fueron emperadores romanos conocidos por su estilo de vida extravagante y opulento. Lúculo, en particular, fue famoso por sus banquetes. De entre las excentricidades gastronómicas del emperador Heliogábalo, cabe mencionar, por ejemplo, que mandó servir seiscientas cabezas de avestruces en un banquete, como refieren Juan E. Padilla Sánchez, Sebastián F. Ramallo Asensio y Arturo Morales Muñiz, 'Avestruces en Hispania: cuestiones en torno al resto hallado en Cartagena (s. V–VI d. C.)', *Pyrenae*, Vol. 53, No. 1 (2002), pp. 203–216 (p. 205).

5 No obstante, el Arcipreste de Hita en realidad aconsejaba tomar el vino siempre con moderación: 'Es el vino muy bueno en su mesma natura: / muchas bondades tiene, si se toma con mesura; / al que demás lo beve, saca lo de cordura: / toda maldat del mundo fase, e toda locura', Arcipreste de Hita, *Libro de buen amor* (Madrid: Castalia, 1988), p. 220.

Celebrando el prado y flores
Y a la aurora,
Y a los encantos que abril
Como mes de los amores
Atesora.
Solo yo en tono sencillo
Canto el jugo azucarado
Del lagar
Que nos da el vino amarillo
Tan suave y delicado
Al empinar,
Y el aloque y moscatel
Y también celebrar suelo
Al jamón
Que, aunque le pese a Israel,
Da delicioso consuelo
Al corazón.
Ninfas, retiraos allá
Venga una azumbre de vino
Hacia aquí,
Perniles, venid acá
Que ya os vea de contino
Junto a mí.

—Muy bien, excelente —le respondió don Tello.

—Aunque no sean de los mejores —prosiguió don Sancho— tienen cierto saborete a los del marqués de Santillana; a propósito del marqués, en vista de que nadie acorre y no hay otro asunto entre manos, os quiero contar parte de la vida de aquel ilustre poeta.

—Desgraciados de nosotros —dijo don Juan—, ya nos afianzó don Sancho con sus eternas pláticas.

—No, señor, que es muy digno de saberse que don Íñigo López de Mendoza, primer marqués de Santillana, amigo íntimo de mi padre, como que los dos fueron sobre Huelma,[6] por cierto que allí sucedió la disputa de las banderas sobre cuál debía entrar primero en la villa, y el marqués con su acostumbrado seso y cordura, las puso todas en un solo haz, y dijo 'que entren juntas', es muy digno, repito, de saberse que casó con doña Catalina de Figueroa, hija de Lorenzo Núñez de Figueroa, maestre de Santiago,[7] y de doña María de Orozco…

6 El marqués de Santillana consiguió conquistar Huelma a las tropas nazaríes en 1438.

7 Hué y Camacho equivoca ligeramente el apellido; no es 'Núñez de Figueroa', sino 'Suárez de Figueroa'; Luis Rubio García, *Documentos sobre el marqués de Santillana* (Murcia: Universidad, 1983), p. 26.

—Pero, hombre de Barrabás —prosiguió don Juan—, ¿qué nos importa a nosotros quién fue la esposa del marqués?

Y siguió don Sancho, sin hacer caso:

—Tuvo por hijos…

—Quiera Dios no sean muchos.

—El primero, sí, el primero fue don Diego Hurtado de Mendoza, luego siguientes Íñigo López de Mendoza, don Francisco de Lorenzo, don Pero González, don Juan, don Fernando, doña Mencía.

—No, no, pues bien fecunda fue la dama.

—Pues queda aún doña Leonor, que casó con el adelantado Per Afán de Ribera.[8]

—Que nos asesináis, por Dios…

—Si me escuchaseis con gusto, os diría con quien matrimoniaron todos, y los hijos y empleos que tuvieron.

—No, amigo —respondió don Tello, que hasta entonces se había estado callado riendo del minucioso catálogo—, pase en buena hora por los hijos, mas no nos ensartéis la cáfila de los nietos. Os quisiera preguntar, don Sancho, ¿a qué viene esa letanía cuando se habla de tan diferente asunto?

—Quiero probar con ello que, a pesar de la mucha familia, y, por tanto, mucha barahúnda, y de las batallas del marqués, no descuidó las letras humanas, y en ellas fue doctísimo, y vese al principio de su cancionero un excelente discurso sobre la antigüedad de la poesía, y cuando murió en 1488, creo un domingo por la mañana, sentido fue y justamente de todos los hombres doctos que había entonces en Europa; he dicho.

—Gracias a Dios —replicó don Juan— que habéis acabado; primero nos matasteis con aquellos malditos coplones y luego…

—¡Cómo coplones!

—Sí, y los más insulsos que en mi vida he oído.

—Qué pocos habéis oído ni leído; yo si pudiera hablaros detenidamente de Jorge Manrique, Jorge Mercado, Garci Sánchez, y otros mil, y en especial, del incomparable Macías. ¿Queréis que de este último…?

—Ahora —le interrumpió don Tello— tenemos más ganas de dormir que de oír las conocidas aventuras del acuitado doncel.

—Pues os diré algunos versos suyos o de sus amigos.

Y enseguida se acostaron a eso de las diez de la noche.

[8] Dato inexacto. El marqués de Santillana tuvo una hija que casó con el adelantado Per Afán de Ribera, pero no se llamaba Leonor, sino María, como explica Alfonso Franco Silva, 'El patrimonio de doña María de Mendoza, condesa de los Molares', en *Estudos en Homenagem ao Prof. Dr. José Marques* (Oporto: Universidad, 2006), pp. 105–121 (p. 105).

Capítulo 8º

El diálogo nocturno

Tres furias infernales se juntaron
A conversar en la caverna impía
Mientras los pasajeros reposaban.
Autor inédito.

Habría llegado ya la media noche cuando Leonarda sacó la cabeza por entre las tinajas de la despensa, miró a todas partes con pesquisadores ojos y, notando profundo silencio en el vecino aposento, aventurose a salir de su escondite; atravesó rápidamente el corral y empujando una puerta abierta con el mayor disimulo en una de sus paredes, recorrió una estrecha y lóbrega galería hasta llegar a un cuarto subterráneo donde encontrara a fray Silvestre sentado junto a una mesa y empinando un jarro de vino.

—¿Dónde has estado, condenada? Hace tres horas que el maldito Alí me dejó, y ya cansado de esperarte, iba a indagar con cuidado lo que pasa arriba. ¿Y el descreído de Osmin?

—¿A qué me venís reprendiendo —le replicó Leonarda encolerizada— cuando por causa de vuestros desenfrenados apetitos, me he visto en el mayor aprieto, y he tenido que estar oculta a guisa de conejo, para poder contaros algo de provecho, casi desde que llegó el ferí?

—¡Hombre infernal! ¡Me desbarató el mejor plan del mundo! Sin su repentina aparición, doña Elvira acompañaría en este momento en su encierro a la linda mora; pero, mujer de Barrabás, cuando me viste en tan apurado lance, ¿cómo no llamabas a Osmin y a Santiago? Ya entre los tres otro gallo hubiera cantado, pues la necesidad puede mucho…

—Corrí en su busca, mas los malditos apenas tomaron el oro que les dio vuestra paternidad, se marcharon sin duda a azumbrarse con los suyos, o a merodear esta noche según su antigua y piadosa costumbre.

—¡Y esos bribones aún no han venido! Ya veis, me hallé solo; tuve que implorar el perdón de doña Elvira y la tonta me lo concedió. ¿A mí perdón? Si el puñal del ferí me hubiera traspasado el pecho, tanto mejor para ellas, mas mientras viva la he de perseguir de muerte.

—Volví después y hallé al ferí solo con doña Elvira, y oí ciertas razones que bien pudieran llamarse amorosas.

—¡Hola! De modo que quizás no sería casual la venida del maldito moro, me alegro, ¡qué rayo de luz...! ¡Pobre mujer! No sabe con quién se las ha; y ella se derretiría sin duda. ¿No es verdad, Leonarda?

—¡Ninguna palabra pronunció doña Elvira que tal sospecha pudiese acreditar.

—Bueno; pero pudo decirla; ¡qué sandia eres! Debemos creer piadosamente que la dijo.

—Fuese el ferí y ya me retiraba adentro, pero la llegada de los cazadores me hizo ocultar de nuevo; por cierto, qué lindo susto he pasado y más cuando uno de ellos se entró para buscar comida en la despensa; era un caballero gordo a quien le decían don Sancho.

—Sí, don Sancho Nuño, el mayor glotón de estos contornos; come y bebe más que yo.

—Entonces no puede decirse más en su abono; acercóse al rincón donde yo estaba, temblé de pies a cabeza, no sea que me descubriese, y sin duda hice algún movimiento; me columbró, o qué sé yo, lo cierto es que dio dos pasos atrás como a quien le dan una puñada en el estómago y se salió de la despensa.

—¿Y doña Elvira?

—Mostróse al punto en vuestra cama, según pude entender, su padre y su tío en un colchón junto al hogar, y don Sancho y otro caballero a quien llamaban... Yo me acordaré... En la tarima.

—Tentaciones me dan, pese a mi alma, de buscar a esos monfíes y hacer una que sea sonada.

—Entonces era locura sobre locura; vaya que habéis perdido el seso de ayer acá; además de que la niña se ha encerrado para dentro, tiene cuatro guardianes a la puerta, y diez o doce criados que acudirán como lobos en socorro de sus señores.

—Dices bien, rabiar y tascar el freno; maldito sea mil veces, vuelvo a repetir, el ferí de Benastepar y toda su descendencia y ascendencia, ¿quién imaginar pudiera que en tan tempestuosa tarde se nos encajase encima aquel demonio sin decir oste ni moste? Róanme las entrañas todos los diablos del infierno si no me vengo de él y de la niña.

—Dábanse algunas veces ganas de reír en mi escondrijo al oír las pláticas de los huéspedes; decían que vuestra cama sería la tarima y la otra para obsequiar a los transeúntes; añadió además el tío de doña Elvira que estaríais sin duda consolando con piadosas pláticas a algún vecino.

—Debías en efecto reírte.

—¿Y pensáis presentaros por la mañana?

—¿Y por qué no? El solo testigo del lance estará diez leguas de aquí por lo menos, ya sabes que anda siempre a salto de mata; además, en habiendo descaro y alguna dosis de vergüenza, inútil es el temor.

—Pues bien temblabais del ferí.

—Esa, Leonarda, es harina de otro costal; una gumía en manos de aquel bárbaro no es un silogismo al que se responde con otro.

—Ya me he acordado del nombre del caballero; le decían don Juan Pérez.

—¡Don Juan Pérez!

—Sí, señor.

—Preciso, siempre la soga tras el caldero; has de saber, Leonarda, que ese sujeto es uno de los amadores perennes de doña Elvira, y según el runrún que corre en Ronda, lo atiende lo mismo que a todos, pues la tal niña sin duda piensa casarse con un príncipe.

—O con el ferí de Benastepar —prosiguió Leonarda, riendo a carcajadas.

—Nada tendría de extraño, pues las mujeres son la misma estampa de Satanás; se me ofrece un excelente pensamiento, anda, ve y llámame a don Juan, y tráelo aquí con el mayor sigilo.

—¿Y si despiertan los compañeros?

—¿Has visto tú que salga el pan cocido del horno sin haberlo antes amasado? Cuando hay necesidad no se mira el peligro.

—Pero señor…

—No me repliques; mira que ya me vas amostazando.

Agarró Leonarda la lamparilla, y con ligero paso atravesó la galería, y el corral, mas cuando llegara a la despensa ya fue otra cosa; parecía entonces que pisaba sobre mal enclavadas tablas hasta que se aproximó a la tarima. '¿Cuál será', dijo entonces para sí 'el que busco? Don Sancho es un hombre gordo con barriga, luego es claro que don Juan será este otro'; moviolo, y el caballero sentose de repente en la cama, y al ver aquella extraña figura delante, casi iba a dar un grito, mas el ama le dijo:

—Silencio, y sígame vuesamerced.

—Pero…

—Vístase sin hacer ruido.

Hízolo así don Juan, tomó la espada y siguió a Leonarda.

—¿Mas se podrá saber…? —exclamó al entrar en el corral.

—Os conviene mucho el que me sigáis; veréis a un antiguo amigo.

Parose don Juan al llegar a la galería, y añadió:

—Porque no me digáis soy un cobarde os sigo, mas…

—No tengáis cuidado, vais solo a hablar con el ermitaño de Benameda.

Llegaron, y fray Silvestre, abriendo los brazos, apretó fuertemente en ellos a don Juan, aun antes que este pudiera conocerlo a la escasa luz de la lamparilla.

—¿No recuerdas las facciones de tu antiguo camarada Silvestre? ¿Me ha desfigurado tanto el santo hábito que visto?

—¡Hola! Silvestre, ¿eres tú? En verdad que te creía muerto, o en Ugíjar, en el seno de tu familia.

—No, amigo mío, mas, antes de todo, empina un trago y siéntate.

—Veo que el vestido no hace al monje, pues conservas siempre tu antigua afición.

—Ya me voy volviendo anciano, y este dulce licor es la leche de los viejos.

—¿Por qué dejaste las armas?

—Cansado de poner en contingencia todos los días mi pobre pellejo, quise volverme a mi casa, y cultivar con mi padre las tierras que diome la munificencia de nuestro augusto rey en premio de mis largos servicios, mas retrájome de esta idea la vocación religiosa que se apoderó de mi alma; por más que hice, no me fue dado resistir a ella; recibí este santo hábito antes de la toma de Granada, y por humildad no me he atrevido a ordenarme de sacerdote; mientras andabas en el cerco de aquella ciudad, tu compañero Silvestre, cubierto de cilicios, ora espiaba sus muchos pecados haciendo penitencia en silencioso claustro, ora daba saludables y espirituales consejos a los fieles en esta ermita; varias veces he estado en Ronda, mas distraído de los mundanales negocios, no he curado verte; ahora lo hago porque no he podido resistir a la tentación de abrazarte estando tan cerca de mí, cuanto por el deseo de hablarte a solas de cierto asunto.

—Pero, hermano Silvestre...

—No, hijo mío; háblame siempre como a tu antiguo camarada.

—Pues te digo que pudieras haber esperado a que amaneciese.

—Mucho conviene este misterio; no quiero seas por más tiempo juguete y ludibrio de una falsa mujer que se aúna con los enemigos de la religión y... Vamos, ¿quién dificulta que ella abandone pronto la creencia de sus padres?

—¿Mas de qué mujer hablas?

—De doña Elvira de Castro.

—Te engañas, Silvestre; estoy ofendido de ella, mas venero la pureza de su fe.

—Óyeme y luego juzga; te confieso soy un pobre pecador, mas la santa verdad sale siempre de mi boca; aficionado por otra parte a no hacer mal, y sí todo el bien que puedo, figúrate la profunda pena que se abrigará en mi corazón al tener que descubrirte cosas que perjudican a una señora como doña Elvira.

—¿Mas qué sabes de ella?

—Cachaza, amigo mío; te espantarás cuando te diga que a poco de llegar doña Elvira a la ermita, vino tras ella a pesar del agua y de los truenos un infame moro; lanzome de su presencia; uno de sus satélites me condujo hasta las orillas del Genar, y me hubiese allí asesinado a no haber acudido más cabreros en mi socorro; entretanto, mi amiga Leonarda, que para huir de su furor habíase ocultado en la despensa, oyó palabras amorosas, supo que ya otras veces se habían visto; en fin, para abreviar, ella ama y patrocina al mayor enemigo de la religión que en esta serranía se encuentra.

—Pero, Silvestre, ¿cómo es posible...?

—No goce yo la gloria eterna si mentira hablase.

—Dime quién es al instante ese vil.

—Poco a poco; antes de todo te exijo solemne juramento de que a nadie comunicarás lo que te he referido.

—Te lo juro.

—Solo el grande interés que me ocasionas, y los gratos recuerdos de nuestra antigua y acendrada amistad han podido vencer la natural repugnancia, que a hablarte de tal asunto tenía; por eso he querido hacerlo aquí, para que nadie brujulear pudiese nuestros diálogos.

Quedóse don Juan pensativo, apoyando el puño de la espada en la barba, y luego prosiguió.

—¡Pérfida mujer! Desairar a un esforzado caballero, y enamorarse luego de un vil moro, de un cualquiera…

—No está el pero tan maduro, Juan; es un rival digno de ti, y su brazo sabe tajar cabezas, como yo tirarme este vaso de vino al coleto —y tiráselo en efecto al decirlo.

—A nadie tengo miedo, pronto sabrá quién soy.

—Y yo me alegraré muy mucho por el lustre y honor de la santa fe católica; para que, al fin, de los enemigos de Dios los menos, y a más moros muertos, más ganancias, y te voy a decir quién es, porque conozco que el pavor nunca hase abrigado en tu pecho.

—Pues vaya acorta razones, y dime quién es mi contrario.

—El ferí de Benastepar.

—El ferí —prorrumpió don Juan, poniéndose amarillo como la cera—, ese monstruo…

—Parece que te escarabajea su nombre.

—No hay duda —siguió el caballero, reponiéndose de su turbación— que ese moro es el azote de los cristianos, pero Dios guiará mi brazo, al fin… Veremos.

—También te aviso que la criada favorita de doña Elvira es sobrina de Leonarda; dile que has hablado con su tía, y ya puedes contar con ello para lo que ofrecerte pueda; luego debes acechar al ferí, y pum… Un arcabuzazo, ya me entiendes.

—No, Silvestre, no cometeré tal bajeza; lo odio mucho, mas no soy asesino.

—¡A un descreído, a un infiel!

—Con todo; ¡mas mirad el orgullo de doña Elvira; y luego amar a un desterrado, a un hijo de Mahoma!

—Lo primero y principal que te aconsejo es que quites de en medio a ese infiel, ¿estás…?

—Sí, quedarás servido.

—Pues toma otro vasito y un abrazo, y vete a tu cama antes que alguno de tus compañeros despierte. A Dios.

—A Dios.

Finalizada esta edificante plática, tornose don Juan a la tarima, y Leonarda le dijo a fray Silvestre:

—No comprendo bien a qué asunto encomendáis vuestra venganza a don Juan, teniendo esos monfíes a vuestra devoción.

—Más les place a ellos asaltar a indefensa doncella que no a armado caballero, a no ser que el caso sea muy preciso; luego, con el tábano de los celos del que ya don Juan va picado, es capaz de matar a su rival aunque sea en el filo de una peña o en el ala de un tejado; avísame, Leonarda, cuando amanece para presentarme a los cazadores; dame otro traguito y déjame dormir aquí recostado sobre la mesa.

En efecto, comenzó a poco a roncar de lo bueno, y Leonarda, a su imitación, también hizo otro tanto.

Capítulo 9º

La vuelta a Ronda

Y luego don Quijote y los que con él venían se pusieron a mirar las andas y en ellas vieron un cuerpo muerto y vestido como pastor, de edad al parecer de treinta años, y, aunque muerto, mostraba que vivo había sido de rostro hermoso y de disposición gallarda.

Cervantes, *Quijote*, parte 1ª, libro 2º.

Cansados y molidos los viajantes de la tarde anterior, estaba el sol bien alto en el horizonte cuando despertaron y vistiéronse a toda prisa, menos doña Elvira, que, temiendo la llegada de fray Silvestre, quedose en el cuarto aparentando indisposición; entró el fraile, en efecto, con mesurados pasos y ojos bajos al tiempo que se desayunaban con las reliquias de la cena.

—Loado sea el señor Todopoderoso; mucho he sentido que las obligaciones de mi ministerio me hayan impedido, anoche, estar con vosotros, amigos míos.

—Entrad, fray Silvestre; vos siempre tan gordo, y tan saludable —le dijo don Tello.

—Procuro cuidarme.

—Pues por vida mía no lo haréis mucho si usáis aquellas disciplinas para azotaros, y aquesa tarima para dormir.

—¡Qué! Yo —continuó fray Silvestre con fingida sonrisa— no duermo en esa tarima, sino en mejor lecho.

—El mérito de la verdadera virtud estriba en ocultar las buenas obras; sabemos bien dormís sobre ese ético colchón.

—Nada, nada; ¡qué disparate! —y decía esto con un aire y metal de voz sumamente a propósito para que no lo creyesen— No soy tan anacoreta que me atreva a hacer tales penitencias.

Levantáronse a poco los manteles, y todos se pusieron en camino para tornar a Ronda admirando, menos doña Elvira, la santidad y loable vida del ermitaño de Benameda.

Ya habrían andado media legua, cuando don Sancho, que digerir no podía el mote insultante que don Juan puso a sus versos, le dijo, sin duda por picarlo e incomodarlo:

—Por aquí cerca me parece deben hallarse las tierras y olivos que os dieron; yo, en vuestro lugar puesto, las abandonaría para siempre, porque afrenta a un hombre de bien la tal donación; indica es de poca valía el sujeto, pues, como se repartieron según las personas… Ya veis…

—No estaría ahora en el caso que semejante cosa me dijeseis si no hubiese picardías en el mundo; a fe mía que de todas maneras son muy mejores que las que a vos os dieron.

—Como yo no soy un hombre de armas tomar, y, Dios mediante, no las necesito…

—Ni yo tampoco las he menester; pero ha sido una maldad lo que se ha hecho conmigo.

—¿Quiénes fueron los repartidores? —saltó don Tello— Pues yo, como bien sabéis, estaba entonces en Sevilla, y ni supe este asunto, ni jamás he querido oír hablar de él hasta ahora; no ignoro, con todo, que se cometieron al principio muchas tropelías, pero después…

—Unas se han reparado, otras no; Antonio de Fonseca, Juan de la Fuente, Juan de Torres y Mateo de Luzón fueron los primeros;[1] sea por ignorancia, malicia o lo que fuese, cometieron mil injusticias; donaron los más pingües terrenos a las iglesias y aún diz que algunos de los mejores tomó para sí el Antonio de Fonseca; sea de esto lo que se quiera, al fin aquel caballero como gobernador de la ciudad entonces, pudo hacer lo que le plació; diéronse tan solo media caballería de tierra y seis olivas.

—No, pues entonces no teníais de qué quejaros.

—Callé, por tanto, como un mudo, mas algunos mal avenidos con este arreglo pidieron otra vez a los reyes, y sus altezas enviaron al bachiller Juan Alfonso Serrano para juez de este negocio.

—Dicen era hombre muy cabal.

—Podría ser, mas correspondiéndome, según mi categoría, dos caballerías y media, y treinta olivos; solo me señaló una y doce árboles, tan malos que el mejor produce un almud de aceitunas; ya veis, don Tello, si deberé bendecir su memoria.

—Pero —le interrumpió don Sancho— las tierras son tan buenas que suplen por todo.

Púsose don Juan encendido como la grana, y siendo poco sufrido de naturaleza iba sin duda a replicar agriamente a esta nueva pulla, mas conociéndolo don Tello, exclamó:

—Chito, don Juan; no se hable ya otra palabra de tan desagradable asunto, indudable cosa es que no os dieron todo lo que vuestro relevante mérito exigía; y vos, don Sancho, cumplidnos la palabra de ayer, que será plática más sabrosa que la que promovido habéis.

—Es verdad; será más sabrosa —prosiguió don Felipe—; que yo estaba en ascuas temiendo riñesen los dos amigos.

[1] Esos cuatros nombres, entre otros muchos, figuran en un listado de personas beneficiadas en el reparto de tierras que hubo tras la toma de Ronda; véase Juan José Moreti, *Historia de L. M. I. Y. M. L. ciudad de Ronda* (Ronda: Establecimiento tipográfico del autor, 1847), p. 443.

—Pues, señores —continuó don Sancho alzando y ahuecando la voz—, ya sabéis todos cómo Macías amaba a una señora que era doncella en casa de don Enrique de Villena; y que este, no sabiendo sus amores, la casó con un caballero de Porcuna estando ausente el agraciado doncel;[2] tampoco ignoráis que, a pesar de tan fatal suceso, no cesó el amante sus requerimientos y galanteos, y que el marido picado atravesó traidoramente a Macías con una lanza;[3] mas lo que sí que no sabéis son las coplas que estando preso mandó a su querida y que acarrearon sus muertes, os las voy a decir, oídme:

Cativo de miña tristura
Ya todos prenden espanto
E preguntan qué ventura
Foy que me atormenta tanto,
Mas non se no mundo amigo,
Que mayo de mon quebranto
Diga desto que vos digo,
Queen ben se nunca debía
Al pensar que fas folía.
Cuidé subir en alteza
Por cobrar mayor estado
E caí en tal pobreza
Que moyro desamparado
Con pesar e con desejo
Que vos direy malfadado
Lo que yo e ben ovejo
Cuando o loco cay mays alto
Sobir prende mayor salto.
Pero que pobre sandece
Porque me dese a pesar
Maña locura assi crece
Que moyro por entonar
Pero mays non a verey
Si non ver y desejar
E paren así direy
Queen cárcel solé viver
Se veja en cárcel morrer.

2 La hipótesis de que Macías servía a Enrique de Villena está actualmente descartada; por el contrario, se considera que vivió en los tiempos de Pedro el Cruel, y 'bajo el maestrazgo de Pedro de Muñiz y Godoy', apunta Vicenç Beltran, 'Macías', en *Diccionario biográfico español* (Madrid: Real Academia de la Historia, 2009), pp. 502–503 (p. 502).

3 Sobre las leyendas en torno a la muerte de Macías, véase Kenneth Hale Vandeford, 'Macías in Legend and Literature', *Modern Philology*, Vol. 33, No. 1 (1933), pp. 35–63 (pp. 35–37).

—Aún queda otra cuarta copla, mas no me acuerdo de ella.[4]

—Ni, por cierto, hace falta; maldito sea el tal lenguaje —exclamó don Juan—, y luego dirán que Macías era castellano; esos versos, o yo soy un sandio, o están en portugués.

—Saber se debe que vivía nuestro poeta en los tiempos de don Enrique el enfermo, y hasta que después se perfeccionó nuestra habla con el roce de las naciones extranjeras durante el reinado de don Juan el II su hijo, hacíanse las coplas por este estilo y manera, aunque Macías no era castellano, era gallego, y del pueblo del Padrón, según atestigua Juan Rodríguez en sus gozos de amor cuando así habla:[5]

Si te place que mis días
Yo fenezca mal logrado
Tan en breve
Plégate que con Macías
Ser merezca sepultado
Y decir debe
Dó la sepultura sea;
Una tierra los crio,
Una muerte los llevó,
Una gloria los posea.[6]

—Yo siempre he tenido mis dudas sobre estos amores —replicó don Tello.

—Pues cesen todas a la vista del irrefragable testimonio de Juan de Mena, y de Garci Sánchez en su infierno de amor, que dice así:

En entrando vi asentado
En una silla a Macías
De las heridas llagado
Que dieron fin a sus días
Y de flores coronado.
En son de triste amador,
Diciendo con gran dolor

4 Los versos anteriores se corresponden con el poema de Macías ‘Cativo de miña tristura’; el fragmento omitido sigue de la siguiente manera: ‘Miña ventura, en demanda / me os en atan dultada / que meu coraçón me manda / que sei sempre negada; / pero máis nen saberán / de miña coita lazdrada, / e por én assi dirán: / Can rabioso é cousa brava / do seu señor que se trava’; el poema entero queda recogido en Carlos Martínez-Barbeito, *Macías el Enamorado y Juan Rodríguez del Padrón* (Santiago de Compostela: Editorial de los Bibliófilos Gallegos, 1951), p. 145.

5 ‘Juan Rodríguez del Padrón parece sugerir una relación de paisanaje, de donde puede inferírse que era gallego e, incluso, padrones’, Vicenç Beltran, p. 502.

6 Pueden localizarse estos versos en Juan Rodríguez de la Cámara (o Padrón), *Obras* (Madrid: Imprenta de Miguel Ginesta, 1881), pp. 12–13.

Una cadena al pescueço,
De su canción el empieço
Loado seas, amor,
Por cuantas penas padeçco.[7]

—Me convenzo con tal explicación; ¿qué silenciosa vas, sobrina? ¿Estás mala?

—Muy estropeada de ayer, tío.

—¡Ya! ¡Ya —dijo don Juan entre dientes—, el día era penoso, pero…!

—¿No oyes el diluvio de versos que salen de la boca de don Sancho?

—Dejadlo; el amigo se divierte, y debemos respetar los placeres de otros.

Continuaron así diferentes coloquios hasta el pueblo de Atajate, donde sestearon algunas horas; al salir de él vieron venir por el mismo camino que ellos traían una camilla de maderos entrelazados, conducida a hombros por seis robustos mozos; al acercarse advirtieron tendido en ella a un moro como de treinta años, alto y fornido.

—¿Ha muerto? —preguntó don Sancho.

—Si como está él —dijo uno de sus conductores— estuviesen todos los malditos hijos de Mahoma, dormir podríamos a pierna suelta.

—¿Y quién es?

—Uno de los amigotes del condenado ferí de Benastepar.

A estas razones cubrió una espesa nube los ojos de doña Elvira, y casi estuvo para caer del caballo, mas repúsose al instante de modo que, cuando don Juan volvió la cabeza a mirarla, ya no le notó la menor turbación, lo que hizo vacilase en la creencia que de la ermita había sacado.

El funeral acompañamiento siguió su camino y vieron venir detrás de él muchos serranos de Benadalid y Benalauría que condujeron en medio como en triunfo a un ballestero, el que, acercándose, notó don Juan era su criado Pedro extraviado la tarde anterior; aunque procuraron saber el motivo de aquella festiva zambra imposible les fue, pues la turba prosiguió su camino sin hacer el menor caso de las reiteradas preguntas de don Sancho y de don Juan; ya este, amostazado, había echado mano a la espada, y se adelantaba a castigar tan descorteses villanos, mas presentáronse algunos jinetes armados, varios arcabuceros a pie, y, al frente de todos, don Alonso de Aguilar;[8] saludó a los cazadores como a íntimos amigos, y respondió a sus preguntas diciendo:

7 Estos versos también aparecen recogidos y atribuidos al Infierno de amor de Garci Sánchez de Badajoz en Ángel Salcedo y Ruiz, *La literatura española: la Edad Media* (Madrid: Casa Editorial Calleja, 1915), p. 373.

8 Para la biografía de este personaje, véase John Edwards, 'Nobleza y religión: Don Alonso de Aguilar', *Ámbitos: Revista de estudios de ciencias sociales y humanidades de la campiña alta de Córdoba*, No. 3 (2000), pp. 9–19.

—El cadáver que va delante es el del infeliz Alí Jarillo, asesinado esta madrugada, pues otro nombre no merece tal acción, por ese don Pedro a quien tanto vitorean; los sordos nos han de oír desque llegue a Ronda; no debían, por ningún motivo, haberme dado a mí tal encargo... Y luego la canalla que llevo... ¿Veis esos arcabuceros? No sé cómo no los abro uno a uno con mi espada; con todo, buenos cintarazos se han llevado.

—¿Qué mal han hecho, que tanto os indigna? —le interrumpió don Tello.

—Yo no soy hombre que proteja a los moros, mas tampoco me placen las tropelías y las vejaciones que con ellos se cometen; esos que veis ahí, con los ojos bajos, mirando al suelo, al parecer, mas no es así, abochornados, esos, más bien que soldados, pudieran llamarse monfíes, han quemado impíamente el pueblo de Benastepar.

—¿Y —saltó doña Elvira— han perecido algunos moros?

—No lo sé, señora, mas fuerza será que así haya sucedido; no puedo detenerme en Ronda; os diré despacio los sucesos de tan triste noche.

—¡Qué horror! —exclamó el tío de doña Elvira apenas se despidió de ellos don Alonso— ¡Quemar y destrozar un pueblo indefenso! Voto a bríos que, a mí, en el pellejo puesto del amigo Aguilar, no me hubiera quedado arcabucero a vida; a lanzazos les hubiera hecho salir el alma por la obra a tales bribones.

—No apruebo —respondió don Juan— tal fechoría, mas al fin son moros que rehúyen el blando yugo de nuestra santa religión.

—Nada tiene que ver la religión con las maldades de los cristianos si los musulmanes que hanse aún quedado en España odian nuestra creencia. ¿Será la crueldad buen medio para atraerlos al verdadero camino de salvación?

—¡Ya! Pero Alí Jarillo...

—Alí Jarillo conspiraba porque lo perseguían cual a silvestre oso, o montaraz y feroz jabalí; poneos, don Juan, en el lugar de un infeliz desterrado, y veremos qué haríais entonces.

—Entonces... Ya se ve... Pero, como los moros son nuestros mortales enemigos, debemos castigarlos a sangre y fuego.

—¿Y por qué no se les ha de domar con la clemencia, o pelear con ellos como caballeros?

—Al fin son unos perros herejes.

—¿Mas dejan por eso de ser hombres?

—Es verdad, don Tello, pero...

—Señores —saltó don Felipe, que notaba ya el acaloramiento de sus amigos—, los dos lleváis razón; malo, malísimo es usar de medios violentos, pero también los moros son tan vengativos y crueles...

—Sí —apretó don Sancho—, son unos diablos, y luego va cualquier caballero desprevenido por el campo, así como yo, y de repente, zas, se le presenta delante un morazo...

—¿Se os ha presentado alguno a vos?

—No digo yo, don Tello, que haya tenido semejante visión, mas pudiera tenerla, y ya veis que nada agradable me sería... Por eso digo que deben buscarse medios suaves... Así, muy suaves... Vaya, que en un año no quede uno vivo.

—Sí —siguió don Tello—, medios suaves, así como el veneno, el puñal, el fuego u otra friolerilla parecida; concluyamos, señores, tan desabrida plática; diferimos en el modo de pensar; cara a cara desafiaré, si preciso fuere, al mismo ferí de Benastepar, pero a traición, con vileza... Húndanse primero mil veces en el infierno en cuerpo y alma si tal idea abrigar pudiera en mi pecho.

Doña Elvira callaba en tanto, pues temía, sin duda, que hasta en sus menores palabras descubriesen los secretos de su corazón; 'fatalidad grande es', decía para sí, 'lo que me sucede; ¡maldita cacería! Este don Sancho me ha hecho inmenso daño, aunque ha sido sin su voluntad; si no hubiese abierto la puerta del subterráneo, si no hubiese espantado el macho cabrío, ni caídose del caballo, ahora estaría sosegada y placentera, pues nada tendría que agradecer al ferí de Benastepar'.

Ignoraba la triste que la suerte, ya próspera, ya adversa, reservada a los mortales, se cumple siempre, a pesar de cuantos esfuerzos hacemos para separarnos de su influencia.

Capítulo 10º

Los arcabuceros

Envió dos capitanes... Con trescientos arcabuceros escogidos entre la gente que a la sazón había quedado, que era poca... Hombres levantados sin pagas, sin el son de la caja, concejiles que tienen el robo por sueldo y la codicia por superior.

Guerra de Granada, por Mendoza, libro 2º, pág. 3ª.[1]

Apenas se ausentaron los cazadores de la alquería de Pedro, retiráronse los moros por el subterráneo con precipitado paso, y no curaron cerrar cual otras veces la trampa que ocultaba la entrada; tampoco se notó esta falta por los habitantes de la huerta, y tal imprevisión fue causa que pudiesen Osmin y Santiago llevarse robada a María a Benameda, pues fuera de otro modo imposible mediante a que Pedro, siempre al salir de su casa, la dejaba cerrada, temiendo en aquellos tiempos de revueltas algún atropellamiento de parte de los cristianos. Figúrense las almas sensibles cuál sería el dolor de este tierno padre al hallarse sin el dulce objeto de su amor; la llamó y buscó por todas partes y, al notar abierta la trampa, sospechó lo que podía ser, volvió otra vez a Ronda, y avisara al corregidor que le habían robado a su hija; ofreciose este que haría las oportunas diligencias y envió en el acto dos alguaciles a que de los vecinos de la alquería indagasen las circunstancias del hecho; de estos se supo que el día anterior habían visto tres moros rodando en torno de la casa de Pedro y que, aunque no pudieron conocer a dos, el uno era sin duda Alí Jarillo; opinó entonces el juez que este moro, por incomodar al querellante porque se había hecho cristiano, le habría robado a su hija; reunió inmediatamente a dos o tres regidores y sacaron de acuerdo que debía irse al instante a Benastepar y traer presos a Ronda al padre y hermana de Jarillo, caso que él, como era creíble, no se hallase en el pueblo.

[1] La cita está abreviada, y la versión completa es como sigue; resaltamos en cursiva las omisiones: 'Envió dos capitanes, *Antonio de Ávila y Álvaro Flores* con trescientos arcabuceros escogidos entre la gente que a la razón había quedado, que era poca, *(porque con la ganancia de las Guajaras, y con tener por acabada la guerra se habían ido a sus casas:* hombres levantados sin pagas, sin el son de la caja, concejiles que tienen el robo por sueldo y la codicia por superior)', Diego Hurtado de Mendoza, *Guerra de Granada* (Valencia: Benito Monfort, 1776), pp. 110–111.

Este lugar era el único que aún conservaba en la serranía el libre ejercicio de la religión mahometana, y allí se habían refugiado las familias del ferí, Alí Jarillo, Hacem y otros; no es esto decir que los cristianos pensasen en lo sucesivo dejar tranquilos los vecinos de Benastepar, esperaban un solo plausible pretexto para acabar con ellos; ya Alpandeire, patria del Jarillo, Jubrique y otros lugares, donde al principio se refugiaron los moros, habían sucumbido al absoluto poder de los vencedores. ¿Qué mejor ocasión para destruir la patria del ferí que la presente? Hallose empero una notable dificultad; el corregidor y los regidores no eran hombres de armas tomar que digamos, y los principales capitanes estaban en aquel momento ausentes; acordáronse por último que estaba allí don Alonso de Aguilar, y ninguno mejor que tan acreditado caudillo les pareció podía encargarse de la expedición; llamáronlo, y, ponderando los riesgos del caso y la gran utilidad que de la prisión de Jarillo resultaría, consiguieron que, a pesar del furioso temporal que empezara a correr, se pusiese al instante en camino; diéronle algunos jinetes y arcabuceros, gente en general codiciosa y levantisca, pues había entonces en Ronda pocos soldados viejos; llevaba encargo de prender no solo a Alí Jarillo, sino a su padre y hermana, que era la sola familia que restaba al infeliz, y, por añadidura, al ferí, Hacem, o cualquier otro jefe que por casualidad encontrase; así pues, mientras Pedro, sentado en su alquería, lloraba la pérdida de su amada hija, muy lejos de preveer que en Ronda achacaban el robo a sus mejores amigos, mientras María pasaba los breñales de Sierra Bermeja en el caballo de un impío monfí, y los cazadores subían las alturas de Jimera, atravesaba el mismo camino don Alonso con sus soldados hacia Benastepar.

Sorprendidos quedaron sobremanera los habitantes al hallarse cercados por los cristianos, y mucho más cuando estaban fuera en aquel momento los principales caudillos; mujeres, niños, viejos y algunos pacíficos cultivadores eran las personas que solo se encontraban en la población cuando don Alonso dejó en las avenidas de ellas sus arcabuceros, y penetró con sus jinetes hasta la plaza; pesquisose la caza de Alí Jarillo y otras; mas no hallaron a nadie hasta que ya, cansado el Aguilar, retirose a descansar, sorprendido de notar un pueblo tan tranquilo y sumiso do hallar esperaba, según se lo habían pintado, revoltosos moros o asesinos monfíes; curó, sin embargo, de tomar racional precaución, y quedándose con los soldados de a caballo alojó a los demás de cuatro en cuatro, recomendándoles la sobriedad y la dulzura para con sus respectivas huéspedes.

En casa de Omar Hacem, uno de los principales alfaquíes, paraban cuatro de los cristianos, y sentados en torno de una ancha mesa vaciaban sin cesar sendos vasos de vino de una bota que junto a sí tenían.

—Perra vida fuera la nuestra —dijo Jaime— a no ser por estos traguitos y la dulce libertad que el ejercicio de las armas nos acarrea, porque al fin, si no nos han dado tierras en el repartimiento, también el rico botín de los pueblos hinche a veces nuestros bolsillos, si no...

—Si no —le respondió Diego—, ¿cómo pudieras sobrellevar tus continuos gastos? Por vida de san Pablo, primer ermitaño, que más desperdicias tú en una hora que yo en cuatro meses.

—Porque tú eres un avaro a quien solo gusta atacuñar[2] el dinero en el bolso, y yo lo tiro como el agua; mozas, y vino, y vida alegre, que la muerte ella se vendrá sin que la busquemos.

—¡La muerte! ¿Pensamos nosotros acaso en la muerte? ¡Cuerpo de Cristo! ¿Quién piensa en semejante embeleco?

—Oyes, Diego, ¿y no tienes ahora entre manos alguna muchacha? Morisca, se entiende.

—Qué maldito gusto es el tuyo; solo te placen las moriscas, y a mí se me figuran diablos con su piel atezada y ojos relumbrones.

—¡Valiente botarate! ¿Hay en el mundo cosa más linda que una mora con sus ojos negros azabache, su mirar vivo y sus maneras…? Vaya, eres un tonto; prietas son, mas quien se para en pelillos…

—Dirás bien, mas no me avengo a tu parecer; hálloles solo un mérito, y es que son zalameras y poco esquivas.

—¡Toma! ¡Como que están a merced de nosotros, que somos sus vencedores! ¿No te acuerdas de la hija del ferí de Jubrique? Cuando entramos en el lugar, parecía una víbora, mas apenas atamos a su padre y sacamos el puñal…

—Ya, entonces se puso más suave que un guante; ¿mas qué hiciste de ella? Pues creo te la llevaste a Ronda.

—Me cansó a los pocos días, y te juro, a fe de cristiano viejo, que no me acuerdo de cierto lo que hice con la niña; me parece que una mañana me levanté de mal temple, le di una buena pelfa[3] y la planté de patitas en la calle, mas esto no es cosa segura.

—Eres un demonio.

—¿Pues qué mejor se merecen tales herejes? Son enemigos de Dios, no creen en la virgen, no confiesan…

—¡Hombre! —saltó otro arcabucero de poca edad, que se conocía era novel en el oficio— ¡No confiesan!

—¡Qué! —prosiguió Jaime— Son peores que tigres; diz que lo hacen en un ahujero[4] arrimados a la pared. ¡Ya ves tú en un ahujero! Así saldrá ello,

[2] Este término no aparece en el DRAE ni en el NTLLE; tiene el significado de 'poner cuñas' o 'tapar huecos con tacos', Ángel Iglesias Ovejero, *El habla del Rebollar* (Salamanca: Universidad, 1982), p. 259.

[3] 'Dar una pelfa' significa 'pegar, castigar a uno' según Delfín Donadíu y Puignau, *Diccionario de la lengua castellana con la correspondencia catalana. Tomo II* (Barcelona: Espasa y Compañía, s. a.), p. 74.

[4] 'AHUJERO. m. ant. y vulg. Agujero' Real Academia Española. *Diccionario histórico de la Lengua Española. Tomo I. A.* (Madrid: Imprenta de Librería y Casa Editorial Hernandon, 1933), p. 337.

¿no has notado que esos diablos no se parecen a nosotros? ¡Todos tienen un color de cara tan tostado! Como que ya en vida están ardiendo en los infiernos.

—Con todo, Jaime —prosiguió Diego— esos diablos, si son hembras, te placen en extremo.

—Condenada sea mi alma si tan siquiera me gustan arriba de media hora. ¿Si no habrá en esta casa nadie más que aquel maldito alfaquí?

Este, que estaba entonces sentado en un rincón del hogar, era un anciano de barba blanca y venerable rostro, y entreteníase en pasar entre sus dedos las gordas cuentas de un largo rosario.

—¡Hola! —dijo, mirando, el joven— Parece que esta gente también reza.

—Ese es —le replicó Jaime— un alfaquí, un clérigo entre estos condenados. ¡Ya ves tú, Juan, un clérigo! ¡Qué buena planta tiene él de sacerdote! Mira, alfaquí —le dijo acercándose y a su ejemplo todos—, dime, por vida de Cristo, lo que entre dientes gruñes.

—¿Por qué —respondió el moro con suave, pero firme voz—, por qué os entrometéis en extraños negocios? Mientras vosotros os azumbráis, yo doy gracias al poderoso Alá, que me ha dejado ver el fin de este día.

—¿No oyes, Juan?—saltó otra vez Jaime— Este viejo lo llama Alá a Dios, ¡Alá! ¡Mira tú qué nombre tan raro! Vaya, alfaquí, ¿qué dices en tus rezos? ¡Sin duda serán unas blasfemias…!

—Estará —prosiguió Diego— llamando al demonio en su algarabía, para que cargue con nosotros en cuerpo y alma.

—Dices bien; escucha, maldito moro, si no me dices al instante lo que entre dientes estás charlando vas a probar a lo que sabe el acero de mi espada.

—¿Queréis saber lo que digo en mis oraciones?

—Sí, sí.

—Voy al pasar estas cuentas enumerando los atributos de la divinidad, porque Alá es nuestro Dios y Mahoma nuestro ilustre profeta.

—¿No oís a este bribón? —siguió Jaime— Parecen unos santos, mas a lo mejor la pegan; al fin nos tenía de encajar su maldito zancarrón.

—Cristianos —prosiguió Omar Hacem—, retiraos; dejad en paz a este pobre anciano.

—Eso es lo que tú quisieras, pero, antes de todo, voy a registrar tu casa, por si hallar puedo tu mujer o tus hijas; pues has de saber, Juan, que estos perros, aunque sean clérigos, se casan. ¡Ya ves tú qué infamia!

Calientes con los humos del vino, trataron de subir por la escalera; mas atravesose delante el alfaquí, protestando con energía que antes tendrían que pasar por encima de su cadáver; aquellos furiosos lo derribaron de un empellón al suelo; mas viendo que procuraba levantarse, sin compasión a sus años, y al infeliz estado en que se encontraba, clavole Jaime la espada por el corazón; la sangre de la inocente víctima salpicó el rostro de sus verdugos, y parece infundió en sus almas, en vez de arrepentimiento, toda la rabia de las mismas furias infernales; subieron de tropel la escalera, y la desgraciada

Fátima, hija del difunto alfaquí, viéndose atrozmente hostigada por el infame Jaime, arrebatole el puñal de la cintura, y matose ella misma, prefiriendo este triste fin a la deshonra.

Contrariado en sus brutales deseos al mirar el expirante cuerpo de aquella joven beldad, exclamó el furibundo asesino:

—Amigos, ya que hemos ganado de mano, que no quede moro a vida; si no, ¡ay de nosotros!

—¿Y si don Alonso de Aguilar se levanta? —replicó Juan.

—Dices bien; silencio, y sea de otra manera la venganza. ¿No veis cuál sopla furioso el levante? Antes que pueda don Alonso rebullirse, ya estará ardiendo el pueblo.

Así dijo, y llamando a los compañeros, que estaban igualmente bebiendo en las vecinas casas, encamináronse al inmediato monte que circundaba el lugar por el lado del medio día; amontonaron leña a la puerta de la mezquita y de otras varias casas, y le pegaron fuego; hízose todo con tal sigilo que, cuando don Alonso despertó a los gritos de los infelices moros, ya las llamas subían hasta el cielo; mandó tocar retirada con sus atambores, y, después de dar algunos latigazos a los bribones incendiarios, saliose al instante de Benastepar, renegando de su mala estrella y de la infamia de su gente.

Capítulo 11º

La quema de Benastepar

Crece la sorda y tragadora llama
Traspasa a Darro, y de un horrible estruendo
Pasó al molino, y dio la nueva a Alhama.
Piedras de nuevo, y leños esparciendo,
Que amenazaban la soberbia cumbre,
Y a trechos van las torres combatiendo;
Bajan vigas de inmensa pesadumbre,
Ladrillo y planchas por el aire vago,
Y espesos globos de violenta lumbre.

Rimas de Espinel a don Juan Téllez Girón,
marqués de Peñafiel.

Endilgó los pasos don Alonso hacia Benadalid, y a poca distancia parose junto a una fuente; mientras acababan de llegar los rezagados, rebosaba la indignación en su pecho al ver las llamaradas y al oír los lamentos que de Benastepar salían; dos o tres veces estuvo tentado de tornar a socorrer a aquellos infelices; mas el temor de que se le mirase más bien como contrario que como amigo, y el embriagamiento de la mayor parte de su gente lo detuvo; cuando creyó que ya todos estaban reunidos, prosiguió cabizbajo su ruta exhalando de tiempo en tiempo terribles maldiciones y amenazas contra los incendiarios, que trémulos, y al parecer arrepentidos, en pos de él caminaban; extraviáronse un poco de la senda con la oscuridad de la noche, y tirándose a la derecha, no lo conocieron hasta que se hallaron junto al cerro de Benameda; mientras buscaban de nuevo el camino, se presentó a la vista de don Alonso en un estrecho callejón por donde entonces iba un moro montado en su brioso alazán; notó Aguilar, a la claridad de la madrugada, que ya empezaba a ser viva, sus gallardas facciones, alta estatura y despejado talante.

—¿Quién va allá? —dijo el moro— Dejad el paso libre a los transeúntes, cualesquiera que seáis.

—Mucho orgullo gasta el amigo —replicó don Alonso.

—Que lo gaste o no, nada os importa.

—Parece, según vuestra habla, que traéis junto un tercio de escogidos soldados.

—Mi brazo vale solo por ellos; dejadme, os repito, el paso franco.

—Antes mi espada castigará tan temeraria plática.

—Pues bien, salgamos a sitio a propósito.

—Salgamos.

Volvió el moro su caballo, y aguijoneando delante del de Aguilar, llegaron a una verde pradera, y entonces hizo reparo en los jinetes y arcabuceros que acompañaban a su enemigo; mas no por eso desistió de su empeño, ni manifestó en sus palabras la menor flaqueza. Hizo señas don Alonso a su gente que se estuviesen quedos, y, adelantándose con la espada desnuda, largo tiempo lidiaron hasta que un tajo que le tirara el moro saltó el arma de las manos de Aguilar, mas lejos de valerse su adversario de esta circunstancia:

—Id —le dijo— y recobrad vuestro acero; los hombres de mi temple jamás pelean con indigna ventaja.

Cuando el primero se adelantaba a recogerlo, ya se lo traía uno de sus jinetes, y al dárselo le dijo que estaban indignados notando el atrevimiento de aquel infiel, y que iban todos a matarlo o prenderlo.

—Pícaros —gritó don Alonso—, que nadie ose moverse de su puesto; cuidado, que quien contraviniese le abro la cabeza en dos partes. ¿Dónde habéis visto sea regular ni decente que se ataque a uno por ciento? Ea, chito en boca, aunque ese moro me mate veinte veces, nadie sea osado a tocarle tan siquiera a un pelo.

Dijo, y acercándose a su adversario continuó así:

—Sois en demasía generoso; decidme vuestro nombre.

—¿Qué os importa quien yo sea? Pelead y nada más.

—Deseo, antes de todo, saber con quién me las he.

—Pues bien, yo soy el ferí de Benastepar.

—¡Vos!

—Sí.

Al oír tal nombre, hicieron los soldados un movimiento para avanzar, advirtiolo don Alonso, y, después de reprenderlos agriamente, de nuevo prosiguió:

—Ferí, os voy a pagar vuestra cortesía, pues no quiero ser menos generoso que vos; traigo expresa orden de prenderos, y ya veis que con la gente que conmigo viene no era difícil.

—Moriría primero.

—Al fin os llevaría muerto o vivo a Ronda; mas no quiera Dios que contra tan aventajado caballero tal acción cometa; acelerad vuestro paso, id a Benastepar si acaso no vais; os esperan allí desgracias que evitar no he podido.

—Contadme, caballero…

—¿Por qué os tengo de contar nada? Pronto seréis testigo de la desventura de vuestro pueblo malhadado.

A estas razones picó el ferí su caballo y marchó a galope tendido, y don Alonso continuó hacia Benadalid cuando ya se columbraba el día, y paró en este lugar a efecto que descansasen los soldados y caballos; entonces echaron de menos al arcabucero Jaime, mas habiendo sabido Aguilar que fue el primer motor de la quema, y el asesino del alfaquí Omar, lejos de acorrer a librarlo si aún vivía, mandó que nadie volviese atrás, pues merecía bien su desgraciada suerte; siguieron después hacia Ronda, y toparon a poco con el cadáver de Alí Jarillo, y la turba que lo conducía, y más tarde con doña Elvira y sus compañeros según ya se ha dicho.

Doloroso era, por cierto, el espectáculo que mientras tanto se veía en Benastepar; procuraban los hombres apagar con todas veras el fuego; unos traían cántaros de agua; otros, medio desnudos, chamuscados el rostro y ropa, subíanse a los techos, y, con picos y palas, ya apartaban las encendidas vigas, ya derribaban las robustas paredes; ¡mas nada, ay, bastara! El levante, a guisa de furioso huracán, soplaba impetuoso; mezclábase a su agudo silbido los gritos prolongados de los niños y mujeres, que confusos y arremolinados vagaban por las calles ignorando si abandonar del todo sus paternos lares, si salirse a los campos, si qué hacer; aquí la alta techumbre de torreada fábrica se hundía de repente, y alzábase hasta el cielo una nube de polvo; allí un ancho madero caía encendido en medio de la calle, y veíanse con su lumbre los azufrados rostros de los que por ella discurrían, y tal vez a algún venerable anciano que miraba con enjutos ojos cual la llama consumiera la antigua mansión de sus abuelos apoyado en la opuesta pared.

Desesperanzados ya de vencer las furias del incendio, bajáronse los trabajadores de las empinadas azoteas y paredes, cruzaron los brazos, y oyose solo la voz del alfaquí Almanzor, que así decía:

—No os canséis, musulmanes, el dedo de Alá tenía señalada esta triste suerte a nuestro pueblo; los cristianos han sido solo meros ejecutores de sus decretos eternales; suframos las calamidades que en pago de nuestros pecados se nos envían; morir, he aquí lo que el profeta nos manda.

—Los cobardes son solo los que mueren —gritó el ferí de Benastepar, que en aquel momento llegara a toda carrera.

—Bendito sea el poderoso Alá —exclamó la multitud—, sed nuestro libertador.

—¿Y mi madre? —prosiguió— ¿Dónde está? No la veo…

—Vuestra madre —le respondió Almanzor— no parece; quizá su alma en las celestes mansiones goza ya la pura recompensa que a los buenos es debida.

—Así será, mas al menos busquemos su cadáver; idos, Almanzor, con las mujeres y niños a la entrada del monte; que sea allí el punto de reunión; veremos si aún queda alguna esperanza.

Acompañado de los más robustos mozos, adelantóse el ferí por las calles, y notó que ya era inútil todo trabajo, pues en vez de casas, veíanse montones de cenizas; dedicose a buscar el cuerpo de su madre; mas no lo hallaron, y sí los del alfaquí y su hija; el cielo había permitido, sin duda para hacer patente tan nefando crimen, que se quemasen solo las puertas de la casa de Omar, de suerte que hallaron los cadáveres sin daño alguno del fuego en la misma postura que cuando expiraron; creyeron en el primer momento el ferí y los otros que habían sido sofocados por el humo; mas vistas sus heridas comprendieron al instante la fatalidad del caso; aún Fátima conservaba en la mano el puñal de Jaime, que este, en el apresuramiento de su venganza, olvidó quitarle, y, derramando sentidas lágrimas, los llevaron a hombros a do la gente estaba reunida.

—Hijos míos —dijo, al llegar, el ferí—, no creáis que ha sido casual el incendio, recuerdo ahora algunas de las palabras que no ha mucho oí de la boca del jefe de esos impíos asesinos, y sin duda han sacrificado a estos infelices; quizás también mi inocente madre... Como era la madre del ferí... Ni aún hemos hallado su cuerpo... Lloremos esta calamidad; abrid el sepulcro a estos desdichados, y después buscaremos un nuevo asilo donde entender los fatigados miembros, ya que se hundieron para siempre nuestros antiguos hogares.

Un llanto general fue la respuesta, y mientras unos disponían el funeral apresto, otros llamaban a grandes gritos a sus hijos, sus padres, o sus esposos; ¿mas para qué? El sueño eterno cerraba ya sus ojos, y ni aún sus parientes tenían el postrimer consuelo de llorar sobre sus tumbas.

En tanto, Jaime, principal autor de tal catástrofe, sacaba la cabeza del hueco de una escalera, cuando el sol rayaba en el horizonte, y notando el silencio de la calle, aventurose a presentarse en ella; habíase introducido la noche anterior a robar una casa, aunque oyó el llamamiento de los atambores, su embriaguez y ansia de rapiña le impidieron que con sus compañeros se juntase; prendiera después el fuego a aquel edificio, y solo el arco de la escalera pudo salvarla, cuando todo se desplomó con la furia del devorante incendio; si, ya despejado de la borrachera, hubiese sido capaz de arrepentimiento, o abrigase en su corazón algún resto de pura sensibilidad, muerto hubiera de pena al tender la vista por aquel teatro de desolación, caso que el susto de su situación presente le hubiese permitido reflexionar. ¿Qué debería hacer en efecto aquel malvado? ¿Por dónde ir? ¿A do refugiarse? Temía a cada instante que, llegando los moros a su oculto asilo, le clavasen en el pecho sus afiladas gumías; pensó, y con vislumbre de razón, que las columnas de humo que apenas dejaban ver los objetos y dirección que tomara hacia el norte lo sacarían del lugar sin peligro; ya casi tocaba al término de su afán, cuando, columbrado por un moro que buscaba ansioso a su perdida esposa, y dada la alarma, corrieron tras él una infinidad de ellos.

—No matarlo —gritaba desde lejos el ferí—, quiero enviarlo vivo a Ronda, y que vean nuestros implacables enemigos la diferencia que hay de unos a otros.

Mas estas compasivas voces no hallaron cabida en los irritados pechos de sus compatriotas; alcanzáronolo; Jaime se defendió denodadamente, mató a dos, y solo después que le quebró la espada cayó al suelo atravesado de mil golpes; gloriosa muerte que no merecía tan vil asesino.

En tanto, los moros, refugiados en el monte, habían construido dos camillas de ramas de árboles; colocaron encima los cadáveres del alfaquí y de su hija, y los llevaron a una pequeña vega, sitio ordinario de sus enterramientos que se extendía entre el pueblo y la vecina sierra, y mientras cavaban la sepultura, habló así Almanzor:

—Musulmanes, el que veis tendido sobre ese lecho de cipreses, ese que ayer era el consuelo de los tristes y el amparo de los afligidos, el que visitó dos veces la casa santa de la Meca, estuvo en Medina, y arrojó las tres piedras contra los espíritus infernales, era ayer Omar Hacem, primer alfaquí de Benastepar, y hoy es un montón de frías cenizas; mas no, creedme, fieles hijos del profeta, mi compañero goza ya en este instante de la inefable vista del poderoso Alá; se solaza en los celestiales jardines, y allí, a la sombra de las eternas palmeras y sicomoros, oye el grato rumor de los plateados arroyuelos y come y bebe con las deliciosas hourís;[1] esa también que veis, divinal criatura, llena en vida de primorosos encantos, era su querida hija Fátima; apenas rayaba en los veinte abriles, y ya la impía mano de los infieles cortó su blanco cuello, cual el hacha del leñador el tierno renuevo que al lado de la antigua encina crece y ahija. También allá en las floridas y aéreas regiones, ora disfruta los premios que la justicia del supremo hacedor tiene reservados a los que, cual ella, cumplieron bien en este mundo con los filiales deberes.

Así dijo, y tornose tres veces hacia el oriente, invocando el santo nombre de Dios; llenaron de tierra y cubrieron con piedras sus sepulcros, y mientras todos, puestos en dos filas, y cruzados los brazos, miraban tan doloroso espectáculo, volvió a seguir Almanzor:

—Paz y descanso eterno a los que acabáis de sepultar; paz y descanso eterno a los que cubre la tierra, lloremos; ¡ay! Lloremos su desastrada muerte.

—Alfaquí —le interrumpió con viveza Abenamet—, no haya entre nosotros llanto inútil; riegue la sangre de sus impíos asesinos esas tumbas en vez de estériles lágrimas; al menos han logrado los honores fúnebres mientras mi triste madre yace insepulta entre esas horribles ruinas; venganza es la sola palabra que debe salir de nuestros labios.

Mientras decía estas razones y lloraban las mujeres y niños, los hombres agrupáronse en derredor suyo como para atender mejor a sus acentos, ancora se la dé salvación en tan borrascosa tormenta.

—Cada uno de vosotros —continuó el ferí— váyase a vivir donde encuentre seguro asilo; mas yo aconsejo que sea a Casares, Jubrique o Genalguacil, pues es para vosotros mejor mientras más lejos estéis de Ronda; dentro de quince

[1] Hurí: 'cada una de las mujeres bellísimas creadas, según los musulmanes, para compañeras de los bienaventurados en el paraíso' (DRAE).

días os espero a todos en el llano que está frente de la torre de Gebalhamar[2] y allí pensaremos y dispondremos lo conveniente.

Retirose la multitud cada uno por su lado, y el ferí, como si temiese abandonar los insepultos restos de su querida madre, quedose a vivir en la misma sierra con Tarfe, su criado.

Tal fue el fin de Benastepar,[3] montones de humeantes cenizas ocupaban el sitio, do el día anterior alzaban la frente los moriscos chapiteles; hoy ya solo ve el viajero entre las cepas de las viñas pequeños trozos de ahumadas paredes; si alguna vez el cazador se sienta sobre las piedras que cubren los fríos cadáveres de Omar y de su hija, derrama piadosas lágrimas al acordarse de tan funesta aventura; aún dicen que en medio de la oscura noche, cuando braman los desatados vientos, se ven vagar por el aire extrañas estantiguas, vestidas con verdes marlotas y encarnados turbantes, y se oyen lastimeras voces, y entre otras, la del alfaquí, que le decía a Jaime:

—¿Por qué asesinas a un pobre anciano?

[2] Según Diego Hurtado de Mendoza, 'Gebalhamar' era el nombre por el que los moros se referían a Sierra Bermeja; véase Diego Hurtado de Mendoza, p. 377.

[3] Véase lo dicho en nuestra introducción sobre el fin de Benastepar.

Capítulo 12º

Los concejales[1]

Ha de ser el oficial
Muy leal
A su oficio y a su rey
Y por la deuda natural
Y especial
Es obligado por ley.
(...)[2]
Esfuerzo, fuerza, coraje,
Y de linaje
Conocido ha de venir
Para dar y tomar gaje
Y homenaje
El que el pueblo ha de regir.
(...)[3]
Justo, franco, dadivoso
Y amoroso,
Pacífico, muy guerrero,
Amigable y muy gracioso,
Generoso,
En su habla verdadero;
Hombre bien acostumbrado
Y despachado,
Discreto, sabio y agudo,
Furioso, y muy reposado,
Muy templado,
Pues que el pueblo menudo
Ha de ser lança y escudo.
Coplas de Jorge Mercado.

1 El poema citado a continuación, de Jorge Mercado, lo encontramos completo recogido por Alfredo Cazabán y Laguna, *Apuntes para la historia de Úbeda. Volumen primero* (Úbeda: Imp. de José Martínez Montero, 1887), pp. 46–48. A continuación, señalamos en notas al poema los versos omitidos por Hué.

2 'Y que venga de parientes / que las gentes / sepan que fueron leales, / cosas son pertenecientes, / convenientes, / aquestas virtudes tales / a todos los oficiales', en Alfredo Cazabán y Laguna, p. 47.

3 'Esfuerzo para tener / y sostener / en paz la comunidad, / fuerte para defender / por sus manos la ciudad; gesto para autorizar', *ibidem*.

Rayaría en las oraciones de la noche, cuando llegó doña Elvira a su casa, y como una hora antes veíanse sentados alrededor de una mesa en las salas del cabildo al corregidor don Luis de Morales y varios regidores de los trece que estableció el rey don Fernando en la ciudad cuando la tomó de los moros; estos, en unión con el juez, formaban el ayuntamiento de Ronda. Digamos en honor de la verdad que no todos reunían las dotes y cualidades que marcaba para semejante empleo Jorge Mercado en sus coplas dirigidas a los regidores de Cuenca,[4] como hijo cada cual de su madre y de su padre, unos eran de carácter bondoso[5] y caballeresco, y eran los mismos, y otros de hipócrita índole y refinado egoísmo, mas siempre aparentando esmerado celo por el bien público y por el mejor servicio de sus altezas. Quien más descollaba por sus loables intenciones era el corregidor don Luis; mas no tenía la suficiente y necesaria entereza para contrarrestar las descabelladas ideas de algunos de sus colegas.

—¿Qué hay de bueno para hoy? —dijo, bostezando, Fernando de Zafra— Rendido estoy de tanto trabajo.

—Pues por mi abuela —le replicó el escribano del cabildo Francisco de Madrid—, que es de alabar el trabajo; ¡mirad qué penosa faena! Venir una o dos veces a la semana y sentarse media hora en un escaño; ¡si fuera yo el que hablase, que estoy todo el día escribiendo sin levantar cabeza tan siquiera un minuto!

—Por eso os vale muy buenos florines.

—Así sería si supieran pagar el trabajo.

—Vaya, escribano —le interrumpió el corregidor—; ¿qué asuntos tenemos hoy pendientes? A despachar, que es tarde.

—¡Pues si acaban vuesamercedes de entrar ahora!

—Siempre este hombre —siguió Zafra— nos tienta de paciencia con sus cosas; hace ya un gran rato que estamos reunidos, y le parece un minuto; los hombres como nosotros tienen muchos quehaceres, y si venimos aquí un instante es por el bien general, a costa de quitarlo de nuestro sueño.

—Se queja en este escrito —prosiguió Madrid— el maestro de escuela de que no le paga la ciudad sus haberes.

—¿Pues no convinimos el otro día —replicó el corregidor— que se le abonasen inmediatamente? ¿Por qué no se ha hecho?

—La escasez de fondos lo ha impedido.

—Esa es la continua y perdurable tarabilla cuando no se quiere pagar; yo bien sé lo pensionados que están los caudales públicos, la poquedad de las cobranzas, pues hay muchos fallidos, padres de familia que han muerto en la

[4] En realidad, esas coplas estaban dirigidas a los regidores de Úbeda, según apunta Cazabán y Laguna, p. 46.

[5] Equivalente a 'bondadoso', según indica Melchor Manuel Núñez de Taboada, *Diccionario de la lengua castellana* (Paris: Seguin, 1825), p. 213.

peste y solo han dejado hijos y trampas; mas, a pesar de todo, como el saber leer y escribir es lo primero que en un pueblo se necesita, mi opinión es que no se dé lugar a nuevas reclamaciones dañosas al honor de esta respetable comparación.

—Todo eso está bien —dijo Madrid—, pero ahora no hay un mal maravedí en fondo; ya hace cuatro meses que estoy yo supliendo el papel, plumas y tinta de la secretaría.

—Cualquiera que os oyese creerá que se necesita un caudal para esos pequeños ramos, tenéis la maña de atajar mis razonamientos con fruslerías, ¿no entraron ayer cincuenta escudos en el arca?

—Sí, señor —saltó otro de los regidores—, mas están destinados para costear una función de iglesia en acción de gracias por los innumerables beneficios que Dios derrama sobre esta su predilecta ciudad; ya veis que esto es lo primero.

—¡Yo no sé —prosiguió otro— a qué tanto despepitarnos porque se enseñe a leer! Jamás en mi casa ha habido uno que conozca la 'o', y, por cierto, que mi solar empezó desde el reinado de don Ordoño II,[6] y qué tenemos, ¿hemos necesitado saber leer porque mi abuelo fuese mayordomo de don Enrique el Doliente, mi tío almirante de Castilla, y mi primo embajador en Nápoles, y otro canónigo en Burgos, y yo regidor en esta nobilísima ciudad? La boca le cosiera yo a mi hijo y las manos le cortara si supiese tales embelecos.

—Yo no diré tanto —exclamó otro—, pero sí que el mucho saber, además de hacer daño a la salud, dispone a contraer abominables vicios, tales como la herejía; ¡ya veis la herejía! Y yo me atengo a aquello de bienaventurados los pobres de espíritu, porque de ellos es el reino del cielo;[7] dejémonos de ser sabihondos y pensemos solo en honrar a Dios y a su santa madre.

—Todos —interrumpió Fernando de Zafra—, todos llevan razón; justo es se le pague al maestro, pues así lo han dispuesto sus altezas, y otro día que estemos más desocupados se pensará lo más conveniente.

—Hay también —siguió Madrid— otra petición del doctor Cosme del Pino, manifestando a vuesasmercedes el grave daño que acarrea a la salud pública la impunidad de los curanderos que se entrometen en las casas, y, además de privarle de sus competentes honorarios, comprometen la vida de los enfermos.

—No podréis decir —repuso el corregidor— que esa es una petición descabellada; debemos tornar las más severas providencias para atajar tamaño desorden; si los médicos que se aplican y estudian de continuo curan unos enfermos con tanto trabajo, y otros se les mueren sin que sepan el mal que han tenido, ¿qué pensáis podrán hacer esos bribones que con sus engañifas y zalamerías alucinan al pobre pueblo?

6 Ordoño II, rey de Galicia, falleció en enero del año 924.

7 Cita bíblica harto conocida, que puede localizarse en Mateo 5, v. 3.

—Dice muy bien el señor corregidor —respondió Pedro de Lazo—; con todo, yo, para descargo de mi conciencia, debo manifestar que esos hombres algunas veces con sus hierbas hacen milagros.

—Si se aplicasen por manos inteligentes.

—¿Y quién mejor que estos serranos, que desde tiempo inmemorial conocen sus virtudes y las aplican con tan feliz suceso?

—Se cuentan los milagros tan solo, mas buen cuidado hay de callar los disparates.

—Convengo en lo que decís, y yo no tendré el más mínimo escrúpulo en que se publiquen severas penas contra los que se entrometen a curar si se exceptúa a Isabel la morisca.

—¿Y por qué razón?

—Capaz es tal mujer de revivir a un muerto con el zumo de las plantas que preparar sabe.

—Si llega ese caso, pido yo igualmente —dijo otro regidor— que no se incomode por ningún pretexto al alfaharero Damián; para mal de madre y padrejón es él solo; cuando él pone el dedo pulgar en el vientre, uñas tendrá el dolor que le resista, y luego no hay otro para curar sabañones y el mal de ojo de los niños.

—De suerte —prosiguió don Luis de Morales— que ese hombre es un prodigio; no tiene la reina Isabel en sus dominios de Castilla otro más ilustre y provechoso, ya ves que nada haremos tampoco sobre este asunto.

—Opino —prosiguió Zafra— que como esta es cosa intrincada, nos tomemos tiempo para pensar a nuestro sabor y después se procederá con más maduro acuerdo.

Oyeron, en tanto, una confusa gritería en la plaza; asomáronse a los balcones, y vieron la turba que condujera a Pedro en triunfo, y al cadáver de Alí Jarillo; enterados del suceso, y en vista de los clamores públicos por que se le asignase decente recompensa al matador, tornáronse a sus senatorias sillas, encargando al pueblo la moderación, y asegurándole iban a tomar las más activas medidas para obsequiar al ballestero cual debido era.

Luego, Juan de Villalba pidió se llamase a los ausentes, pues justo era estuviesen todos para deliberar en tal asunto; fueron, en efecto, a buscar a sus casas a Rui López de Toledo, Juan de la Fuente, Alonso Yáñez, y a don Sancho Nuño, que eran los que faltaban; este último servía la plaza de regidor por ausencia de Antonio de Fonseca; hiciéronle sus altezas esta merced en razón a los servicios de su tío Gonzalo Chacón, que fue muchos años contador y mayordomo de la reina, y aun el mismo don Sancho había desempeñado durante algún tiempo este último encargo; aunque nuestro poeta acababa de llegar molido en extremo, no quiso perder aquella brillante ocasión de charlar a mansalva; sin detenerse, pues, y con el mismo vestido que traía, entrose por la sala capitular.

—Señores —dijo—, 'Pallida mors, aque pulsat pede / pauperum tabernas, regunque turres';[8] ¿quién le hubiera dicho a Alí Jarillo, que era el terror de esta comarca, y que se hallara en mil azarosas pugnas, que moriría a manos de un pobre ballestero? Por eso debemos tener la talega siempre lista para un viaje que se presenta cuando menos pensamos, así, Jorge Manrique exclamó en otro parecido:

Después de tanta hazaña
En que no viene a bastar
Cuenta cierta
En la su villa de Ocaña
Vino la muerte a llamar
A su puerta
Diciendo: Buen caballero...[9]

—Suplícoos —le interrumpió el corregidor— vayáis al grano y dejéis a un lado la paja.

—¡Cómo paja! ¡Friolera! ¿Llamáis paja a los versos más lindos que escribirse pueden?

—Digo paja no porque sean ellos malos, sino porque ahora al caso no vienen.

—Pues el caso es que indudablemente murió Alí Jarillo.

—Eso ya lo sabíamos, y de ello se habla.

—¿Vos, que conocéis el latín —preguntó Lope de Cárdenas a un regidor viejo y algarrobado que justo allí estaba—, y entendéis esas alicantinas que llaman, ¿qué ha querido decir don Sancho?

—Según he llegado a penetrar —respondió el otro— dice que la muerte llamó a la puerta de una taberna en Ocaña.

—¡Ya! ¡Y tanto charlar para semejante friolera!

—¡No sabéis las cosas de ese hombre...!

—Se pierde el tiempo —prosiguió el escribano—, ¿qué galardón damos al ballestero Pedro?

Entonces Juan de Villalba, puesto de pie, habló así:

—Nadie me aventaja en mirar por los intereses de sus altezas como ayo que algún tiempo he sido de su augusta hija, pero siento mucho que se llamen servicios a los viles asesinatos que solo pudieron tener valía en los desastrosos tiempos del rey don Enrique, de triste y fatigosa memoria; por mi parte, si

8 Son versos del poeta latino Horacio, que han tenido traducciones al español como la llevada a cabo por Javier de Burgos, 'que así la planta *horrible* / pálida muerte asienta / en el alcázar regio / como del pobre en la cabaña estrecha', Horacio, *Poesías* (Madrid: Imprenta de Collado, 1820), v. 1, pp. 32–33.

9 Conocidos versos de las 'Coplas por la muerte de su padre'.

Pedro asesinó a Jarillo, con su pan se lo coma; mas no se entrometa el cabildo de Ronda en festejar a un hombre de semejante lonja.

—No hay duda —saltó otro concejal— que el asesinato es en sí sumamente vituperable, pero…

—Siempre será un asesinato —le respondió con presteza Villalba.

—Sí, pero cuando se trata de extinguir unos hombres que tanto daño nos han hecho y hacen, hay cierta disculpa, y puede mirarse la cosa bajo otro aspecto; además, librarnos de sujeto tan feroz como Jarillo es siempre un servicio sumamente útil.

—No teníamos capitanes y soldados que lo retasen.

—¿Olvidáis que, o están fuera de la ciudad, o han perecido en la peste? Calamidad espantosa que hemos sufrido sin duda, cual visible castigo de Dios porque no hemos acabado de extinguir sus implacables enemigos, porque tenemos trato con ellos, porque, me avergüenzo al mentarlo, hay cristianos indignos de tan santo nombre, que miran con buenos ojos a las hijas de Mahoma; como digo, no tenemos ahora quien los rete; ¡ya veis que un forastero tuvo que ir a Benastepar!

—¿Y contento ha vuelto de allí el amigo? —replicó don Sancho.

—¿Pues por qué?

—Porque no ha quedado una piedra sobre otra en el lugar.

—Señores —prosiguió el corregidor—, cierto es lo que oís; acabo ahora mismo de recibir una carta de Aguilar, y cuéntase en ella que los arcabuceros, mientras él dormía, han asesinado a varios moros, y han quemado el pueblo.

—Ya esto es mucho —dijo encolerizado Juan de Villalba—; si el ayuntamiento de Ronda no toma la mano en pesquisar y castigar tan intensa maldad, voy a escribir a sus altezas. ¿Qué no hay mal sino quemar un pueblo? Si toleramos tal fechoría, así que no haya moros que achicharrar, esa soldadesca desenfrenada querrá incendiar nuestras propias casas.

—Lo peor es —saltó un regidor bizco, que, cual ave de mal agüero, estaba metido en un rincón— que no hay medio hábil para atajar el daño. ¡Ya al fin está el lugar destruido! A lo hecho, pecho, según dice el refrán; si los muertos fuesen cristianos, mandaríamos decir algunas misas por su alma, pero…

—Dejemos —replicó Villalba— descansar en paz a los infelices que bárbaramente han perecido, y pensemos solo en castigar a los que tal desorden cometieron.

Añadió a estas razones otras muchas, y ya casi todos, movidos con sus enérgicos acentos, se disponían a proponer severas medidas, cuando Francisco Madrid exclamó:

—Hago presente a vuesamercedes que un tal Jaime, motor primero y principal del incendio, no parece, lo que es segura señal que ha perecido en él.

—Esa ya es harina de otro costal —dijo uno de aquellos señores—, ya la mano del Altísimo castigó al agresor, y nos ahorramos nosotros de hacerlo.

—Mas, ¿y los demás? —repuso Villalba.

—Dios encarga mucho el perdón de las injurias; no hablemos más del asunto, y solo pensemos en recompensar dignamente a Pedro, que de tan cruel enemigo nos ha librado.

—¿Y los demás han perecido? ¿Y las familias hambrientas, desnudas y sin hogar? ¿Todo esto se deja a un lado?

—Dios proveerá si así le place.

—Además —siguió Zafra—, nosotros pensaremos esta noche despacio lo que se ha de hacer, y luego... Pues, y luego... Resolveremos.

Juan de Villalba se calló, y se saliera de la sala capitular, resuelto a no poner más en su vida los pies dentro.

—Excelente idea —replicaron todos.

—Otro sí, de esos cincuenta escudos...

—Cuidado —repuso Madrid—, que no hay en la escribanía tan siquiera un pliego de papel.

—Deben dársele veinte a Pedro.

—Y otros veinte —siguió el bizco a los demás arcabuceros— que sufrieron ayer una tarde infernal, siquiera en recompensa de esto, no de lo otro...

—¡Ya! Se entiende —replicó Cárdenas.

—Y los restantes diez escudos —prosiguió el escribano— los tomaré yo, si quieren vuesas mercedes, para gastos menudos.

—Muy bien, muy bien —dijeron casi todos.

Acabose con esto el cabildo, y al salir se encontraron a la puerta don Sancho y Zafra.

—¿Queréis —dijo el primero— venir conmigo a gustar un rico salmorejo de anguilas? Vamos, seguidme y os chuparéis los dedos.

—¿Os place más bien —repuso el segundo— venir a dormir en un hermoso colchón de pluma que me acaban de hacer?

—No, que yo primero ceno y luego duermo.

—Pues yo primero duermo, luego ceno, y luego vuelvo a dormir.

—A Dios, Zafra.

—A Dios, don Sancho.

Capítulo 13º

El paseo público

Y cortada la cabeza, la trajo a Ronda, que se puso en una gavia en la torre de la puente; festejaron al matador, trayéndolo el corregidor y nobleza a caballo en paseo público, con chirimías y atabales.

Campos, historia inédita de Ronda.[1]

La quema de Benastepar, la muerte de Alí y el premio señalado a su matador eran sucesos tan interesantes que la nueva corriera de boca en boca desde el mismo punto que acontecieron; así veíanse desde el amanecer rebosando las calles de gente de los vecinos pueblos; la curiosidad se pintaba en unos semblantes, la feroz alegría en otros, y en todos el ansia de ver un espectáculo para muchos nuevo; cuando el sayón cortó la cabeza a Alí, todos siguieron detrás de él, hasta que la colocó en una gavia de la torre del puente, con tal prisa cual si se tratase de ver el más ameno y festivo divertimento. Rebullíanse ya en tanto los habitantes de la ciudad, las colgaduras de varios colores y matices, los ramos de olorosas flores, empezaron a adornar las paredes y ventanas, mientras las damas se ponían sus mejores galas, y ataviábanse con ricos vestidos sus afiligranados amadores.

Llena estaba ya la plaza de la ciudad, cuando al toque de las diez empezara a desfilar la brillante comitiva; iban delante los maceros y alguaciles del cabildo, vestidos con ropones encarnados, galoneados de plata y oro; seguían ocho músicos tocando roncos atabales y agudas chirimías, consonancia que para los filarmónicos oídos de nuestro tiempo hubiera formado malditísimo efecto, y que entonces embriagaba de placer; luego, sin orden y mezclados, caminaban en bien adornados corceles varios regidores y caballeros nobles, y cerraba la marcha el corregidor, llevando en la mano el estandarte que los reyes regalaran a la ciudad, que era de tafetán encarnado con los retratos de Cristo nuestro señor y de la virgen dentro de los escudos, y abrazados por el águila de san Juan Evangelista; a la izquierda del juez iba Pedro, héroe de la fiesta, vestido de un modo grotesco por los abigarrados colores que ostentara en su jubón y sayo. Podríanse tomar sus bamboleos frecuentes por torpeza

[1] No hemos localizado el origen de esta cita, pero podría tratarse de algún texto inédito del rondeño Antonio González Campos, miembro, junto con Hué, de la tertulia literaria de Antonio de los Ríos Rosas.

en el arte de jinetear, mas como el historiador fiel ha de narrar los hechos en conciencia, debo decir que iba el amigo razonablemente azumbrado; un trozo de arcabuceros al mando de don Juan Pérez cerraba la marcha.

Formaron por la calle del Castillo, y dieron la vuelta al barrio de Almocábar, o del Espíritu Santo,[2] y luego al de san Francisco, o de la Fuente de la Arena,[3] que se empezaba entonces a habitar; después retrocedieron, y entrando por el puente, llamado ahora viejo, y único que entonces había, anduvieron la Calle Real, y halláronse otra vez en la plaza, subiendo por la de san Pedro.

Durante este camino resonaban continuos vítores a Pedro, el cual, hueco y vanaglorioso, se creía sin duda en aquel momento superior al mismo rey; muchas mancebas y pillos, canalla con quien él se juntaba, rodeaban su caballo, llamándolo y celebrándolo con destemplados gritos, y dándose por muy contentos cuando se dignaba echarles una mirada de protección; de tiempo en tiempo se oía la chillona voz de la tabernera Nicolasa, que decía:

—Mirad el amigo, parece un pavo real; cuidado, no te olvides que me debes un escudo.

—Pero, mujer de Dios —le dijo uno—, ahora no es ocasión de charlar de tal bagatela.

—No, señor, no es bagatela, anoche tomó dinero flamante y sonante, y, o me ha de pasar hoy, o se las ha de haber conmigo.

—Cállese la bruja —le contestó otro.

—La bruja, la bruja —repitió toda la chusma, y mal le sacudían a la vieja si boniticamente no deslizase el cuerpo y se metiera en su casa.

Lo que era más digno de verse en aquel día eran las jóvenes rondeñas, pues parece que el clima de tan feliz ciudad embellece de un modo extraordinario. Si las damas moras que antes la habitaran lucían sus graciosos cuerpos y sus lindas caras, no eran menos hermosas las ermitañas que después en ella vivían; trenzas de pelo negro como el ébano que colgaban por sus hombros entrelazadas con blanquísimas y transparentes tocas, ojos de color relumbrante de azabache, facciones nobles, gentil soltura y encantadora y expresiva sonrisa formaban parte de las dotes naturales de aquellas bellezas; si a esto se unen los ricos aromas de sus corpiños abotonados con rojos granates, sus angostas saboyanas de medio raso de varios colores, y sus blancos azules chapines recamados de luciente orfebrería, tendrase una idea de las seductores sirenas que a la pública vista se presentaban; ¡ay del estoico caballero que se atrevía a mirarlas de hito en hito! Pronto su apagado corazón cambiábase en encendido volcán, corría por sus venas un fuego devorante cual si hubiese bebido amoroso filtro, y exclamaba a guisa de gentil y picaresco autor de nuestros días:

2 El barrio del Espíritu Santo está situado junto a la puerta del Almocábar.

3 Fuente de la Arena es, en realidad, el nombre de un acueducto romano que termina en el barrio de San Francisco.

¡Ay ojos flecheros,
Ojos hechiceros,
Si no me queréis,
Ay, no me miréis![4]

Dejemos por ahora pasear por las calles la brillante comitiva, y veamos a don Sancho Nuño, que desde las ocho de la mañana estaba golpeando la puerta de la casa de don Tello.

—¿Qué demonios queréis a esta hora?—le dijo este, sacando la cabeza por una ventana.

—Flaca es vuestra memoria —respondió entrando don Sancho—, ¿no os acordáis que anoche me convidasteis a almorzar?

—Pero como aún es tan temprano…

—La barriga llena alaba a Dios, amigo mío; yo la primera diligencia que hago es comer, y después, ya con el competente lastre dentro del cuerpo, principio mis negocios.

—Vaya; os contentaréis con unas albóndigas y dos perdices asadas.

—Vamos… No está mal… Si añadís algunos pastelillos y tortas de dulce.

—Se añadirán, amigo mío; ea, sentaos y todo se dispondrá al instante, pues tendréis que acompañar al caballero Pedro en su triunfal cabalgada.

—No sentiría ir, porque ya veis, en estos actos u otros iguales es cuando lucen los hombres de pro, pero el almuerzo es primero y no me gusta hacerlo atropelladamente; tiéneme el médico mandado coma despacio, para que la cocción de los alimentos sea más perfecta.

—¿Y os ha prevenido también que comáis mucho?

—No, esa es una pequeña adición mía.

Trajeron el almuerzo, y mientras don Sancho engullía sendas tajadas, le dijo don Tello:

—Jamás pude pensar que anoche se determinase tal locura; pase que, por ser útil, aunque siempre es mal hecho, se tolere el asesinato, y aun se le dé algún dinero al matador; mas hacer de ello alarde en público no es acción sesuda ni propia de hombres de juicio; no sé cómo el corregidor lo permita.

—El corregidor rabia con esas cosas, lo mismo que Juan de Villalba que se retiró enfadado.

—Hizo muy bien. ¿Y vos…?

—Empecé el más florido discurso del mundo, cité a Horacio y a Jorge Manrique; iba a trovarles una de sus coplas, pero, ya se ve; son tan necios que no quisieron oírme; luego, como todos dijeron, si por no decir yo solo no…

—Hacéis entonces mal de no ir en el acompañamiento.

[4] Los versos son de Bartolomé José Gallardo, y forman parte del poema 'Los ojos hechiceros', compuesto en Chiclana, 1827. Lo recoge Leopoldo Augusto de Cueto, *Poetas líricos del siglo XVIII* (Madrid: M. Rivadeneyra, 1875), v. 3, p. 703.

—Sin duda, pero este traguito de moscatel es mejor que todos los paseos del mundo presentes y futuros.

Emparejaba en esto con la cosa la alegre comitiva.

—Pues avinagrada —siguió don Tello— llevaba la cara el amigo Morales, se conoce que no va muy complacido, y eso que hoy va luciendo con el estandarte; aún no habrá vuelto de Sevilla el alférez mayor; muchos regidores faltan; no veo a Juan de Villalba, Alonso Yáñez Fajardo, Juan de la Fuente, Fernando de Zafra...

—Este último estará aún durmiendo, porque nunca sale de su lecho hasta la una del día. ¿Y vos cómo no vais?

—Convidáronme, mas respondí que no me gustaba pasear por las calles tan acompañado y con tanta zambra; esto dije por no soltar la lengua; ya, amigo mío, desde los desastrosos tiempos de don Juan el II se acabó en Castilla la honradez y la generosidad; antes se peleaba, pero cara a cara, y no a traición; se extremaban los enemigos de la patria, pero no se protegía ni celebraba el vil asesinato, ¡ah! Proveo que el antiguo honor de Castilla quedará solo como desusado proverbio, y que nuestros hijos serán peores que nosotros, y aún peores nuestros nietos y biznietos.

—Y por eso —le interrumpió don Sancho, despidiéndose— me atengo yo a mis tragos, y Dios sea con todos; voyme a dar una vueltecita para digerir el almuerzo mientras la hora de la comida llega.

Capítulo 14º

La taberna

Por nuestro señor que es mina
La taberna de Alcocer
Grande consuelo es tener
La taberna por vecina;
Si es o no invención moderna
Vive Dios que no lo sé,
Pero delicada fue
La invención de la taberna;
Porque allí llegó sediento
Pido vino de lo bueno
Mídelo, dánmelo, bebo,
Págolo y voyme contento.
Baltasar de Alcázar.[1]

Razonable y plausible cosa es defender la patria en los campos de Marte; honor eterno adquiere el brioso caballero de tostada faz y membrudos brazos, o el gentil doncel de rubia cabellera, a quien apenas cubre el bozo las sonrojadas mejillas, si impávidos, ya retan en singulares combates a los enemigos de su patria y religión, o ya alzan la potente tizona en trabajosas y bien porfiadas lides; justo parece que las agraciadas doncellas alienten con amorosas miradas su ardor marcial y que canten sus esclarecidos hechos los trovadores, ministriles en sonoras harpas y plácidos laúdes; pero, ¡ay del pueblo que celebra el asesinato y le tributa loores debidos solamente a la virtud y verdadero valor! Dejando a un lado estas escenas, dirijamos las miradas hacia el arrabal viejo o de san Miguel, y reparemos en una puerta pintada de color de plomo con un haz de sacramentos y yedras encima, pues aquella es la digna vivienda de la tabernera Nicolasa; consistía en tres cuartos adornados cada cual de una mesa de pino y dos derrengados banquillos, además de la cocina donde, junto al hogar, veíanse como una docena de sillas; allí era donde la vieja y su esposo Marcos recibieran a los rancios amigos de la casa y se azumbraran varias veces al día.

[1] Es un fragmento del poema 'La cena', recogido en Baltasar de Alcázar, *Poesías* (Sevilla: Imp. de D. Rafael Tarascó, 1878), pp. 51–55.

El tío Marcos era un hombre panzudo, feo, barbirrojo, pero merced al buen despacho de su mercancía, siempre aseado y bien vestido; con sus calzas de estameña, medias cenizosas de estambre, jubón de palmilla azul de Cuenca, y su birrete blanco, presentábase arriscado y erguido como el mandón de la calle, a pesar que solo hacía diez años que era cristiano; judío de nación, no quiso emigrar en la conquista de Ronda, y los primeros vítores que resonaron en la plaza en loor de los vencedores fueron los suyos; prefirió, pues, cambiar de creencia, y quedarse agazapado en su rincón a dejar sus hogares; de corredor y usurero que era durante la dominación mora, casose con una viuda, y pasó al honroso destino de tabernero; ¡mas qué le importaba! Entrasen en un bolsillo los escudos de los cristianos, que el modo de ganarlos le era indiferente, y a fe que eran cumplidos asaz sus deseos; el barrio donde vivía era el punto de alarde de todos los matones y soldados, allí estaban también las mancebías y los titiriteros, juglares y demás gente regocijada paraban en la misma calle las veces que a la ciudad venían.

Iba ya a oscurecer, cuando se viera a nuestro hombre afanado en su bodega echando sendos cántaros de agua a los toneles y cubas de vino, en compañía de su digna esposa, mientras la criada cuidaba de la casa.

—¿Qué hacéis, amigo? —le dijo entrando su compadre Santiago, a quien por tan íntimo no había miedo de franquearle el paso, ni de iniciarlo en los aguanosos misterios.

—Aquí estoy, compadre, bautizando un poco a este mosto.

—Y luego venderéis gato por liebre.

—¡Qué disparate! Está más sabroso el vino aguado, si es con prudencia se entiende. ¿Y quién, si no se templase, manejaba un animal tan fiero? A pesar de esto, ya veis se sube a la cabeza que es un pasmo.

—Tenéis sobrada razón, compadre.

—Temprano habéis dado de mano.

—Hay poca obra; ¿y quién tampoco hoy, con el paseo público, hacía nada? Todo el día he estado metido en zambras, y aquí he venido a descansar un ratito.

Débese saber que el maestro Santiago era el mejor zapatero de toda la collación,[2] y proveía de chapines a las más acicaladas señoras de Ronda.

Acabose la piadosa y loable operación, y sentáronse los dos compadres mientras la tía Nicolasa y Catalina encendían luces y avivaban en el hogar, pues empezaba a notarse algún fresco; bien es verdad que ya era en fin de agosto, y en Ronda hace más frío en ese tiempo que en otras partes por octubre.

Habían ya apurado el santo matrimonio y el compadre un ancho zaque cuando entró Pedro muy estirado de cuello, y atusándose los bigotes, seguido de tres o cuatro arcabuceros.

2 Colación: 'Territorio o parte de vecindario que pertenece a cada parroquia en particular' (DRAE).

—Sabe perra vieja —dijo, encarándose con la tabernera— que si no miraran quien yo soy y quien tú eres, te enviaría ahora mismo a mascar tierra por un cuento de años.

—Pero, hombre —le respondió Marcos—; ¿en qué te ha ofendido mi mujer? Ya sabes tú que mi casa y todo lo que encierra está de resto siempre para ti y los amigos y…

—¿Conque ignoras que esa endiablada cuando iba yo hoy con los señores que tanta honra quisieron hacerme; me comenzó a afrentar en público por la friolera de un escudo que le debo?

—Pero Nicolasa, ¿cómo te atreviste en tal caso…?

—Yo no entiendo de casos; hace más de dos meses que me debe Pedro ese dinero, y anoche, que lo tomó fresquito, bien podía haberme pagado al instante.

—Sí, no tenía yo otra cosa que hacer anoche sino venir a tu condenada taberna. Si me atufo, vive Dios que te hago escupir de un golpe las muelas que te quedan en la boca, si es que tienes alguna.

—¿Cómo te atreves, desollado, a una mujer de mis prendas…?

—Hable mejor de la cotorrera, o si no…

Levantó en efecto el brazo para sacudirle un par de torniscones; mas sus compañeros lo hicieron sentar casi a la fuerza.

—Toma —prosiguió—, aquí tienes tu dinero.

—No haya más riña —replicó el arcabucero Juan, que era uno de los presentes— tráiganse cuatro azumbres del mejor aloque que haya, que yo pago, y dense las manos Pedro y la tía Nicolasa.

—Esto sí —repuso la vieja—, que es hablar con razón y juicio, para que veas no soy rencorosa, toca hijo mío, esos cinco, váyase el diablo al infierno.

Aunque algo refunfuñando, alargó Pedro la mano, y quedó concluida perdurable paz entre ambos.

—A pesar de lo que Juan ha dicho —continuó Pedro—, cuidado, que hoy no tolero yo que nadie pague; trae aquí, Nicolasa, no digo cuatro azumbres, sino un zaque entero.

Empezó a circular el vaso rápidamente, y tornándolo Diego, que a la sazón entrara.

—No he visto en mi vida —dijo— un aloque más flojo y más blanco.

—Eso depende —le respondió Marcos—, en que no tiene mezcla de arrope ni de vinos turbios. ¿No es verdad, compadre?

—Apuradamente —repuso Santiago—, que mi compadre tiene prurito, por tener en su casa un género que no lo hay mejor en la taberna del Águila de Sevilla, la más afamada y provista del Andalucía.

—Será todo lo que queráis, pero pesia mi alma si no me sabe a agua este vino.

—¡Jesús! ¡Agua! —prosiguió el compadre.

—¡Vaya, que Diego —continuó Nicolasa— tiene hoy estragado el gusto! Ahí es nada la diferencia que va del agua a este sobrado aloque; toma, toma, hijo mío, otro traguito; bebe mucho, y aprisa, que por lo menos a cobre no te sabrá.

—Eso me importa poco, aquí tengo yo un escudo con que obsequiar a mis amigos; por cierto, que buena tarde de agua nos metimos en el cuerpo para ganar esta friolera, pero todos bien volvimos, menos el pobrecillo de Jaime que pagó el pato.

—No; una vez sola —saltó Juan—; le dije se viniese apenas oí el toque de los atambores, aún lo agarré por el brazo, mas él se desasió de mí, y se entró en una casa, sin duda a recoger lo que encontrase.

—¿Y qué había de hacer? —siguió Diego— Temería que el fuego consumiese los enseres y muebles que dentro hubiera, y trató de recoger lo que pudiese; al fin ya aquello estaba sin dueño; la intención era por lo menos buena y loable, creímos que el fuego lo habría achicharrado; mas, según me acaban de decir, lo han visto cerca del lugar cosido a puñaladas; venganza sin duda de los moros que se olerían que él fue quien mató al alfaquí.

—Pues no me hizo migaja de gracia que matase a aquel pobre viejo.

—Calla, hombre, que eres un tonto.

—Este muchacho —prosiguió Pedro— es un badulaque; ¡como todavía no se ha añejado en las armas! ¿Qué te parece a ti que es matar a un moro? Lo mismo que matar a un perro o un gato.

—En efecto —dijo la tabernera—, un moro es un alma entregada al demonio, un descreído a quien se le hace mucho favor en quitarlo de en medio.

—A ninguno —respondió Juan— le gusta que lo maten, y siempre me arrepentiré de no haber impedido aquel asesinato.

—Toma, alma mía, otro trago, y ahoga ese arrepentimiento; ¡qué estrecha tienes la conciencia! Poco medrarás en el mundo con tan necios pensamientos; si el amigo Pedro se hubiera andado con aquí la puse,[3] estaría a esta hora limpiándole las calzas a su amo, y no se hallara con buenos escudos en el bolso obsequiado y festejado por toda la nobleza. ¿Y por qué? Porque supo aprovechar la ocasión.

—Así —replicó Diego— también la aprovechamos nosotros, matamos al alfaquí y quemamos el pueblo; ¡si vieras cual ardía la condenada mezquita! Mahoma es un zascandil, un papanatas; debió hacer allí un milagro; las asaduras se me lastimaron de reír al ver correr por las calles desnudos tantos moros machos y hembras, y los chiquillos... ¡Que, era mucho aquello! Con todo de nada nos aprovechamos. ¡Tiene don Alonso tan maldito genio! Pues no nos trató el muy... Mas vale callar que las paredes tienen oídos y el diablo

[3] 'Andar con aquí la puse' significa actuar 'con pretextos y evasivas', explica Luis Montoto y Rautentrauch, *Un paquete de cartas de modismos, locuciones, frases hechas, frases proverbiales y frases familiares* (Sevilla: Oficina Tipográfica Méndez Núñez, 1888), p. 28.

las carga, peores que a esclavos; a mí me asentó un cintarazo en la cabeza, que si no la agacho pronto, es seguro que sale rodando a diez varas de distancia.

—¿De suerte que Aguilar —saltó Pedro— se portó tan mal con vosotros?

—¡Con qué llaneza tratas a don Alonso! ¡Ya se ve cómo hoy has ido junto al corregidor empingorotado en tu alazán!

—Siempre estás de buen humor.

—Como iba contando —siguió Diego—, luego se nos presentó de repente el ferí de Benastepar.

—¡El ferí! —dijeron de consuno varios de los concurrentes.

—Escucha, Diego —replicó la tía Nicolasa—, ¿y no te moriste al mirar cara a cara semejante visión?

—¿Y por qué?

—Porque yo me figuro que será un hombre así, muy prieto, de mirar zahareño y espantoso, feo como el diablo, en fin; el ferí de Benastepar.

—Te engañas mucho, Nicolasa; el ferí es un hombre como otro cualquiera, bien parecido, de halagüeño semblante, y sobre todo tiene un brazo derecho singular; como una saeta le hizo saltar la espada de la mano a don Alonso; este pudo prenderlo, mas agradecido sin duda, no quiso que le avanzásemos, a pesar de muestras ganas, de modo que se marchó.

—Mal hecho.

—Lo mismo digo yo, malo, malísimo; donde cae el furor se le dan los palos; ya veis si hubiésemos cargado todos sobre él no le hubiera quedado hueso a vida.

—¡Valiente hazaña fuera! —respondió Juan.

—Al menos útil y provechosa; ¡lo que entonces se reirían nuestros regidores! Ya tenían fuera de combate a su mayor enemigo; escucha, Pedro, ¿cómo pudiste matar a Alí? ¿Pues cuidado que era hombre de colmillos, y no se le paraban las moscas encima?

—Mas vale maña que fuerza; os contaré... Mas échame antes Nicolasa otro sorbo que se me humedezca el gaznate. Pues señor, debéis saber que yo me dirigía a Benameda con doña Elvira de Castro de orden de don Tello su tío.

—¡Sí, don Tello! El protector nato de todos los moros nacidos y por nacer.

—Yo —respondió Juan—, he servido algún tiempo bajo las órdenes de ese caballero, y lo que solo le incomodan son las traiciones y picardías.

—Este Juan —siguió Pedro—, como todavía no es hombre de pelo en barba, piensa como un niño; cuando acomoda una cosa nunca debe llamársela picardía ni traición. Cual diciendo iba, acordado y deslumbrado con los truenos y relámpagos, torcí el camino, y vine a parar a Benadalid; allí supe por uno de vosotros que ibais a Benastepar.

—Sin duda —le interrumpió Diego— el que tal noticia te diera fue el pobre de Jaime, que se quedó un poco atrás para beber un trago.

—También oyera la importancia que se daba a la prisión de Jarillo; me enjugué, y retrocedí hacia Benameda; en una choza cerca del Genar, donde vive un cabrero amigo mío, supe que algunas noches dormía allí el Jarillo; vacilé si seguiría o no mi ruta, pero dije para mi sayo 'si tengo la suerte que tengo esta noche cual otras y matarlo puedo, sin que desmán alguno suceda, soy hombre hecho'; agarré ocultamente un arcabuz que en su rincón tenía el cabrero, y acurrúqueme en medio de un lentisco que a pocas varas de la choza se veía; como ya era bien oscuro y la noche fría, encendió el huésped una gran lumbre, y hete aquí que a poco veo llegar a Alí montado en un hermoso caballo; atolo entre unos árboles, metiose en la choza, y se sentó junto al hogar vuelta la espalda hacia donde yo estaba oculto; traté de aprovechar tan favorable ocasión, y, para no errar el tiro, sálgome a pasos lentos de mis matas con la mecha en la serpentina; llegó, zas, tirole y el pobrete cayó atravesado el pecho de un balazo; echeme encima y no dejé de darle golpes en la cabeza con el cañón de mi arcabuz, hasta que noté no rebullía ya ni pies ni manos; huyó el cabrero despavorido, salgo otra vez afuera, móntome en el caballo y a las pocas horas ya estaba el cadáver en Benadalid; tal ha sido el suceso, amigos míos.

—Muy bien, muy bien; que viva Pedro —respondió Diego—, y ahora mismo voy a cantar más coplas, pues yo también hago mis versos, y más cuando se trata de honrar a la gente de provecho; toca Juan esa chirimía, y acompáñame.

Aunque sin maldita la gana, hizo Juan lo que le mandaron, y después de pensar y rascarse la cabeza un buen rato, cantó así el arcabucero:

Ya cayó el postrer asilo
Del orgullo sarraceno,
Asilo de vicios llenos,
Ya cayó Benastepar;
Nube espesa de humo y polvo
Hasta el cielo se levanta,
Ya festivas coplas canta
La España y la cristiandad.
Ya Jarillo, que oprimía
Con sus maldades la tierra
Ya lo echó Pedro por tierra
Al golpe de su arcabuz;
Ya con su falso profeta
Su alma impía y condenada
Ya camina acelerada
Al reino de Bercebú.

—Que viva, que viva —saltaron todos, con excepción de Pedro, que, aunque parte interesada, no tenía reparo en aplaudir a más no poder.

—Bendito sea tu pico —dijo la tabernera—, parece de plata; ahora vais a beber un azumbre más por mi menta; anda, tráelo, Catalina, del tonel del rincón, que es el más bueno que en la bodega tenemos.

Hízolo así la muchacha, y los parroquianos tragáronlo a cuál mejor y más pronto, merced sin duda al estado de embriaguez en que ya casi todos se encontraban, porque en conciencia sea dicho, más era zupia que vino.

Mientras tanto, acercábase un embozado a paso lento a las murallas del mismo arrabal; buscó un sitio do los centinelas estaban más apartados, afianza una escala de cuerda, sube, y, mediante a la oscuridad de la noche, hallase en un brinco sin ser visto de nadie en la calle de las Mancebías, y notando la zambra que en la taberna de Marcos hubiera, parose a la puerta.

—No están malas las coplillas —gritaba Pedro en alta voz—, si yo entendiese esas garambainas, haría de ellas un trovo, mas yo buscaré quien lo ejecute, caso que de tal trabajo no quiera encargarse Diego; en Juan aprieta esa chirimía; tía Nicolasa, haced son con la mano; tú, Marcos, ¿en qué diablos piensas? ¿Te estás ahora acordando del templo de Jerusalem?

—Lo mismo pienso en eso que tú en hacerte moro.

—Sin duda te tiene buena cuenta ser cristiano, pues así nos desuellas a todos; no me da cuidado; bendito sea mil veces el que inventó la taberna, pues se encuentra vino a toda hora en cualquier calle, y se humedece un cristiano el tragadero, sin andar la ceca y la meca; anda, Catalina, echa otra azumbre del tinto, y luego probaremos el moscatel, que el vino dulce se cuela como agua y es excelente para postre, también voy yo a cantar una copla; enséñamela, Diego… Bien… Ya la sé… Anda conmigo.

Ya con su falso profeta
Su alma impía y condenada
Ya camina acelerada
Al reino de Bercebú.

—Infame —gritó el que escuchaba entrando de repente y desembozándose—, toma el premio de tu vil asesinato.

Dijo, y clavole la gumía por el pecho con tal rapidez que todos quedaron estupefactos como si un rayo los hiriese; Hacem, pues él era el matador, aprovechose de aquella sorpresa para salir de la taberna, y antes que pudiesen alcanzarlo ya había saltado la muralla y montádose en su caballo que al pie de ella tenía oculto; el infeliz Pedro vivió solo algunos minutos, acudió a la bulla el jurado de la collación con algunos alguaciles, escurriéronse los arcabuceros y zamparon en la cárcel al tío Marcos, pues su mujer y su criada también tomaron las de Villadiego.

Capítulo 15º

La casa de doña Elvira

¿No ves, amor, que esta gentil mozuela
burla de ti a la clara, y de mi suerte,
y que con su hermosura
presume de tan fuerte
que de tu cruel arco no se cura?
Pues si en esta locura se desvela
Tírale una saeta que le duela.
Parnaso español, tomo 7º, p. 52.[1]

Suplico a mis lectores pasen conmigo a la casa de doña Elvira; su padre, don Felipe, era un caballero sevillano de valía y riquezas; siguió, o por inclinación o por compromiso, el partido de doña Juana, que aspiraba, como hija que se decía de don Enrique, al trono de Castilla, y hallose con el rey de Portugal en varios encuentros, donde no solo se distinguiera por el vigor de su brazo, sino por la sensatez y discreción de sus consejos;[2] huido este rey a Portugal,[3] todos los duques, condes y demás nobles de Castilla fueron aunándose con el potente vencedor; también se reconcilió don Felipe de Castro con la reina Isabel, y en su mano estuvo ocupar de nuevo honrosos cargos y dignidades; pero, trabajado por las fatigas de la guerra, y por herencia de sus padres rico, quiso retirarse a pacífica y sosegada vida a las orillas del Guadalquivir que le vieron nacer; un viaje que después de la peste hizo a Ronda decidió de su futura suerte; prendado de la pureza de los aires, salubridad y abundancia de mantenimiento, y primores asombrosos de sus sierras, pasó a vivir de asiento en dicha ciudad; compró un solar, y, mientras construía en él una hermosa casa,

1 Por la página que señala, sabemos que está citando el libro compilado por Juan Joseph López de Sedaño, *Parnaso español. Colección de poesías escogidas de los más célebres poetas castellanos* (Madrid: Antonio de Sancha, 1773), v. 7, p. 52. El texto actualmente se atribuye a Baltasar del Alcázar.

2 Alfonso V de Portugal era tío de Juana 'la Beltraneja'.

3 En realidad, Alfonso V viajó a Francia para establecer una alianza con Luis XI, 'que no consiguió', y 'a su regreso firmó un tratado de paz con sus enemigos, los Reyes Católicos', explica Sagrario López Poza, 'La divisa o empresa de Alfonso V el Africano, rey de Portugal: nueva lectura e interpretación', *Janus*, No. 8 (2019), pp. 47–74 (p. 67).

vivía en la calle que ahora llaman de san Pedro, y entonces de los Gomeles, en la antigua habitación de los caudillos moros de Ronda, que, como había sido de tan ilustres personajes, era ancha, espaciosa, y tenía viviendas cómodas y bien distribuidas;[4] don Tello, que adquirió en sus viajes particular afición y gusto delicado a las bellas artes, cosa, por cierto, casi desconocida entonces en España, había contribuido mucho a su primoroso y profuso adorno; alfombras alemanas esparcidas por el suelo, loza y vasos de fábrica veneciana, pequeños espejos de cristal de la misma ciudad, a más de otros muchos de luciente metal, varios cuadros de los mejores pintores italianos, entre ellas una buena copia de la famosa pintura de Gioto[5] que representaba al primer apóstol marchando a pie enjuto sobre las aguas, cuyo original está sobre la puerta principal de san Pedro en Roma;[6] dos o tres relojes de madera, algunas pequeñas estatuas hechas en Florencia de exquisito mármol de Paros, y otros varios ricos enseres adornaban las habitaciones, y lo que ahora sería común parecía entonces excesivo y extraño lujo; los vestidos, lencería y comidas eran también de delicado gusto, y causaba mil murmuraciones contra tan distinguida familia. No contribuía a ello poco la altivez y costumbres agrias y adustas de la madre de doña Elvira, doña Juana de Lara, hermana de don Tello; había sido en su juventud sumamente hermosa, pero ya rayaba en los cincuenta, y a esta edad la belleza mujeril desaparece de repente cual las agriadas neblinas de los picachos de Sierra Bermeja; envidiaba, en vez de jactarse de ello, los encantos de su hija, y en muchas cosas la contradecía e incomodaba; ¡y cuán digna era entonces esta hija de compasión! Si había podido hasta allí resistir altiva los rayos envenenados del amor, si las galanterías de los finos caballeros de Ronda habían sido inútiles para rendir su corazón de bronce, todo desapareció en aquella tan funesta cacería; los servicios que el ferí le hizo dispusieron su alma para que se compadeciese de tan ilustre jefe; su bella presencia y ardiente plática cambiaron esta lástima en cariño; en vano la triste se reconvenía a sí propia, se irritaba contra sus pensamientos y atribuía la llama devorante que circulaba por sus venas a piadosos y agradecidos sentimientos; ¡ah! Ya estaba clavada en su pecho la poderosa flecha, y su herida más y más se le ahondaba de continuo.

Al día siguiente del paseo público de Pedro, como a eso de la una de la tarde hallábanse sentados después de comer alrededor de la mesa los padres de doña Elvira y don Sancho Nuño, que tenía mucha entrada en la casa a fuer de director de la cocina de don Felipe, sobre todo en los extraordinarios casos de convite, saraos, etc.

[4] El narrador parece referirse a la 'Casa del Rey Moro', ubicada precisamente en la calle de San Pedro Mártir.

[5] En el original, 'Le Gioto'; probablemente se trate de una errata.

[6] Se refiere al mosaico de La Navicella de San Pedro, de Giotto di Bondone.

—¿Qué es esto? —dijo, entrando, don Tello— ¿Aún no se ha levantado mi sobrina?

—No —respondió su hermana—, desde la maldita cacería está desconocida, y quejándose de dolores frecuentes de cabeza, de mareos; vaya, está mala de veras; no se ha querido mover hoy de la cama.

—Ayer me dijiste lo mismo, y que estaba durmiendo, de suerte que no he podido verla desde que vinimos del campo.

—Esas son tus cosas, Tello; me has acostumbrado a la muchacha a las estrepitosas diversiones, y luego se aburre cuando está en su casa.

—Creo, hermana, que te engañas, o será eso de ayer acá, pues bien sabes tú que Elvira siempre trabaja con placer en las labores propias de su sexo.

—Pero nunca —replicó don Sancho— ha tenido tanta afición a los quehaceres y asuntos domésticos como su madre; por ejemplo, ¿veis este cuaderno que saco del bolsillo? Pues aquí están enumerados por orden alfabético todos los mejores guisos y condimentos que darse pueden desde el principio del mundo hasta ahora.

—¿Y tiene que ver eso algo con lo que hablando vamos?

—Poco a poco hilaba la vieja el copo;[7] ayer vino este libro a mis manos por una casualidad, y es tan raro y precioso que de perlas orientales debía estar el forro cubierto, y con dorados y relumbrantes caracteres escrito; ya se ve, al instante vine a noticiar a esta familia tan precioso hallazgo; atisbé primero a vuestra sobrina. ¿Y qué pensáis me respondió? Que eran fruslerías todo lo que se encerraba aquí dentro; no así su madre, que apenas lo vio, conociera su profundo e intrincado mérito. ¿Queréis, don Tello, que os lea alguna cosa?

—No, amigo mío.

—Al menos el prefacio del autor.

—Mucho menos, don Sancho; mi hermana, sin duda por cortesía y atención, os habrá dicho que le place el libro; mi sobrina es más franca, y aunque a ella le gusta comer buenos y delicados manjares, pues gracias a Dios, como criada con fausto, los ha comido siempre, no se para en tales cosas; mas por lo demás, ¿no cose, no hace hermosas medias de punto de aguja, no toca el laúd, no posee otras mil habilidades muy propias de señoras finas y de excelente educación cual es ella?

Callose don Sancho, y empezó a ojear su libro favorito mientras doña Juana añadió:

—Verdad es todo lo que dices, mas siento que mi hija haya aprendido a montar a caballo y disparar una flecha.

—Ya ves que eso es celebrado por todos y muy digno de saberse.

—Bien, pase; ¿pero y los libros que le das a leer venidos de Alemania?

[7] 'Dícese esto para que no nos demos mucha prisa en negocios que no la piden', Jerónimo Martín Caro y Cejudo, *Refranes y modos de hablar castellanos* (Madrid, Imprenta Real: 1792), p. 290.

—¿Acaso crees tú que el saber puede nunca hacer daño? ¿Son por ventura más viciosos, más malos los hombres instruidos que los ignorantes?

—No digo tanto, pero esas habilidades en las mujeres…

—Las mujeres deben aprovecharse, como los hombres, de los buenos consejos que en las leyendas se dan; si hay en ellas algo malo, la triaca está siempre junto al veneno.

—Esas son, Tello, las leccioncitas que has aprendido en Italia, y con ellas has embaucado a mi hija.

—Jamás le he dicho nada a tu hija que no le sea provechoso, y si yo he viajado por Italia, si he visitado en mis varias correrías sus principales ciudades, si he aprendido allí lo poco que sé, tanto mejor. ¿Qué he introducido yo en tu casa que pueda serte nocivo? ¿Acaso esas tapicerías, esas pinturas que la adornan, fruto de la laboriosidad y adelanto de los extranjeros, y que por cierto buenos sudores me ha costado introducirlas, y aún en algunas partes me han hecho pasar por brujo; acaso, repito, te han causado la más mínima molestia?

—No digo tal; esos adornos son por sí muy buenos; pero con ellos has hecho nacer en el corazón de Elvira ciertas ideas que no tuviera antes; ahora es tan compasiva, tan tierna…

—¡Cómo tan compasiva! Y aunque así lo sea, ¿es acaso la piedad menguado baldón o afrentoso delito?

—Ahora se irrita si ve que maltratan a un moro…

—Yo soy hombre, y cuando no puedo sacar en su defensa la espada rabio también una y mil veces; Juana, veo que vamos a enfadarnos, pero me precisa hablar; yo no soy capaz de haber infundido en el pecho de tu hija ninguna semilla que no sea de pura y acendrada virtud; la religión, la razón, nuestra propia conciencia nos manda que amemos a nuestros semejantes, que compadezcamos a los infelices, más a aquellos que a merced de sus mercedes sufren las cuitas más agudas y crueles.

—Pero —interrumpió don Sancho— esa infundada lástima alienta a los moros, los dispone a la sublevación…

—Mucho os equivocáis; si cuando entraron en el reino de Granada las armas victoriosas de nuestros ilustres reyes, si cuando el pendón de Castilla ondeó en todas las torres y baluartes se hubiese empezado a traer a partido con dulzura, buenas obras y atentas y corteses razones a los vencidos moros, es creíble que casi todos se hubiesen tornado de buena fe cristianos, complacidos al ver que nuestra santa religión producía acrisoladas y benéficas virtudes. ¿Mas qué aconteció? ¿No hemos visto arrasados sus pueblos, robadas sus casas por la desenfrenada soldadesca, degollados sus sacerdotes y violadas sus vírgenes? ¡Mas a qué notar estos sucesos! Acostumbrados nuestros duques y grandes a los tiempos de rapiña del desgraciado hermano de vuestra reina, hacen ahora lo mismo los soldados que sirven bajo sus banderas, o son famélicos aventureros, o estúpidos siervos que a guisa de mansas ovejas acorren a las lides, y tornanse carnívoros lobos cuando la oración se les presenta.

—Bien sabéis cuánto a sus altezas desagradan tamaños desórdenes —replicó don Sancho.

—A sus altezas y en especial a la heroica Isabel desagrada siempre lo que es malo; mas no está en su poder remediarlo todo si no hay virtudes en los pechos; si no hay honradez en los corazones, en vano son las buenas leyes y los severos mandatos; por tanto, los hombres de alguna pro y principalmente los que han visitado las libres repúblicas de Italia, que han conocido naciones donde no hay siervos, que han registrado populosas ciudades en las que solo mandan las leyes y no el capricho de poderosos magnates; deben esparcir y sembrar de contino estas máximas y verdades tan útiles al hombre, para que arraigadas en su pecho váyanse poco a poco extendiendo, pues si ahora, por las viles pasiones y los desenfrenados deseos de medrar, no tienen valía, llegará otro tiempo feliz y venturoso en que crezcan en torno del solio los piadosos usos y las puras virtudes de los antiguos reyes godos; entonces respirarán los hombres, y los vencidos no sufrirán el yugo insolente de los vencedores.

—Todo eso es muy bueno —siguió don Sancho—, mas no sucederá lo que decís, porque el mundo siempre será mundo; antes de todo quisiera me dijeseis, ¿siendo los moros los ganadores, no harían lo propio con los cristianos?

—Entonces yo me quejaría de ellos con la misma vehemencia que ahora lo hago de sus contrarios, porque soy completamente imparcial, como lo es mi sobrina, a quien le he enseñado que odie el vicio, aunque se vista de exquisito brocado y tornasoladas sedas, y respete y ame la virtud más que la capa de la indigencia la cubra.

—El resultado de tus doctrinas —prosiguió doña Juana— es que mi hija llora a la vista de un pordiosero, y apenas oye cualquier sentido suceso.

—Tanto mejor, hermana; mi sobrina tiene el corazón de un ángel; pienso no casarme solo porque herede mis cuantiosos bienes, pues es muy digna de poseerlos, y una corona también.

—Está muy en razón lo que dices, y será todo lo que quieras, pero yo desearía que, aunque no fuese tan leída ni indulgente, fuera más obediente a sus padres.

—¿Pues Elvira en qué te desobedece?

—Bien sabes tú mis deseos de que con don Juan Pérez se case, y ella…

—Hace muy bien de no gustarle tal sujeto. ¿Qué has observado tú en ese hombre que pueda agradar? ¿Porque viste bien, porque se acicala mucho los bigotes, porque es rozagante caballero y caracolea con gracia en un corcel delante de los balcones de una dama, por eso te ha gustado tanto? Pues mira, aunque tuviera otras mil habilidades, es seguro que Elvira jamás podría quererlo; no le placen a ella las gentes que se divierten en molestar a sus semejantes.

—Con esas tus cosas vas a perder a mi hija y arruinar mi casa.

—Te sufro porque eres mi hermana; de modo que, en no haciendo este casamiento, se va a quedar soltera siempre mi sobrina.

—No digo tanto.

—Pues entonces, ¿a qué vienes con esos discursos importunos? Si Elvira quiere casarse, tiene mil donde escoger; ahí está, por ejemplo, don Alonso de Aguilar, que se muere por ella.

—Sí, un señor que puede ser su padre, viudo, con hijos mozos…

—Es verdad, pero es un hombre sesudo, cuerdo, hermano del célebre Gonzalo de Córdoba.

—¿No escucháis, don Sancho, las cosas de Tello? ¡Querer casar a una niña con el viejo de Aguilar!

—No es ningún viejo un hombre de cuarenta años.

—Yo —replicó don Sancho— diré en conciencia mi dictamen, pero esperad que acabe de leer este párrafo, no sea que lo pierda, esperad… Guiso de patas de carnero… Un adobo… Perejil… Alazor… Freírlas antes en la sartén… Envolverlas en huevos… Luego miel… Luego tostarlas por encima… Luego ponerlas en la mesa y comerlas; ya me parece que estoy paladeándolas; como digo, don Alonso es verdad tiene mérito, pero tiene también sus faltas garrafales.

—Decid algunas.

—Pues, hablando en plata, la primera y principal es que… Vamos, en cuanto al valor… ¿No os acordáis lo que pasó habrá unos doce o trece años? Don Diego de Córdoba, ofendido de él, se retiró a Granada, y quiso con licencia de aquel rey moro hacer campo con Aguilar, y lo retara…[8]

—Sí, ¿y qué?

—¡Toma! ¿Y qué? Esperolo don Diego hasta puesta de sol, y, como no pareciese, arrastró por afrenta su estatua a la cola de un caballo, y escribió cartas a todas partes narrando el sucedido; poco sonado fue entonces el caso.

—Es verdad cuanto decís, pero don Alonso tenía dadas repetidas pruebas de su valor, y si no acudió al reto, razones poderosas tendría para no hacerlo.

—Será todo lo que os parezca; yo solo he dado mi parecer; *salvo meliori*, ahora vosotros haréis lo que mejor os agrade… Conserva de membrillos… Esto no es nuevo; hace mucho tiempo la sé yo acondicionar, que es un pasmo.

—Pues Juana —añadió don Tello—, ahora no es ocasión de hablar de casamiento, y pensemos solo en la salud de Elvira; después veremos lo que más conviene en la inteligencia que todo ha de ser a gusto y placer suyo, ¿no es verdad, don Felipe?

—Cierto, no hay duda que esto será lo más prudente.

—Juana, yo voy a ver cómo está tu hija, pues no me fío de lo que decirme puedan.

[8] El desafío de Diego Fernández de Córdoba a Alonso de Aguilar está documentado por Leopoldo Eguilaz, *Desafío en Granada de D. Diego Fernández de Córdoba y D. Alonso de Aguilar* (Madrid: Imprenta de F. Maroto e hijos, 1880).

Capítulo 16º

El médico

Yo los tuviera por los más dañosos al mundo si no hubiese médicos; porque si los letrados nos consumen la hacienda, estos la vida... Y así son más peligrosos los médicos que las mismas enfermedades, porque contra estas suele tener más fuerza la naturaleza que contra sus pócimas y venenosas bebidas.

Saavedra, *República literaria.*

Fue, en efecto, don Tello al cuarto donde acostada estuviera su doliente sobrina; doña Juana se quedó haciendo labor; don Felipe bostezaba, y don Sancho, entre grotescos visajes y gesticulaciones, ya ojeaba su querido libro, ya decía entre dientes:

—No hay que dudarlo... Desde que aquel maldito moro la miró al salir del subterráneo... Pues... Se quedó como estatua... Perdió el habla... La alegría... Púsose pálida... Vaya, no hay duda está hechizada... Es menester que yo diga el milagro sin descubrir el santo... De otro modo... Lástima sería se desgraciase tan linda persona... No, no, pecho al agua...

—Sabed —dijo don Tello, entrando— que Elvira está más mala de lo que parece; yo no entiendo jota en el particular, pero se queja de la cabeza, tiene el rostro encendido y las manos ardiendo; ¿por qué no se ha llamado ya al doctor Cosme?

—Creí —le respondió su hermana— que fuese cosa más ligera.

—Y yo pensaba lo mismo —añadió don Felipe.

—Antes de todo —interrumpió don Sancho— quiero sepáis que yo conozco exactamente el mal que padece doña Elvira.

—¿Pues cuál es? —exclamaron los tres a un tiempo.

—Poco a poco; débese saber, en primer lugar, que ella fue para Libar sana, robusta y de bellísimo humor; mas decidme, ¿la habéis visto tan siquiera reír una vez desde que salimos de la alquería? Calláis, ¡ya se ve, si es la pura verdad lo que cuento! De esto se deduce que recibió algún daño en la dicha casa.

—Pues allí —replicó don Tello— ¿quién pudo molestarla?

—Allí, mientras...

Ya tuvo don Sancho en la punta de la lengua el secreto, mas se contuvo recordando las amenazas del moro; con todo, habiendo ya avanzado tanto, preciso le era buscar una escapatoria.

—¿Qué hay? Seguid.

—Temo decir mi parecer, pues luego don Tello juzga locuras todo lo que hablo.

—No, amigo mío; hablad lo que queráis.

—Pues sabed que Pedro miró varias veces a doña Elvira con tal ahínco... Vaya, desde aquel momento no ha tenido un instante de alegría ni de salud... No hay duda, la hechizó.

Una gran carcajada de risa fue la única respuesta de don Tello.

Bien sabía don Sancho que mentía, mas queriendo buenamente descubrir el mal sin decir el autor, y no cayendo en la cuenta de los perjuicios que causar podría al desdichado morisco si tal inculpación se esparciese, no halló mejor salida que aquella.

—Bueno, bueno, os reís —prosiguió—, y tomáis a zumba lo que cuento; allá en Italia podrá no haber esos sortilegios, pero aquí sí, y muchos; ¿no sabéis las cosas de los moros? ¿Pensáis acaso que porque algunos se hayan tornado cristianos han perdido el uso de sus malas mañas?

—Mengua grande es que un hombre que, como vos, lee alguna cosa, tales patrañas crea.

—Sí, señor; lo creo y lo recreo, y os pudiera citar muchos varones doctos que piensan así. ¿No es verdad, doña Juana?

—Nada tiene de particular; sea cierto lo que don Sancho dice, con todo, mi hermano...

—¿Y vos qué opináis, don Felipe?

—Yo pienso lo mismo que mi mujer.

—Dejémonos —prosiguió don Tello— de tonterías, y manda, hermana, que busquen al instante al médico.

—Yo mismo —replicó don Sancho— haré ese encargo para complacer a don Tello y para el grande interés que en la salud de la enferma me tomo, a pesar que... Mas al fin voy corriendo.

Aunque quisieron disuadirlo, no fue posible, y doña Juana se levantó, y fuera de la sala le dijo en voz baja:

—No creáis, don Sancho, que yo pienso de otro modo que vos.

—Cabal; tenéis sobrado juicio para no hacerlo así.

—Pero ya veis, tiene mi hermano esas rarezas...

—Sí; caprichos que don Tello ha adquirido en sus viajes.

—Sin duda, y es preciso...

—Tolerarlos, lo entiendo.

—Porque...

—Ya estoy.

—Somos, a Dios gracias, mas...

—No os desagradará que en vosotros o en vuestra hija recaigan los anchos escudos que don Tello atacuñados tiene.

—Por eso no quiero agriarlo del todo.

—Muy bien discurrido.

—Y espero que vos, por nuestra amistad, hagáis siempre lo propio.

—¡Y tanto! Ya observáis cómo salgo corriendo por el doctor.

—Os doy repetidas gracias.

—Y eso que estoy persuadido firmemente que no entiende una causa de estos males, y hasta que…

—Bien, démosle ahora este gusto, y luego haremos lo que nos parezca mejor.

—Vuelvo corriendo, doña Juana.

De aquí conocerán todos la estrechez que había entre los dos, y aun no faltaban malas lenguas que opinaban ciertas cosas… Pero, sea dicho en verdad, eran infundadas hablillas; don Sancho pensaba solo en las musas, y doña Juana era demasiado orgullosa para mirar con amorosos ojos a un estrafalario cual era nuestro amigo.

No me parece fuera del caso que, mientras don Sancho corre de casa en casa en busca del doctor, hable yo un poco de medicina a mis lectores. El gran Hipócrates, a quien con justa razón han llamado el divino las gentes de los posteriores siglos, fue una lumbrera brillante que cual fanal colocado en medio de anchos y tempestuosos mares, creó el arte de curar las dolencias de los hombres; ¡mas ah!, pronto estos se cansaron de la sencillez de los medios que señalaba; en vez de seguir el estrecho camino de la observación y de la experiencia, áspero, sí, pero lleno de halagüeñas esperanzas y de verdades positivas, tomaron otra senda, espaciosa, expedita, y al parecer sembrada de olorosas flores; nació, pues, con Galeno la ciencia falsa de los sistemas y teorías;[1] era mejor médico no el que más observaba, sino el que formaba un plan hipotético más engalanado y brillante que el de sus competidores; prosiguieron los doctores árabes así, y entre algunas cosas útiles veíanse infinidad de absurdos, pero ataviados con el aparato y forma de la más segura realidad; el descubrimiento de la imprenta empezó a cambiar este estado de cosas; ya se discutieron en público las bases de los sistemas médicos, y empezaron a prepararse los cimientos de las grandes reformas que los Hoffman,[2] Stael[3]

1 En la actualidad no se ha mantenido esa visión tan negativa con Galeno en contraste con Hipócrates. Si el segundo de estos 'puso los cimientos de la higiene ambiental, avanzó la ciencia de la ecología, previó el significado de la medicina preventiva', el primero 'puede considerarse el fundador de la medicina experimental', refiere Marco Aurelio Perales, 'Hipócrates, padre de la medicina moderna', *Byzantion Nea Hellás*, Nos. 19–20 (2000-2001), pp. 83–92 (p. 90).

2 Se refiere a Frederick Hoffman (1660–1742), profesor de medicina en la Universidad de Halle.

3 Parece referirse a Georg Ernst Stahl (1659–1734), profesor también de la Universidad de Halle y colega de Hoffman.

y Boerhave[4] habían de realizar después. En 1495 habíanse impreso algunos libros de la facultad en varios países de Europa, y aun en España,[5] pero todavía eran raros, y la mayoría de los profesores de la ciencia saludable ateníanse solo a los manuscritos que contenían las doctrinas humorales de Galeno, empeoradas, más que modificadas, por los árabes. ¿Con tan escasos recursos de adquirir sólidos conocimientos, qué podía suceder? Que los profesores de medicina eran pocos y malos, que en vez de ciencia no tenían casi todos sino estéril y necia charlatanería, y que para adquirirse el concepto público usaban modales y lenguaje extraños y raros; algunos sí, aunque pocos, sabían más que los demás, pero confundíanse entre ellos cual el risueño oasis donde crece la punteada yerba y la rosa de Jericó alza hasta el cielo su morada frente, se oculta entre los áridos y despoblados arenales de la Arabia; de los primeros era, por desgracia, el doctor Cosme del Pino, único médico que en Ronda hubiera entonces, y aun con poco trabajo, merced a la salubridad del clima y a los muchos curanderos que le auxiliaban en la profesión de matar más bien que sanar cristianos.[6]

No esperaron mucho los parientes de doña Elvira, pues a la hora entrara don Sancho acompañado del venerable doctor; era este un sujeto que frisaba ya en los sesenta y cinco años, de alta y acartonada estatura, bigotes blancos y puntiagudos a guisa de lanza, y paralelos con su nariz, que era de figura de pico de cernícalo, ojos hundidos, cabeza chica como de poco seso, calzas y jubón de estameña negra, birrete pardo y una espada virgen ceñida a la cintura, herencia de su tatarabuelo; con mesurado paso, y acento grave y

[4] En este caso alude a Herman Boerhaave (1668–1738), uno de los médicos más influyentes del siglo XVIII.

[5] Esa es la fecha en la que se imprimió en Sevilla el *Lilio de medicina*, de Bernardo de Gordonio.

[6] No se crea que, a pesar de los adelantos que la imprenta ha recibido, la medicina, está libre de necedades; nada menos que eso; aún vense sistemas médicos a millares que se suceden y empujan unos a otros; tontos y atrevidos curanderos como Le Roy, que con un solo remedio pretenden sanar todos los males, y universidades donde apenas saben leer latín algunos de sus catedráticos; también se conservan costumbres y usos que, si no son en sí ridículos, lo son por los accesorios que se les agregaron; tal es, entre otras cosas, el grado de doctor. ¿Quién no ríe al ver un pacífico hijo de Hipócrates armado con espuela y espada? ¿Y al contemplar la meseta y demás zarandajas con que lo engalanan? ¿Y al oír la grotesca fórmula, *accipe quirotecas eondidas*, recibe estos guantes blancos? ¿Por qué no se descarga esta ceremonia de tales fruslerías? Ya se ve; si los hombres tuviesen en todos los casos y circunstancias la suficiente dosis de juicio, no habría estas mojigangas ridículas, pero entonces no pudiéramos a su costa reírnos un rato, y como dijo el otro: 'Les sots sont ici-bas pour nos menus plaisirs' (*N. del A.*). Se refiere a Le Roy, autor conocido en Francia en torno a 1814, cuya *Medicina curativa o la purgación dirigida contra la causa de las enfermedades* se imprimió en España en 1827.

sonoro, acercose después de un lacónico saludo al lecho de doña Elvira; todos quedaron, menos don Tello, serios y como asombrados a su vista, mirando de hito en hito para empaparse mejor en las fatídicas y oscuras razones que por lo común de su boca salían.[7]

Habiendo hecho con magistral tono las suficientes preguntas para enterarse de los antecedentes de la enfermedad, tomó gravemente el pulso, arqueó las cejas, frunció los labios y después le preguntó a doña Elvira.

—¿Sentís algunos dolores pungitivos lancinantes o contundentes en las hipocóndricas regiones?

La enferma, que ya de otras veces había llegado a comprender algo de sus extravagantes palabras, le respondió que no.

—Yo estaba en lo mismo. ¿La orina se halla en buen estado?

[7] Casi hasta nuestros tiempos siempre han tenido los médicos la manía de distinguirse de los demás hombres por sus vestidos, habla y modales. Ya en 1495 empezaron a montar en largas y altas mulas, con gualdrapas negras, imagen de la muerte; su habla era una mezcla de términos latinos y árabes, y muy poco de castellano, y eso malo e ininteligible; junto a los de aquella época era un hombre claro y elocuentísimo el amigo Cosme; los médicos también fueron los últimos que se quitaron las barbas y bigotes, y después no hubo peleas más terribles y monstruosas que las suyas, ni que más polvos y bucles tuviesen; cuando se desterró esta moda en Francia, a fines del siglo pasado, ellos fueron los últimos que la abandonaron, por lo cual madame Necker, directora de uno de los principales hospitales de París, le dijo un día al célebre Corvisart:

—Amigo mío, quiero que vuesamerced sea el médico del establecimiento que dirijo, ¡ya ve vuesamerced qué bonita colocación! Pero exijo que se ha de quitar la peluca única ya en todo París.

—¡Mi peluca! —respondió asombrado el hijo de Hipócrates.

—Sí, señor, la peluca; ¿no le da a vuesamerced grima andar un siglo más atrasado que todos en el vestir?

—¡Señora es tan bella mi peluca! Si pudiésemos conciliar...

—Nada; es imposible.

—Al menos me la pondré los días de fiesta...

—Exijo el sacrificio por entero.

—Mas vea vuesamerced...

—Es una pingüe renta la de mi hospital.

—Tiene tan hermosos bucles...

—Pagada por mí religiosamente...

—Tan bien empolvada.

—Ya nadie le amarga el dinero contante y sonante.

—Y me costó ochocientos por...

—Vaya, resuélvase vuesamerced.

—Pienso no dejar mi peluca.

—Pues daré a otro el hospital (*N. del A.*).

—Sí, señor —contestó doña Juana.

—Hum... Hum... Bien se advierte... ¿Sentís laxitudes espontáneas en los miembros braquiales o tibiales?

—Algún ligero cansancio tengo.

—Pues... Así el viejo de Coos[8] decía *lassitudines spontanea morbos denuntianttiant.*[9] ¿Dueleos la parte superior y media del hueso coronal? Esto es para que me entendáis mejor, aquí delante, la parte inversa del occipucio.

—Quiere decir —saltó don Sancho— la frente.

—Cabal, muy bien comprendido.

—Sí, señor; algo me molesta.

—Eso mismo estoy hace rato conociendo el pulso formicante y pequeño que tenéis; está, señores, conocido suficientemente el mal, y espero que Dios mediante podremos propinarle los oportunos auxilios farmacéuticos que en tal circunstancia se requieren; pero molestamos aquí a la enferma porque *ubi caput dolet cetera membra dolent.*[10]

Pasaron en efecto a otra habitación, y, después de escupir, toser y sonarse dos o tres veces, prosiguió así:

—Hállanse aquí en desarreglo todos los cuatros humores de la paciente; la bilis está exaltada y convertida en porracea, la sangre llena de particular acrimoniosas, la pituita viscosa y casi coagulada, y la atrabilis resecante y pungitiva; todo esto procede del abuso de las cosas no naturales;[11] enumerémoslas rápidamente; el aire, *aer*, esta señora en su cacería lo ha inspirado con fuerza; la comida y la bebida, *ibus et potus*, siempre es abundante e indigesta en los venatorios recreos; el movimiento y la quietud, *motus et quies*, ya comprendéis que es cosa muy diversa estar sentada haciendo labor, a saltar por peñascos; de aquí resulta que también se altera el sueño y la vigilia, *somnus et vigilia*, ¿y qué diremos de las excreciones y secreciones, esto es, de *excreta et retenta*? Ya veis cuánto en tales casos se suda.

—Decídmelo a mí —replicó don Sancho— que estaba siempre cual si de un baño acabase de salir.

[8] Cos es la ciudad en la que nació Hipócrates en torno al año 460 a. C.

[9] En realidad, el aforismo es 'spontaneae lassitudines morbos denuntiant', que encontramos en Hipócrates, *Aphorismi graece et latine* (Amsterdam: Henricum Wetstenium, 1685), p. 21. Puede traducirse como 'las enfermedades espontáneas predicen la fatiga'.

[10] Parece ser una variante de un antiguo adagio medieval, 'quando caput dolet caetera membra dolent', es decir, 'cuando la cabeza duele, todo el cuerpo duele'.

[11] Llamaban los antiguos las seis cosas no-naturales a todos aquellos agentes que sirven para mantener al hombre sobre la tierra; denominación absurda que cual pío legado se nos ha transmitido, y vese aún muchos libros modernos de la facultad; ¡qué filosófica clasificación! ¿Hay, cual dice muy bien un moderno autor de higiene, cosa más natural que comer, beber, dormir, respirar, etc. etc.? (*N. del A.*).

Después de referir el doctor Cosme este centón de generalidades aplicables a todos los enfermos habidos y por haber desde que Adán pecó hasta la consumación de los siglos, y olvidándose de las pasiones de ánimo, sin duda porque el pobre médico desconocía su influjo sobre el cuerpo humano, siguió así:

—Estos cuatro humores están punzando y dilacerando las fibras y nervios de la enferma y le causan la ardorosa fiebre que padece porque *motus est causa caloris*,[12] puede llamársela un sínoco subintrante; tratemos ahora de corregir este vicio humoral. El caldo viperino hace milagros propinado cada dos horas; poned a fuego lento con la competente agua un puñado de la *astula regia* o hierba morisca,[13] la mural o parietaria, la lupina y el lycoperino; cocedlas después bien, y he aquí una maravillosa apócima que es singular secreto para esta clase de calenturas; úsense también frecuentes enemas de aceite onfansino…

—¿Y se podrá saber —le interrumpió don Tello— cuál es ese aceite?

—El de olivas por madurar.

—¡Ya!

—Y frótense las coyunturas con mato de ratón bien derretido y caliente, así la pituita se liquidará, se sujetará el exceso de la atrabilis, pondrase la sangre dulce y salsa, y la bilis se cambiará en flava y perderá su acritud mordicante.

Dicho esto, se levantó de su asiento, y después de tomar y guardar sus honorarios, retirose ofreciendo volver al otro día, si sus muchos quehaceres se lo permitiesen; esto, de aparentar muchos enfermos sin tenerlos, es maña peculiar a los médicos, y en especial a algunos de Ronda, tanto de antaño como de hogaño.

Callados quedaron todos después de su ida, hasta que al cabo de rato dijo don Tello:

—Doctores necios he visto en mis frecuentes correrías, pero otro más zampatortas que este Cosme de Pino es imposible hallarlo; ahí nos espeta una porción de insulseces, y se marcha creyendo que todos hemos entendido y admirado su recóndito y selecto saber; ¡mucho me temo para mi sobrina! Al fin, como no hay otro, paciencia.

—También yo —añadió don Sancho— me he quedado en ayunas, y creo que más valía no hablar que hacerlo de ese modo, bien que poco importa, yo siempre estoy firme en mis trece.

—Dejaos de esas simplezas y hagamos lo que ha dicho el doctor, que, al fin, él sabrá más que nosotros.

—Estoy en hacerlo, hermano mío.

12 Se trata de una frase de Aristóteles en *De Caelo*, y alude a que el movimiento es la causa del calor.

13 Se refiere al asfódelo, planta que también recibe la denominación de 'astula regia'.

Mientras don Tello, a petición de su hermana, apuntaba en un papel los extraños nombres de las yerbas que el médico había enumerado, le decía don Sancho en voz baja a don Felipe.

—Nada, todos esos remedios son tonterías, yo voy a buscar una persona… Tiene más secretos singulares… Dad por curada a vuestra hija.

—Ojalá se consiga y sea del modo que se fuese.

Marchóse don Sancho al tiempo que entrara en la casa el padre Vicente.

Capítulo 17º

El remedio

Una cosa te diré por que veas qué madre perdiste, aunque era para callar, pero contigo todo pasa; siete dientes quitó a un ahorcado con unas tenacitas de pelar cejas mientras yo le descalcé los çapatos.

Celestina, acto 7º.

Si en aquellos tiempos en que aún se oían resonar los borrascosos gritos de las guerras civiles, y la degradación y malas costumbres, sus compañeros inseparables, aún alzaran su ominosa frente hombres que con la máscara de religión encerraban en su pecho, cual fray Silvestre, depravados y abominables vicios, veíanse también venerables varones que encanecieran observando rígidas las santas costumbres de sus respectivos fundadores; descollaba entre estos el padre Vicente, anciano de más de sesenta años, de instrucción, probidad y virtud conocida y notable; austero para sí e indulgente para los demás, era el consuelo de los infelices, y el amparo de los huérfanos y viudas que a él en sus miserias recurrían, amparo de todos los caballeros de Ronda, y mañoso para excitar su compasión; nadie se atrevía a negar sus piadosas limosnas a los recomendados del padre Vicente. Las dulces palabras, los sabrosos consuelos y las pláticas llenas de pura y espiritual unción estaban siempre bosando de los labios de tan digno sacerdote; en fin, para decirlo de una vez, la humanidad aunada con la santa religión del crucificado guiaban siempre sus acciones.

—He sabido por el doctor Cosme del Pino —dijo entrando— que doña Elvira se halla en la cama aquejada, según parece, de grave mal; ya sabéis cuánto me interesa tan angelical criatura, y así he corrido al instante a indagar lo que hay.

—Efectivamente —le respondió doña Juana—, se halla indispuesta mi hija, mas no creo esté tan grave como el médico piensa.

—Mucho me alegraré.

—Si queréis pasar a verla.

—Con el mayor gusto.

—¡Qué! —exclamó después que se sentó a la cabecera de la enferma— Esta niña no tiene nada; cargada un poco la cabeza, molida, mas todo efecto del viaje; estos peñascos no se andan con la facilidad que los llanos del Guadalquivir; se necesita haber nacido y criádose entre ellos para poder hacerlo sin incomodidad ni molestia; ea, no volváis, hija mía, a salir a más diversiones que tan caro cuestan.

—¡Y tanto! —dijo para sí doña Elvira.

Añadió el padre Vicente otras varias razones de consuelo, y después de ofrecer visitar diariamente a doña Elvira, marchose deseándole próspero y pronto alivio.

En tanto, don Sancho buscaba cuidadoso a Isabel la morisca, que era la Celestina de aquella edad; empleábase en curanderías y otros oficios no tan decentes, por lo cual era buscada de todos; en tales pesquisas topó con la tía Nicolasa, que escondida estuviera temiendo a la justicia, y esta le ofreció que hablaría al instante con la Isabel, gran amigota suya, mas que hasta la noche no le era posible; apenas oscureció, ya nuestro poeta estaba en el escondite de la vieja.

—Ya he visto —le dijo Nicolasa— a la persona de que me ha hablado vuesamerced, y desea ella misma informarse del mal.

—Pues que venga a verme.

—No podrá tardar ni un minuto.

Sentose don Sancho en aquel oscuro zaquizamí, y a poco entró Isabel con el mayor sigilo; su traje y aspecto, un sí es no es misterioso, la hubieran hecho pasar por bruja no digo en aquellos tiempos, pero aún en nuestros días entre ciertas gentes; colocado el amigo entre las dos estantiguas, entablose la siguiente plática que transcribiré fielmente a mis lectores.

—Comadre Isabel, este caballero es el que tanto se interesa por la salud de doña Elvira de Castro.

—Vaya, me alegro, pues hágame vuesamerced el gusto de decirme el mal que padece esa señora.

—Aunque el doctor Cosme… —respondió don Sancho.

—¡El doctor Cosme! —le interrumpió Nicolasa— Ese hombre no sabe una palabra, si fuera mi comadre…

—Nos ha dicho que es una calentura con un nombre enrevesado… Un… Vaya, no me acuerdo ahora; con todo, ya tengo suficiente motivo para creer que la han hechizado.

—¿Es joven esa dama? —dijo Isabel.

—Sobre veinte años.

—¿Y bonita?

—De las más lindas de la ciudad. ¿Pues que no conocéis a la hija de don Felipe?

—¡Ah, sí! ¡Excelente bocado! Ya voy sospechando que será realidad lo que decís. ¿Y quién pensáis podrá ser el causante de tal daño?

—Yo… Pero cuidado… ¿Es absolutamente necesario que conozcáis al sujeto?

—Sirve siempre de mucho, porque, según la clase, estado y costumbres de la persona… Así… Pues…

—Bajo palabras de que callaréis os lo voy a revelar; me parece que es un cristiano nuevo llamado Pedro.

—Sí, Pedro el de la alquería, a quien le acaban de robar su hija.

—El mismo.

—Todos los moros conservan siempre esas mañas; pero yo lo remediaré, o he de poder poco; mire vuesamerced esta piedra llamada barópteno;[1] aquí está, es negra con pintas rubias y blancas, dentro de estas manchas se halla la gran virtud que tiene para sanar toda dolencia que de hechicería procede; la tengo guardada en esta bolsa de paño azul, untada con sangre de escorpión, y os aseguro que dentro de cuatro días, ha de estar sana del todo la enferma, y vendrá vuesamerced a darme repetidas gracias.

—¿Conque tiene tantas virtudes esta piedrecita?

—Sí, señor; ¡si vierais las noches que pasé al sereno y los conjuros que tuve que decir para sacarla del sitio donde estaba! Pues solo os costará cuatro escudos, friolera grande para lo que se merece tan gran remedio.

—Decís muy bien; tomad el dinero, venga la piedra, y quedan con Dios.

Dejemos marchar a don Sancho triunfante con su precioso hallazgo y oigamos a las dos viejas.

—¡Valiente zampabollos es el amigo don Sancho! —dijo Isabel después que hubo reído un rato a más no poder— ¡Y luego dicen que lee en unos libros y hace coplas...!

—Otros más instruidos —le respondió Nicolasa— se dejan engañar con tus cosas, y así no es extraño que ese pobre hombre caiga en el anzuelo.

—Toma, hija mía, dos escudos; partiremos como hermanas.

—Así debe ser.

—Yo siempre como tal te he mirado.

—Mucho te lo encargó mi madre al morir.

—¡Ay, qué madre perdiste, Nicolasa! Ella me enseñara lo poco o mucho que sé, y si te aplicases, docta hubieras tú también salido en la profesión, mas la mirabas con despego y te inclinaste al matrimonio. ¡Qué se ha de hacer! A cada una le da Dios su vocación. Era tu madre la mujer más ágil para urdir una trama y armar una zalagarda que darse podía, ¡qué manos! ¡Qué agilidad en todas sus operaciones y conjuros! Creo que el mismo diablo temblaba de ella; mas, dejado aparte estos recuerdos para las dos tan tristes; ¿en qué estado se halla la causa de tu marido?

—Nos han embargado los bienes; creo saldrá bien, pero quedaremos por puertas; me arruinan, Isabel, me arruinan para siempre.

—Ahora se te presenta una famosa oración si delatas a Pedro.

—¡Pues cómo...!

1 'La barópteno, o baroptis, es negra, con unas pintas sanguíneas, y blancas, y ligada se dice ser portentosa', Cayo Plinio Segundo, *Historia natural* (Madrid: Juan González, 1629), p. 713.

—¿No es Juan… el escribano que le sigue la causa a tu marido?

—Sí.

—Pues mira, en confianza hablando; ¡si vieras lo que le agrada la alquería! Ya me entiendes; no hay mejor ocasión que esta para que tu marido salga libre; yo haré que ese hombre te venga a hablar y se explicará claro, clarito como el agua; a Dios, Nicolasa.

—A Dios, comadre.

Capítulo 18º

La confianza

> *¿Cómo, simple? ¿No sabes que alivia la pena llorar la causa?¡Cuanto es dulce a la triste quexar su passion! ¿Cuánto descanso traen consigo los quebrantados sospiros? ¿Cuánto relievan y disminuyen los lagrimosos gemidos el dolor?*
>
> *Celestina*, acto 2º.

Como quien ha conseguido la más señalada victoria entró don Sancho en casa de doña Elvira; valiole que no estaba allí entonces su tío, pues no hubiera dejado de reírse a más no poder del poeta y de su maravilloso remedio; sacó don Sancho la piedra de la bolsita, y después que todos admiraron su brillantez y las maravillosas curaciones que diz hacía, pusiéronsela en el lado del corazón a la enferma, la que por dar gusto consintió en ello, no porque creyese en sus virtudes.

Pasaron dos días, y, a pesar de ella, y de los frecuentes y largos recetones de Cosme del Pino, el mal de doña Elvira se aumentaba; quejábase de porfiados dolores de cabeza, y cuando estaba sola amargas lágrimas corrían por sus mejillas; sufría en una palabra la espantosa lucha del amor y del deber; la cuarta noche de su enfermedad la sorprendió su criada Inés, lanzando ayes lastimosos y profundos gemidos que en vano procuraba ahogar para no ser oída.

Esta criada, mora de nacimiento, ocultaba con pérfido celo y estudiadas apariencias la maldad de su corazón, y habíase captado la voluntad de todos, y en especial de su joven ama; con pretexto de visitar a una parienta que decía viviera en Jubrique, asistía algunas veces a las comilonas que en Benameda con frecuencia había; pero, ágil y mañosa, temiendo sospechasen la mala vida del ermitaño y de su tía, guardábase bien de decir a dónde iba.

—¿Qué tiene vuesamerced? —exclamó entrando— Hace algunos días que siempre la veo triste, inquieta… ¡Si algunos pesares! Vaya, ¿por qué no los comunicáis a esta vuestra leal servidora?

—No tengo, Inés —le respondió con dulzura doña Elvira—, el menor pesar.

—Señora, yo no puedo engañarme. ¿Qué significan esas lágrimas? ¿Esos suspiros que parece va vuesamerced a lanzar el alma por la boca? Sospecho…

—¡Qué sospechas! —replicó la enferma con visible agitación.

—Sospechaba, y ya vista de lo que mis palabras os han azorado creo será realidad, le hubiese sucedido algún desmán o siniestra aventura en la cacería a vuesamerced.

Doña Elvira al oír estas razones, en vez de responder, suspiró, y a su pesar corrieron por su rostro dos ardientes lágrimas; notolo la astuta Inés, y añadió después de enjugárselas con su pañuelo.

—Repito, que alguna dolorosa cuita aflige a vuesamerced; ¿por qué no habla? El corazón se ensancha comunicando los males, de otro modo este mundo sería una soledad espantosa.

—Es verdad, Inés, es verdad.

—¿He perdido yo la confianza...?

—No la has perdido.

—Pues entonces...

—Hay ciertas cosas que...

—Nada, señora, debe haber oculto para nuestra leal servidora.

—Asustan solo al contarlas.

—Tal secreto no debe conmigo entenderse; desahogue vuesamerced su corazón, si no se halla a pique de perecer miserablemente.

—No lo dudo.

—Quizá yo pueda hallar algún remedio...

—Te engaña tu buen celo, mi mal es de aquellos que no tienen el menor remedio; ¿por qué no me dejas morir?

—Antes perecería yo mil veces.

—¡Ay, Inés, cuán tranquila estaba yo antes de esa para mí tan funesta cacería! ¡Cuán sosegada! ¡Cuál me reía yo de las quejas de los necios amadores...!

—Habrá ya acaso hallado vuesamerced quien ablande la porfiada esquivez...

—Inés, cuidado con este secreto, pues ya te he dicho más de lo que debía.

—¡Qué! Aún no ha sido nada.

—¡Si tú vieses el fuego devorante que por mis venas corre!

Añadió Inés otras muchas razones para convencer a su ama que debía manifestarle los arcanos que se encerraban en su pecho, y doña Elvira, que creyó hallar alivio en comunicar sus secretos pensamientos a la que era depositaria de todas sus confianzas, venciose al fin a tanto ruego, y le contó prolijamente la aparición del moro en la alquería y en la sierra de Libar, mas como prudente guardadora de las palabras que diera, ni quiso decirle el subterráneo que en la casa de Pedro vio, ni los enfadosos sucesos de la ermita.

—Sí, Inés —prosiguió—, las acciones del ferí que me librara del cautiverio en Sigüela, y de la muerte en los afilados peñascos de la sierra de los Alfaques, han cautivado profundamente mi corazón. ¿Por qué ese hombre, para mí desconocido y que debe mirarme como su enemiga, siguió así mis pasos? Lo ignoro del todo, mas Abenamet me ha ofrecido que me dará a leer su historia, veremos...

—Entonces se sabrá de cierto por qué caminó detrás; es creíble que esté enamorado…

—¡De mí!

—Los importantes servicios que a vuesamerced ha dispensado no se hacen sino a personas que se aman.

—Mucho mejor lo pensaría si supiese el suceso de Benameda —dijo para sí doña Elvira—. Algo me da en qué pensar lo que dices; te confieso que me gusta, que amo a ese hombre desgraciado, pero solo a ti te lo digo, y así guarda sobre esto profundísimo secreto, pues ya ves que será siempre un amar inútil; la distancia que media entre nosotros…

—El amor iguala las condiciones.

—Su nobleza podrá ser mejor que la mía; si no es rico, tampoco me importa; pero la religión, cual impenetrable muralla de hierro, nos separa para siempre.

—Muchas señoras cristianas se han casado con los musulmanes.

—¡Cuán simple eres, Inés! Si algunas se han casado con los moros era en los tiempos en que estos poseían ciudades, castillos y bienes; entonces eran personas de valía, mas ya infelices sin patria, sin hacienda, sin nada, se les mira cual feroces bestias que conviene exterminar a toda costa; es más digno de compasión para muchos cualquier inmundo animal que un pobre moro; entonces no dudaban algunos padres de familia el casar sus hijas con los descreídos e infieles, que eran como les convenía, santos y justos varones.

—Pudiera el ferí cambiar su creencia…

—Si cambiase de religión, no por convencimiento, sino por amor, sería despreciable para mí. Inés, el ferí y yo podremos amarnos, mas ha de ser con un cariño puro y desinteresado; te vuelvo a repetir que cuidado con lo que dices; bastante me ha costado revelarte este amor, pero me parece que después de haberte comunicado mis penas se ha descargado mi alma de un enorme peso, y respiro con más libertad.

Así sucedió, mejorose visiblemente doña Elvira después de este diálogo, se animó su semblante; sus fuerzas, aunque lentamente, se recuperaban, y dispusose a vencer su inútil y funesta pasión; inmensa fue la alegría de su familia al notar tal alivio; todos, menos el tío, celebraron infinito la virtud prodigiosa de la piedra, y el doctor Cosme del Pino se vanagloriaba por toda la ciudad de tan asombrosa curación y la citaba por modelo de sus aguzadas entendederas médicas.

Capítulo 19º

La cárcel

Si esto no es robar, señores,
Yo no sé qué robar sea;
A saco, rapiñas, hurtos,
No hay cosa que más parezca.
Romance satírico inédito.

Cumplió Isabel la palabra a su amiga la tabernera, y a la siguiente noche presentose el escribano en el camaranchón donde escondida estuviera.

—Siento mucho, tía Nicolasa, el fracaso que os ha sucedido; ¡ya se ve son trabajos que Dios manda!

—También yo lo siento, y más cuando se pasan tan injustamente; ¡qué infamia! Acusar a mi marido de haber asesinado nada menos que al mejor amigo de mi casa; él solo nos daba a ganar más en un día que otros muchos en un mes.

—Bien se conoce que vuestro marido, ni le convenía, ni era capaz de cometer tal acción, pero el brazo de la justicia es inexorable… ¿Si llegó el jurado de la collación Rodrigo Sánchez y hallara solo al muerto y a vuestro esposo teñidos de sangre sus vestidos…?

—Porque acudió a socorrer al infeliz.

—¿Si sucedió todo esto qué extraño es se le acuse? Se han practicado las más activas pesquisas para descubrir al matador, pues bien conocen los jueces que vuestro esposo no ha sido, pero…

—¿Qué hay con ese pero?

—Para satisfacer la vindicta pública, y resultando vehementes sospechas de ser vuestro marido el autor…

—¿Pues no me acabáis de decir que nadie cree tal cosa?

—O auxiliador, o cómplice, o encubridor del delito; por más empeño que yo ponga en sacarlo inocente, en primer lugar irá a galeras.

—¡Jesús! ¿A galeras?

—Por diez años.

—Como quien dice un día.

—Y luego, vendidos todos sus bienes…

—Eso es hablando en plata lo que más siento.

—Se aplicará la correspondiente parte al fisco; luego se satisfarán los gastos de justicia que siempre serán muchos, de modo que…

—Tendré que pedir limosna.

—Tarín, barín.

—Grande es en verdad el consuelo que me dais.

—Con todo, mediante a las piadosas entrañas que tengo, procuraré que nada de lo que os digo suceda, y espero que vos me digáis en pago lo que de Pedro el de la alquería sabéis.

—Es cosa que puede dañarle, y yo sentiría mucho...

—Nada debéis; reflexionad que es un moro que por no perder su hacienda se ha vuelto cristiano; si pudiéramos hallarle algún delito... Es tan hermosa su huerta... Tan bien cultivada... Yo tengo otra en sus lindes, y para agrandarla y redondearla... Pues... Ya me entendéis...

—En una palabra, os acomoda, y queréis quedaros con la alquería de Pedro.

—En efecto... Así una cosa equivalente... Mas no penséis sea robada; Dios me libre como de caer en pecado mortal, de abrigar tal tentación en mi pecho.

—Pues entonces no entiendo...

—Tía Nicolasa, vuestras entendederas son muy cortas.

—Es verdad.

—Mirad, prendamos a Pedro; gasto de los alguaciles; gasto de la cárcel; gratificación para que lo traten bien, porque siempre la caridad debe ir por delante, procurador que traiga y lleve; letrado que lo defienda; regalos al juez, y, sobre todo, los enormes gastos de la escribanía, ya veis papel, tinta, plumas, hilo, leña, aceite.

—¡Leña y aceite!

—Sí, señora; para alumbrarme y calentarme mientras escribo, y sobre todo el trabajo mío; se vende la alquería y escasamente hay para pagar todas estas cosas; yo, como principal acreedor, me quedaré con ella...

—¿Y los demás?

—Los satisfaré con poco, pues son amigos, procurásemos que Pedro, aunque haya matado a su padre, salga inocente, y así no hay nada para el fisco, y se le hace siempre un gran beneficio a ese pobre infeliz.

—Y ya desplumado, que vaya a volar por las calles cacareando y sin un maravedí.

—Pero siempre queda libre, y eso es mucho, sobre todo para un morisco; además, ahora le han quitado a su hija; probablemente no parecerá nunca, no tiene heredero forzoso, y como yo soy su vecino... En fin, tía Nicolasa, ya veis que os hablo claro; ahora, decidme vos ese secreto sobre Pedro, y yo pondré a vuestro esposo de patitas en la calle dentro de cuatro días, sano, salvo y sin más costa que cuatro ducados.

—¿Y no irá a galeras?

—¡Qué disparate!

—¿Ni se venderán mis vinos?

—Nada de eso.

—Pues sabed, entonces, que Pedro ha hechizado a la hija de don Felipe de Castro; la pobre doncella está casi próxima a entregar su alma a Dios, así nos lo ha dicho a Isabel y a mí el íntimo amigo de la familia don Sancho Nuño.

—Aunque yo no crea semejante cosa, conviene creerlo y ponderarlo mucho; ea, Nicolasa, silencio, y no tengáis cuidado, al plazo ofrecido estará libre vuestro esposo, y de aquí a un mes convido a que vayáis a ver mi alquería.

—¿Y si el pobre Pedro se desespera y hace monfí?

—Tanto mejor, entonces si lo agarramos, lo ahorcamos, y santas Pascuas; a Dios, Nicolasa.

Aquí acabó esta edificante conversación y al instante halló el escribano cien testigos que declarasen la inocencia del tabernero Marcos, quien, pagados los precisos gastos de carcelaje, sustituyose a su casa sin que a sus bienes les sucediese el menor desmán; pero, en recompensa, apenas amaneció el otro día, se viera cercada de esbirros la huerta de Pedro; hallaron por su desgracia el subterráneo y zambulleron en la cárcel al pobre morisco.

Grande fue la alegría del escribano cuando le contaron el suceso; temía, y con razón, que a pesar de su mañosa agilidad no pudiese perder a Pedro como quería, mucho más no declarándose parte contraria el padre de doña Elvira; mas el descubrimiento del escondite era un hallazgo que no tenía precio; dio también la casualidad que en aquellos días estaba algo malo el corregidor Morales, y por más antiguo regentaba la jurisdicción el regidor bizco de quien ya hemos hablado; como era gran amigote de nuestro escribano, lo llevó consigo a la cárcel, y, después de sacar al reo, le dijo a su compañero:

—Como vos estáis más ducho en estas cosas, preguntad por mí, a bien que yo estoy delante, y es lo mismo.

—¿Cómo os llamáis? —le preguntaron después de exigirle el competente juramento.

—Pedro.

—¿Y vuestros padres?

—¡Mis padres!

—Sí, señor, vuestros padres.

—Hace mucho tiempo murieron.

—En caridad, escribano —interrumpió el regidor—, no le molestéis más sobre este asunto, ya se ve cómo sus padres tuvieron la desgracia de ser sectarios del demonio en figura de Mahoma, el amigo no quiere ni aun acordarse de ellos. ¿No es verdad?

Pero no respondió, mas lanzoles una mirada en que la rabia y el desprecio estaban mezclados.

—¿Con qué habéis dañado a doña Elvira de Castro?

—No entiendo lo que me decís.

—Esto es que la habéis hechizado.

—No acostumbro hacer mal a nadie.

—No, hijo mío —prosiguió el bizco—, sabemos bien que vosotros, los que por desgracia habéis nacido moros, aunque estéis ya dentro del seno de la santa Iglesia, conserváis ciertas mañas y usos que como no eran malos entre vosotros...

—Lo malo es siempre malo en todos tiempos y países.

—No es decir que le haya resultado molestia alguna a doña Elvira, pero la justicia, habiéndolo sabido, debe cumplir con su deber, a pesar que esto es una friolera, una fórmula vana.

—Sea lo que fuese, jamás confesaré lo que no he hecho.

—¿Conque negáis...?

—Sí, señor, lo niego.

—¿Y negaréis también —añadió el escribano— el subterráneo que se ha hallado en vuestra casa?

—¿Cómo he de hacerlo si lo habéis visto?

—Se sabe también que vos habéis fabricado ese escondite.

—Falso.

—¿Pues quién lo ha hecho?

—Ya estaba construido cuando yo compré la posesión y me sirve de despensa.

—Basta por hoy —saltó el regidor—, preparaos mañana a cantar de plano, o si no...

—Sucederá como hoy.

—Queréis acaso burlaros de la justicia.

—Yo no sé, señores, lo que me digo ni lo que me sucede; yo he perdido a mi hija, ídolo de mi corazón; me halló preso, y sin el menor amigo que en mi desgracia me auxilie, ¿cómo queréis que esté? Si sois capaces de compasión, tenedla de este infeliz padre.

Cualquiera se hubiera enternecido al escuchar estas razones; mas el bizco y su socio no hicieron sino reírse del triste preso; los demás que, cual él, yacían en pesadas cadenas, solo pensaban en sí propios, y no en las cuitas y dolores de aquel desgraciado; solo el padre Vicente, que visitaba la cárcel con frecuencia, fue el que se interesó en sus infortunios; apenas este religioso entrara en tan angustiosa mansión, todos al punto lo rodeaban y pintábase la alegría en sus semblantes; ya a unos distribuía pequeños socorros pecuniarios, ya alentaba las tibias esperanzas de otros, ya enteraba a este del estado de su causa, ya anunciaba su condena a aquel, y lo disponía a la paciencia y resignación; era en aquella estancia del dolor, no un simple mortal, sino un sobrehumano; notara el primer día que entró la tristeza de Pedro, captose su amistad, y grande fue su sorpresa cuando supo que la enfermedad de Elvira era el principal delito que se le achacaba; no fue menos la extrañeza y disgusto que esta nueva causó en la casa de don Felipe, y don Tello empeñó a todos sus amigos y se interesó sobremanera en la suerte de aquel pobre hombre; mas el asunto del subterráneo, y en la habitación de un morisco, agravó su causa de un modo terrible, y mucho más cuando estaba jurada su pérdida.

Capítulo 20º

La feria de Ronda

¿Quién podrá numerar las garrafillas
Dedicadas al sucio ministerio?
¿Ungüentos, botecillos y pastillas?
Aquí para enrubiar el sahumerio
De aqueste mismo aceite que blanquea
Los huesos de la boca o cimenterio,
Allí la miel mezclada que se emplea
Con mostaza y almendras en ser muda
Para mudar color a la que es fea.
Lupercio de Argensola, Sátira.

Llegó en tanto el ocho de septiembre, día de gran bulla y alegría en la ciudad, pues le había concedido sus altezas el permiso de tener feria en el sitio del nuevo arrabal de la Fuente de la Arena o San Francisco, llamado hoy Alameda;[1] desde muy temprano estaban llenas las calles adyacentes de toda especie de ganado y en especial de cerda, merced a los hermosos montes de alcornoque y encina que veíanse como vírgenes en aquellas dilatadas sierras, y que los moros habían descuidado aprovechar; titiriteros, saltimbanquis, curanderos y vendedores de untos y afeites para las mujeres, se notaban al lado de las ricas sedas de Granada y Murcia, y de la luciente y bien trabajada orfebrería de Córdoba; innumerables personas de varias clases y condiciones llenaban la plaza que, aunque espaciosa, era escaso lugar para tamaño concurso; notábanse entre otros a don Alonso de Aguilar, don Tello y don Sancho, que, unidos, por ella discurrían.

—Hermoso espectáculo presenta hoy este sitio —dijo el primero—; pasemos, si os parece, hacia la calle de san Sebastián, donde están los caballos, y veremos si hay algún potro de provecho.

—Lugar hay —replicó don Sancho—, demos más bien una vueltecita por el lado de la muralla, pues el olor de los pastelillos y buñuelos que están friendo y enmelando me consolará, ya que por el decoro no pueda comerlos en público.

—Sí —saltó don Tello—, es cosa muy linda el olor del aceite caliente.

[1] Se refiere a la alameda Ruedo, que conectaba la ciudad con el barrio de San Francisco.

—Cada uno tiene sus gustos, amigos míos.

—En tratándose de comer, todo os place y parece bueno. ¿No es verdad?

—Efectivamente que es así.

Vieron en esto mucha gente alrededor de un cajón cuadrilargo que sobre una mesa puesto estaba.

—¿Qué es eso? —preguntó don Sancho.

—Ese cajón —replicó don Tello— encierra varios mapas o paños de ciudades palacios, etc.; recibe la luz por la parte superior, y tiene delante unos pequeños ahujeros con vidrios de aumento que agrandando y embelleciendo los objetos los van presentando turno a turno al espectador; común es ya en Italia esta curiosa máquina, pues como es de las primeras que a España viene, única será de las mejores.

La novedad hizo que aquel titirimundi, que así le dicen ahora en varias provincias de España, llamase extraordinariamente la atención de todos y no desdeñasen los más escopetados caballeros encaminarlo de cerca y aun ponerse a mirar por sus cristales; el dueño tocaba un tamboril, y era un tuerto bastante chusco y redomado.

—Acercaos, señores —decía— a contemplar un prodigio del arte; por esta pequeña claraboya distinguiréis todas las maravillas del mundo pasadas y presentes; por un maravedí solo, por un pequeño maravedí, gozaréis el rato más divertido del mundo.

Colocáronse varios curiosos en los vidrios, y el truhán añadió:

—Ahora veréis en primer lugar la gran corte de Roma; mirad a la derecha cómo está el santo padre sentado en un magnífico sillón bordado de finísimo oro y plata, y teniendo a sus pies dos hermosos y bien mullidos almohadones, y en sus manos las poderosas llaves de la Iglesia; volved la cara a la derecha, y observaréis más de cuarenta cardenales y obispos recibiendo de rodillas su santa bendición… Ahora, observad la iglesia magnífica de san Pedro de Roma. ¿No admiráis su elevada y majestuosa cúpula y la grandiosidad con que allí se celebran los santos oficios? Notad que es domingo, y después de la misa está ya el predicador en el púlpito, y por cierto, que es un fraile Francisco. ¿No veis con qué fervor extiende los brazos, mueve los labios? Vaya, parece que está en realidad hablando.

—Pues yo —dijo uno de los mirones volviendo la cara hacia el titiritero— veo el púlpito, pero no hay en él ningún predicador.

—Aún no habrá salido de la sacristía, pero no hay duda que va a salir al instante.

—Mirad con atención la famosa ciudad de Venecia, cercada por todas partes de canales, lagunas y góndolas; allí al frente está el león alado de san Marcos…

—León hay, pero en cuanto a que tiene alas no es cierto —dijo otro.

—Pues se las habrán cortado esta noche para que no se vuele, porque habéis de saber que los venecianos estiman su león en muchísimo… Mirad al frente, allí está el principal canal, y a lo lejos se advierte como un punto imperceptible el famoso navío de la República.

—Es tan imperceptible —saltó estotro— que nadie lo ve.

—Figuraos siempre que lo estáis viendo y que en él están el gran dux con todos los graves y barbudos senadores, después que el primero acaba de arrojar al mar una sortija en señal de matrimonio con dicho elemento.

Una gran risotada seguida de silbidos y gritería se notó entonces entre los concurrentes.

—Sí, señores, en señal de matrimonio... Después, como os voy diciendo, empiezan a bogar las ligeras barcas, ansiando por conseguir el premio... Ahora se presenta a vuestra vista una merienda de genoveses, cosa rara entre gentes que son peores que Judas en punto de aflojar la bolsa; mirad aquel viejo capitán que está en la testera de la mesa, pues acaba de apresar una galera al gran señor, y en celebridad ha convidado algunos marinos deudos y compañeros suyos; notad ocho platos de macarrones compuestos y aderezados de diverso modo; esta comida no la conocemos por acá en España.

—¿Y es cosa sabrosa? —le dijo al oído don Sancho a don Tello.

—Os chuparíais mil veces los dedos —le respondió este.

—Mañana mismo, mañana me embarco para Italia.

—Notad con cuánta propiedad están representados los demás platos de asados y fiambres; ved la botella que está junto al viejo, pues es de un rico vino de la isla de Chío, encarnado lo mismo que sangre.

—¡Qué vista tenéis tan aguda!

—Si no es encarnado, debe serlo; pues estos vinos son muy celebrados en todo el levante, y los mejores son los de este color, y no es creíble que en una mesa opípara falte tal requisito; ahora vienen los pastelillos, las empanadas, las tortas, las costradas rellenas, las pasas de Corinto, las uvas de Lepanto, los higos del Peloponeso, la miel hiblea, y con la miel en los labios os dejo y se acaba esta función.

Dijo, y bajando las tablillas que delante de los cristales estaban, alargó de nuevo la mano para recibir otros maravedises.

—Acerquémonos —exclamó don Tello— a ver estos mapas, pues, dejando aparte las faramallas y embustes de ese hombre, porque cada buhonero alaba sus agujas, toda invención, y más nueva para nosotros, siempre es digna de verse.

Se arrimaron, y después de satisfacer su curiosidad prosiguieron su paseo.

—Deseaba salir de esta bulla —saltó don Sancho— para hablaros de las necedades que he oído decir a ese pobre hombre sobre el anillo y el matrimonio del dux; no comprendo tal algarabía.

—Aún en los gobiernos más sesudos y circunspectos —le replicó don Tello— vense costumbres tan ridículas que sin querer hacen reír; tal es, entre otras, la ceremonia que se practica todos los años en Venecia, del casamiento del dux con el mar; después de varias fórmulas nupciales, arrojose el anillo a las aguas como garantía del contrato; este hecho que en cualquier otra ocasión haría reír aun a los mismos que lo ejecutan, se hace como testimonio del exclusivo dominio que creen tener los venecianos sobre el Adriático.

—¿Y es posible que entre hombres sensatos —respondió Aguilar— se toleren tales bufonerías?

—Qué queréis; la historia de todos los pueblos antiguos y modernos está llena de tales necedades, y guarte cuando no se mezclan a ellas sacrílegos usos y perniciosos o inhumanos ritos.

Llegaron después delante de una tienda llena de cintas, lazos, botecillos y otras varias bujerías; su dueño, que parecía francés, explicaba a sus oyentes las virtudes de los objetos que a la vista se les presentaban.

—Estas vasijas —decía en alta voz— están llenas de diversas aguas preparadas y destiladas siete veces; aquí se hallan las maravillosas de rábano, melón y peras, excelentes para dolores de ijada, gota coral y mal de orina; la de alumbre, que quita como por encanto las arrugas de la cara.

—¿Aunque sean muchas? —exclamó don Sancho, aproximándose.

—Sí, amabilísimo señor; llegue vuesamerced y verá lo blanca y cristalina que se presenta.

—En efecto.

—Aunque una persona tenga más años que Matusalén, y más arrugas que pelos tengo yo en mi cabeza, todas desaparecen como por encanto, y luego no vale más que medio escudo.

—Si eso es así —saltó una vieja que estaba entre los concurrentes—, me llevaré yo uno de esos botecitos.

—Cierto, ciertísimo, graciosa y cara señora.

—Pues allá va el dinero.

—Sacad un poco de agua de almendras amargas a fuego lento, echad unas cuantas gotas de este licor, y lavaos todas las mañanas en ayunas... Aquí veis estas pastillas de miel cocida con jabón, singulares para conservar la blancura de la piel... Mirad este aceite de lagartos para curar las muelas cariadas... Pero atended, y os enseñaré el mayor prodigio que la alquimia ha podido inventar; hablo de estas pequeñas bolitas o píldoras tan chicas, que apenas se ven en la mano, pues están compuestas de rasuras de ajonjolí, jazmín, adormideras y almendras, y son maravillosísimas para abrir el apetito.

—A un lado —gritó don Sancho—, ¿cuánto queréis por ellas?

—Cada treinta, bondosísimo y sapientísimo señor, valen un escudo, porque, además de los ingredientes que he dicho, entran en su formación varios espíritus de plantas aromáticas, cuya destilación es un secreto peculiar mío.

Alargó la mano nuestro don Sancho, tomó sus píldoras y a poco se retiraron los amigos de aquel lugar.

—¿Para qué queréis esas bolas? —le dijo don Tello.

—¡Toma! Para abrirme el apetito.

—¿Y acaso os falta alguna vez...? Si fuera para quitároslo, pase.

—Pero puedo perderlo.

—Eso significa ponerse el parche antes que salga el grano.

—Bueno está siempre lo bueno; esto no come pan, y cuando las busque, las hallo.

—¡Mas pudiera ser tan tarde…!

—¡Qué! ¿No oísteis lo que dijo el francés?

—No.

—Que duraban frescas y buenas más de dos años.

—A otro tonto podéis contar ese embuste.

—Sí, señor, que lo dijo.

—Me temo que estas fruslerías que se empiezan a introducir en España —exclamó don Alonso— nos conducirán a la molicie y blandura mujeril.

—No tengáis por eso miedo, amigo mío, se introducen en verdad estas futesas y otros objetos solo agradables; pero, en cambio, ¿cuántas cosas útiles nos traen los extranjeros, como libros, máquinas para la agricultura, artes y navegación? Con el comercio, con la industria, con el trato, se ablandarán poco a poco los esquivos y adustos pechos castellanos, y, me atrevo a pronosticarlo, llegará día en que nuestra patria se vea libre de rancios errores y necias preocupaciones; entendida, feliz, y llena de varones ilustres y eminentes en todas las ciencias; además, muchos de los objetos que ahora nos parecen por lo menos inútiles, podrán producir en los siglos venideros inmensos provechos.

Mientras don Tello celebraba a sus amigos con estas y otras parecidas razones los ventajosos efectos de la civilización que en otros países ya más adelantados que la España había visto, notábase paseando por la feria un alto y gallardo moro; verdad es que los reyes habían prohibido que entraran ni habitasen en Ronda los hijos del profeta, mas como vivían en los vecinos pueblos, y acomodaba acreditar aquella concurrencia; hacían los regidores, cual suele decirse, la vista gorda; por eso aquel moro, así como otros varios, discurría sin recelo, y, después de dar varias vueltas alrededor de la alameda, endilgó sus pasos hacia la puerta de Almocábar; cuando el zapatero Santiago, que era uno de los muchos curiosos que se paseaban sin comprar ni vender nada, le dijo a algunos de sus conocidos:

—¿Veis aquel moro? Pues, si no me engaño, fue el que mató al pobre Pedro.

No fue menester más para alarmar a la gente.

—El matador de Pedro, el matador de Pedro —gritaron todos los que estaban alrededor.

El moro conoció al instante el peligro, y sacando un puñal de la cintura, fuese procurando ganar el inmediato campo, mas nada le valiera, tal era el encarnizamiento del pueblo, si no hubiesen acudido al alboroto don Alonso y don Tello, pues don Sancho se quedó atrás; enterados del caso, primero con razones, después sacando las espadas, contuvieron la muchedumbre, y pudo el moro llegar sano y salvo al vecino bosque, que entonces hasta las mismas casas se extendía, y era bastante espeso y enmarañado; apenas allí estuvo, montose en un ligero caballo y seguido de otros cinco compañeros pasó por delante de la fuente de los Gomeles, y en pocos minutos atravesó el Guadalevín y, metiéndose en los ásperos cerros de la izquierda, perdiera pronto de vista las casas de la ciudad.

Imprudente en demasía estuvo aquella vez el ferí de Benastepar, ¿mas qué no hará un amante por ver el objeto que adora su corazón? Creyó, y si no hubiese estado convaleciente de su enfermedad así hubiera sucedido, que doña Elvira concurriría también a la feria, y acuñaba verla ya que no pudiese hablarle; frustrado en sus deseos, se dirigió hacia la ciudad para pasar al menos por delante de su puerta, cuando le sucedió la aventura que hemos contado, de la que salió en bien, merced a su serenidad y al oportuno socorro que le vino.

Capítulo 21º

El romance

El falso Cupido, por quien padescemos
Litigios y enojos que no se decillos,
Burlando burlando nos echa sus grillos,
A donde metidos salir no podemos.
Captivos, subjectos sus graves extremos
Humillan y baten el seso y razón,
E cuando amor finge soltar la prisión
La pena es tan dulce que más la queremos.
Prólogo de la *Tragedia policiana.*[1]

A los pocos días del anterior suceso, no creyéndose seguro el ferí en su habitación de la sierra de Benastepar, fuese a vivir con su criado a una cueva que junto a las fuentes del Guadalevín se hallaba, mientras venía la hora de la reunión del llano de Gebalhamar.

Rayaba el sol una mañana en el oriente, cuando veíase sentado a Abenamet sobre un alto peñasco que, colocado por la naturaleza cerca de los manaderos del río los dominaba; por su inmóvil postura en medio de aquella extensa soledad, parecía el genio melancólico de los pesares que tan frecuentemente asaltan el corazón del hombre; el montuoso aspecto de la silvestre espesura, los frecuentes gorjeos de la armoniosa calandria, y el suave y blando olor de los matizados alelíes y de las moradas violetas desarrugaron poco a poco la frente del ilustre caudillo; pudo ya entonces observar con algún placer las innumerables cascadas, cuyas espumosas aguas formaban arcos de variados colores, y luego corrían bañando el pie de las rojizas adelfas por entre finísima arena y relucientes guijos; tomó un laúd que a su lado tenía, y, después de lanzar algunos suspiros que los vecinos ecos suavemente repitieron, cantó así:

Romance

De Zaida la dulce risa
Place mucho y enamora,
Miel brotan los bellos labios
De su purpurina boca.

[1] Los versos citados son los que dan comienzo al poema 'A los enamorados', de Sebastián Fernández, insertado justo antes de su *Tragedia policiana* (1547).

¡Mas, ah, que mi luz divina
Más encantos atesora!
Cual tras borrascosa noche
Plácida la luna asoma,
Así Xarifa se muestra
Tierna, compasiva, hermosa.
¡Mas, ah, que mi luz divina
Más encantos atesora!
De Zulema en las mejillas
Brilla candidez preciosa
De rojo carmín mezclada
Cual azucena entre rosas.
¡Mas ah, que mi luz divina
Más encantos atesora!
Si el laúd pulsa Zelinda
Con pulida mano airosa
Su blando acento cautiva,
Su blando son aprisiona.
¡Mas ah, que mi luz divina
Más encantos atesora!

—Bueno, bueno —exclamó Tarfe, que detrás estuviera escuchando con los brazos cruzados—, ¡y luego dirás que el amor no ha penetrado jamás en tu corazón!

—Ya que me has oído, ¿a qué negarte que siento el influjo de su ardiente poder? Acostumbrado desde pequeño al rumor de las ominosas lides, pasando después entre el destierro y opresión, los años más preciosos de mi juventud, jamás me curé de mirar las apuestas doncellas que a mi vista se presentaban, ¿y quién creería que una cristiana haya podido domellar[2] mi desamor? ¿Qué haya hecho latir mi pecho con un movimiento extraño y desconocido para mí?

—El amor tiene esos y otros muchos caprichos, y yo lo sé por experiencia.

—¿Eres tú acaso capaz de amar?

—Todos tenemos, señor, nuestra carne y hueso; yo también quería a una muchacha otras veces, y luego la maldita se volvió cristiana y se fue a vivir a Ronda, ¿y crees por eso que me he desesperado, ni se me han quitado las ganas de comer?

—Feliz tú, que eres así, Tarfe; mas, ¡ay! El amor que circula por mi pecho va a consumir los días de mi florida juventud; caeré cual esas floridas adelfas que ahora lozanas alzan hacia el cielo sus encarnadas frentes, y luego mustias y abatidas perecen, víctimas de los furiosos huracanes.

—Pero no habría remedio…

2 'Lo mismo que domeñar', es decir, 'sujetar, rendir y hacer tratable alguna cosa'. Real Academia Española, *Diccionario de la lengua castellana* (Madrid: Imprenta Real, 1817), p. 334.

—Es imposible; ni doña Elvira puede tornarse mora, ni yo cristiano; además, ¿cómo pudiera yo jactarme de que ella amará a un desterrado sin más bienes que el alfanje que pronto debe levantarse contra sus deudos y amigos?

—Entonces te manda la razón que la olvides.

—¿Has oído tú decir que un amante tenga razón? ¿No viste cual me arrojé ciego en medio de la Alameda a pique de que me conociesen? Pues era solo para lograr verla, aunque fuese el más pequeño instante.

—Por cierto, que en nada estribó que te prendiesen.

—Algo debía yo aventurar, pues este fuego… ¿Para qué te hablo de él? Que se apague, que se apague ahora mismo… Es un fuego cruel, impío… Ella… ¿No es la enemiga de mi religión… la hija de esos infieles, de esos descreídos que han asesinado a nuestros hermanos, asolado…? ¡Ah! ¿Por qué recuerdo tan terribles sucesos?

Calló el ferí por algunos instantes, y luego prosiguió.

—No me creas, doña Elvira no es una mujer; es una de aquellas encantadoras doncellas que recorren los plácidos jardines de los celestiales palacios en compañía de los buenos y leales creyentes; su corazón es más puro que el agua cristalina que corre por esos peñascos, su voz es más melosa que el canto del sonoro jilguero, sus ojos brotan rayos de chispeante fuego que han encendido este corazón de nieve… Ella… No, no puede ser mía… Pero… Yo moriré adorándola; le he ofrecido enviarle mi historia; nada son, en sí, mis aventuras, mas quiero aprovechar esta ocasión para declararle lo que pasa en mi pecho; sepa al menos que, mientras sentada al lado de su madre, se ejercita en las domésticas labores o pasea risueña por las calles de la ciudad, hay un infeliz que apenas amanece, colocado en las puntas de las altas peñas a manera de nebulosa fantasma, mira con inquieta atención las torres de Ronda, do encerrado está el ídolo de su alma.

—Señor —le interrumpió Tarfe—, si queréis que yo vaya a la ciudad, o he de poder poco, o he de llevar tus escritos a doña Elvira; fácil me será quien por dinero…

—No, Tarfe, si tal cosa se trasluciese, comprometeríamos el honor de tan acrisolada señora; ¿qué dirían los cristianos si supiesen que recibía papeles del ferí de Benastepar?

—Pues bien, yo mismo procuraré introducirme en su casa.

—¡Tú! ¿Y cómo?

—Bien sabes que conozco perfectamente la lengua, costumbres y modales de los sectarios de Cristo; me disfrazaré y entraré sin duda alguna.

—Si estás tan resuelto cual dices, mucho agradeceré que lo hagas, así se ahorrará el peso que oprime mi corazón; ¡es tan triste callar siempre…! Mas cuidado, que sea tu vuelta pronta, pues ya sabes que dentro de tres días se cumple el plazo de la cita que tengo dada en los llanos de Gebalhamar; cuidado que nadie en el mundo sepa estos secretos, y prepárate a marchar mañana mismo; doña Elvira vive en el palacio.

—Bien, señor; serás en todo obedecido puntualmente.

Capítulo 22º

El peregrino

Duque. *¿Qué es lo que buscas? ¿Qué quieres,*
Peregrino?

Isabella. *¿Cómo entraras*
Sin llamar?

Custodio. *Cualquier palacio*
Tiene las puertas abiertas,
Y como a los peregrinos
En ninguno se las cierran,
Imaginé que en el tuyo
No había menester licencia.

La perla de Inglaterra, comedia, jornada 2ª.[1]

En gran boga estaban entonces las peregrinaciones en España a las iglesias y monasterios célebres, en especial a Santiago de Compostela, así no podía Tarfe escoger mejor ropaje para disfrazarse con completa seguridad; serían poco más o menos las diez de la mañana cuando hete aquí que entra nuestro moro por la puerta de Almocábar, ¿quién jamás imaginar podría que el que llegaba cubierto con un grosero sayo de palmilla de color de la lana, sombrero de anchas alas, bordón encorvado a manera de báculo, varias conchas salpicadas por el vestido, un largo rosario colgado en la cintura, y una calabaza llena de agua al cuello, era un hijo del profeta? Pero, tal es la suerte de las cosas de este mundo, que hallamos muchas veces gato por liebre; Tarfe había sido, en su primera juventud, esclavo de los cristianos, y así instruido del todo en sus usos y costumbres, subió sin miedo ni cuidado alguno la calle del Castillo, y llegara sin novedad hasta la plaza; bien hubiera deseado ir sin dilación a la calle de doña Elvira; mas los curiosos que en su derredor se agolparon se lo impidieron, y tuvo que responder a las varias preguntas que le hacían, de suerte que ya era bien tarde cuando viéndose libre de la incómoda turba pudo encaminarse a la calle de los Gomeles; después de pensar un rato el modo mejor de desempeñar su arriesgado encargo, hincose de rodillas en un

[1] Versos que en efecto encontramos en la segunda jornada de Anónimo, *La perla de Inglaterra y peregrina de Hungría.*

altozano que estaba frente a la casa de don Felipe, puso su sombrero en el suelo, y, con compungida aunque elevada voz, empezó a decir:

—Piadosos hermanos, no neguéis un miserable maravedí al pobre romero extenuado y cansado que lo pide por amor de Dios, así el señor de los señores os dé larga y próspera vida y os libre del pecado mortal que es el enemigo mayor que el hombre tiene... Jesucristo os dé el premio... Graciosa señora, contemplad en mí la miseria y desconsuelo del que tuvo la desgracia de ofender al rey del cielo y de la tierra faltando a sus santos mandamientos; ved en mí el gusano más inmundo que darse puede; ¡ah! Ojalá tengáis muchos y buenos hijos que sean el amparo de vuestra vejez... La virgen santísima le pague la caridad... Venerable sacerdote, dígnese vuesamerced echar su santa bendición a este peregrino que camina para aplacar la divina justicia.

Así siguió un gran rato apostrofando a todos los que pasaban, y recibiendo de algunos compasivas limosnas; de tiempo en tiempo miraba con disimulo a las ventanas de doña Elvira, y una vez le pareció columbrar algunos bultos por entre los encerados que las pasaban; así era en verdad; doña Elvira, que ya estaba convaleciente, se había acercado a una de ellas atraída por su prolongado clamoreo; apenas Tarfe lo notó cual diestro y experimentado cazador que atisba el oportuno instante de dar el golpe mortal al ave o animal que acecha, dio un lamentable suspiro y tendiose en el suelo; tampoco le salió bien este enredo, porque doña Elvira ya se había retirado a otra habitación, y no pudo verlo; entonces el moro se levanta, finge hallarse restablecido de su accidente, y se entra por el zaguán de la casa al tiempo que don Felipe salía.

—¿Qué queréis, hermano? —le dijo— ¿Por qué os entráis sin llamar?

—Señor, como en las casas de las personas tan piadosas como vuesamerced nunca se niega el paso a los infelices, acaba de darme un accidente...

—¡Vaya por Dios!

—Y espero...

Al decir esta frase, tirose otra vez por tierra y quedó como muerto de tres días; don Felipe llamó al instante a sus criados y los mandó que metiesen dentro de la casa a aquel desdichado peregrino, así lo hicieron, y a pesar de que Tarfe reventaba interiormente de alegría al ver lo bien que le iban saliendo sus planes; con todo, tuvo bastante serenidad para no apresurarse, y tardar un gran rato en salir de su desmayo; administráronle los oportunos socorros, y después de vuelto en sí, fuese don Felipe encargando lo pusieran en una buena cama, y le diesen de comer, pues sin duda la hambre y el cansancio habrían ocasionado el mal de aquel infeliz; hizose todo como lo mandó, y lo dejaron sosegar mientras le preparaban el alimento; así que el moro se vio solo, empezó a decir para sí:

—Pues señor, no está el principio malo; agrado buena cama mullida y limpia, y ahora de comer, si me traen vino será necesario beberlo, porque no lo noten, aunque falte en ello a mi ley, pero el santo profeta sabe bien la pureza de mi fe, y que solo faltase por necesidad a sus preceptos; ¿pero y yo qué he adelantado? Mañana tendré que marcharme; mal negocio... Con todo, firme... No abandonaré el terreno aunque me maten; tendré calentura, dolor de cabeza, y entretanto veremos... Doña Elvira, que dice mi amo es tan compasiva, podrá ser que quiera ver al pobre peregrino... En fin, se obrará según los lances se presenten.

Entró en esto una criada, y puso junto a la cama una mesita, y encima un plato de albóndigas, una ensalada de berenjenas y berros, pan y un jarro de vino.

—Ea, tomad, hermano —le dijo—, comed y que os haga buen...

Miró Inés al peregrino, y se quedó suspensa a la mitad de la frase; Tarfe, que conoció en ella a su antigua querida, la miró también de hito en hito.

—Tú eres... —le dijo la criada.

—Chito, Inés, me pierdes si hablas alto.

—¿Te has tornado cristiano, Tarfe? Mucho me alegraría.

—Sí, y de todo corazón, pero... Pasos suenan, quiero hablarte un rato a solas.

—Pero yo vendré esta noche, a Dios.

Al tiempo de salir Inés, entraron don Felipe y doña Juana; esta, aunque orgullosa, también era compasiva con los infelices y necesitados —se entiende, cuando no eran judíos ni moros—, porque entonces Satanás, vade retro; sentáronse al lado de Tarfe complaciéndose en verlo comer, y después le dijo así el padre de doña Elvira:

—Extrañamos que una persona que, como vos, parece fina y bien criada, vista tan tosco traje, y camine con tal pobreza.

—Piadosos señores, mis muchos pecados me han conducido a este estado, que, por miserable que sea, bendeciré mil veces si logro por él limpiar mi alma de las excesivas culpas que la oprimen.

—Por si podemos —añadió doña Juana— consolaros en algo, contadnos vuestras cuitas.

—Sí lo haré, clementísimos señores; es tal la bondad que he hallado en vuesasmercedes, que jamás podré negarme a cosa alguna que me pidan; en pocas palabras, por no molestar os diré mi historia; nací en la ciudad de Jerez, de padres no muy ricos, pero honrados, y que me educaron en el santo y debido temor de Dios; mas yo, desechando sus justos y loables consejos, me entregué a toda clase de vicios y excesos, y un día, ya cansado de las severas y bien merecidas reprensiones de mi familia, me ausenté de mi casa después de herir a un pariente que trató de oponerse a esta huida; senté luego plaza en una de las compañías fijas que nuestros augustos reyes han establecido, y allí, en vez de pensar en cumplir en los deberes de la milicia, pensaba solo en gastar la soldada en diversiones malignas y estrepitosas francachelas.

—Esas son cosas propias de los militares —dijo don Felipe, interrumpiéndolo.

—No tenga tanta bondad conmigo vuesamerced; yo era más malo solo que treinta juntos; después, más adelante, estando en el cerco de Granada, me deserté, y en unión con otros camaradas también aficionados a merodear, nos entramos una noche en un lugarillo junto a Ugíjar, y asaltamos dos o tres casas, matamos a todos los moros, e hicimos cosas que me avergüenzo recordar; ya se ve cómo eran enemigos de nuestra fe, no tuve entonces mucho escrúpulo; pero después... Vaya, me arrepentí una y mil veces de todos mis pecados, y condolido un religioso de mi profundo y cordial arrepentimiento, me dio la absolución con la precisa circunstancia que había de tornar a mi patria, pedir perdón a mis padres y luego ir en romería pidiendo limosna a Santiago de Galicia; ya he cumplido lo primero, y empiezo mi peregrinación; quiera Dios que los trabajos y vergüenza que diariamente paso mendigando el pan sean suficientes para que se me perdonen mis muchas maldades.

—No hay duda que habéis cometido excesos —prosiguió don Felipe—, pero disculpables en vuestra juventud, y muy comunes en estos tiempos de trastornos; es mejor la penitencia que ellos, y Dios os los perdonará si seguís vuestro santo propósito.

—Así lo espero de su infinita misericordia.

Despidiéronse los esposos del peregrino, deseándole plácido sueño, y admirados de sus finos modales.

Serían ya cerca de las doce de la noche, cuando con el mayor tiento abrió Inés la puerta, y, sentándose junto a Tarfe, entablaron los dos la siguiente plática.

—¿Quién te había de conocer en ese traje de romero a no ser yo? ¡Vaya un disfraz!

—No es tan raro como te parece, hija mía; he conocido la verdadera luz, y...

—¿Conque de veras te has vuelto cristiano?

—He querido imitarte.

—Pues no creas que, aunque yo renegué de mi creencia porque mi madre a ello me obligara, he olvidado un día tan siquiera ni a mi primera religión ni a mi antiguo amante.

—Lo propio me ha sucedido a mí en cuanto a eso último, y para que veas que es así, te hablaré con la mayor franqueza; yo le he contado una historia fingida a tus amos; pero como es muchísima la hambre en nuestros hogares, no sabiendo cómo buscar su pedazo de pan, me he vestido de romero para comer y beber alegremente a costa de los tontos que me crean.

—¿Y piensas, en efecto, llegar hasta Santiago?

—Veremos si mis piernas pueden llevarme hasta allá; ahora que he visto no has olvidado a tu pobre Tarfe, lo que principalmente deseo es juntar algunos maravedises para casarme al instante contigo.

—¿De veras?

—Y tan de veras como es.

—Me alegro infinito, porque, como ya te he dicho, nunca se olvida el amor primero.

—Por mí lo conozco, hija mía; ¿y qué tal te va en esta casa?

—Muy bien; mi ama es algo regañona, pero en cambio su hija es blanda como una paloma; ahora está la pobre convaleciente de una penosa enfermedad; si no, quizás también hubiera bajado a verte. ¿Pero, hombre, qué es lo que te dio? ¿Fue algún mareo?

—Eso sería. ¿Y se puede saber cuál es el mal de tu señora?

—Me parece que el amor es la principal causa.

—Yo conozco cierta persona que posee un singular secreto para curar los enfermos de amor.

—¿Y quién es ese sujeto de tanta ciencia?

—El ferí de Benastepar.

—Ya te entiendo, bribonzuelo. ¿Con qué querías engañarme? Tú traerás un encarguito para mi ama…

—En nada te engaño, Inés; pasaba esta mañana por Atajate, y como el ferí fue un tiempo mi amo…

—¡Ya!

—Me salió al encuentro y me entregó unos papeles… Yo… Ya comprendes, necesitaba introducirme en esta casa, de suerte que se abrió el cielo para mí cuando te presentaste; tanto por mi encanto como por el gusto de ver a una persona a quien quiero de todo corazón.

Inés, que era sumamente interesada y esperaba un buen regalo de su ama por las nuevas que iba a llevarle, abrió tanto ojo, y prosiguió diciendo:

—Déjate de arrumacos y chilindrinas amorosas, y vamos a lo sustancial; mi ama esperaba esos papeles, aunque ignoraba por dónde le vendrían… Conque aflójalos al instante, no sea que alguien nos sorprenda, pues aún he tenido que venir sin chapines…

—Toma, hija —dijo Tarfe sacándolos de su jubón—, mira que no olvides a quien te quiere más que a las niñas de sus ojos.

—¡Qué tenía yo de olvidarte! Prosigue tu romería, vuelve presto con muchos y relucientes escudos, y entonces estos cinco dedos son tuyos; pero mira, podrá mi ama tener alguna cosa que responder al ferí, y convendría que tú mismo llevases la respuesta. ¿A ti qué te importa? En pagando…

—Ya se ve.

—Como lo principal es la moneda…

—¿Quién lo duda?

—Pues entonces fíngete mañana enfermo, y luego por la noche te despacharé viento en popa; ¡eh! A Dios, picaruelo.

—A Dios, alma mía.

—Este tonto —salió diciendo Inés— piensa que me ha engañado con su traje y embelecos. ¡Facilillo era!

—¡Creerá esta inocente —exclamó Tarfe para sí— que yo me voy a casar con ella! Si yo no supiese ciertas aventuras… Pero sabiéndolas, cargue otro perro con ese hueso, que por los trabajos que pasó mi santo profeta a mí no me ha de engañifar.

—Señora, señora —dijo Inés entrando quedito en el cuarto de su ama—; ¿a qué jamás adivinar podrá vuesamerced lo que acaba de sucederme?

Doña Elvira, que aún no se había quedado dormida, respondió:

—¿Qué dices, Inés? ¿Dónde vienes a esta hora? Yo te creía ya roncando a pierna suelta.

—Deme vuesamerced las albricias, pues le traigo aquí la historia del ferí.

—¿Estás loca? ¡La historia del ferí!

—¿No le han hablado a vuesamerced del peregrino?

—Sí, mi padre me ha dicho que es un pobre pecador arrepentido.

—Nada menos que eso; es un criado del ferí.

—¡Ay, Dios mío! ¡Un criado del ferí! ¿Y si lo conoces?

—No hay que tener miedo; viene perfectamente disfrazado, y es un pájaro de cuenta.

—¡Qué imprudencia!

—Es sujeto sumamente a propósito; si lo he conocido es porque fue aquel amante que yo tenía cuando era mora.

—¡Ya! ¡Aquel Tarfe!

—El mismo; tome vuesamerced los papeles.

—Mira, Inés, guárdamelos en aquel arca; pero no, tráelos acá, ello, al fin, no tengo ganas de dormir, los leeré al instante.

Retirose la criada, y doña Elvira leyó lo siguiente:

Capítulo 23°

Historia del ferí

Fue salida de harta compasión para quien los vio acomodados y regalados en sus casas; muchos murieron por los caminos de trabajo, de cansancio, de hambre...

Mendoza, *Guerra de Granada*, libro 2°, p. 148.[1]

Jamás creí que te dignases parar tu atención en la triste historia de un desterrado, que vaga por escondidos vericuetos, o salta por ásperas peñas a manera de silvestre corzo, sin que en muchos años haya podido inclinar con reposo su cabeza en los blandos y mullidos almohadones a que acostumbrado estaba; la dura tierra, y cuando más, mi lecho de musgo, es la mansión del que otras veces vivía en los dorados salones de ese mismo palacio donde ahora habitas. ¡Ah! Perdona a un infeliz si se extiende demasiado en narrar sucesos que quisiera sepultar en profundo olvido, o si amargas imprecaciones contra sus implacables enemigos salen de su pluma; me han hecho tanto daño que no debes notar que olvide algunas veces que escribo a una distinguida cristiana, amante de las glorias de su patria como yo de las de la mía.

Mi padre, cherife de Benastepar, era amado singularmente de todos por sus virtudes y conocimientos militares; las bases, pues, de mi educación fueron el santo respeto al poderoso Alá y a su ilustre profeta, el amor a la libertad e independencia, el desinterés y la caballerosa generosidad. Quiso mi tío Almanzor Almadan, gobernador y alcaide principal de Ronda, tenerme a un lado y adiestrarme él mismo en los militares ejercicios; las frecuentes escaramuzas y encuentros que con los cristianos fronterizos, y en especial con los de Teba, Cañete y Zahara teníamos, prestaban ocasión a que nuestra nobleza se adiestrase de contino en las armas; un día, por nuestra fatal desgracia acercose hasta el llano de los frontones don Rodrigo Ponce de León corriendo la tierra con más de quinientas lanzas, y mil peones, y llevose por presa cantidad considerable de ganado; tocose alarma y salimos como leones de la ciudad. ¿Y qué importa que rescatásemos casi todo el botín si una lanzada atravesó el pecho de mi valeroso tío? Súpose esta desventura al tercer día en

[1] La página nos permite determinar la edición por la que está citando, en concreto: Diego Hurtado de Mendoza, *Guerra de Granada* (Valencia: Benito Monfort, 1776), p. 148.

Granada; mucho sintió el rey Boabdil su desastrosa suerte en tan ocasionados y borrascosos tiempos, y nombró para sucederle a mi padre Hamete Alhaquím, por lo cual nos trasladamos al palacio de los gobernadores que es cual os he dicho la casa que hoy habitáis. Entretanto reinaba en Granada el descuido, la impericia y todos los males que al mal gobierno acompañan; perseguidos y asesinados los Abencerrajes que tantas veces sostuvieron el vacilante trono de Hacem y de su impotente hijo, preveíase ya la total ruina de nuestro imperio en España; llegó el fin del año 1484, y el santo profeta extendió sobre nosotros el brazo funeral de la muerte; salieron de Sevilla los reyes cristianos, publicando que iban a la conquista de Málaga, y resonaron por toda la serranía los ecos dolorosos del terror y del desaliento; mal proveída estaba entonces de gente la inexpugnable ciudad de Ronda de armas y de vituallas,[2] e inútil fue pedir a Granada con la mayor premura el oportuno socorro; a pesar de tamaña desventaja, temió el rey Fernando que no bastasen sus armas a conquistar tan formidables muros, y añadió el engaño a la fuerza.

Sentados sus reales en Coín, veíase en ellos en calidad de preso a Mahomad Idris, caballero principal de Ronda y Alguacil de Montejaque; era muy ladino en el habla castellana y pusiéronlo los reyes de intento aparentando honrarle en una tienda inmediata a la suya; una noche fatal y terrible para la media luna, pusieronse Isabel y Fernando a hablar en voz baja, sabiendo bien que podía oírlos el cautivo, diole la reina repetidas quejas a su esposo de que la llevaba engañada con el pretexto de conquistar a Málaga y solo pensaba endilgar sus pasos a Ronda, cosa que a ella le disgustaba sobremanera, pues creía que delante de tan fuerte ciudad se consumirían sin fruto las huestes de Aragón y Castilla y calculaba que sería lo más prudente dejarla para lo último, y atender primero a otras más principales poblaciones; oídas estas razones, comenzó el rey a aplacar a su esposa diciéndole que efectivamente iba sobre Málaga, pero que quería hacer hostil demostración sobre Ronda, porque, como los moros de estas dos ciudades eran tan amigos y parientes, tenía por seguro que en sabiendo iba a Ronda, habían los de Málaga de acorrer a su socorro por los caminos de la sierra, y entonces volvería sobre ella, y cogiéndola desprevenida fácil era que se rindiese; sosegó así esta rencilla, y mandando el rey al otro día descuidar la guarda del preso, tuvo este lugar de escapar fácilmente.

Entró pues Mahomad en Ronda publicando que aunque los reyes a ellas se acercasen, en realidad donde pensaban ir era sobre Málaga; no dio mi padre oído a tales voces, pero creciendo el popular rumor juntó en su palacio a los principales caballeros, y les arengó y exhortó para que por ningún pretexto desamparasen tan fuerte baluarte, que tomado, fuera sin duda la ruina eterna y segura de los moros que en España habían quedado, mas los parientes de

[2] Entiéndase: 'mal proveída estaba entonces de gente, de armas y de vituallas la inexpugnable ciudad de Ronda'.

Mahomad que eran muchos, gente moza, arriscada y aficionada a brillar en las peleas, respondieron que no había temor de que fuese falso lo que hablaron entre sí los reyes, creyendo no ser oídos; que por el contrario, dejando en desamparo a la segunda ciudad del reino, podría el cristiano, con la numerosa fuerza que traía, conquistarla sin gran dificultad, que llegando ellos, además de darles oportuno socorro, lograrían eterno prez y esclarecida gloria, tornando a sus hogares llenos de honores y de rico botín. Estas locas razones fueron atendidas y escuchadas con sumo placer en aquellos tiempos de revueltas y desobediencia; mi padre, casi con lágrimas en los ojos, se abatió hasta suplicarles que no lo abandonasen; mas no fue escuchado, y avisase a Málaga para que se aparejasen a una vigorosa defensa.

Llegaron en tanto los reyes sobre Ronda, cuando amaneció el otro día, pararon cerca de la ciudad y al anochecer tomaron otra vez el camino de Málaga y se detuvieron a una legua de nuestros muros, mientras les llegaba por sus espías el competente aviso; al instante, la flor de nuestros jóvenes se encaminó, llevando al frente al mismo alcaide de Montejaque hacia Málaga por el camino de Alifa; enterados los reyes, retrocedieron hacia la ciudad, y halláronla con tan poca y flaca gente que fácilmente asentaron el sitio; plantó don Fernando sus reales en un cerro frontero al alcázar, y ocupó toda la hoya del Prado; los de la reina Isabel, aunque se dice que no estaba allí aquellos días —al menos, no se la vio—, estaban en el bosque de los Césares; don Pedro Enriquez adelantado de la Andalucía cristiana, asentose con otros caballeros en el cerrillo; don Rodrigo Ponce de León, marqués de Cádiz, traía el pendón de Sevilla, y se puso en los Nabares, y con él se daba la mano don Enrique de Cárdenas, y llegaba hasta los tajos del puente; por la izquierda en la hoya del Guadalevín se viera al conde de Benavente y al maestre de Alcántara, de modo que, como ya veis, habiendo ocupado al día siguiente el sitio de las peñas, que es donde hoy está el arrabal de la Arena, no quedaba salida alguna a los defensores de la ciudad; ¿qué podían hacer estos que lo más llegaban a mil hombres contra cerca de setenta mil peones y diez mil caballos, gente de la mejor que entonces los cristianos tenían?

Procuraron, desde luego, con sus baterías derribar las puertas del barrio de Almocábar, y en efecto, a pesar de nuestro porfiado conato penetró por él al tercer día Alonso Yáñez Fajardo; yo, en tanto loco, furioso con tamaña pérdida, corría por todas partes animando a mis soldados, hasta que, viendo ya nuestra total ruina encima, precipíteme en el arrabal con el alfanje en una mano, y en la otra el sagrado estandarte del profeta; ya no quería otra cosa sino morir, por no ver la mengua y baldón de nuestra heroica ciudad; siguiéronme los más esforzados; ¡mas, ay! Ellos allí cayeron, y yo, cercado por todas partes de cadáveres, no pude hallar el golpe fatal que buscaba ansioso; lleváronme cubierto de sangre y con algunas ligeras heridas a la ciudad, y al día siguiente, a pesar de mis terribles palabras y amenazas, asustados los moros con la gran pujanza de los enemigos, y con saber que, aunque los que se encaminaron a Málaga habían retrocedido, no se atrevían a atacar a los cristianos; pusieron en la torre principal bandera de paz, y entraron en trato para entregarse; ¡infames! ¡Capitular de un modo tan vergonzoso! ¿Por qué no se hundieron primero en las ruinas de su patria? Mas sin duda así estaba escrito; nos dejaron salir sin armas, ni caballos, ni más bienes que lo que cada cual podía llevar a los hombros; mi pobre padre estaba entonces enfermo, y por no dejarlo a merced de los vencedores, lo cargué con mis espaldas, y, seguido de mi madre, nos salimos de la ciudad. Quizás los reyes procurarían impedir la befa que entonces se nos hizo, pues no cabe en pechos medianamente generosos escarnecer impíamente a unos infelices vencidos, pero el hecho es que atravesamos el barrio de Almocábar y las peñas entre los denuestos y amargas burlas de desenfrenada soldadesca; Alá me dio valor, mas no sé cómo no morí de pesar; tuve que seguir cargado con mi padre, que no podía dar un paso, hasta el lugar de Atajate, donde al fin hallamos un caballo, y, poniéndolo en él, seguimos con más comodidad hacia Benastepar; ya estábamos a las orillas del río, y lo más a media legua del pueblo, cuando de unos lentiscos salieron unos cuantos arcabuceros, y nos cercaron por todas partes; en vano alegó mi padre la licencia del rey, y la salvaguardia que se nos había dado para irnos a donde mejor nos pareciese; aquellos impíos, sin atender a sus razones, me ataron y tendieron en el suelo, sin querer matarme, aunque se lo pedía a gritos, y los llenaba de improperios en mi desesperación; nos quitaron las alhajas y el dinero que escondido traíamos, y... Han pasado, señora, ya diez años, y no puedo acordarme sin temblar de rabia de aquella escena; acercose uno de ellos, y con aciaga y maldita risa, empezó a mesarle las barbas a mi padre, que lo rechazó con indignación, y el malvado le dio una atroz puñalada; dio un penetrante grito el infeliz, que aún, me parece, resuena en mis oídos; y cayó en tierra; arrojáronse todos sobre él y lo acribillaron a golpes; yo, entretanto, volví a otro lado la cara, para no ver tan terrible espectáculo, y mordía la tierra con los dientes; retiráronse a poco aquellos asesinos, y mi madre, aunque casi moribunda de dolor, me desató, y entre los dos procuramos atajar la sangre al autor de mis días; ¡mas, ay! Nuestro socorro fue inútil; abrió sus moribundos ojos, mirome derramando lágrimas, quiso hablar; mas la palabra expiró entre sus labios, y la palidez de la muerte se esparciera por su rostro; ¡ah! Yo debí entonces allí morir; sí, yo debí morir; maldecí en mi infortunio aún al mismo Alá que nos sustenta a todos; quise quitarme la vida con mis propias manos, pero una mirada de mi desgraciada madre, que, sentada en el suelo, tenía en sus brazos el frío cadáver de su esposo, suspendió mi furor.

—Vivamos —dije entonces en alta voz—; vivamos para ser el azote de esa raza de infelices que han llenado mi patria de sempiterno luto.

Sentí entonces reanimarse de nuevo todo mi valor; ¿lo creeréis? Yo mismo empecé a consolar a mi triste madre; subime a lo alto de un cerro, y noté que los asesinos, que eran ocho, entraron en una choza que a poco más de un tiro de arcabuz estaba; no digo corrí, sino volé a Benastepar; montar en un caballo y empuñar un alfanje, todo fue obra de un minuto; llego, bájome del alazán, y, seguido de Hacem, entro y ataco a los malvados; en un instante, siete pagaron con la vida su enorme delito, y el otro solo se libró de mi furor tirándose por una ventana; aunque algunos de ellos imploraron de rodillas la vida, lo confieso, señora, la más atroz venganza guiaba mi brazo, y no tuve de ellos la menor piedad.

La lectura de este pasaje de la historia del ferí produjo tal impresión en el ánimo de la compasiva lectora, que hondos suspiros comenzaron a salir de su pecho; notolo Inés, que en acecho estuviera, y suplicó a su ama durmiese al menos un par de horas; hízolo esta así, y después prosiguió leyendo.

Capítulo 24º

Prosigue la historia del ferí

Pues no puedo seguirte, ¡ay, Fili mía!
Siempre te seguiría mi pensamiento;
Morir quiero mil veces cada día
Antes que no vivir sin ti en tormento;
Pues cuando de te amar tuve osadía
Tan cierto y breve vi mi perdimiento
Que me dijeron luego allá mis hados
Llorad sin descansar ojos cansados.
Francisco de Figueroa, Estancias.[1]

La muerte de mi padre y la pronta y bien merecida venganza que de ella tomé súpose al instante por el mismo asesino que a mi justo furor escapara; mis amigos y parientes condujeron al pueblo el cadáver de Hamete Alhaquím, y después de tributarle los debidos honores fúnebres me nombraron de común acuerdo jerife de Benastepar; era tal destino en aquel momento carga tan pesada y molesta que solo el ardiente amor a la patria que en mi corazón se albergaba pudo hacérmelo admitir; ocupeme los primeros días en recoger los huérfanos, viudas y desvalidos que de la ciudad salieran; tristísimo era, por cierto, el espectáculo que presentaban aquellos desdichados; aunque muchos sacaron algunas alhajas de Ronda, la codicia de los soldados y la rapiña de los monfíes los despojaron de ellas, y hambrientos y extenuados se les veía a muchos tendidos por el suelo, cruzados los brazos, y esperando con piadosa resignación la hora postrimera que iba a acercarlos al trono del poderoso Alá. Redoblé mis esfuerzos, corrí día y noche por aquellos enmarañados vericuetos, y siempre volvía a mi lugar cargado de un botín tan precioso para mí; no descuidé en tanto la seguridad de mis compatriotas, pues, sabiendo que los moros de Cortes, Villaluenga, Grazalema y Ubrique se habían sometido al vencedor bajo pactos ventajosos, quise que disfrutase Benastepar de igual beneficio, y sacrificando al bien de mi país el odio que a los cristianos profesaba, los persuadí que una obstinada y loca defensa solo acarrearía nuestra total pérdida, y logré al cabo de muchos esfuerzos que nos

[1] Fragmento de una de las *Estancias* de Francisco de Figueroa (1512–1582), recogido en el *Parnaso español* (Madrid, 1776) IV, p. 84.

dejasen tranquilos sin inquietarnos en lo más mínimo; iguales concejos di a los vecinos de Chúcar, Moclón y Benameda, mas ellos desatendieron mis justas reflexiones, y la destrucción total de sus pueblos fue el fruto de su gloriosa, pero estéril resistencia.

Cayó Granada entretanto, y la media luna se eclipsó en España quizás para siempre; los cristianos de Ronda, que nos trataban hasta entonces con algún miramiento, dejaron a un lado sus fingidas maneras. ¡Ay, señora! No se omitió medio, por cruel y tiránico que fuese, para acabar con unos desdichados a quienes la España debía el establecimiento de las ciencias y de las artes, y que eran tan hijos de ella como los mismos cristianos; Jubrique, Faraján y Júcar recibieron en sus senos jueces y alfaquíes cristianos, y sus inmunidades y privilegios cayeron en un instante por tierra; ya también el rayo se vibraba contra Benastepar, ya su destrucción total estaba decretada, mas yo suspendí el golpe; no habían olvidado los ganadores de la ilustre ciudad mi amor a la independencia, y la venganza que de los matadores de mi padre tomé, y pidieron en recompensa de no molestar a mi patria que yo, Alí Jarillo y otros saliéramos desterrados de ella; a esta proposición encendiose en fuego el pecho de los valerosos hijos del profeta, todos querían correr a la lid, todos querían proclamar altamente la libertad o morir defendiéndola y defendiéndome.

—No, amigos míos —les dije—; no; vuestro ferí no vale tanto que pretenda os sacrifiquéis por él; lugar habrá de alzar el sagrado grito con alguna más esperanza; por ahora yo saldré de Benastepar; Omar Hacem, vuestro más antiguo alfaquí, os gobernará en mi ausencia, y si más adelante fuese posible volveré entre vosotros; mas en tanto no penséis que jamás permita se haga una guerra asoladora por mi causa.

A pesar del porfiado llanto de mi anciana madre, salí del lugar con Hacem y Alí, y establecimos nuestra residencia en los espesos breñales de las sierras vecinas. Si hasta entonces estaba oculto cual apagado volcán el odio que se encerraba en mi pecho contra los enemigos de mi fe y de mi patria, si mirando por los intereses de los demás disimulaba mi profundo resentimiento, ya libre e independiente pude entregarme del todo a mis naturales inclinaciones; ataqué, destrocé, maté muchos cristianos; mas siempre cara a cara, y sin que prevalecido de la aspereza de los sitios y de mis conocimientos en el país, alto peñasco, o profunda zanja parapetase u ocultase mi cuerpo; muchas veces, con extraños y variados disfraces, la sed de venganza me condujo a las cercanías de Ronda, en busca del asesino de mi padre que aún quedaba vivo; un día me dijo uno de mis espías que al siguiente debía ir el infame matador a una huerta del Aljarife o Los Navazos a divertirse con algunos amigos; al instante fui allá con otros dos disfrazados de buhoneros; mi corazón latía de antemano con el placer de ver expirar al que no tuvo lástima de un anciano indefenso, y sentidas lágrimas corrían por mis mejillas. ¡Mas, ah! En vez de aquel impío, te vi entrar acompañada de tu padre y tío. ¿Cómo podré pintar fielmente lo que por mí pasó? Al principio me quedé frío como una estatua de nieve, y luego el calor quemante de encendida hoguera empezó a circular por mis venas; yo, hasta entonces, no sabía lo que era amar; ocupada, embebida, por decirlo así, toda mi alma en los negocios públicos, las penetrantes miradas de las agraciadas moras no habían podido herir mi corazón; mas, apenas te vi, experimenté un repentino cambio en mis ideas e inclinaciones; tú, entretenida en tanto en hablar con tu familia, ¿cómo hubieras podido pensar quién era el pobre buhonero que pálido y asombrado te miraba con aquella profunda admiración con que contemplamos los mortales las grandes y admirables obras que salen de la mano del poderoso Alá? Te fuiste, y una hora después aún creía verte delante de mí, me parecía aún contemplar tus negros y rasgados ojos, y el brillo de tu rostro celestial, y halagaban todavía mi oído las dulces palabras que te escuché; era tan grande mi enajenamiento que si el mismo asesino de mi padre se hubiese presentado en aquel instante delante de mí no hubiera hecho caso; recobré el uso libre de mis sentidos, y me torné a mi silvestre morada para entregarme con violencia al ardor de mi nueva pasión; procuré indagar quién eras, y al saber las benéficas ideas que se abrigaban en tu alma, se aumentó más y más el amor en mi pecho; inútil fue que me reconviniese yo a mí mismo por la extravagancia de tal afecto, que reflexionase la distancia que nos separaba, la diferencia de religión y todas las demás cosas en que debía pensar un hombre de juicio; nada, señora, bastó, y si otras veces me acercaba a la ciudad por motivos de venganza, ya era el poderoso amor el que encaminaba con frecuencia mis pasos hacia sus altas murallas; quería ver de nuevo tus facciones divinas cuando la casualidad de entrar en la alquería de Pedro me lo proporcionó; esta agradable sorpresa cambiose pronto en terrible amargura; Hacem, que se quedó un poco atrás cuando nos retiramos, supo que iba a Libar, y vio entre tus criados al ballestero Pedro, matador de mi querido padre; la sierra donde te encaminabas estaba llena de moros fugitivos que a un silbido hubieran cargado como leones sobre tus criados, y mi venganza era completa y segura, pero ¡ah! Ibas allí, y no debía exponerte al menor riesgo; preferí guardarla para otra vez, y esta dilación, aunque jamás me he arrepentido de ella, costó la vida al infeliz Jarillo. Como no sabías los peligros que te podían rodear en la acería, adelántome a paso largo, pasé el río más bajo que vosotros, y ya estaba yo en lo alto de escalereta, cuando os vi parados, sin duda entretenidos en mirar la entrada de la cueva del Gaduares; escondíanse en la choza de un cabrero, y fue grande mi alegría cuando llegasteis a la misma, ya que por tu silencio aquella noche no pude oír tus encantadoras palabras que tanto placer hubieran causado a mi corazón; te veía al menos por entre los resquicios de la puerta del cuarto a donde estaba escondido; pero temiendo que al día siguiente la necia curiosidad de aquel caballero que te acompañaba me redujese a tener algún pesado y desagradable lance, salime a la madrugada envuelto en una capa del cabrero; me coloqué en la sierra de los Alfaques, y fui tan feliz que pude salvar una vida para mí tan preciosa; seguí tus pasos a Benameda, y como practico en aquellas angostas y peligrosas veredas, cuando te juzgabas más sola y desamparada, vigilaba yo en tu seguridad —siempre sin ser visto—, casi a tu lado; así, saltando las bardas del corral, pude oír desde la despensa las impías palabras del ermitaño, y salvarte de una eterna deshonra. Tal ha sido, señora, hasta aquí mi vida; tales son las acciones del ferí de Benastepar. Porque amo la independencia de mi patria, porque maté a los asesinos de mi padre, porque peleo de continuo cara a cara con mis crueles enemigos, por eso soy tenido por un monstruo indigno de la menor compasión; pues tú podrás juzgar si merezco con justicia tales dictados. Solo, solo una cosa hallo yo mismo reprehensible en mi conducta, y es haberme atrevido a mirar, haberme atrevido a amar a tan elevada señora; ¡pero, ay! No he sido dueño de mí mismo, no he podido resistir a los impulsos de mi corazón. ¿Para qué me reconvendrías? ¿No conozco yo propio que este amor es el necio delirio de una imaginación acalorada? ¿No sé muy bien que jamás podrás mirar con amorosos ojos a un enemigo de tu patria y de tu religión? ¿No advierto bien que, si se supiese tal cosa, te expondrías al desprecio de tus conciudadanos porque amabas a un moro, y yo al de los míos porque adoraba a una cristiana? Eterna, sin duda, es la distancia que nos aleja; pero déjame, déjame siquiera que te hable una vez de mi pasión fuertísima y ardiente; pues así disfruta mi alma el más puro y saludable consuelo; solo te pido encarecidamente me concedas una señalada merced, y es poder hablarte algunas palabras en secreto; no creas sean amorosas, soy el primero que te aconseja no ames a un desgraciado, sino que solo consideres sus cuitas como delirio de una cabeza trastornada; pero es preciso que te hable, pues lo exige tu seguridad propia, y te lo pido como única recompensa de los pequeños servicios que he tenido la gloria de hacer por ti.

Capítulo 25º

La cita

Inés. *¿Amiga me llamas?*
Isabel. *Sí,*
Que siendo fuerza fiar
Con lo que me has de escuchar
Mi honor hoy, Inés, de ti,
Porque nada contradiga
Que no te reserve nada,
Mudo el nombre de criada
En el renombre de amiga.

Industrias de amor logradas o Juanilla la de Jerez,
comedia de don Juan Bautista Diamante, jornada 1ª.

Prendada quedó sumamente doña Elvira del carácter sostenido y varonil del ferí de Benastepar, y comenzó a cavilar en los extraños caprichos de la suerte que la impulsaban a amar a un hombre que por su posición social y creencia religiosa debía aborrecer, o mirar al menos con indiferencia; mas decía para sí, '¿está en culpa del infeliz haber nacido moro? ¿Ha podido remediar que los cristianos le comprometan a vagar por las solitarias sierras?'. Por el contrario, reflexionaba en su decidido valor, carácter franco, y, sobre todo, en el filial amor y profundo respeto que había tenido a sus padres. No conocía la triste que todas estas reflexiones eran otras tantas cadenas con que el caprichoso amor ligaba más y más su corazón. 'Pero, ¿por qué', proseguía, 'no me habrá hablado de la quema de su patria y de la suerte de su madre? ¿Querrá acaso revelarme algún importante secreto? No sé; veremos; mejor será que antes de todo el sueño refresque mi alma con su benéfico influjo, y después discurriremos en lo que hacerse debe'. Logró al fin descansar un rato, y era ya muy entrado el día cuando llamó a Inés y salió de la cama.

Informado don Felipe de que el peregrino decía estaba con calentura, fue a visitarle al instante con su acostumbrada bondad, y le dijo que suspendiese por aquel día su viaje; no se hizo mucho de rogar Tarfe, que ansiaba en el alma tal demora, y pretextando dolores y cansancio no salió aquel día del cuarto, no fuese que alguno por casualidad pudiera conocerlo, y llevando el negocio tan buen principio, tirase al fin el diablo de la manta; aun a pesar de este cuidado no pudo impedir que después de comer bajase otra vez don Felipe en compañía de don Tello y de don Sancho.

—Perdonad amigo —dijo acercándose a la cama el padre de doña Elvira— que os moleste trayéndoos estos señores que quieren veros y oír vuestra historia.

El peregrino no se hizo de rogar, y con la mayor soltura refirió su anterior cuento, que don Sancho, sin dificultad, se tragó de punta a cabo.

—Yo no sé —exclamó— cómo tendréis fuerzas para seguir tan largo viaje.

—Dios me las dará —replicó Tarfe, con aire devoto y compungido—, ¿no han sido mayores mil veces mis pecados, y he tenido valor para cometerlos? ¿Pues por qué no lo tendría ahora para emprender una caminata que puede librarme de tan enorme peso?

—Decís bien; y yo igualmente, para ver tierras nuevas y conocer las costumbres y usos de todos nuestros reinos, principalmente en la parte masticatoria, emprendería con gusto ese viaje; pero fuera montado en un buen caballo, y seguido de tres o cuatro criados, dos cocineros, un repostero y una mula cargada de vitualla.

—Vaya —saltó don Tello—, como si caminara el marqués de Cádiz, o el duque de Medina Sidonia.

—Pues no siendo así, en mi casa me estoy.

Retiráronse a poco los amigos deseándole al romero próspero viaje, y don Tello dijo después a los demás:

—Creed que esta manía de la peregrinación se va extendiendo como río caudaloso por España; cuando había guerras civiles, cuando parte de la monarquía estaba ocupada por los sarracenos, no se atrevían todos a emprender largos viajes; lo hacían entonces solo aquellos que, movidos por verdadero espíritu de religión, no tenían miedo de dejar sus pacíficos hogares y exponerse a los azares de tan larga caminata; pero ahora, señores, es una vergüenza lo que pasa; más de la mitad de los que endilgan sus pasos a Santiago y otras iglesias célebres son holgazanes que buscan solo quien los mantenga.

—Eso es pensar mal del prójimo —respondió don Sancho.

—Nadie piensa mejor de todos que yo; pero cuando ves pueblos arruinados, tierras vírgenes y que los que pudieran poblarlos y cultivarlas empuñan, en vez del arado, el báculo de romero, no puedo contener mi indignación.

Oscureció, y a poco llamó doña Elvira a su criada.

—Querida amiga —le dijo—, conociendo tu carácter reservado voy a franquearte del todo mi corazón.

—Grande es el placer, señora, que disfruto al oír que vuesamerced me llama su amiga.

—Sí, Inés, es tan grande la confianza que en ti tengo, que no dudo un instante darte tal nombre; el otro día me viste trémula e inquieta al confiarte mi amor al ferí; ahora lo estoy mucho más, pues conozco de positivo que también Abenamet me adora con delirio; ¡el infeliz! Bien sabe, como yo, cuán infundada y extravagante es su pasión; pero una fuerza secreta lo impele a quererme sin que su razón pueda domellarla; nada te cuento hasta aquí, Inés, de extraño; pero sí lo es que exija de mí una cita secreta, y con tal ahínco, con tan fuerte empeño y con unas palabras tan misteriosas... Parece que quiere avisarme de algún peligro inminente... ¡Ay, Inés! Mi corazón se despedaza de dolor; todo el día he sufrido la más terrible lucha, al fin... Si tuviésemos un sitio a propósito... Quizás...

—¿No habéis visto las salas subterráneas de la casa?

—Sí, dices bien, pero la entrada por el frío será tan mala...

—Para personas del carácter del ferí, no hay caminos ni sitios malos; resuélvase al fin vuesamerced, y con una palabra que yo diga a Tarfe estará todo corriente; luego bajamos a medianoche, cuando la familia duerma... Vamos, ¿qué decís?

—Conozco, Inés, que hago malísimamente; mas yo no puedo negar este favor a quien tantos le debo, y luego, como lo pide de un modo tan singular... En fin, estoy determinada, y dispón a tu gusto del día y hora.

—Así que entre más la noche le avisaré a Tarfe.

—Toma, dale estos diez escudos por su trabajo.

Ya el peregrino estaba durmiendo a pierna suelta, y harto, como suele decirse, hasta los codos, cuando con el mismo tiento que la noche anterior entró Inés en su cuarto con una lamparilla en la mano.

—¡Qué vida tan buena te has llevado hoy, amigo mío!

—No ha sido muy mala.

—Si encontrases igual hospedaje de aquí a Santiago...

—Es verdad.

—Pero no creo que será muy fácil.

—También es verdad.

—¿Y estás resuelto a seguir tan largo viaje?

—Ya te he dicho que me precisa juntar algunos maravedises con poco trabajo.

—Harás bien, mas, ¿y si yo te digo que conviene vayas a buscar al ferí?

—Ya ves que es cosa del todo imposible.

—¿Y si para hacerlo posible te doy un recado de mi ama para él?

—Entonces lo pensaría.

—Y, además, cuatro escudos.

—Entonces estoy resuelto a ir donde tú me digas, aunque sea al fin del mundo.

—Pues mira, doña Elvira espera a Abenamet en la sala subterránea de esta casa dentro de dos noches.

—No podrá ser tan pronto —le respondió Tarfe acordándose de la cita que tenían para los montes de Casares.

—¿Y dentro de cuatro?

—Tampoco.

—¿Y de ocho?

—Bien.

—A las doce de la noche.

—Corriente.

—Doña Elvira me dio para ti estos cuatro escudos, y creo que es regular que como soy tu futura esposa sean los bienes comunes y me des dos.

—Pues mira, no hallo yo esa comunidad tan regular ni tan necesaria.

—¡Qué hombre! Sería una cosa tan extraña si no lo hiciese… Vaya, dámelos.

—Toma, hija mía.

—¿Conque me reiteras la palabra de casarte conmigo?

—Una y mil veces.

—A Dios, buenas noches, querido Tarfe.

—Alá te guarde, amada Inés.

Fuese esta, y el moro quedose dormido maldiciendo entre dientes a la astuta criada que le había quitado sin ton ni son dos escudos de una mano a otra.

Capítulo 26º

La conjuración

Volved las armas y ánimo furioso
A los pechos de aquellos que os han puesto
En dura sujeción, con afrentoso
Partido, a todo el mundo manifiesto;
Lanzad de vos el yugo vergonzoso
Mostrad vuestro valor y fuerza en esto.

Araucana, canto 2.[1]

El rigor con que los ganadores de Ronda trataban a los moros de los lugares hizo que muchos de ellos, en vez de vivir en los pueblos, lo hicieran en las asperezas de Sierra Bermeja, sobre todo en la parte comprendida entre Jubrique, Genalguacil y Casares por un lado, y el mar mediterráneo por otro; allí, ora cultivando pequeños trozos de tierra de labor, ora manteniéndose de silvestres frutas, ora robando y molestando a los cristianos, sufrían todos los horrores de la persecución y de la miseria, su compañera inseparable; desnudos, hambrientos y extenuados, robaban algunas veces en torno de sus antiguos hogares, y veían en sus primitivas casas dormir tranquilos en mullidos lechos a sus despiadados vencedores, mientras ellos reclinaban la cabeza sobre toscas piedras envueltos en sus alquiceles, y sin tener a oraciones más techo para cubrirse que la celeste bóveda, tachonada de doradas estrellas; en ninguna parte había más de estos infelices que en los ásperos vericuetos de las sierras de Genalguacil y Casares, donde descollaba entre tajados riscos la torre de Gebalhamar junto a un pedregoso llano; desde muy de mañana entablaron en ella tristes y sentidos coloquios el mismo día de la cita el alfaquí Almanzor y Mahomud, moro principal de Estepona, que refugiado en aquel fuerte vivía con su familia.

—Almanzor —dijo Mahomud—, hace muchos días que no hace el sol tan plácido para mí como hoy; siento en verdad la funesta desgracia que ha sucedido a tu pueblo, pero veo en ella un poderoso motivo de esperanza, rotas ya las vallas del agradecimiento, el ilustre caudillo de Benastepar no debe nada

[1] Poema épico originalmente publicado en 1569 por Alonso Ercilla y Zúñiga. Véase *La Araucana* (Madrid: Imprenta de Ramos, 1821) I, p. 52.

a sus contrarios y podrá, acompañando altivo su potente cimitarra, sacarnos de la letargosa esclavitud en que yacemos sumergidos.

—Mucho temo, Mahomud —replicó el alfaquí— que tus presentimientos salgan vanos; el viento mortífero del desierto ha soplado sobre nosotros, y ha extinguido el vigor de nuestros valientes adalides.

—No, aún queda sangre mora en nuestros pechos, aún corremos briosos a las armas al punto que la señal se dé de la pelea; ¿veis mis canas? Pues créeme, al santo nombre de libertad siento encenderse en mi corazón una ardorosa hoguera, y me parece que solo valgo por miles.

—¡Ay, Mahomud! La columna de formidable arena que en medio de la Arabia se levanta y ahoga y encubre por siglos enteros la piadosa caravana que hacia la Meca camina es menos pesada y terrible que los pecados que se abrigan en nuestro corazón; hemos llamado sobre nuestras cabezas y sobre las de nuestros hijos la justa cólera del poderoso Alá y del santo profeta, ¿por qué? Porque no hemos seguido el ejemplo que nuestros abuelos nos dieran; porque dejamos de talar a sangre y fuego los campos y ciudades de los infieles descreídos; porque contrajimos alianza con ellos; porque les brindamos algunas veces con la oliva de paz en vez de enristrar la pesada lanza.

—¿Pero acaso nuestros ascendientes no conquistaron y domaron el orgullo de los godos?

—Sí, pero los dejaron respirar en las montañas de Asturias, mientras el blando ambiente del país suavizaba poco a poco los corazones de los hijos del profeta; debió creerse desde entonces que la libertad musulmana perecería tarde o temprano.

—Es verdad, amigo alfaquí, nuestros padres erraron el camino; no hicieron caso de Pelayo ni de sus compañeros, y Pelayo y sus compañeros nos han traído a tamañas desventuras; es prueba evidente de nuestro inmenso poder el que hayan necesitado los cristianos muchos siglos para derrocarnos; de modo que, si hubiésemos permanecido unidos, si no hubieran querido ser todos reyes, ¿quién nos pudiera vencer?

—Muchas causas han ayudado a nuestra desdicha además de la desunión; cuando nuestros primitivos padres entraron en España; sus sencillas costumbres, sus parcas comidas y sus continuas y fatigosas tareas los hacían duros e indomables; levantaron a poco magníficos palacios y suntuosos jardines, donde veíanse brillar las perlas y los topacios, y tuvieron por afrentosa mengua la pobreza y la virtud; no ya el hijo de Mahoma sentado en su sencillo lugar comía solo un plato de alejijas,[2] se alumbraba con una tea de pino, y dormía al lado de su ensillado corcel; veíasele por el contrario blandamente recostado en anchos y bien mullidos almohadones, respirando aromáticos pebeteros,

2 Las alejijas eran una especie de gachas que hacían los pobres de aquel tiempo con harina de cebada (*N. del A.*).

comiendo delicados almuríes y montando en briosos caballos cubiertos de plata y oro.

—Es verdad que este lujo no era muy conforme a nuestras antiguas maneras, pero servía para excitar el ardor de los guerreros…

—Sí; el ardor del botín los llevaba a la pelea, no el ansia de aumentar y defender nuestra santa religión; ¿y qué sucedía? Que no les placía pelear sino donde hubiese ricas presas que adquirir, mientras los cristianos, menos codiciosos, asaltaban y destruían todo lo que se les presentaba por delante; desengáñate, Mahomud, el lujo afemina, enflaquece los pechos y aseméjanse los esforzados varones a tímidas doncellas que huyen delante del más mínimo peligro.

—Pues ya no creo que fuesen tan malos nuestros padres.

—Sí, amigo mío, y nosotros somos aún mucho peores; los caballeros de Granada pensaban solo en acicalarse y presentarse erguidos en la plaza de Vivarrambla, mientras, en medio de la paz, el adelantado de Murcia talaba con sus cristianos las fronteras; ha habido, además, abusos y horribles profanaciones en nuestros venerables ritos, ¿creerás que algunos se han atrevido a probar los licores espirituosos tan vedados por nuestra ley? Alá se indignara de tan terribles desacatos, y nos hundió en el más profundo abismo.

—Yo espero siempre que protegerá nuestra justa causa.

—Así sea; pero me temo que nos mire como a hijos réprobos, dignos tan solo de su eterna maldición.

—No son dignos de su maldición —dijo, entrando por la sala, el ferí—; pase en buenhora que os manifestéis en secreto esos temores; pero guardaos bien de entibiar el ardor de la muchedumbre en tales palabras; conozco tan bien como vosotros el estado de degradación en que nos hallamos; pero también sé lo que puede la desesperación aún en los pechos menos varoniles.

Mientras estas pláticas veíanse ya en el llano varios grupos de moros; unos conversaban puestos de pie, y otros recostados al margen de una cristalina fuente que en medio había, parecían sumergidos en la más profunda meditación; descollaba entre otros Hacem, que a fuer de haber matado a Pedro creía valer más que otras veces.

—Os lo repito —decía—, no todos se hubieran atrevido a entrar en una ciudad enemiga, y matar en medio de una casa un hombre armado y rodeado de una docena de amigos.

—Lo que tú hiciste —le respondió Aliatar, que era un caudillo de Casares— hubiera hecho cualquiera de nosotros; la sorpresa que ocasionaste y tus ligeros pies fue lo que más te valió.

—¿Conque crees que yo no era capaz de retarlo si la ocasión se hubiese ofrecido?

—Nada te importa que crea yo lo que quiera.

—Juro por el santo sepulcro de Mahoma que miente tu lengua.

—Ahora verás si mi alfanje sabe castigar o no tamañas demasías.

Echaron mano a los aceros, y armose un extraordinario rumor entre todos; unos apoyaban a Aliatar, y otros, y eran los más, a Hacem; saltó el ferí apresurado de la torre, y después de enterarse del caso les dijo.

—¿En qué pensáis? ¿Os atrevéis a alzar las cimitarras los unos contra los otros cuando todos deben unirse para derrocar los fieros cristianos que tanto nos persiguen? Ea, cállense de una vez las rencillas particulares; pues la voz de la patria debe solo reinar en los corazones de los legítimos hijos del profeta. ¿No veis desde aquí las tostadas llanuras del África, de donde vinieron nuestros primitivos padres? ¿Y por qué estamos amenazados todos de volver para siempre otra vez a nuestro antiguo país? Pues es solo por las discusiones y guerras que en estos últimos años dividieron nuestro reino; valor y amor ardiente y profundo a la libertad, he aquí lo que se necesita para triunfar de los cristianos.

—Señor —saltó Hacem—, se nos echa en cara una cosa que…

—Hacem, ya sabes cómo yo pienso; no hiciste mal en matar a Pedro porque asesinó al ilustre Alí Jarillo, tu amigo y mío; pero yo no lo hubiera hecho.

Llegaba en esto el sol al mediodía, y, desde lo alto de una elevada piedra, la voz del almuédano llamó a los fieles a la oración; hecha esta, y sentado el ferí sobre una eminencia, volvió a hablar así:

—Musulmanes que antes vivíais en Benastepar; ¡cuán puro y grato es el placer que disfruta mi corazón al veros aquí reunidos! ¡Mas, ah! Este mismo placer está profundamente acibarado al contemplar en vuestros pálidos rostros la miseria y escasez que estáis padeciendo; deja esas hierbas —prosiguió, encarándose con un moro que, sentado junto al arroyo, estaba comiendo hojas de verbena—; mira que son dañosas.

—Señor —respondió el mahometano—, hace cuatro días que yo y mi familia no hemos encontrado ni aun frutas silvestres, y por eso…

Las lágrimas se le asomaron al ferí, y repartió el dinero que tenía entre los más necesitados.

—Amigos míos —siguió—, volved la cara hacia el poniente y ved los arruinados lugares de Chúcar, Moclón y Benameda; mirad hacia la izquierda, y aún se ve salir humo de Benastepar; allí los fríos cadáveres de Omar y de su hija piden venganza contra sus asesinos; os he juntado en este solitario sitio para que libremente cada cual dé su parecer sobre lo que debe hacerse en el caso en que nos hallamos.

Entonces, puesto en pie, Mahamud dijo así:

—¿Quién podrá dudar que nos conviene con urgencia la venganza? La sangre derramada de las víctimas pide sangre, pero esta venganza debe, para que sea justa, ser arreglada y prudente; antes de todo nos precisa saber con qué gente y aprestos militares se cuenta, y después podemos pensar lo que mejor conviene hacer.

—Con los adalides que de Casares —saltó Aliatar—, vendrán conmigo, sobra para poner a sangre y fuego todo el país, asolar las campiñas, destruir los pueblos y conquistar también la altiva y erguida Ronda.

—¿Y qué adelantaremos —replicó Mahamud— con tanto destrozo? Considéralo bien, ilustre jefe, ¿qué adelantaremos, repito, con poner a saco las poblaciones y entregar los campos al merodeo y rapiña? Mala causa es, por cierto, la que bajo tales principios se comienza; más nobles y francas deben ser nuestras hazañas.

—Si queremos triunfar, Mahamud, no debemos mostrar una piedad que se pudiera tomar por cobardía, ni tener el miramiento con unos infieles que no lo tienen con nosotros.

—Jamás una maldad debe autorizar otra maldad.

—¿Y cómo queréis que pobres, desvalidos, sin auxilio alguno podamos competir con sus soldados si no nos valemos en su contra de todos los medios posibles, y hasta de la misma traición?

—No permita el poderoso Alá que jamás tal pensamiento se abrigue en un alma; peleemos como caballeros, y si los hados inmortales han decretado que perezcamos en estas sierras, perezcamos, pero sea con conciencia pura y limpio pecho, ajeno de todo doblez y falsía.

—Antes de todo —dijo el alfaquí Almanzor— debemos ayunar tres días para conseguir el auxilio de nuestro santo profeta.

—¿Quieres que ayunen —le respondió el ferí— esos infelices que veis ahí pálidos y enfermos?

—No hallo mejor modo de desviar de nosotros el brazo de Alá, que alzado nos amenaza con más crueles calamidades que las que padeciendo estamos.

—Pues, Almanzor, ayunará el que pueda, y, el que no, visitará al terminarse nuestra santa guerra los santos lugares de Medina, Jerusalem y la Meca; ¿no hay otro jefe que quiera hablar?

—Hacedlo vos —exclamaron muchos a un tiempo.

—Pues yo, ilustres caudillos, pienso que vuestras opiniones encontradas pueden muy bien conciliarse; desde que se declare la guerra, desde que ondee el estandarte de nuestra religión y libertad, la conducta que observen nuestros enemigos será también la nuestra; si ellos respetan a los moros establecidos en los lugares, si no hostilizan sus familias, si no queman sus campos y mieses, delincuentes y malvados seríamos nosotros si lo contrario hiciésemos; mas si ellos quieren guerra de exterminio y de desolación, guerra de exterminio y de desolación tendrán ampliamente por todas partes. Ahora lo que principalmente conviene hacer antes de todo es guardar profundo secreto sobre nuestros venideros planes, y como sin provisiones de guerra y sin vituallas, no es posible emprender ninguna expedición, ni coger opimos y sazonados frutos; necesitamos preparar bastimentos y armas; los que antes vivían en Benastepar marcharán conducidos por el ilustre Mahamud a una espaciosa caverna de la sierra de las Motillas, donde, libres de las miradas y pesquisas de los cristianos, podrán reunir los convenientes aprestos antes de dar el heroico y santo grito de libertad; vos, Aliatar, seguiréis preparando los ánimos de los vecinos de Casares para que estén prontos el día y hora que se los avise, y conviniendo que toda la sierra se alce en masa, mientras Hacem marchara a Tunez a pedir el oportuno socorro, yo, con maña y cautela, recorreré todos nuestros lugares, buscaré los antiguos amigos, alentaré a los tibios, y sujetaré a los fogosos; así todo estará preparado para el precioso momento que nos debe sacar de tan penosa esclavitud; trabajos pasaremos, duras y molestas serán las privaciones, pero o el laurel de la victoria coronará nuestros patrióticos esfuerzos, o moriremos complacidos y alegres como mueren los hombres libres.

Un aplauso general se siguió a estas palabras; los ancianos derramaron lágrimas de placer, y los rostros de muchos de aquellos jóvenes presentáronse encendidos como grana, y movían y alargaban las manos, creyendo ya empuñar en ellas las afiladas gumías o las bien templadas lanzas.

Dispersándose después lentamente cada cual a su destino, mientras el ferí y Tarfe tornaron a su habitación a esperar en ella el día de la cita que doña Elvira diera a Abenamet.

Capítulo 27º

Los baños de Galiana

De la soledosa Alhambra
En las bóvedas sonantes
Mis sollozos anhelantes
Eco repite flébil
Do en tanta morisca zambra
Los magníficos salones
Retumbaron con los sones
De dulzaina y añafil.[1]

Canción inédita

Quizás en España no habrá un pueblo de más pintoresca y extraña situación que la ciudad de Ronda; admirase en ella, entre otras cosas, el profundo tajo, que la divide en dos partes y que tiene en algunos sitios más de ochocientos pies de altura; así se ven desde las casas el dorso de las águilas cuando vuelan, y los árboles semejan pequeñas y delgadas matas; por medio de este horroroso precipicio entra el río Guadalevín, henchido ya desde su nacimiento, con los arroyos y fuentes que en el tránsito de una legua se le reúnen; circula por entre los oscuros peñascos y, a poca distancia, se le une la abundante fuente de la mina que nace al pie de la roca, formando un estanque cuyo fondo dejan ver las transparentes aguas, sembrado de guijas de varios colores y hechuras; después se espacia algún tanto, y se precipita desde lo alto, formando una cascada de más de noventa pies de altura; luego, algunas pequeñas que se cruzan entre sí, hasta que remata en otra no menos elevada que la primera; puesto el curioso viajero en este sitio, ve por una parte el elevado tajo, tapizado de olorosas madreselvas y colgantes yedras, y los edificios que descansan en sus bordes a manera de imperceptibles puntos, y por otra varios molinos embutidos en

[1] No creemos desagradar a nuestros lectores presentándoles las dos composiciones poéticas siguientes; la primera es una canción del abogado de los reales concejos, don Antonio de los Ríos Rosas, natural y vecino de Ronda; como además de las innumerables bellezas de que está sembrado, nos ha servido de epígrafe, y se trata en ella también de dicha ciudad; no hemos creído que sería fuera del caso insertarla en este lugar; la segunda es un himno compuesto el año de 1831 por algunos individuos de la tertulia literaria que había entonces en Ronda: [El autor inserta aquí una nota muy extensa que hemos trasladado al Apéndice A], (*N. del A.*)

la roca, y que descienden por escalones en un espacio escabroso y cubierto de verdura hasta las orillas del mismo río, el cual parece suspendido en los aires, formando arcos de blanca espuma que libre el sol, haciendo mil visos y matices; después, sigue Guadalevín bañando y fecundando el suelo de las muchas huertas que plantaron los moros, enriqueciendo con sus productos su predilecta y hechizada ciudad.

Habían ya sonado las once de la noche en el reloj de la iglesia de Santa María, y veíanse dos bultos bajar poco a poco por los cerros de la fuente del Aljarife, hoy de las monjas; ataron sus caballos entre los árboles que sombreaban el arroyo de las Culebras; encamináronse lentamente por debajo del puente viejo, y después siguieron por la misma madre del río saltando de piedra en piedra hasta que más allá de la fuente de Mina se sentaron en el hueco de una roca a esperar se abriese la puerta subterránea del antiguo palacio.

Alzó el ferí la vista hacia el borde del encumbrado peñasco, y, lanzando un doloroso suspiro, le dijo a su compañero:

—¿Quién me diría a mí, cuando brillante y erguido paseaba por las calles de la ciudad, o corría por las vecinas vegas en mi brioso corcel, que algún día, desterrado y perseguido, tendría que huir para siempre de ella, o si me presentaba era cual búho tenebroso que saca de tiempo en tiempo la cabeza por entre el oscuro risco, y se esconde al menor rumor?

—El maldito amor te expone…

—Es verdad, Tarfe, yo no debiera venir aquí, ¿pero quién resiste al poder de los encantadores ojos de doña Elvira? ¿Pudiera yo verla fugitiva, triste, sin padres…? No, no… Me precisa hablarla.

—Mas el peligro…

—Que la vea yo una vez sola… Una vez sola… Y luego me verás ardiente en los duros combates.

—Quiera Alá que salgamos con bien de este maldito sitio.

—¿Temes tú que a esta hora haya alguien en él?

—No, señor, mas aquí hay peligros de muchas clases…

—¡Como de muchas clases! Por las santas barbas de mi divino profeta que no entiendo lo que me dices.

—¿Conque ignoras el encanto que hay en este sitio?

—¡Encanto!

—Sí, señor; y de los más grandes.

—Habrá poco tiempo que eso se cuenta, pues jamás de tal cosa he oído hablar cuando aquí vivía.

—¡Qué! Si tiene por lo menos este suceso cien años de fecha.

—¡Valiente necio eres!

—Es cosa ciertísima, y si tú no has oído hablar de ella estriba en el poco tiempo que paraste en Ronda, y, además, vosotros, los esforzados caballeros, os curáis poco de esas cosas, pero yo…

—Es verdad, ¿y quién, sino tú, podía hacer caso de tal bobería?

—Como ha de ser; siento no tener todo aquel vigor necesario...

—Pues yo te he visto en las peleas, y no eres ningún cobarde.

—Ese es otro cantar diferente; distinto es lidiar con hombres vivos a desafiar muertos, y mucho más si están encantados porque...

—Déjate de preámbulos, y aunque no sea más que para reírme, quiero me expliques este misterio.

—El caso es... Pero mira... ¿No ves cómo aquella toba negra se adelanta hacia nosotros?

—¿Estás loco? ¡Si nada se mueve!

—Podrá ser; mas como aquella piedra es...

—Vaya, ¿qué es?

—Había en nuestra ciudad un famoso encantador, hombre de singular conocimiento en la materia; a su voz callaban los espíritus infernales, abríanse los olorosos y eternos jardines, los buenos creyentes bajaban la cabeza y miraban la tierra su antigua mansión, los ángeles se sonreían, el aire se agitaba, soplaba el blando zafiro cual furioso huracán... Por Mahoma... ¿Quién me llega a las espaldas?

—Nadie te llega, mentecato, será tu almaizar que roza con las piedras.

—Creí... Ya se ve, como este lugar es tan a propósito... Enamoróse perdidamente nuestro sabio de una linda muchacha, que era por su belleza el pasmo de estas serranías, se llamaba... Se... Se... ¡Vaya! ¡Qué fatal memoria!

—Importa poco cómo se llamaba, vamos a lo principal.

—Siempre convendría, pero se me fue el nombre. Como había de darle a la niña por quererlo, le dio por odiarlo de muerte, a pesar que conociendo su ciencia debió temer al inmenso poder, un día... Vamos, no sigo... ¿No adviertes cómo me están pellizcando las orejas? Sin duda será para que calle; pues callaré.

—Hombre, ¿no ves que esa rama flexible de madreselva, movida por el viento de la madrugada que ya empieza a soplar, es la que te ha tocado?

—¡Ah! ¡Ya! Pero verdaderamente como yo no quiero cuentas con gente del otro mundo... ¿Quién sabe si esta rama será alguna mano encantada? Mejor será que antes de proseguir me aparte un poquito... Bueno, ya me parece que aquí estoy bien... La niña, para librarse de tan porfiado amante... Zulema... Pues Zulema... Ese era el nombre, lo tenía en la punta de la lengua, le pedía imposibles, pero a todos daba salida nuestro encantador; más veces quería que la llevase por el aire a lejanos países, otras que trasladase a sus azoteas las flores más lindas y raras de las tres partes del mundo, y al instante parecía su casa el más florido jardín, otras... Mas por qué cansarte; fueron inútiles todos los prodigios que el sabio obró para ablandar aquel corazón de tigre; un día le dijo: 'mira, constrúyeme por encima de la fuente de la mina una ancha y hermosa acequia que lleve sin molestia el agua a los molinos y huertos, y entonces premiaré tu constante amor'; al día siguiente bajó Zulema al río y vio construido primorosamente lo que había pedido; rogóla entonces el encantador que le cumpliese la palabra; mas la incauta doncella comenzó a reírse y a burlarse de su docto, pero viejo, amante; este, irritado sobremanera de tanto dolo y perfidia, la convirtió al instante en aquella toba negra que ves ahí enfrente y destruyó con su vara mágica casi toda la acequia; para testificar tan maravilloso suceso, esa toba da al tocarla el agua profundos y dolorosos gemidos que repiten blandamente los vecinos tajos; ya ves mi querido amo si me gustará estar en este sitio después de lo que te he dicho.

Iba sin duda a replicar el ferí, mas abriose la vecina puerta... Justo será que antes sepamos exactamente el sitio donde iba a entrar el moro.

Durante la dominación agarena[2] uno de los gobernadores de Ronda construyó en el palacio las magníficas y espaciosas salas subterráneas conocidas hoy con el nombre de los Baños de Galiana;[3] bajábase a ellas por trescientos sesenta y cinco escalones de piedra, anchos y forrados con planchas de hierro; estos salones estaban sostenidos con arcos y columnas, y un angosto, pero corto callejón, facilitaba desde ellos el paso hasta el mismo río; estas salas servían de recreo a sus dueños, sobre todo en las calurosas noches de verano, y además, como no había fuente ninguna en el casco de la ciudad, en los tiempos de asedio, o cuando los cristianos se acercaban a los muros en sus frecuentes correrías, los esclavos subían el agua en zaques hasta lo alto, y aun vese en la escalera una cruz excavada en la pared que dicen la hizo uno de ellos con la mano al expirar abrumado con tan penosa tarea; todavía en nuestro tiempo se conserva intacta una de las principales salas, y se ve la bajada que conduce al río.

Quedose Tarfe a la puerta para visar de cualquier ocurrencia, y Abenamet siguió silencioso a Inés; mientras esta subía a avisar a su ama, sentose el ferí sobre una piedra, y amargas reflexiones inundaron su rostro de sentidas y ardientes lágrimas.

—¿Cómo pudiera yo creer —decía a media voz— que había de entrar un día en mi propia casa con tal misterio? ¡Ay! En estos ocultos subterráneos gozose un tiempo las puras delicias del amor correspondido; aquí las jóvenes rondeñas bailaban al son de las plácidas dulzainas, libres de profanas miradas, y al lado de sus leales y amartelados amadores; ¡qué dolorosos recuerdos! ¡Y ahora estas sombrías bóvedas repiten solo los tristes suspiros del infeliz desterrado!

Presentose en esto doña Elvira a la entrada de la escalera con su criada, que tenía una luz en la mano; púsose en pie el ferí al verla, y, al notar su talle esbelto y semblante majestuoso, cruzó los brazos y miró hacia el cielo

2 Musulmana.

3 Se refiere aquí Hué a la mina de agua que servía para garantizar el suministro de agua a la ciudad en caso de asedio, hoy parte del complejo monumental conocido como la Casa del Rey Moro en Ronda.

con muestras de profunda indignación y de mal reprimido despecho; parose la hermosa hija de don Felipe enfrente de él, y Abenamet dijo:

—Llega, señora; acércate, parece temes…

—Este paso que me he atrevido a dar prueba que nada temo —respondió doña Elvira con dulzura—; yo no debía verte a esta hora y en este solitario sitio, mas lo exigías con tanto ahínco…

—Sí, ilustre cristiana; yo no podía confiar a la pluma secreto tan importante cual es el que tengo que decirte.

Sentose entonces doña Elvira a alguna distancia del ferí, y este prosiguió:

—Ya sabes el triste fin de mi desgraciado pueblo.

—He oído con la indignación debida la quema de Benastepar.

—Pero quizás ignorarás que mi anciana madre pereció allí también; ponte en mi lugar, y contempla cuál estará mi corazón.

—Lo conozco muy bien, Abenamet, y lo siento en el alma.

—La suerte de un pobre moro no debe llamar la atención de tan esclarecida señora.

—Todos los desgraciados tienen derecho a mi piedad.

—¡Piedad! Dices bien —prosiguió Abenamet con amarga sonrisa—; ¡piedad! No quiero nada más de ti, nada más… En otros días felices pudiera haber aspirado, mas ahora… No quiero de ti, y no puedo exigir más que piedad.

—No te ofendas, Abenamet, yo te miro no solo con ojos de piedad, sino… Mas al fin todo esto es inútil entre nosotros… Sé muy bien lo que pasa en tu corazón… También el mío… Pero te repito otra vez, todo es inútil…

—Tu plática es para mí más deliciosa que el blando aroma de los floridos vergeles; conozco bien la barrera insuperable que nos separa, y, por tanto, esta será la última vez que me presente delante de ti; acerca el oído a la pared, y escúchame.

Mientras que doña Elvira hizo lo que el moro le decía, aunque con alguna sorpresa, pues ignoraba que aquella era una sala de secreto, columbrándose a lo lejos dos bultos que ocultos detrás de una columna sacaban de tiempo en tiempo la cabeza, y parecían impacientes por salir de su escondite.

—No quiero que ni aún tu criada —siguió el ferí— sepa el secreto que tengo que revelarte; se interesa mucho en la vida de muchos infelices, y el buen resultado de la empresa que bajo los auspicios del poderoso Alá vamos a emprender; doña Elvira, un terrible día se prepara; los esclavos quieren romper las vergonzosas cadenas; el choque será mortífero y cruel, y ¡ay del infeliz vencido! Sé lo que debes a la patria, pero conozco tu carácter, y no tengo miedo de decirte que queremos tornarnos de siervos en señores; huye de Ronda con tu familia, busca algún posible pretexto; huye. ¿No comprendes el exceso de mi amor cuando arrostro por avisarte tantos peligros? ¡Ay! Toma mi consejo y huye.

—Cuenta —replicó doña Elvira— con mi discreción; pero te suplico que pienses…

—Todo está ha pensado; morir o ser libres, he aquí nuestro sagrado lema.

—¡Cruel! Desiste de ese empeño, te lo pido…

'Por mi amor', iba sin duda a decir doña Elvira; mas uno de los bultos, cansado de tan largo y secreto coloquio, lanzose de su escondite; alzaron los dos la vista al ruido, y vieron delante a don Juan Pérez con la espada en la mano.

—¡Qué infamia! ¿Cómo se atreve el ferí de Benastepar a presentarse en este sitio?

Doña Elvira, aunque turbada sobremanera, púsose en medio de los dos.

—¡Caballeros —exclamó—, acordaos de quién yo soy!

—Si he venido aquí, nada te importa; la plática que con esta señora he tenido tampoco te interesa; mañana en la tarde te espero junto a la fuente del Aljarife, y allí hablaremos a solas.

—Está bien —siguió don Juan—, no faltaré a la cita.

—No tienes que enseñarme mi obligación, y si quieres que salgamos juntos…

—Yo saldré y entraré cuando me acomode; doña Elvira, el cielo te guarde; cristiano, hasta mañana.

Retirose doña Elvira trémula, confusa, y sintiendo no haber podido acabar la conversación con el ferí; bajó el moro el callejón, y se fue con Tarfe, y apenas aclaró un poco el día, siguieron sus pasos por el mismo camino don Juan Pérez y la otra persona que con él escondido estuviera.

Capítulo 28º

El desafío y la traición

Entonces en su caballo pasó el agua y fuese endereçando sus armas contra don Florestán, el cual que lo vio así venir y que el agua passara hirió el caballo de las espuelas, y fue para él...

Amadís de Gaula, lib. 3º, cap. 37.

Ya había corrido el sol más de la mitad de su carrera, cuando al pie de la fuente del Aljarife veíase sentado al triste Abenamet; su criado Tarfe espiaba con cuidado el camino de la ciudad, temiendo alguna sorpresa, mientras él, apoyado el brazo derecho contra el muslo, miraba lánguidamente correr las límpidas aguas.

—Señor —le dijo Tarfe, alzando un poco la voz—, si quisieras tomar algún alimento...

—Nada necesito —le respondió su señor.

Sobrecogiose un poco el fiel doméstico, notando tan desusada aspereza, mas a poco se alentó de nuevo, y descolgando una talega que traía encima de su caballo, fue extendiendo inmediatamente sus provisiones sobre el menudo y fresco césped, sin duda para llamar la atención de su amo, y diciendo para sí, con voz que podía muy bien ser oída:

—Lástima es que mi señor no pruebe, aunque fuera siquiera una migaja de este sabroso almorí que parece se ha condimentado para el mismo emperador de Marruecos; pues no que este asado de cabrito... Por Alá que el aire se ha atafagado con el delicioso olor que despide... ¡Ya! Y estas rojizas manzanas, y estos delicados priscos conservados por mí con tanto esmero... ¡Friolera...! Más blanco es el pan que la nieve; ¡cuánto hubiera dado por encontrarlo así nuestro bendito profeta, aunque hubiera sido duro, cuando, perseguido por los habitantes de Medina, tuvo que atravesar los inmensos arenales de la Arabia y comer solo langostas secas...! Pues bien... Mejor... Nadie me acompaña, y yo voy a meter mano... ¡Santísimo Alá! ¡Qué torta tan rica! Uf... Esto es el paraíso.

A tantas exclamaciones alzó la vista el ferí, y notando la colocación de los manjares y los insinuantes gestos de su atento criado no pudo menos de sonreírse y decirle:

—Come tú, hijo mío, lo que quieras, pues yo no tengo gana.

—Pero como no habéis probado hoy nada, ya no tardará en llegar el caballero cristiano, y las fuerzas…

—Yo no necesito comer para tener vigor… ¡Atrevido…! A una señora de aquel rango presentase así de repente, y procurar oír nuestras ocultas pláticas; el traidor no vivirá mucho; estas manos castigarán con osadía, y el secreto quedará sepultado en sempiterno olvido.

—Con todo, siempre fuera bueno comieses algo, que después del desafío es necesario caminar al instante para la cueva de las Motillas; allí tu presencia es tan necesaria…

—Sí —añadió el ferí, entusiasmándose y poniéndose de pie—; sí, yo iré; yo seré el amparo de los desdichados moros, yo vibraré el alfanje contra la opresión y la tiranía, y ¡oh! Plegue al justiciero Alá que un día los valientes defensores del Alcorán pisen de nuevo las calles de la ilustre ciudad, caracoleen en sus amenas calles y sean el terror y espanto de los orgullosos hijos de Castilla; pero estos son solo gratas ilusiones… Bien… Cumpliremos con nuestro deber, y después… Moriremos como mi desgraciada madre; ella, desde las eternas regiones, alienta a su hijo, y su hijo, preso en los lazos de una cristiana, olvida… Yo nada olvido; cumplí con el amor, ahora también cumpliré con mi patria.

—Señor, señor, ya baja por el puente un caballero armado.

—Él es.

Dichas estas razones, montó el ferí en su caballo, y adelantose poco a poco hacia su contrario; parecía que de repente se había apagado el fuego que empezó a correr por sus venas, y sus negros y rasgados ojos, que vibraban rayos de indignación, recobraron otra vez su aparente y afectada insensibilidad; tal era el poder que nuestro ilustre moro tenía sobre sus pasiones.

Adelantóse entretanto don Juan, y pasó de una carrera el Arroyo de las Culebras, bastante crecido aquel año; montaba un hermoso caballo blanco, y venía lozaneándose en él con la mayor bizarría y apostura; un criado que le tenía la lanza y el escudo era la única persona que lo acompañaba.

—Ferí —dijo al llegar—, yo acostumbro pelear más bien con la espada que con la lanza; con todo…

—Me es igual —respondió Abenamet—; lo mismo combato con mis enemigos a pie que a caballo.

Bajóse del suyo, y empuñando el alfanje adelantose hacia don Juan, que ya había hecho lo mismo. El caballero cristiano no era cobarde; diestro bastante en el manejo de las armas, sabía acometer y retirarse a tiempo con la mayor celeridad y soltura; más a propensión que se acaloraba, aumentábase la sangre fría y el sosiego del ferí, que, fijo en un lugar, parecía cual elevada roca colocada tal vez en halagüeña y espaciosa llanura; diole al fin Abenamet tal cuchillada en la cabeza a su adversario que, hundiéndole el capacete, cayó al suelo sin sentido, nadando en sangre; creyéndolo muerto, y temiendo la llegada de los cristianos, que, atraídos por la novedad del desafío, empezaban a salir de la vecina Ronda, dio un salto el ferí en su caballo, y picó de largo seguido de Tarfe, dirigéndose por aquellos breñales hacia el río Genal.

Seguía cabizbajo su camino; pero la noche se hizo tan oscura, y aquellos lugares eran tan ásperos, que a poco le fue preciso detener su marcha; quedose Tarfe con los dos caballos, y un buen trecho retirado; se recostó Abenamet entre unas adelfas, no lejos del camino que de Ronda guiaba hacia Benameda; procuró desechar cavilosas reflexiones y dormir un rato; pero el sueño de los infelices es tan entrecortado y pasajero como la siniestra claridad de la luna en las tempestuosas noches del otoño; con todo, agotadas ya sus fuerzas mentales, iba a entregarse a una especie de letargo más que sueño, cuando oyó pisadas cerca de sí; apartó con suavidad las ramas, y columbró dos bultos sentados en una piedra como a diez pasos de distancia.

—Pero, tía, ¿a dónde vais a esta hora?

—Yo a Ronda, ¿y tú?

—A Benameda.

—No ha sido chica casualidad habernos encontrado en una noche tan oscura. ¿Pero, muchacha, es ocasión de andar por estos caminos?

—Ha sido preciso.

—¿Te ha sucedido algún desmán?

—Así, así.

—Cuéntame, pues.

—El caso es largo.

—Mientras descansamos puedes relatarlo a tu gusto, a bien que sitio más solitario y secreto no pudiera darse.

—Estoy en lo mismo; debéis saber que me he salido de la casa de doña Elvira para no verla más.

—¿Qué me dices?

Redobló el ferí su atención a estas palabras, y las dos continuaron así:

—He seguido, tía, vuestros consejos, y me he perdido.

—Pues no me acusa la conciencia de haberteles dado nunca dañosos.

—Lo cierto es que ellos me han producido malísimos efectos.

—Esas son casualidades, hija mía; mas lo que es bueno siempre es bueno.

—Eso mismo digo yo, y más valiera que…

—No seas tonta, a lo hecho, pecho; si has perdido ese acomodo, no te faltará qué comer a mi lado.

—Doña Elvira era tan buena, tan amable…

—No digas cosas que me avergüenzo de oírlas; acuérdate de la sangre mora que corre por nuestras venas; hacer todo el daño posible a los cristianos es nuestra obligación; ya se ve, como nosotras no podemos empuñar la lanza, es necesario que nuestros chismes y enredos suplan por ella.

—Mi ama no merecía…

—Tu ama es como todas las cristianas. ¡Y qué necia y presumida!

—Seguí exactamente vuestros consejos; enteré a don Juan de la historia del ferí, de sus amores con mi señora…

—Bien, muy bien hecho; ¡también me hace gracia el amigo Abenamet! ¡Qué inconsecuencia! ¡Olvidar de ese modo sus deberes, y amar a doña Elvira! Nosotras, por más que se diga, somos más miradas que los hombres.

—Pues dicen, tía, que en vuestras muchachadas no erais muy huraña que digamos con los sectarios de Cristo.

—No dicen mal, Inés; he querido a algunos, mas en apariencia y mentira; mientras mi boca les decía amorosas palabras, la espantosa venganza se fraguaba y crecía en mi empedernido corazón, y si no, ¿has sabido tú que mis amantes se hayan vuelto a presentar en el mundo?

—No lo he preguntado tampoco.

—Pues sabe Inés ahora que estamos perfectamente solas, que el veneno ha terminado la vida de todos, más veces de repente, y otras después que arrastraban años enteros penosa y triste existencia.

—¡Jesús, tía!

—Eres muchacha, y te escandalizas de poco; tendrás mi edad, y entonces conocerás que no hay placer más puro que la venganza. Cuando, sentada en opípara mesa donde mi amante agotaba conmigo sus tesoros; cuando ya los exquisitos manjares; los sazonados vinos y las lúbricas canciones habían excitado su ardiente imaginación, tomaba yo en la mano la copa del sacrificio; hacía como que la gustaba, y dándosela al infeliz acompañada de gratas palabras, o festiva sonrisa, la apuraba, y caía en el suelo entre horribles convulsiones y espantosos virajes; yo me hartaba de placer, placer que se introducía hasta los tuétanos de mis huesos al ver a un enemigo de mi fe expirando a mis pies, y por mi misma mano; el más delicioso fuego circulaba por mis venas, observando el contraste para mí tan encantador de la muerte y la alegría reunidas en una misma persona, bajo un mismo techo y casi en un mismo instante.

—Por Dios, tía, que me espantáis con vuestras razones.

—Conviene que te acostumbres a un lenguaje que debe reinar siempre en los pechos de los proscriptos como nosotros.

—Pues yo advierto que habéis cambiado de conducta, pues ya en el día…

—¡Qué insensata! Nunca he hecho más daño a los cristianos que en el día; fomentando el desenfreno y las pasiones del ermitaño de Benameda, hago que las hijas de los ganadores de nuestra heroica ciudad sean víctimas de su lujuria; ¿no comprendes el refinamiento de mi malicia en hacer que otros hagan el mal, ya que yo no puedo hacerlo? Esto es chistoso y graciosísimo, hija mía.

Dio entonces aquella furia una estrepitosa carcajada y siguió así.

—Bien es, que el ermitaño es el hombre más malo que puede encontrarse sobre la tierra; sin moral, sin virtud, sin ninguna religión, es aún peor que yo.

—Pues yo creo que siempre es mejor ser buena que mala.

—Ese es un juego de palabras que todavía no comprendes tú mucho, Inés; lo malo y lo bueno es siempre respectivo; yo llamo malo todo lo que no me conviene, y bueno aquello que me tiene cuenta, y así perseguir y aniquilar a los cristianos es cosa santa para mí; protegerlos y quererlos, aunque sea muy poco, abominable.

—Bajo el pie que habláis, acabo de hacer una acción sumamente laudable, pues habiendo citado mi ama anoche al ferí…

—¡Hola! ¿Conque también cititas amorosas? ¡Mentecata! ¡No sabe ella la que le estoy urdiendo! ¡Y piensa en amores! ¡Y se engalana y quiere adornar su cabeza con las rosas y los mirtos del placer! Que vaya buscando una corona de beleño y de cicuta, que vaya… Mas sigue, Inés, sigue.

—La cita era en los baños de Galiana; allí acudimos las dos a media noche.

—¡Ah! Si yo hubiese estado allí cuánto se conmoviera mi alma; empezaba a despuntar en la tierra cual pimpollo de rojizo clavel, cuando allí en ese mismo sitio… ¡Qué de bailes magníficos y cuántos deliciosos momentos pasamos en él! Era el tío del ferí un hombre sumamente espléndido, allí las mozas más apuestas de la ciudad de noche… Con la luz de cien brillantes hachones… Allí… Se convertía aquel solitario sitio en el más encantado y ameno vergel… Después, hija mía, se empezaron a marchitar las azucenas y carmines de mi rostro, la negra envidia y roedor gusano de la venganza animaron poco a poco mi temperamento, mis fuerzas… No, te engaño; mis fuerzas adquirieron más intensidad, y brillé de nuevo entre los hijos de la ley de Cristo; pero sigue, hija mía, sin duda el silencio y soledad de la noche exaltan más mi imaginación que otras veces; volvámonos a Benameda, mas no, aquí estamos bien, acaba.

—Tía —la interrumpió Inés, tomándole una mano— estáis ardiendo, sin duda alguna calentura…

—Hace algunos días estoy mala, mas nada importa; tus palabras, estos recuerdos, todo refresca y alienta mi corazón… Si vieras, Inés, me parece tengo ahora delante a uno de mis postreros amadores; era un joven alto, bien parecido, como de veinte años, la salud y hermosura rebosaban en su semblante, y a paso se convirtió en polvo y gusanos… Una noche, mientras me decía, con trémula voz: 'Leonarda querida', soltó el vaso de la mano y cayó a mis pies; 'Leonarda querida', repitió al expirar, y apretara aún con placer la mano de la que lo había envenenado.

Otra estrepitosa risotada se siguió a estas palabras; el ferí temblaba de cólera y estuvo mil veces tentado por salir y acabar de una vez con aquel horrible monstruo que manchaba la tierra con su impura presencia; mas se contuvo para escuchar hasta el fin sus razones.

—Sosegaos, tía —prosiguió Inés—, y no recordéis más unas cosas que me hacen temblar.

—Bien, bien; ya estoy tranquila.

—Avisé de la cita a don Juan Pérez y a fray Silvestre.

—Por eso hace tres días que no parece en la ermita, y he tenido que salir a buscarlo.

—Los dos se escondieron en uno de los salones para escuchar lo que el ferí decía a mi ama; mas él, astuto y sagaz, puso su boca contra la pared, y habló así a doña Elvira, de modo que ni aun yo pude oír nada de provecho.

—Esa es, Inés, una sala de secreto[1] que allí hay; ¡cuántas palabras amorosas han resonado en mi oído transmitidas por aquellas insensibles piedras! ¡A qué cansarme! Ya pasó ese tiempo para mí, ¿y no volverá?

Se torció Leonarda las manos, rechinó los dientes y a poco se volvió a quedar al parecer serena y sosegada.

—Don Juan Pérez no me cumplió la palabra de permanecer oculto, y, presentándose a poco de repente, interrumpió la conversación de Abenamet y de mi ama.

—¿Pues fue atrevimiento? ¿Y mi señor?

—Quedose agazapado.

—¡Ya! Él tira la piedra y esconde la mano.

—Se desafiaron los dos, y no hace muchas horas que ha entrado en Ronda don Juan Pérez casi agonizando.

—Me alegro mucho, así tenemos un enemigo menos.

—Después de aquella aparición repentina, acostose mi señora sin decirme una palabra; apenas amaneció, quise presentarme delante de ella y disculparme; pero me dijo estas razones: 'Me has asesinado, Inés, vete al instante de Ronda; si no lo haces, teme el justo castigo de que ahora te dispenso por lo mucho que te he querido'; fuime a una casa conocida, y apenas anocheció, salime para Benameda, sintiendo en el alma haber seguido vuestros consejos.

—Pues no lo sientas, que es de tontos el arrepentirse... Vámonos, Inés; el fresco de la noche parece que me hace algún daño; venga fray Silvestre a la ermita cuando quiera, y si no, que carguen los espíritus infernales con él, sola cosa que se merece por su impiedad; tú ven, y acompañarás a María.

—¿Qué María?

—La hija de Pedro, el de la huerta.

—¿El morisco?

—Sí.

—¿Conque está en la ermita?

—Y a disposición de mi amo; pero es tan necia que pronto será necesario despacharla a África: como ha hecho la simpleza de tornarse cristiana, la persigo como a las demás.

Acabada esta plática, levantáronse las dos, y a paso lento encamináronse poco a poco hacia la ermita.

[1] La Sala de los Secretos, situada en la mina de agua del actual complejo del Rey Moro, recibe este nombre debido a un efecto acústico que amplifica los susurros más leves de un extremo de la estancia al otro.

Capítulo 29º

Bacanales de la ermita

Yo no me quejo en que el injusto suba en alta cumbre, porque sube en alto para dar la caída más pesada.

Mal Lara, *La filosofía vulgar*, centuria 1ª, fol. 12.[1]

Dejó el ferí retirar un buen trecho de camino a estas dos furias, y, llegando a donde estaba Tarfe:

—Pon los frenos a los caballos —le dijo con voz fuerte.

—Pero, señor…

—Nada de réplicas; la maldad no triunfará siempre sobre la tierra; ¡pobre María…! En poder de un monstruo… ¡Y adora a un Dios y…! Pero él no adora a nada; bien lo ha dicho Leonarda.

—Ya estamos listos.

Reflexionó un poco el ferí, y después añadió:

—Más vale esperar a que esas condenadas estén en la ermita; si no, podré perderlas en el camino; dame un bocado, Tarfe; la indignación ha agotado el resto de vigor que me quedaba.

—Sí, por cierto; tendrás mucho vigor, ya hace más de veinticuatro horas que no catas migaja, y si yo no viniese prevenido… Ea, embúchate esta perdiz y este trozo de conejo, y Alá sea con todos; mas a los pobres animales, con los frenos puestos…

—No los quites, pues dentro de dos horas debemos partir.

Entretanto, llegaron a Benameda la tía y la sobrina donde se hallaban esperándolas dos rancias comadres de Leonarda, que eran perpetuas parroquianas, y apuraban con ella sendos jarros de vino; después de abrazar y besuquear a Inés, sentáronse las tres a la mesa.

—Vaya, vamos comiendo —dijo Leonarda—, justo será que celebremos la buena llegada de mi querida sobrina; al fin tenía ella de venirse a mi lado, pues siempre va la soga tras el caldero; tampoco le desagrada a mi amo… Y vos, comadre Isabel, ¿qué dejáis de nuevo en la ciudad?

[1] La cita es una traducción de Juan de Mal Lara (1524–1571) de un fragmento de *In Rufinum* de Claudiano (370–405): 'iam non ad culmina rerum / iniustos crevisse queror; tolluntur in altum, / ut lapsu graviore ruant' (I, vs. 21–25).

—Ya supisteis la prisión de Pedro, pues ayer adjudicaron la alquería al escribano.

—¡Qué prontitud!

—La justicia vuela, comadre, cuando hay dineros que chupar, si no tiene el paso más lento que un animal que hay allá en las tierras lejanas, que dicen gasta un cuarto de hora en andar una vara de terreno; es verdad que a no ser por esta feliz casualidad, quien pagaba el pato era mi compadre Marcos.

—¿Y qué importaba un pícaro menos?

—Poco a poco, que mi compadre me da sus traguitos gratis, ya veis, gratis…

—Pues vaya este otro vaso, comadre; debí apurarlo hasta el fin, bueno; en cuanto a Marcos, perdió para mí todo su mérito desde que se hizo cristiano.

—Vaya una locura; mi compadre no cree ni en Jesucristo, ni en Moisés; es un moro hecho y derecho, como nosotras, que, aunque nos vistamos de cristianas, es todo apariencia y engaño.

—Empinemos otro par de vasos, que yo os daré el ejemplo.

—Cuerpo del demonio, comadre Leonarda; bien, así se hace.

—¿Y vos no bebéis, Beatriz?

—Me duele mucho la cabeza.

—No importa. ¿Quién hace caso de semejante chuchería? A mí me parece esta noche que se me saltan los sesos, y me río de ello.

—¿Y si os hace mal?

—¿Qué me importa morir hoy o mañana? —prosiguió diciendo Leonarda—. Al fin ha de ser, pero mientras vivamos en este mundo debemos comer, beber y hacer todo el daño posible. ¿No habéis descubierto en Jubrique alguna mozuela que quiera de grado o por fuerza hacer un viajito a nuestra ermita?

—Nada hay de provecho por ahora —replicó Beatriz—; son todas unas mocosas sin ningún mérito, ¡si fuera como en nuestro tiempo! ¡Qué mocetonas se criaban! ¡Qué guapas!

—Sean como fueren es menester que busquemos algo de nuevo.

—¿Pero y María?

—Esa muchacha no sirve, parece una fiera, no sé por dónde se ha proveído de un cuchillo y nos amenaza que se matará, si… Vamos, no sirve; mañana temprano irá a su destino, y otra al canto.

—Comadre —dijo Isabel—, con tanto charlar se nos va olvidando lo principal, que es comer y beber; acercadme ese plato de jamón hacia mí; toma, niña, qué melindrosa eres; vaya que vuestra sobrina es mucho cuento.

—Ella no puede tener vuestras tragaderas, pero poco a poco se acostumbrará.

Calientes con el vino, armaron las viejas tal zalagarda que parece se hundía la ermita, pues todas hablaban, cantaban y reían a un tiempo; al cabo de rato, puesta de pie con un vaso en la mano, exclamó Leonarda:

—Plegue a los espíritus infernales que todos los cristianos perezcan en un día, sean sus cuerpos entregados a los voraces llanos y pueda yo esparcir por el viento sus frías cenizas.

—No te acalores con esas cosas, y más bien trae aquí a esa niña, a ver si podemos convencerla.

—Y si no —añadió Beatriz—, nos reiremos un poco con su llanto y sus melindres.

—Bien pensado; de nada me huelgo yo más como de ver padecer a nuestros semejantes.

Levantóse Leonarda, y a poco volvió trayendo de la mano a María; la dulzura y lindeza de sus facciones, junto con la palidez y desaliento que en ellas se pintaban, hubieran ablandado los corazones más de piedra; Inés se estremeció alguna cosa, pero las viejas alzaron los hombros y numeraron la cabeza como en señal de desprecio.

—Siéntate, hija mía —le dijo Beatriz—, y come algo.

—No tengo apetito.

—¡Cuidado con la niña! —saltó Isabel— ¿Tú piensas que, porque tienes quince años y no mal palmito de cara, te hemos de suplicar nosotras? Vaya, no faltaba más... Come y bebe, por Satanás, o si no...

—No la molestéis —replicó Beatriz—; acostumbrada la paloma a estar libre, le cuesta trabajo hacerse a la jaula; ¡qué tontuela! Con una sola palabra que dijese era aquí el ama.

—Esa palabra jamás saldrá de mi labio; indignas hembras, vergüenza y oprobio de nuestro sexo. ¿Cómo os atrevéis a aconsejarme que falte a los sagrados deberes del honor?

—¿Conque te aconsejamos lo que debes hacer para tu bien y felicidad, y nos insultas? —prosiguió Isabel.

—Yo no quiero la felicidad que me aconsejáis.

—¿Piensas tú que nosotras no tenemos ni honor ni vergüenza?

—Poco se conoce.

—¿Cómo no temes...?

—Yo no temo nada, lo más que podéis hacer es matarme, y ojalá. ¿A qué quiero yo la vida lejos de mi padre, y entregada a unos lobos carniceros cual sois vosotras? ¿No me habéis perseguido bastante? Dejadme ya libre o llevadme otra vez a mi oscuro calabozo, allí al menos no veré vuestros indignos rostros, ni respiraré vuestro emponzoñado aliento.

—Perra si me levanto.

—Comadre —siguió Beatriz—, sosegaos; esta muchacha no sabe lo que se dice; mira, María, no hables simplezas, dentro de tres horas se va a decidir tu suerte para siempre, y una de dos, o ser buena y dócil como son otras, o marchar al África.

—Pues marcharé al África.

—Allí irás a ser esclava...

—¡Esclava! ¡Qué horror!

—Sí, esclava, pues habiéndose apurado la paciencia del ermitaño ha ido a buscar unos monfíes para que te transporten a una caverna junto al mar, y allí, apenas llegue el corsario tunecino, a Dios patria y a Dios padre para siempre.

—Llevad a mi padre también conmigo.

—Tu padre, hija mía, está en este momento afianzado por otras garras más fuertes y corvas que las nuestras, y no, no escapará tan fácilmente.

—¿No os causa la menor compasión mis lágrimas?

—Dejémonos de lágrimas y moqueos —exclamó Leonarda, que hasta entonces había callado—; aquí no deben nunca resonar los trinados gorjeos de la alondra, ni los suaves arrullos de solitaria y amorosa tórtola; el silbido del águila, o el graznido del negruzco cuervo, es lo que siempre oigo con placer; veo en mi derredor oscuras y espantosas sombras; dadme otro vaso de vino… Tengo una sed rabiosa.

—Estáis muy encendida, tía —le dijo Inés, sujetándola el brazo como para impedir que bebiese.

—¿Qué pudiera sucederme? ¡Morir! ¿No la veis? ¿No veis por aquella puerta salir un húmedo cadáver; tiene el rostro cárdeno, se descubre el pecho y me enseña una profunda herida? Si —añadió sonriente— me llama con la mano, allá voy.

Todas, y aun la misma María, volvieron estremecidas la cara hacia la puerta que Leonarda señalaba.

—Vamos, mi comadre está loca.

—Nada de loca —repitió Beatriz—, lo que tiene ha bebido un poquito más de lo regular, como acostumbra.

Púsosele entonces a Leonarda la casa amoretada; relumbraban sus ojos desencajados, y fijas sus miradas en la puerta de la despensa, temblaban sus miembros y su sudor frío corriera por su frente.

—Vienes otra vez —exclamó, completamente delirante y fuera de sí —, vienes otra vez… ¿Para qué te presentas con tan agraciado semblante? ¿No veis mis arrugas? Yo ya no puedo darte placeres… No… Ya no puedo… Contempla mis manos descarnadas… ¿Y traes un puñal y me lo enseñas…? Sí, yo te asesino, yo… ¿Y qué? ¿No eras tú el pérfido enemigo de mi ley…? ¿Lo vibras? ¿Te adelantas? Ven, clávamelo en el pecho, sombra horrible; si el averno se abre ante mí, que se abra y me trague… Allá voy contigo; dame antes los brazos, y caminaremos juntos; nos reconciliaremos en el sepulcro…

Levantose a estas razones impetuosamente de su asiento; vuelven las viejas esta vez el rostro hacia la puerta de la despensa, entra de repente el ferí de Benastepar con la gumía en la mano; Leonarda se adelanta hacia él con los brazos abiertos, pero, a pesar de su violento frenesí, lo conoce, da un ‘ay’ doloroso y prolongado, y cae muerta a sus pies.

Capítulo 30º

Los monfíes

Matadores como triunfos
Gente de la vida hosca
Más pendencieros que suegras,
Más habladores que monjas;
Murciélago de la garra,
Avechuchos de la sombra,
Pasteles en recoger
Por todo el reino la mosca;
Escuchad las aventuras
De Villagrán y Cardoncha
Él en Sevilla, yo preso
En la venta de la horca.
Quevedo, musa Terpsicore.[1]

Eran las once de la noche cuando llegó el ferí a Benameda; dejó entre unos árboles escondido a Tarfe con los caballos, escaló el corral y, oyendo la bulla y el estrépito que en la sala hubiera, atraviesa la despensa y quedóse detenido un rato en la puerta; dos veces adelantó el pie para entrar, y otras tanta retrocedió horrorizado; sintiendo tener que manchar sus manos en la impura sangre de Leonarda, esta, acalorada con la fiebre y el vino, y remordiéndola sin cesar la conciencia, lo creyó al principio una extraña visión, hasta que desengañada con la realidad cayó del susto muerta a sus pies ahorrándole así el tener que ser cruel con ella; atónitas las dos viejas, e Inés con su presencia, quedáronse petrificadas, y el ferí, después de mirarlas un rato, les dijo con voz de trueno:

—Mirad en este cadáver el castigo que el hacedor supremo da al vicio y a la intemperancia; vosotras, que por vuestra edad debíais dar ejemplo a los demás, sois unos monstruos de iniquidad; bajo el pretexto de perseguir a los cristianos, cometéis toda clase de delitos, como si para odiar y castigar a esa raza descreída fuese necesario ser tan malos como ellos y apurar hasta las heces la copa de la iniquidad; os desprecio y no os quiero hacer el menor daño; y tú, desgraciada hija de Pedro, vente conmigo; buscaremos medios de que te reúnas con tu padre.

[1] Se refiere al apartado 'Musa V, Terpsichore' del *Parnaso español* (1648) de Francisco de Quevedo (1580–1645).

Iba sin duda María a replicar, manifestando el exceso de su agradecimiento, cuando de repente abriose la puertecilla que caía de la sala a la iglesia, y sacó la cabeza fray Silvestre; con la celeridad del rayo, tiró el ferí del alfanje, y diole tal golpe que, a no cerrar el ermitaño repentinamente la puerta, era hombre muerto sin duda alguna; mientras el ferí sacaba el acero que se había quedado clavado en la madera, entraron cuatro monfíes por la otra de la despensa con espada en mano; Abenamet, sin asustarse, hace cara y se defiende de todos valientemente; pero, saliendo otros dos por la primera entrada, le dieron tal tajo por detrás en la cabeza que, a no haberse ladeado un poco la espada, su fin era seguro; vuelve el ferí el rostro, vacila y, echándose sobre él los seis a un tiempo, le quitan el alfanje y le atan las manos.

Entonces salió otra vez fray Silvestre, y dijo a todos:

—Gracias al ser supremo que ya cayó en mi poder el maldito moro que era el azote de los cristianos de la sierra de Ronda; mira, Osmin, tú con otros tres os lo llevaréis bien sujeto y acondicionado a vuestra habitación; allí pasará el resto de la noche, y mañana temprano buscaremos modo de conducirlo a la ciudad; no quiero que permanezca aquí un instante, pues hay en estas enmarañadas sierras muchos moros, que, si supiesen su prisión, vendrían como leones a librarlo; en vuestra cueva estará mejor custodiado y oculto, y mucho más cuando es por tan pocas horas.

Dispuesta así la cosa, colocaron al ferí sobre un caballo perfectamente atado, y, cercado de los cuatro monfíes, salieron de la ermita a eso de medianoche; Isabel quiso irse con ellos para después tornar a Ronda, y la comadre Beatriz, Inés y María se quedaron en la ermita con fray Silvestre y dos de aquellos asesinos.

—Escucha, Santiago —añadió el ermitaño asomándose a una ventana—, cuidado con el preso; no os mováis de vuestra habitación hasta que yo llegue; después tenemos que volver aquí para disponer de esta niña, pues, como tiene tan poca edad, conviene que viaje para instruirse; gracias a Dios que llegué a tiempo con vosotros; si no, me sueltan mi cautiva, y, además, ¡chica es la cacería que he hecho! ¡El ferí de Benastepar! ¡Como quien no dice nada!

Bajaron los monfíes apresuradamente la cuesta de Benameda en el mayor silencio; ya el ferí había vuelto del todo de su aturdimiento, y le parecía sueño el triste caso en que se encontraba; trató de desatarse, y Osmin le dijo:

—Ferí, estas son las suertes de los hombres; hoy por mí y mañana por ti; ahora vas a subir pronto a cierta altura, y el sayón se entretendrá un rato contigo; ¡como ha de ser! Otro día me sucederá a mí igual caso, y ruede la bola; entretanto te aviso que si haces otro movimiento para escapar, por pequeño que sea, te salto la tapa de los sesos con mi arcabuz.

—Más me valiera eso —contestó Abenamet.

—No, amigo mío, que a mí me conviene llevarte vivo, vivito, a Ronda, para que hasta los chiquillos te escupan a la cara.

—¿Por qué insultas al que no puede ofenderte? Desátame siquiera un brazo, y verás.

—Ya me guardaría yo de hacerlo; doscientos ducados me han de tocar por mi parte cuando te presenten al ayuntamiento de Ronda. ¡Ya ves! ¡Doscientos ducados! Por veinte me expongo yo todos los días a que me retuerzan el pescuezo, y te figuras que querré poner tan considerable cantidad.

—Si tal es tu ansia de oro, yo te daré el dinero que quieras, y déjame ir.

—Tú tienes pocas monedas, Abenamet.

—Eso quisiera el niño —saltó Isabel—, que lo soltaran para rompernos después el alma a todos; no, hijos míos, el ferí de Benastepar es el hombre de quien no debemos fiarnos; ya veis, asesinó solo con su vista a mi pobre madre.

—Y ojalá también te hubiera matado a ti, espíritu infernal.

—Seré todo lo que quieras, pero mañana tengo de tirarte de los pies en la plaza de Ronda.

—Los hombres de mi clase no mueren nunca ahorcados; antes me haría yo pedazos con las manos.

—Este tonto quizás tendrá esperanzas de que podrán librarlo; sí, a fe mía, que te vamos a poner en un sitio donde será fácil; además que mañana vendrán para ti lo menos treinta arcabuceros.

—Callaos la boca —dijo Santiago—, y no insultéis más a ese pobre que bastante desgracia tiene con ir preso.

Atravesaron después cerca de Jimera, pasaron el río, y entrándose por los breñales conocidos ahora con el nombre de la Solana, llegaron a las dos de la noche a la cueva de los Alfaques, mansión ordinaria y punto céntrico de los monfíes de todas aquellas sierras; antes había querido apartarse Isabel, mas Osmin la instó a que se fuese a cenar con ellos.

En lo más intrincado de la Sierra de Gibar, no lejos de Benaoján, está la cueva de las Alfaques cercada de altas encinas y monte bajo en abundancia, nace en sus cercanías una cristalina y copiosa fuente, y formábanse alrededor algunos pequeños prados, cuya yerba fresca y lozana servía de pasto a los caballos de los monfíes; la entrada era baja y estrecha, pero luego se ensanchaba formando una alta y espaciosa caverna dividida en dos por el arte; en la primera veíanse colgados en las paredes arcabuces y espadas de varias clases y hechuras; en un rincón, lanzas, sillas, frenos y demás arneses estaban hacinados; muchas piezas de caza, carneros y cabras desolladas pendían en las inmediatas paredes y una gran mesa de pino, y algunos cuantos banquillos de corcho eran todos los muebles de esta habitación; en la segunda una docena de jergones de paja y otras tantas mantas servían de cama a los monfíes; no ignoraban los cristianos de los vecinos pueblos la morada perpetua de aquellos asesinos; pero era tal el temor que les causaban que, en vez de perseguirlos, estaban con ellos en estrecha paz y unión, y no había cabrero o ganadero que no les llevase de continuo bichos muertos, leche, queso y requesones como respetuosa y justa ofrenda; bastábales, sin duda, para su mantenimiento estos continuos dones; pero el ansia de rapiña y la sed del oro los atormentaba sin cesar, y no había para satisfacerla asesinato ni maldad, por más horrible que fuera, que no cometiesen, violando sin el menor remordimiento las leyes divinas y humanas.

Bajaron el ferí, y tendiendo en una de aquellas camas; lo ataron de nuevo para que no pudiese mover ni pie ni mano.

—Señores, si queréis darme un poco de agua —les dijo a sus conductores— os lo agradeceré mucho.

—Aquí no se bebe agua sino vino —respondió uno de ellos.

—¿Para qué quieres tú comer ni beber nada? —le añadió Isabel— Mañana vas a dar un salto nada menos que de la vida a la muerte, y por una eternidad.

—¿Has pensado tú alguna vez en la eternidad vieja maldita? —replicó Santiago— Dame acá ese cántaro.

Diole en efecto un trago de agua al ferí, y se retiró diciéndole que procurase descansar, pues aquellos eran trabajos que sucedían a cualquier hombre honrado; después de haber encendido un gran candil, y atizado la lumbre, siguió así Santiago:

—Yo hago aquí el oficio de cocinero, y a fe que se chupan los dedos con mis guisos; pero ahora, mientras yo empiezo, puedes tú ocupar mi lugar, condenada criatura.

—¡Vaya el modo con que me trata! Pues mira que yo tengo pacto…

—Lo mismo creo yo en ti que en tus pactos. ¿Cómo quieres que trate a una vieja, fea, descarnada y asquerosa como tú?

—Pues también he tenido mis quince abriles y entonces…

—Entonces… Dice el refrán que no hay quince años feos, pero tú siempre habrás sido un diablo.

—Ea, déjate de bachillerías —interrumpió Osmin—, que se me aguza furiosamente el apetito; además, no deberá tardar Juan y otros cuatro de nuestros compañeros, de modo que cuando lleguen es preciso que haya siquiera un carnero guisado.

—Pues manos a la obra —dijo Isabel, quitándose su toca negra—, venga un cuchillo; alcánzame, Santiago, la carne, y dame un sorbito para tener fuerzas.

—En la tierra no hay mujer más borracha que tú.

—Sí, que tú me vas mucho en zaga.

—Yo soy hombre y trabajo, pero tú eres mujer y no haces nada.

—También las mujeres tienen sus trabajaderas como los hombres, y bien anchas por cierto son las mías; además, en cuanto al trabajo, ¡si vieras tú mis afanes cuando tengo que hacer un conjuro, bailar dos horas en medio de la noche a la claridad de la luna, subir a lo más empinado de un tajo, o andar diez leguas por el aire montada en el mango de una escoba!

—Tendrá ese mucho que ver, ¿piensas tú, cotorrera, que yo hago caso de tus zarandajas?

—No seas tan incrédulo, Santiago —repuso Osmin—; Isabel tiene ciertos secretos, y es capaz...

—De engañar a los tontos; más vale que en vez de charlar partas mejor ese carnero y no lo destroces.

—Este maldito animal está más duro que un demonio, y luego el cuchillo no corta migaja.

—Tus manos son las que no tienen fuerzas.

Acabó el monfí de cortar los trozos de carne, púsola en una olla al fuego y, apretando la candela para que cocine presto, prosiguió:

—¿No sabes cantar, estantigua de Bercebú?

—Mira que me voy ya amoscando con esos apodos y dicterios.

—Te hablo así por lo mucho que te quiero.

—Pues no me gusta tanto cariño.

—Esto y mucho más te mereces; parece que te duermes, y vosotros lo mismo, pues mientras viene Juan, y el carnero se pone comible, voy a cantar unas trovas.

Entonces, con ronca voz, aunque no muy mala, entonó la siguiente

Cantiga

La vida del monfí

Apenas el sol asoma
Por las puertas del oriente
Y se derrama
Por el collado y la loma
Y el jilguero diligente
En el sauce se encarama;
Cuando el monfí acelerado
Huye la luz bienhechora
Del sol puro,
Y en su cueva retirado
Sus escudos atesora,
Con grato placer seguro.
Después juega, canta y ríe,
Y traga lonjas sin cuento
De jamón;
Luego un cabrillo fríe
Y prepara con pimiento
Sazonado salpicón;
Y de aloque lleno un zaque
Cristalino como el agua
Se lo emboca,
Hasta que su sed se aplaque
Pues es cual fuego de fragua

Que aumenta si el agua es poca.
También el amor propicio
Suele colmarle de flores
Y placeres,
Y para acallar el vicio
También tenemos amores
Ninfas, prados y vergeles;
Y si alguna es tan esquiva
Que rehúsa nuestro fuego
Sin razón,
La graciosa persuasiva
De un puñal hace que luego
Entregue su corazón.

—Por vida de Barrabás —exclamó al acabar esta copla—, que tengo ya el gaznate más seco y acartonado que el pellejo de la comadre Isabel, que en verdad hablando, parece un pergamino viejo y verdinegro; venga ese jarro… Vaya, ya estamos más al corriente, ¿si se ablandará este maldito guiso…? Nada, lo mismo que piedra, y ya se acerca el alba… Pues, señores, ahora trato de contaros la segunda parte de la vida del monfí, que es la más peliaguda:

Pero apenas el sol llega
A los mares de occidente
Y allí para,
Cuando ya nos ve la vega
Y el collado y el torrente
Presentarnos cara a cara.
Aún el gallo no ha cantado
En su plácido aposento
Del corral,
Y ya una flecha ha silbado
Y corta el vital aliento
Al desdichado animal.
Luego, entrando con cautela
Y el amo y el ama espira
Sin chistar;
El pobre dinero vuela
Y el fiel criado suspira
Sin poderse desatar.
Otras veces en acecho
A la luz fría y temblante
De la luna,
Pasa por nuestro provecho
Descuidado caminante
Y pierde vida y fortuna.

—Pero tú no cuentas —le interrumpió Osmin—, los azares y reveses que nos suceden, que, por cierto, no son chicos.

—Poco a poco, que todo se andará; yo no tengo dos lenguas ni dos gargantas, y me precisa ir desembuchando unas cosas tras otras:

Mas no siempre la alegría
Sigue leal nuestros pasos
Ni el placer;
El pesar en cárcel fría
Y otros mil y mil fracasos
Nos suelen acontecer.
Cuando el vino nos inflama
Y la dulzaina sonora
Y el lili[2]
Hacia el combate nos llama
Viene una bala traidora
Y acaba con el monfí

—Y aquí, paz, y después gloria, señores míos.

—Muy bien, Santiago —respondió Osmin—; lo has hecho como un príncipe, pero no te descuides, Isabel; en menos de esa lumbre… Me parece oigo pasos… Un silbido… Dos… Tres… Ellos son.

[2] El lili era entre los moros y moriscos el grito de guerra, y llamábase también lilili y lolili (*N. del A.*).

Capítulo 31º

Libertad del ferí y de María

Pocos tiranos bajan al infierno
Sin ser muertos a hierro con heridas
No van con muerte seca de su lecho.
Mal Lara, *La filosofía vulgar*, centuria 5ª, fol. 105.[1]

Mientras acontecían estas cosas, yacía el pobre Pedro en la fría y húmeda cárcel de Ronda, doña Elvira en medio de sus inmensos pesares no olvidó a aquel desgraciado padre, y a su súplica fue don Tello una mañana a avistarse con el escribano de la causa, seguido del padre Vicente.

—¿Está ya levantado tu amo? —dijo, entrando el primero a una criada vieja y asmática que le salió a abrir.

—Siéntese vuesamerced un momento.

Hiciéronlo así y volviendo a poco la misma, añadió:

—Mi señor suplica a vuesamercedes se sirvan esperar otro ratito mientras acaba sus rezos y oraciones.

—No me parece —dijo fray Vicente en voz baja— que tenemos mala acogida; hombre tan cristiano no podrá negarse a nuestra justa demanda.

—Mal me huele este asunto —respondió don Tello—; vos sois demasiado bueno, y pensáis bien de todo el mundo; yo, por el contrario, estoy siempre puesto en guardia contra la maldad o la perfidia, disfrácese bajo la máscara que quiera; tengo tan malos informes de este escribano que no me fío mucho de sus rezos.

Pasose más de media hora, y al cabo se franqueó la entrada del aposento, y nuestros amigos hallaron al escribano sentado en un gran sillón con un largo rosario de cuentas muy gordas en las manos; levantose al verlo, hizo una cortesía, y exclamó:

—Suplico a vuesamerced encarecidamente que se sienten mientras concluyo... Santa María, Madre de Dios... Porque según os habrá dicho mi criada... Ruega, señora, por nosotros los pecadores... Como somos tan

1 El fragmento es una traducción de los versos 112–113 de la sátira 10 de Juvenal (‘ad generum Cereris sine caede ac uulnere pauci / descendunt reges et sicca morte tyranni’).

malos... Ahora y en la hora... Conviene que empezamos a santificar el día antes de todo... De nuestra muerte, Amén, Jesús.

Dicho esto, besó el rosario, púsolo sobre la mesa y prosiguió.

—¿En qué puedo yo complacer a tan altos señores? Siempre me hallo dispuesto a servir a todo el mundo.

—¿No oís? —le dijo fray Vicente a don Tello muy quedito.

—Al fin se canta la gloria —respondió este en el mismo tono.

—Me permitiréis —prosiguió el escribano— que mande os traigan el almuerzo, pues supongo...

—Os damos repetidas gracias —replicó el padre Vicente—; el motivo de nuestra venida tan temprano es que nos interesamos mucho en favor de ese pobre morisco que está preso, y como vos sois tan amigo del regidor que por ausencia de don Luis le sigue la causa...

—Nadie podrá figurarse, reverendo padre, las muchísimas lágrimas que he derramado pensando en la desgracia de ese infeliz; primero le robaron su hija, luego en la cárcel... Vaya, esto es lo más doloroso del mundo.

Y empezó a enjugarse los ojos con su pañuelo.

—Buena va la cosa —volvió a decirle fray Vicente a don Tello.

—Por lo mismo —saltó este último—, nosotros, condolidos sobremanera de su miseria, hemos venido espontáneamente a veros.

—¿Quién podrá dudar de la ardiente caridad que se abriga en vuestros corazones...? Anoche justamente hablamos el regidor y yo del asunto y ha determinado ponerlo en libertad mañana mismo.

Alegre sobremanera fray Vicente diole una ligera pisada a su compañero como para hacerlo notar mejor tan grata nueva.

—Y —prosiguió el escribano— saldrá tan pronto a la calle por causa de la inmensa lenidad y blandura del juez, pues ya veis si es delito hechizar a una señora tan ilustre como doña Elvira de Castro.

—¿Y quién ha contado a la justicia tan enorme impostura? —le interrumpió don Tello— ¿Ha sido acaso alguien de su familia?

—No.

—Pues entonces...

—Hicieron la competente delación, y como la justicia debe castigar severamente los delitos...

—Sí, los que sean delitos, pero no debe ocupar por tales las cosas que nunca han existido ni existen.

—¿Conque no creéis en los hechizos?

—No.

—¿Ni en el mal de ojo?

—No.

—¿Ni en las brujas?

—No.

—¡Vaya por Dios, amigo mío! ¡Vaya por Dios!

Bien le hubiera replicado agriamente don Tello, mas calló temiendo empeorar la causa del pobre morisco.

Después, siguió aquel hipócrita:

—Cuando se prendió al delincuente, en el registro que se hizo de su casa por si se le hallaban untos, pastillas y demás cosas sacrílegas que los moriscos suelen tener, encontróse en ella un profundo y largo subterráneo con su correspondiente trampa y salida al campo; pues, a pesar de estos y otros muchos indicios que se tiene de la mala conducta de Pedro, va, como ya he dicho, a salir mañana libre.

—En el alma nos alegramos —le interrumpió fray Vicente.

—Ya se ve siempre esta causa le costara algún dinero, y como tiene bienes…

—Quisiéramos —prosiguió el buen religioso— que procuraseis fuesen los gastos cortos.

—No haya vuesamerced miedo alguno; todo se ha tasado en justicia y conciencia. ¡Bonito genio tengo yo para esas cosas! Me gusta tomar competentes y legítimos honorarios, pero más bien me dejo asaetear en medio de una plaza que pedir un mal maravedí más de lo que es debido.

Levantaronse los dos y dándole gracias se despidieron de él, admirando fray Vicente su integridad y dudando don Tello mucho de ella.

En efecto a los pocos días adjudicaron la alquería a beneficio del escribano, y plantaron en la calle a Pedro, pero sin blanca.

—Gracias al ser supremo que estoy libre —exclamó al salir—; vamos a buscar al ferí; veremos si con sus consejos y auxilios puedo recobrar a mi hija; todo lo demás es nada; tengo brazos robustos, y si la tiranía me ha despojado de mis bienes, suframos con resignación y opongamos un constante y denodado pecho a las desgracias que me cercan.

Saliose, pues, por la puerta de Almocábar y sin saber qué camino tomaría para hallar a Abenamet, sentose en una piedra no lejos de la Fuente de los Gomeles y… Pero justo será que los dos acordemos de Tarfe antes de todo, recobró al notar la tardanza de su señor, y creyendo oír mucho estrépito en la ermita, ató los caballos entre más ocultas matas, y prevalido de la oscuridad de la noche púsose casi debajo de una ventana; oyó las palabras últimas de fray Silvestre y vio salir atado a su amo, siguiola un buen trecho, y, conociendo en el habla a dos de los monfíes, coligió al instante a dónde lo iban a llevar; vuelve atrás, monta a caballo, ata el otro de reata, y con la mayor celeridad toma por la derecha el camino de Ronda; era su intento llegar a una casa del barrio de la Fuente de la Arena donde sabían estaban escondidos hace tiempo dos moros amigos suyos; no digo corrió, sino voló a pesar del mal camino, mas se encuentra sin lo que buscaba; a pesar de este fatal contratiempo, no decae su ánimo, y endilga sus pasos hacia el prado o bosque de los Césares, pues siendo entonces como ya lo he dicho otra vez, aquel sitio sumamente monstruoso, podría acontecer el toparse con algunos de sus paisanos.

—Daremos —dijo para sí— este último paso, y si no, iré yo solo, aunque perezca, a librar a mi pobre señor.

Acercose con estos intentos a la Fuente de los Gomeles, y vio a un bulto sentado sobre una peña.

—¿Quién va allá? —exclamó.

—Un desgraciado.

—Hola, me parece en la voz... Eres tú... Pedro...

—El mismo.

En pocas palabras contó Tarfe la triste aventura de Abenamet, y Pedro le refirió cómo, habiendo salido la tarde anterior de la cárcel, se entretuvo en buscar algún dinero entre sus conocidos, y viendo que no tardaría ya mucho en amanecer, acababa de salir de la ciudad para buscar al ferí.

Subió entonces en el otro caballo, y a toda carrera llegaron en poquísimo tiempo cerca de la caverna maldita, bajáronse, y, acercándose poco a poco, notaron la algazara que dentro había y dispusieron su plan de ataque.

—Parece que son pocos —dijo Tarfe en voz baja.

—Sí, pero podrán venir más, pues esta es la hora en que se reúnen estos bandidos.

—Enciendo la mecha.

—Conviene antes de todo añadir a la fuerza el engaño. ¿No dices tú que te parece eran cuatro?

—Así lo creo.

—De modo que, muerto uno, los otros nos los comemos; como yo he vivido mucho tiempo aquí cerca, sé que la seña de estos malvados son tres silbidos; ponte ahí enfrente contra la misma entrada; saca la gumía, y chitón.

Silbó Pedro tres veces, y viendo Osmin que no entraban los que se figuraba sus compañeros, sale impetuosamente fuera de la puerta, diole Tarfe una terrible puñalada, y antes que a su grito se levantasen de su asiento los demás, ya dos arcabuzazos habían tendido por tierra otros dos; avanzose Pedro hacia el cuarto monfí con el puñal en la mano y, sin darle tiempo para nada, se lo clavó por el pecho mientras remataba Tarfe a la vieja Isabel, que arrinconada en un lado quiso defenderse con un cuchillo. Soltaron corriendo al ferí, y empuñando este el arcabuz de Tarfe, salió seguido de sus dos fieles amigos; llegaron a donde estaban los caballos, y entonces notó Abenamet que su criado, en vez de armas, traía empuñada con las dos manos la olla del carnero.

—¿A qué viene ahora con eso? —le dijo.

—Señor mío, ya no he probado bocado en toda la noche, y he corrido como un corzo; será muy regular que esta carne se deposite en mi estómago más bien que en el de un monfí.

—Volemos a Benameda —gritó el ferí—; Pedro, tu hija está en poder de aquel perverso ermitaño.

—¡Qué horror! Vamos corriendo.

—Poco a poco —interrumpió Tarfe—; los caballos no se pueden mover; chica ha sido la carrera que han llevado esta noche.

—Pues descansemos solo media hora —siguió diciendo su amo.

Metiéronse entre unas matas cerca del Guadairo, y mientras el ferí meditaba tristemente, y Pedro daba profundos ayes acordándose de su hija, Tarfe embaulaba tajadas de carnero como puños.

Al cabo de rato exclamó así Abenamet.

—¡Cuánto tengo que agradeceros, amigos míos! Sin vosotros, mañana a esta hora quizás ya hubiera expirado vuestro ferí entre horribles tormentos y espantosos escarnios, pero el cielo ha permitido que los malvados llevasen su justo premio. ¿Y la vieja?

—Murió como los otros —le respondió Tarfe.

—Bien lo merecía; aquella no era mujer, era uno de los espíritus infernales, que permite Alá salgan del averno para perseguir y molestar a los hombres; terrible, amigos míos, ha sido esta noche, y grabada estará siempre profundamente en mi memoria; zus, marchemos, que ya es tarde.

Cuando llegaron a la ermita, había rato que estaba enterrada Leonarda, Beatriz se había vuelto a Jubrique con Inés, y fray Silvestre a Ronda, de modo que no hallaron a nadie visible; con todo, registrando muchas veces toparon con la puerta secreta del corral, y presto la pobre María se vio montada en un caballo con su padre, y caminando todos hacia lo que hoy se llama Sauceda de Cortes.[2]

[2] La actual zona conocida como La Sauceda, en el término municipal de Cortes de la Frontera.

Capítulo 32º

La cueva de las Motillas

Vino
A la frescura de una cueva umbrosa
Del curso de las aguas escavada.
Cuya florida entrada
Rodeada de yedra
De juncos, cañas, flores,
Enredadas en árboles mayores
Ornan la tosca piedra
Que los claros licores
Del cristalino Tajo que la baña
Con su blandura, su dureza engaña.
Francisco de la Torre, Égloga 8ª.[1]

Un poco más allá de la dehesa de Pasada Blanca, se encuentran los baños minerales del mismo nombre, y serían las once del día cuando llegaron a ellos nuestros caminantes; sentáronse junto a unas frondosas encinas casi enfrente del acueducto romano por donde salen las aguas y comenzaron a tomar un frugal desayuno.

—He querido aquí detenerme —dijo el ferí— porque María estará fatigada de tan precipitada marcha.

—El placer que siento de verme libre de la ermita, y sobre todo al lado de mi padre, ha impedido que me fatigue la caballería.

—¡Sí, tu padre —exclamó Pedro— puede servirte de mucho placer!

—Mientras yo exista —respondió el ferí— no os faltará nada, y podréis vivir conmigo si gustáis.

—Yo voy con vos, aunque sea al fin del mundo. ¿Podré olvidar que habéis expuesto vuestra preciosa vida para librar a mi hija?

—Ni yo tampoco olvido que sin vos el auxilio de Tarfe de nada me hubiera servido.

—Todo eso está muy bien —replicó este—, pero mejor hubiéramos hecho en pararnos en otro sitio, porque aquí…

[1] Se trata de la Égloga octava de la 'Bucólica del Tajo', de Francisco de la Torre (¿s. XVI?–1588).

—Sin duda —contestó el ferí, acordándose de la toba del río Guadalevín— habrá aquí también algún encanto, porque debéis saber que mi criado tiene singular repugnancia a todos los parajes donde hay agua, y en ellos ve siempre prodigios y fantasmas.

—Lo cierto es que por ningún dinero del mundo se sentaría nadie en esas dos piedras encarnadas que al frente tenemos.

—Pues bien llanas y lisas son, mira y verás…

—Por Alá, ¿qué vas a hacer?

—Ya estoy sentado en ellas.

—¿Y no sientes que te hormiguean las manos?

—No.

—¿No te tiemblan las piernas?

—Tampoco.

—¿Conque estás bueno y sano como antes?

—Sí.

—Pues es el primero a quien tal cosa le sucede.

—Siéntate tú y verás.

—Antes permitiría que me hicieseis pedazos.

—Vaya, cuéntanos mientras acabamos de almorzar lo que ha acecido de notable en este sitio que ahora, como es día claro, no tendrás miedo.

—Por supuesto, pero si fuera de noche…

—Vamos, empieza.

—Tengo poco que decir sobre este particular, pues lo único que se sabe es que todos los días a las dos de la madrugada se ven sobre esas piedras sentados dos bultos.

—¿Y hace mucho tiempo?

—Lo menos doscientos años.

—Pues ya serán bien viejos los tales señores.

—El uno es un hombre con traje moro, y la mujer con vestido; ya ríen a carcajadas, o ya, y son las más veces, hablan en voz baja lanzando de tiempo en tiempo terribles lamentos; si acaso algún atrevido osa aproximarse a su encantado asiento, arrojan un rayo de fuego por su boca y lo dejan achicharrado; negro, lo mismo que carbón, y luego se meten por el acueducto.

—¿Y qué opinas tú de esta visión?

—El fuego que echan y el maldito gusto de esta agua me hacen creer son dos espíritus infernales; algunos se han atrevido a apartar de este sitio las piedras creyendo acabar así con el encanto; pero al día siguiente se han encontrado en el mismo lugar; otros las han roto; los pedazos se han vuelto a unir por sí mismos, quedando perfectamente enteras, y los que se han sentado en ellas han muerto en el acto; en fin, señores, este es un lugar de maldición, y yo no aconsejo a ningún fiel musulmán que se detenga en él, ni siquiera un minuto.

—No creáis, señores —continuó el ferí—, las necedades de mi criado; es seguro que aquí nadie se sienta de noche a no ser por una rara casualidad, y si estas aguas tienen mal gusto es porque contienen azufre.

—Por eso mismo —saltó Tarfe repentinamente—, pues... Por el azufre... Eso mismo, azufre; ¿habéis visto jamás espíritus infernales que no vengan cercados de azufre, alquitrán y brea?

Después de reír un rato; por una estrecha senda siguieron hasta la entrada de la cueva de las Motillas; esta cueva es de una inmensa capacidad, pues tiene más de media legua largo; la mano del altísimo ha fabricado en su interior salones que se cruzan por todos lados; circulan por ella varios arroyos de agua cristalina, y el aire que dentro se respira es más puro y suave que el cefirillo de la mañana; encubren la entrada cuatro altas encinas cubiertas de matizadas madreselvas; infinitas flores y musgos de varios colores y hechuras tapizan los vecinos tajos; solo la mano práctica de los moros era capaz de apartar tan enmarañada maleza y penetrar por aquellas sombrías bóvedas desconocidas entonces a los cristianos; aun en los posteriores siglos solo se menta que a mediados del pasado tres mozos de Cortes penetraron en ellas y registraron sus hondos y profundos senos.

Entraron, pues, nuestros viajantes en la caverna alumbrada por un centenar de hachones de pino. Allí ya bajo la dirección de Mahoma se habían alzado diversas tiendas donde vivían los obreros y trabajadores; unos hacían lanzas y flechas; otros forjaban las varias piezas que componen un arcabuz, mientras estotros conducían desde fuera el hierro y los demás materiales necesarios; pero todo con tal orden y sosiego que más parecían estatuas que hombres; solo de tiempo en tiempo cesaba el trabajo, y congregados a la voz de Almanzor decían las preces y hacían las abluciones que el rito de Mahoma señalaba.

Un grito de placer resonó en aquellas eternas bóvedas al ver al ferí; todos lo cercaban, y las mujeres vibraban mil veces a la pobre María, mientras Tarfe y Pedro contaban a los admirados espectadores los raros sucesos de la noche anterior; descansó algunos días el ferí, y tomó las convenientes disposiciones para el mejor orden y gobierno de aquella colonia; encargó después repetidamente la obediencia y disciplina, y dejando el cuidado de los aprestos militares al alfaquí Almanzor, salió una mañana en compañía de Mahamud disfrazados de mercaderes cordobeses para recorrer los principales lugares de aquellas sierras.

Capítulo 33º

Los viajes del ferí

¿Son estos por ventura los famosos
Los fuertes, los belígeros varones
Que conturbaron con furor la tierra?
¿Que sacudieron reinos poderosos?
¿Qué domaron las hórridas naciones?
Rimas de Herrera, Canción a la
pérdida del rey don Sebastián.[1]

Mahamud era una persona que a primera vista, ya por su modestia natural, ya por la constante simplicidad y poco lujo de su traje, se hubiera tomado por un hombre cualquiera y de pocas luces; pero tratándolo de cerca, veíase que era prudente, generoso, esforzado y sobre todo sumamente instruido en los anales y fastos históricos de los árabes; daba gusto inmenso a sus compatricios, cuando sentado al lugar en las largas noches de invierno refería con candor y admirable elocuencia el nacimiento y trabajos de su profeta Mahoma, sus victorias y milagros y el esparcimiento de su doctrina por todo el orbe; a pesar de los reveses que sufrió desde el principio, causados por las disensiones civiles y religiosas de Alí y de Omar, sin duda por estas buenas dotes fue escogido por el ferí para ser su compañero de viaje.

—Ya tenemos a la vista —exclamó Mahamud— los torreones de Gaucín; este castillo era uno de los más fuertes que poseíamos en estas sierras, y debemos hacer gran empeño para que su caudillo alce el pendón de la santa ley; bastante pugnaron nuestros enemigos para ganarlo, y pagaron con su sangre muchos nobles de Castilla tan temerario arrojo, mas al fin herido mortalmente su alcaide Malique, la entrega fue entonces necesaria; pero no creáis que contrataron condiciones tan vergonzosas como las de Ronda, salieron con armas y caballos de la villa, y todos se retiraron a Jubrique; según tengo entendido, escapó el ilustre jefe de mis heridas y hace muchos años que vive tranquilo en su casa; no dudo que logremos reanimar su ardor, y que quiera de nuevo ser alcaide de esta fortaleza.

1 Fragmento de 'Por la pérdida del Rey Don Sebastián', de Fernando de Herrera (1534–1587).

Hallaron en efecto a Malique, y aunque imaginando mal de la empresa se resistió al principio a tomar parte, venciéronlo al fin las razones del ferí y robusta elocuencia de Mahamud.

Pasaron luego al pueblo de Algatocín.

—Siempre que veo este lugar —prosiguió Mahamud—, mi corazón se llena al propio tiempo de suave placer y de profundo sentimiento; aunque yo nací en Estepona, crieme aquí, y la belleza de una de sus hijas cautivó para siempre mi corazón; estos habitantes entregaron pronto la cerviz al yugo cristiano, de suerte que ya por esta causa, o por alguna otra para mí desconocida, apenas han sufrido persecuciones ni molestias; por eso vi que sus tierras están perfectamente cultivadas; salgamos del camino. ¿Para qué tenemos de entrar…? Aquí por la derecha, ferí… ¿Te entristeces?

—Es verdad, miro al frente las ruinas…

—Sí, de Benastepar; dejémonos de angustias; esas ruinas son para nosotros santas y preciosas; sin ellas estaríamos siempre atados con pesados grillos, y por ellas vamos a lograr eterno prez y envidiable galardón…

—Algunas veces, Mahamud…

—Comprendo lo que me quieres decir; tampoco yo me pago de ilusiones hijas de calurosa fantasía, pero ¿no vale más morir que vivir como nosotros?

Llegaron al hermoso pago de huertas que se extiende hacia el lado de Benadalid entre el carril y el río Genal llamado Benajamí.

—¿No veis, ferí, que alegres y satisfechos están aquellos trabajadores?

—Es verdad, y hállanse mezclados moros y cristianos, ¡qué infamia!

—El hombre se acostumbra a todo, Abenamet, y mucho más cuando por su clase, o por su educación, no germinan fuertemente en su pecho los puros sentimientos patrióticos.

—Entonces me temo…

—No, esa es otra cuenta; habladles a esos mismos hombres que parecen fríos e indiferentes en su peculiar lenguaje, pintadles la persecución, y la tiranía que sufren, que entrevean, aunque a lo lejos, un porvenir seguro y venturoso, y ya veréis cual los mansos corderos se tornan de repente encarnizados leones; dinos —prosiguió Mahamud, dirigiendo la palabra a uno de aquellos cultivadores— cuál es la huerta de Aben-Cádiz.

—Seguid el camino derecho, contad luego una, dos, tres y en la que hace cuatro vive quien buscáis.

—Dios os pague la merced.

—Y él os lleve con bien.

Sentado delante de su huerta estaba el moro rodeado de cuatro o cinco muchachos que jugueteaban.

—Mucho fresco hace, amigo mío —le dijo Mahamud— para que estés aquí.

—Este otoño es más templado que otros. ¡Ah, ya…! No os había conocido hasta ahora.

Aquella misma noche, sentados a la lumbre, no dudó asegurar Aben-Cádiz a sus amigos que no faltarían los moros de Algatocín a su deber apenas se les diese el oportuno aviso.

Eran ya más de las doce del día, cuando salieron de la huerta para dirigirse a Cortes por el camino de salitre; mas apenas llegaron a lo alto de la sierra, presentose una terrible tormenta de agua y granizo que les obligó a guarecerse en una venta que allí cerca había; cuando empezaban a calentarse entraron en la misma don Alonso de Aguilar, don Tello y don Sancho Nuño; habían salido de Ronda la misma mañana, y los dos primeros iban a Algeciras a negocios del rey Fernando acompañados de cuatro arcabuceros; don Sancho quiso aprovechar aquella ocasión para dar un paseo, y salió con ellos con la idea de llegar solo a Gaucín.

—Valiente tarde se presenta —exclamó don Tello—, y qué oscuridad.

—Esto no es nada —saltó Aguilar—, y yo opino que no debemos detenernos hasta acabar la jornada.

—¡Qué disparate tan grande! —respondió don Sancho, que ya se había arrellanado junto al hogar— ¿Queréis que nos muramos en medio de esos caminos de Dios? Cada granizo que cae pesa media libra, y ya tengo la cabeza abollada de puros golpes; ea, pongamos aquí nuestro campamento, que cuando llueve y hace frío una buena lumbre es media vida, pues la otra media se cifra solo en comer bien; muchachos, traed acá esas talegas, y vamos a sacar de ellas Dios mediante con que empezar a mover las quijadas.

Bien reparó el ferí en los que entraron; pero, seguro de que con su disfraz era imposible de ser conocido de personas que solo lo habían visto una vez, permaneció sin alterarse en su asiento.

—Vaya —siguió don Sancho—, venga acá ese vino, y luego que caigan granizos hasta que san Juan baje el dedo.

Diole un trago a sus compañeros, y después, encarándose con los moros, les brindó también.

—Agradecemos el favor de vuesamerced —dijo Mahamud, fingiendo tono humilde y acomodado al traje.

—¿Conque no queréis?

—No acostumbramos beber vino.

—Preciso que tengáis algún rastro de mala secta en la sangre, pues si no era imposible despreciáis mis ofrecimientos, mas no hay cuidado, yo haré la razón por vosotros, que mi estómago es…

—Tan grande y amplio como el de un avestruz —le contestó Aguilar.

—No habrá mucha diferencia, amigo mío.

Mientras duraban estas pláticas anocheció, y en vez de aclararse algún tanto el cielo, cada vez se puso más negro y opaco; caían mares de agua, y el frío era sumamente vivo, de suerte que a pesar de la impaciencia y de los buenos deseos de don Alonso, les fue imposible ponerse en camino.

—Terrible va entrando la noche —prosiguió don Sancho—, y, a no ser por esta hermosa lumbre, perecíamos todos; otra igual escena le sucedió a Domingo Abad de los Romances, que es quizá nuestro primer poeta castellano, y por eso exclamaba:

En somo del puerto
Cuídeme ser muerto
De nieve e de frío
E de ese rocío
De la madrugada.[2]

—En vez de decirnos esos versos que no a todos gustan, haríais mejor —replicó don Tello— en contarnos alguna historia o cuento para pasar el rato mientras llega la hora de dormir.

—Justamente —respondió nuestro poeta— tengo en mi cabeza una numerosa colección de hechos notables y extraños sucedidos, de modo que si me oís con atención os referiré cierta aventura que unos la tienen por cierta y otros por fabulosa.

—¿Y vos qué pensáis?

—Yo me quedo en medio sin bambolearme ni a una parte ni a otra; pero chitón, que ya principio:

La merienda en el aire

Cuento

Ya habréis oído hablar del famoso Arcipreste de Hita, hombre de bellísimo humor, siempre dispuesto a la cháchara y a zumbarse del prójimo; añadió a esto una afición decidida a los versos, como yo, y una dosis no pequeña de glotonería, también como yo; nuestro amigo era un hombre gordo, carrillado, colorado, siempre la risa en los labios y la mano en el plato; jamás las cuitas saltaron su corazón, y los sollozos y suspiros estaban desterrados de su casa; los criados que lo servían tan alegres y rollizos como él; hallábase en su vivienda tal abundancia de vinos y mantenimientos que nada faltaba de todo lo que hay en la tierra comible y bebible excepto el agua, porque el Arcipreste jamás la bebía; como era tan zumbón, hizo una vez una pesada burla a un

[2] Esta serranilla —coincidente con algunos de los versos del *Libro de Buen Amor*— atribuida por Gonzalo Argote de Molina (1548–1596) al poeta de la corte de Fernando III Domingo Abad es, a juicio de Dámaso Alonso, una falsificación ('Crítica de noticias literarias transmitidas por Argote', *Boletín de la Real Academia Española,* Tomo 37, 150, (1957), pp. 63–82, 82).

vecino suyo, que tenía fama de mágico, y este juró entre sí vengarse a la mayor brevedad posible.

No había transcurrido un mes, y veíase una hermosa tarde de primavera sentado a nuestro Arcipreste en un delicioso jardín, acompañado de ocho o diez de sus mejores amigos; entraron a poco los criados, y, después de traer una larga mesa, pusieron encima toda clase de comestibles y de licores; los ojos de nuestro clérigo brillaban del más puro placer.

—Nada en este mundo me complace tanto —exclamó— como comer y beber con mis amigos en este ameno bosquete; aquí, mientras empino un jarro de sabroso aloque, el canto de los pajarillos y el olor de las azucenas y claveles halagan mi oído y olfato, de modo que al mismo tiempo se disfruta placer por tres sentidos diferentes.

Parecioles a todos bien este razonamiento, y encomendándose a Lúculo y a Heliogábalo,[3] iban ya a empezar sus cotidianas masticatorias hazañas, cuando se oscureció de repente el cielo, sonó su horroroso trueno, notáronse ráfagas de prolongada luz, y se vio en el aire a corta distancia de ellos el vecino encantador; toca con su varita en la mesa, y todos se quedaron sin poder mover ni pies ni manos; a otro golpe se presentaron encaramados en los árboles una porción de jóvenes y de agraciadas ninfas, tocando laúdes y rabeles, y a otro tercero empezaron a subir por el aire las viandas hacia los árboles, donde los recién venidos se las engullían alegremente a más no poder; era, por cierto, espectáculo sumamente raro y divertido ver volar los ánsares, patos y gallinas que parecían animales vivos; dícese que el Arcipreste suspiró entonces por la primera vez de su vida, y no pudiendo agarrar nada con la mano, afianzó con la boca un pastelón de pichones que ya empezaba también a tomar vuelo, pero otro golpe mágico se lo quitó de entre los dientes, y fue a reunirse con los demás manjares; sufrieron allí aquellos infelices durante un buen rato las penas que la fábula cuenta de Tántalo, que tenía sed, veía delante de sí abundantes arroyos de agua tersa y cristalina, y no podía beberla; al fin acabaron de comer los encantadores, y entonces el mágico tocó una chirimía, y sin quererlo ni poderlo remediar, el Arcipreste y sus compañeros empezaron a bailar a cual más entre las ruidosas carcajadas de los genios, o diablos, o lo que eran; al fin el vecino irritado tuvo de ellos lástima, y desligándolos del conjuro, se tendieron por el suelo sudando a chorros, y el Arcipreste dijo en alta voz:

—Cualesquiera que seáis, ya que me habéis causado tal daño, tened lástima de mí, y dadme siquiera un bocado de aquella perdiz asada que tiene en la mano la niña que está subida en el almendro de la derecha.

Bajó, en efecto, el ave, mas apenas la tocó con la mano, volviose más negra que el carbón, y entre burlas y amargas risas desaparecieron todos de

[3] Véase nota 4 del capítulo 7.

repente; aclarose el cielo, y el clérigo y sus amigos se entraron en la casa, renegando de tan maldita aventura.

No bien había acabado de decir don Sancho esta última palabra, cuando hete aquí que se entran por las puertas de la venta más de cuarenta moriscos y se echan los arcabuces a la cara.

Han de saber mis lectores que, deseando Aliatar, el caudillo de Casares, dañar a los cristianos, mientras los otros moros estaban, como ya he dicho, dentro de la Cueva de las Motillas, él y los suyos disfrazados de monfíes talaban toda la sierra, llevándose el dinero y ganados que podían haber a las manos.

Nuestro cuentista apenas vio las bocas de los arcabuceros, dio un salto y se acurrucó detrás del ferí, quien conoció muy bien a Aliatar y no se movió de su asiento; don Alonso y don Tello, aunque sorprendidos tan vivamente, pusiéronse de pie con presteza, y echaron mano a las espadas, haciendo ademán de defenderse; mal sin duda les hubiera salido tal arrojo, mas el ferí alza la cabeza, da un silbido, y los moros bajaron al instante los arcabuces; hizo después una seña con la mano, y se fueron aún con más rapidez que los encantadores de don Sancho, que salió de su escondite y exclamó:

—¡Y luego dirán que no hay magia! ¿Pues esto qué es en buen romance?

—Esto es —contestó el ferí, levantándose— pagar un favor que se me hizo hace dos meses.

Así dijo, y sin esperar más respuesta, saliose de la venta seguido de Mahamud, y mucho antes de amanecer llegaron a Cortes.

Este pueblo, situado ahora en su cañada ventilada y agradable, veíase entonces en el sitio que llaman Cortes el Viejo entre tajadas rocas y pedregosas cuestas; reuniéndose a medianoche bastante lejos de la población donde dicen Corral de los Olivos más de veinte de los principales habitantes, manifestoles el ferí en pocas palabras el objeto de su venida, los recursos con que se contaba y la necesidad que había de que a un mismo tiempo alzasen la voz de independencia en unión con los pueblos de Montejaque, Benaoján y demás de aquella sierra de Libar; al oír estas razones, quedáronse todos tan tristes y pálidos cual si hubieran escuchado su sentencia de muerte.

—¿Qué es esto? —exclamó Abenamet— ¿Cuando creí que se encendiese en vuestros pechos el más puro y ardiente patriotismo os veo desfigurados y abatidos, como si el viento mortífero del desierto hubiese soplado sobre vosotros?

—Señor —dijo uno de ellos—, prevemos la dificultad de la empresa…

—¿Y cuándo habéis visto gloriosas empresas que no vayan acompañadas de peligros?

—Pero esta presenta mayores dificultades que otras; la cercanía de nuestros vencedores…

—Tanto mejor; con eso no habrá que andar mucho para encontrarlos.

—Nos hallamos sin adalides, sin armas, y el hábito del descanso ha enflaquecido los brazos de muchos.

—Sí, ya lo veo —prosiguió el ferí—; ya lo veo, la esclavitud ha amortiguado todo vuestro ardor; ya nada os anima, sois cual frías estatuas de mármol que presentan solo bella apariencia. ¿No os acordáis que vuestros padres conquistaron estas sierras, vencieron el inmenso poder de los godos y fundaron estos mismos pueblos? ¿No calculáis que sois descendientes de aquellos intrépidos varones que lanzó la Arabia, y con la fuerza y el poder propagaron por todas partes nuestra religión?

—Es verdad lo que decís, pero…

—¿Queréis disfrutar luego en la otra vida los eternos placeres que en los inmortales jardines están guardados a los fieles musulmanes? Pues no, moriréis, y vuestas almas irán por una eternidad de siglos a frías y tenebrosas regiones, porque habéis preferido las cadenas a la libertad, y la oscuridad de la noche a la luz brillante del mediodía; vámonos, Mahamud; esta heroica empresa no necesita para nada de vosotros, pero si os atrevéis a revelar este importante secreto, no quedará de vuestro pueblo más que el nombre.

Saliose entonces encendido en cólera, y sin quererse detener ni un minuto siquiera en el pueblo, encaminó sus pasos hacia Benaocaz.

Siguieron un gran rato en el mayor silencio hasta que Mahamud dijo así:

—Ferí, te has encarnizado mucho contra esos infelices.

—¿Pues no ves…?

—Sí, todo lo he visto.

—Por el santo profeta que no creí hallar gentes que tuviesen la sangre tan fría, y que se interesasen tan poco por el bien y la felicidad de su país.

—Son pobres, Abenamet, y como su terreno nada produce que pueda excitar la rapiña de los cristianos y viven tranquilos, se creen felices, y temen que la guerra les prive de este corto alivio.

—Por eso fueron los primeros que, apenas cayó Ronda, entregaron su cuello al vencedor. ¡Ay, Mahamud! Si esta serranía de Libar se hubiese armado en masa, nosotros también hubiéramos podido defendernos por nuestra parte, y no triunfaran tan fácilmente los hijos de Castilla.

—En efecto; aquí hay formidables posiciones y excelentes sitios para sostener por mucho tiempo vigorosa y bien porfiada pugna; pero les faltaron adalides que los guiaran al combate, y por no perecer todos como mansos corderos, tuvieron que entregarse a merced de los reyes cristianos, y así han conseguido que los traten con mucho más miramiento que a los habitantes de Sierra Bermeja.

—Bien conocen nuestros ganadores que las turbulentas aguas del Genal producen más belicosos ánimos y más ardiente patriotismo que las del plácido y suave Guadairo.

Capítulo 34°

Siguen los viajes del ferí

¡Ay, que ya sube hasta el cielo
El denso vapor y el humo,
Y de ilustre sangre mora
Salpícanse asaz los muros!
Romance inédito.

Ya había clareado cuando se dirigieron los viajeros con Zaide, uno de los principales moros de Benaocaz, hacia la Cueva de Alchite; primero bajaron un rato por la cuesta que de dicho pueblo guía hacia Ubrique, luego entraron en una llanura pedregosa sembrada de multitud de peñascos que forman aguzadas puntas, y al fin toparon con la boca de la caverna; mucha práctica era necesaria sin duda para penetrar en ella sin riesgo; hállase al principio un pequeño vestíbulo de mediana altura; después se baja por un estrecho callejón en figura de cono que tendrá diez varas, luego se juntan tanto las piedras que es preciso pasar otras veinte arrastrando por el suelo; en seguida hay que deslizarse por resbaladizas lajas, siempre con mucho cuidado, pues están sembrados los bordes de espantosos precipicios y profundas simas; finalmente, como a doscientas varas de distancia de la superficie de la tierra, hallase un ancho y magnífico salón; a la claridad de las luces vieron entonces el más hermoso espectáculo que darse podía; innumerables petrificaciones y estalactitas de diversos colores y hechuras colgaban del techo y de las paredes, mientras a un lado hallábase un estrecho y largo boquerón, y oíase por su hondura correr un río subterráneo cuya entrada y salida se ignora.

—Asombroso lugar —exclamó admirado Mahamud—, es imposible que jamás el arte pueda formar otro tan sublime como este que la naturaleza por sí sola ha labrado.

—[No][1] he oído hablar de esta caverna —respondió el ferí—; a pesar de mis conocimientos prácticos en estos países.

—Será —contestó Zaide— porque fue descubierta poco antes de la conquista de nuestro pueblo, y después nos ha servido más veces de asilo, y

[1] Falta la primera palabra de la frase. ‘He’ aparece en minúscula tras un espacio, por lo que asumimos que falta un ‘no’ o un ‘nunca’, ‘jamás’, etc.

otras de punto de reunión para hablar en secreto de los particulares y públicos intereses.

—En efecto —continuó Abenamet—, el sitio es sumamente a propósito para una conjuración.

—Y no creas que está toda visitada; aún hay varios ramales en los que todavía nadie ha querido penetrar.

Llegaron en esto cuatro o cinco moros de los principales del lugar, y apenas se enteraron del mensaje y planes del ferí, cuando saltó Zaide entusiasmado:

—Yo, en nombre de todos, os ofrezco el más puro y franco auxilio; nuestro pendón ondeará en la plaza a la primera señal, que aún tienen nuestros brazos vigor suficiente para esgrimir las poderosas lanzas y las pesadas cimitarras.

—¿Podrá contarse con Grazalema y Ubrique?

—No, amigo mío; esos pueblos están del todo dominados por nuestros contrarios, y en especial Grazalema; los poquísimos moros que allí habitan, débiles y sin auxilio, sucumbirían al punto que se atreviesen a dar el santo grito, pero contad con nosotros y con los de Villaluenga.

—Conserva —prosiguió el ferí— esos leales sentimientos, y nuestro triunfo será completamente seguro; Alá esparza sobre vosotros, sobre vuestras mujeres y sobre vuestros hijos las flores deliciosas del placer.

—Y él os conserve sano y robusto por una infinidad de siglos, ilustre ferí de Benastepar.

Abrazáronse cordialmente, y después de salir con el mismo misterio, atravesaron otra vez los viajeros la sierra de Libar, no lejos de la Cueva de los Alfaques; entonces, un doloroso suspiro se escapó del pecho de Abenamet; su compañero creyó que era de tristeza al ver el mal estado de los negocios públicos, pero era solo acordándose de la cacería y de doña Elvira.

Pasaron en seguida a Jimera, Atajate, Igualeja y otros varios pueblos, y después llegaron una tarde a una viña cerca de Jubrique; allí vieron sentado a la puerta del amijar al venerable Abén-Zaide, antiguo ferí de dicho pueblo; su barba blanca y poblada caíale hasta la cintura, y era su semblante sereno como el mediterráneo en día de plácida calma; parecía que participaba, cual sus vendimiadores, de la pura alegría que notábase en sus rostros; pero bien veía el atento observador la oscura tristeza que a pesar suyo se trazaba en sus ojos; aunque disfrazados nuestros amigos, los conoció a la primera mirada, y se adelantó algunos pasos para recibirlos.

—Siempre —le dijo el ferí— conservas tu profunda melancolía. ¿No tendrá nunca treguas?

—El día que muera —respondió Abén-Zaide—. Bastante hago con coadyuvar aunque en apariencia a los juegos y diversiones de estas sencillas gentes, que eran casi unos niños cuando perdimos la independencia y el honor, que vale más que la vida, y se han acostumbrado por eso fácilmente a la esclavitud; pero yo...

—Sé muy bien —le respondió Mahamud— que has padecido desgracias horrorosas, pero, como yo entonces estaba ausente de estas sierras, quisiera que, si no te molestaba…

—Aunque siento renovar las penas de mi corazón, os las contaré francamente; quizás recibiré consuelo con vuestras piadosas lágrimas.

Sentáronse en torno del hogar, y después de tomar algún ligero alimento los dos caminantes, Abén-Zaide prosiguió así:

—Cayó Ronda, y escarmentados nosotros con la desgraciada suerte de Moclón y de Benameda, sufríamos con aparente resignación la ley del altivo vencedor; algunos años nos dejaron en tal sosiego que ya los hijos del profeta acostumbráronse insensiblemente a tan suave yugo; rindiose en tanto Granada, y aunque todos lloramos profundamente la pérdida del último baluarte de nuestra patria, también a poco se enjugó nuestro llanto viendo que no alteraba tan fatal contratiempo las loables intenciones de los cristianos; mas, ¡ay! Este buen trato y apariencia de virtud era el ponzoñoso cebo con que se nos halagaba para devorarnos después a mansalva; se acercó hace dos años el tiempo de la vendimia, y casi todos nuestros jóvenes se hallaban empleados en ella y ausentes del lugar; había yo acabado la mía, y sentado delante del jardín de mi casa una serena noche de octubre en compañía de mi esposa y de mis hijas: 'Ved', les decía con profundo dolor, 'ved aquel hermoso peral que extiende sus verdes hojas lleno de vigor y de lozanía, pues plantolo mi padre el día de mi nacimiento; ya yo camino hacia el sepulcro, y él casi principia a su florida y brillante vegetación; entonces, hijas mías, lo pusieron y cultivaron manos libres; entonces la triunfante media luna llenaba de terror al orgulloso castellano, y ahora… Mas no hagáis caso del dolor de un anciano, yo pronto moriré, y mis penas se encerrarán conmigo en la tumba, mas tú, querida Galiana', proseguí encarándome con mi hija mayor, 'tú, que apenas has cumplido quince abriles, quizás disfrutes algunos días de dicha sobre la tierra que ya no podrá ver nunca tu infeliz padre'; mientras pronunciaba estas palabras, muy ajeno de la tempestad que iba a descargar sobre nosotros, un tercio de arcabuceros cristianos, favorecido con la oscuridad de la noche, encaminaron lentamente por las sombrías orillas del Genal, y llegó sin ser notado hasta el mismo pueblo; siento pasos, vuelvo la cara y me veo asaltado de repente por veinte o treinta de aquellos asesinos. ¿Qué podía yo, desarmado y solo? Nos encerraron en una sala, y dejándonos con la suficiente custodia llenaron en un momento el lugar de espanto y de confusión; di gritos, pero nadie me oía, y a poco el chasquido de las llamas, el ruido de las casas que se hundieran y los lamentos de las víctimas asordaron mis desconsolados oídos; ya no pensaba yo en mí, pensaba solo en los demás infelices; '¿por qué no me matáis?', dije vivamente a los que por fuera guardaban la puerta; '¿por qué no me matáis?', repetía con el agudo acento de la desesperación; aunque mi familia me rogaba encarecidamente que callase, yo, que solo quería la muerte, redoblé mis terribles imprecaciones y amenazas hasta que los arcabuceros, cansados ya de oírme, entraron de tropel; ya uno de ellos alzaba contra mí su mortífero puñal, pero mi hija le detuvo el brazo; llamoles la atención su hermosura, y suspendieron el asesinarme, ¿por qué no lo hicieron en vez de atarme de pies y manos, y de llevarse consigo a mi esposa e hija? Nadie muere de dolor cuando yo entonces no perecí.

'Entretanto seguía el incendio; pero, para dicha de Jubrique, no soplaba ningún viento, y aquellos malvados se retiraron a las pocas horas después de haber robado las principales casas y asesinado a algunos ancianos; a la nueva de tal fracaso acudieron todos los vecinos que estaban fuera, y consiguieron apagar las voraces llamas; buscáronme, me desataron, y quedé sumergido en el más profundo dolor; me estaba horas enteras mirando al suelo sin hablar palabra, y mis hijos pequeños, viendo mi extraña seriedad y la profunda aflicción que se pintaba en mi rostro, inmóviles me miraban de hito en hito hasta que el menor de ellos me dijo al día siguiente; ¿padre mío, volverán pronto mi madre y mi hermana? ¿Qué yo había de responder? Estas palabras acabaron de destrozar mi corazón, y una violenta calentura consumió desde aquel momento mi cuerpo por más de un año; al fin la porfiada asistencia de mis amigos, y el convencimiento íntimo de que aún debo vivir para mi patria me han restituido, ya que no la alegría, al menos una aparente serenidad. Por más pesquisas que he hecho, jamás he sabido la suerte que les cupo a los caros objetos de mi corazón; sin duda en el seno del soberano Alá están ya esperando hace muchos días a que se les reúna el triste y desgraciado Abén-Zaide.

Después de estar dos o tres días en Jubrique, llegó el ferí y su compañero al sitio donde vivía retirado el moro Abdalá, que era a una legua del mar, en lo más áspero de Sierra Bermeja, donde debían esperar la llegada de Hacem de Túnez; Abdalá tendría como unos cuarenta años, ágil, fornido y respirando en todas sus palabras y acciones el más profundo y ardiente amor a la independencia.

—No creyera —dijo el ferí— hallar tu hacienda tan cultivada y agradable.

—Como tengo agua abundante, he podido formar una hermosa huerta entre las asperezas de estos inmensos pinares, y disfruto aquí los deliciosos placeres de la vida del campo.

—Nosotros queremos —prosiguió Abenamet— ayudarte los días que estamos aquí en tus campestres tareas.

—Os chanceáis sin duda; ¿había yo de permitir que tan esclarecidos huéspedes tomasen la azada en la mano?

—Esto nos servirá de diversión; además, querido Abdalá, ¿piensas que el ferí de Benastepar no sabe empuñar en sus manos sino solo el mortífero alfanje? No, amigo mío, también los instrumentos de la labor le son familiares.

En efecto, apenas amaneció, ya los tres moros estaban al frente de quince o veinte vendimiadores, dirigiendo la recolección de la uva.

—¿No pensáis hacer vino? —le preguntó Abenamet a un tiempo.

—No, pues no tengo el menor comercio ni trato con los cristianos.

Después de apartar las mejores uvas para colgarlas, y otras más inferiores para pasar, sentáronse a comer con buen apetito debajo de un frondoso castaño que estaba al margen de un claro arroyo; les acibaró este placer el oír cantar con voz melancólica a uno de los trabajadores este antiguo

Romance

Paseábase el rey moro
Por la ciudad de Granada,
Desde la puerta de Elvira
Hasta la de Vivarrambla.
Cartas le fueron venidas
De que era ganada Alhama;
Las cartas echó en el suelo,
Y al mensajero maltrata;
Descabalga de una mula
Y en un caballo cabalga
Por el zacatín arriba
Subido se ha a la Alhambra.
Cuando en el Alhambra estuvo
Al mismo punto mandaba
Que le toquen sus trompetas
Los añafiles de plata,
Y que las cajas de guerra
Aprisa toquen alarma,
Porque le oigan sus moros
Los de la vega y Granada.
Los moros que el son oyeron
Que al sangriento Marte llaman,
Uno a uno, dos a dos,
Juntándose hay gran batalla.
Allí habló un moro viejo,
De esta manera hablaba:
¿Para qué nos llamas, rey?
¿Para qué es esta llamada?
Habéis de saber, amigos
Una nueva desdichada
Que cristianos de braveza
Ya nos han ganado a Alhama.
Hablara allí un alfaquí
De barba crecida y cana,
Bien se te emplea, buen rey,
Buen rey se te empleaba,
Abencerrajes mataste,
Que eran la flor de Granada,
Y acogiste advenedizos

De Córdoba la nombrada,
Por eso mereces, rey
Una pena bien doblada
Que te pierdas tú y tu reino
Y que se pierda Granada.[2]

Como era tan patético y dulce el acento del moro, todos atendían más a su voz que a la comida, y Abdalá, entusiasmado, exclamó apenas rematara de cantar el mancebo:

—Así sucedió, así… Por la tiranía del rey Chico cayó la reina de Andalucía, la que se enseñoreaba en sus encumbradas sierras, y alzara brillante hasta el cielo sus relumbrantes torres; no, ya no escuchará mi oído el blando murmullo del Genil y Darro, ni veré los encantados jardines que guarnecen sus márgenes.

—¿Estabas allí cuando se perdió la hermosa ciudad? —preguntó Mahamud.

—Sí —le respondió Abdalá—, y también vi el horroroso día en que el rey tirano sacrificó a los Abencerrajes.

—Crueldad terrible —prosiguió Mahamud—; ella me privó de las mejores lanzas que Boabdil tenía; cuéntanos, Abdalá, este terrible suceso; yo lo he oído más de treinta veces, y siempre por lo increíble me parece sueño.

—Granada estaba entregada a bandos y parcialidades; los Zegríes eran los jefes del partido dominante que colocó al cruel e impotente rey Chico sobre el trono; pero los Abencerrajes, fieles a su sagrado juramento, jamás abandonaron la causa justa del destronado Mulei-Hacem; creyera el necio rey que, a fuerza de diversiones y ruidosos placeres, acallaría el descontento de unos y dulcificaría el orgullo desmedido de otros, amalgamándolos y reuniéndolos en derredor de su vacilante solio; mas se engañó el triste, así como en todo lo que emprendía; presentábanse los caballeros en las cañas, en los torneos, divididos en cuadrillas, y con divisas y lemas tan diferentes que en vez de apagarse el odio de los corazones, solo sirvieron estos juegos para encenderlo de nuevo; los Zegríes, entonces, aconsejaron al rey no solo que repudiase a su desgraciada esposa, sino que asesinase a los ilustres Abencerrajes; en efecto, se señaló el día y hora fatal; llámalos el rey uno a uno a palacio, el verdugo los esperaba en la cuadra de los Leones acompañado de muchos guardas del monarca, y allí, en una gran taza de alabastro que hay en medio, fueron

[2] El 'Romance del Rey Moro que perdió Alhama' es una de las composiciones más famosas del Romancero Viejo, extractada por Pérez de Hita —que la presenta como una traducción del árabe— en la primera parte de su *Guerra de Granada*. El romance tuvo cierta vigencia durante los años en los que Hué escribió su novela, a través de su inclusión en colecciones como el *Tesoro de los romanceros y cancioneros españoles, históricos, caballerescos* (Paris: Baudry, 1838), pp. 369–370, de Eugenio de Ochoa, o su traducción al inglés de mano de Lord Byron en 1818 y al alemán de la de Victor Aimée Huber en 1835.

aquellos infelices degollados sin que hacer pudiesen la menor resistencia; perecieron de este modo en un instante treinta de los principales caballeros, la flor y gloria de Granada; Malique Alabez y algunos Abencerrajes supieron, por un criado de palacio, lo que pasaba; dieron la alarma, y no solo los deudos y parientes de los difuntos corrieron a las armas, sino aún los más indiferentes, y que eran de distintos linajes; 'si hoy toleramos este exceso', decían con sobrada razón, 'mañana o pasado nos matarán también a nosotros hasta que los Zegríes y Gomeles queden solos y pisen sonriéndose nuestros palpitantes cadáveres'; de resultas del tumulto, alzose por rey a Mulei-Hacem; más de doscientos Zegríes perdieron la vida, y aunque el rey Chico escapó por una puerta secreta de la Alhambra y pudo al fin templar a los descontentos, no todos lo tornaron a reconocer por rey, y quedose mandando padre e hijo; de este modo, amigos míos, perdió Granada muchos de sus mejores caballeros, pues, además, a los pocos días se pasaron a los cristianos los demás Abencerrajes que aún quedaban.[3]

—Hicieron muy mal —exclamó el ferí— en tomar las armas contra su patria.

—Estaban tan perseguidos que solo así pudieron hallar asilo y protección.

—Es verdad —siguió Mahamud—, pero dejemos por ahora estas tristes escenas, y hablemos de otros asuntos; extraño mucho que te dejen los cristianos de Ronda y Marbella tan pacífico poseedor de esta hermosa hacienda.

—Debéis saber que, en uno de los muchos encuentros que teníamos diariamente en la Vega, nos topamos con un tercio de caballería cristiana mandada por Alonso Yáñez Fajardo, hijo del adelantado de Murcia, y, a pesar de su valor, cayó preso en nuestro poder; mis compañeros, cansados de su obstinada defensa, quisieron matarlo, mas yo lo impedí vigorosamente, y habiéndose rescatado poco a poco, no volví a saber de él por entonces; mas después que sucumbió la ilustre ciudad, volvime a estas sierras, y habiendo visto por casualidad otra vez al Fajardo, que es ahora regidor de Ronda, me ha protegido con tal ahínco que nadie me molesta en mi pacífica soledad; mi casa es el asilo de los perseguidos y desgraciados, y aquí se disfruta la mayor paz y tranquilidad; solo le pido diariamente al supremo Alá que me conceda una larga vida para que vea otra vez flotar en nuestras sierras el estandarte mahometano.

—Así será —respondió el ferí con vehemencia—; así será, o moriremos todos.

[3] Sigue muy de cerca aquí Hué, a veces literalmente, el relato de la traición a los Abencerrajes proporcionada por Pérez de Hita en el capítulo XIII de la primera parte de *Guerra de Granada*.

Capítulo 35º

Diálogos en la casa de doña Elvira

Amor yo nunca pensé
Que tan poderoso eras
Que podrías tener maneras
Para trastornar la fe
Fasta agora que lo sé.
Pensaba que conocido
Te debiera yo tener
Mas no pudiera creer
Que fueras tan mal sabido,
Ni jamás no lo pensé
Aunque poderoso eras
Que podrías tener maneras
Para trastornar la fe
Fasta agora que lo sé.
Cantiga del rey don Juan el 2º.[1]

—Bien dicen estos versos del ilustre poeta —exclamó doña Elvira acabando de leerlos, y paseándose aceleradamente—; bien dicen estos versos, ora se entienda la palabra fe por promesa o juramento, ora por creencia; de cualquier modo, es más poderoso el amor que yo pensar solía, ¡ay! El corazón, libre como estaba el mío, se presentaba plácido y risueño como las floridas orillas del río que me vio nacer; mas cuando tan tormentosa pasión se apoderó de él, semejante a las impetuosas aguas del angosto y rápido Genal, ¿qué deberé hacer? Si la pérfida Inés no hubiese revelado el secreto de mi alma... Entonces viviría al menos más tranquila, y no que ahora me parece que han de conocer todos en mi rostro lo que pasa dentro de mí. ¿Y la guerra y la desolación, y la carnicería horrible...? Si hubiera podido hablar algunas palabras más a Abenamet quizás impediría... Mas —prosiguió alzando un poco más la voz— don Juan Pérez, ¡ah! Don Juan Pérez...

—Aquí estoy yo para lo que gustéis mandarme —dijo este, entrándose por la sala.

—¿Pues cómo...?

—Ya algo restablecido de mis heridas he venido a veros.

1 'Canción del Rey Don Juan' de Juan de Mena (1411–1456).

—Sentaos, don Juan; pero quiera que hubieseis escogido otra ocasión más oportuna.

—Los amantes aborrecidos como yo nunca encuentran ocasión oportuna, si fuera…

—Pues yo sé quién sabe buscar estas ocasiones, sea del modo que fuere.

—Conozco, señora, que hice mal en esconderme, y aun mucho peor en presentarme luego delante de vos tan de repente, mas poneos en mi lugar.

—Nadie debe nunca cometer bajezas.

—¡Bajezas! Muy fuerte es la palabra.

—Pero cierta; otros amantes desdeñados procuran con su constancia y rendimiento captarse la benevolencia de sus damas, y vos queréis…

—Yo estaba ya desesperado con tanta crueldad; si hice mal, bien caro me ha costado, y creo que estaréis tan complacida.

—Nunca me complazco en la ajena desgracia, y, aunque resentida contra vos, me alegro en el alma que estéis ya curado.

—Aún no lo estoy, doña Elvira; Abenamet y vos queréis quitarme de este mundo; él con su alfanje, y vos con tan excesivos rigores.

—Hace mucho tiempo que os he dicho francamente que no podía amaros, después…

—¡Después! ¡Extraña palabra! Sí, ya sé que ahora amáis de todo corazón al ferí de Benastepar; vuestra misma criada me lo ha contado todo, ¿será verdad?

—Pues si no ignoráis el cariño que profeso a ese hombre desgraciado, ¿por qué me lo preguntáis?

—Quería oír por vuestros mismos labios que era falsa esta nueva, y que Inés me había engañado.

—Mis labios están siempre acostumbrados a decir la verdad; yo no iré en público a hacer alarde de un amor infundado y estéril; amor que por sí solo se extinguirá falto de pábulo, pero tampoco me avergüenzo de confesar que amo a Abenamet.

—¿Y es posible que una cristiana ilustre…?

—A una cristiana ilustre puede gustarle muy bien un moro.

—Sí; pero…

—Pero no podré enlazarme nunca con él; ¿y he tratado yo acaso de hacerlo? Si Inés no hubiese sido una infame desleal, ¿quién hubiera traslucido que a doña Elvira de Castro le placía ese infeliz?

—Jamás imaginara que vos…

—Si yo no tuviera familia a quien temo disgustar, y si Abenamet no estuviese proscripto, ¿creéis que vacilaría mucho en darle mi mano?

—¡Cómo! ¡Qué oigo!

—Sí; le daría mi mano, y él se quedaría moro y yo cristiana; ¿sería yo acaso la primera que tal hiciese?

—No, pero…

—No nos cansemos, don Juan, y ahorremos una plática enfadosa para mí, y perjudicial para vuestra salud; el ferí de Benastepar jamás podrá ser mi esposo; pero tampoco vos lo seréis.

—Si no fuese por ese fatal cariño…

—Yo puedo poner mi cariño en quien me plazca, mucho más si es secreto.

—Dad gracias al cielo que ese secreto está en mí, si no…

—Decidlo si queréis, que nada me importa, pues soy dueña de mis pensamientos.

—Pero no de vuestras acciones.

—Al menos jamás tendré que dar cuenta de ellas a vos.

—Pudieran murmurar.

—Si doña Elvira de Castro tiene su conciencia pura; ¿qué le importa lo que los demás digan y crean?

—¡Qué arrogancia!

—Jamás acostumbro a tenerla, sino cuando se me quiere incomodar y ofender. ¿Creéis sin duda que porque sabéis una cosa que puede serme perjudicial, estaré humilde y sometida a vos, y os daré la mano de esposa solo porque calléis? Lo repito, no puedo ser de Abenamet, pero tampoco seré de vos, ni de nadie.

Sumamente irritado y pesaroso se retiró don Juan Pérez a su casa, y agravando su cólera el mal estado de sus heridas, le entró una fuerte calentura; con todo, al cabo de algunos días aliviose otra vez, y tenaz en su propósito pidió formalmente la mano de doña Elvira a sus padres.

—Ya me es imposible tolerar más las cosas de tu hija —le dijo doña Juana a don Felipe apenas salió el pretendiente—. ¿Por qué la niña tiene el capricho de no querer a este caballero, te parece que hemos de ser nosotros tan tontos que desperdiciemos tan buena ocasión?

—Dices muy bien, pero ya ves tú que Elvira tiene todavía poca edad.

—Lo que es bueno y conviene debe aprovecharse; además, que ya anda en los veintiún años, y harta estaba yo a esta edad de estar casada.

—Sin duda.

—Y con hijos.

—Convengo.

—Tuve la desgracia de que todos se muriesen chicos, menos ella, que sin duda Dios me la ha dejado para mi mortificación.

—Dices perfectamente, aunque ella es tan buena…

—¡Bendita sea el señor, que tengo un marido de tan pocas luces!

—Seré lo que tú quieras.

—La niña te mima y acaricia, y te se cae la baba, y piensas que es una santa; pero yo tengo más perspicacia que tú.

—¿Quién dice lo contrario?

—Y más talento.

—No te lo disputo.

—Y entreveo muy bien por entre el velo de su dulzura el orgullo y espíritu de desobediencia que se abriga en su corazón.

—Hablas perfectísimamente.

—A mí no me engaña ella como a ti, y te digo, y te repito, que o he de poder poco, o se ha de casar con don Juan Pérez.

—Harás muy bien; mas deja siquiera que el pobre hombre se restablezca.

—Cuando él viene a pedir la novia es señal que ya estará del todo bueno.

—¡Pues si traía una cara como un difunto!

—En tales casos, la turbación natural…

—Podrá ser.

—Y aunque estuviese mucho más pálido, y se muriese a los dos días por lo mismo que recibió sus heridas peleando con el impío Abenamet, lo quiero más de veras casar con mi hija.

—Pues cree que no faltó un dedo para que Abenamet lo enviase al otro mundo.

—Algunas veces permite Dios que medre el malvado; mas es para poco tiempo.

—Si quisieras esperar, yo platicaría a solas con Elvira, y la convencería.

—Sí, que tú eres hombre capaz de convencer a tu hija.

—¿Y por qué no?

—¿Quieres que te lo diga claro? Porque eres un tonto.

—Muchas gracias.

—Y muy débil, y blando, apenas hiciese Elvira un pucherito, y derramase una lágrima, ya no teníamos a nadie.

—Yo buscaría modo.

—Tú no buscarías nada; deja este asunto a mi cargo, y verás cómo arreglo sin estrépito la boda.

—Y yo —prosiguió entrando don Sancho— dispondré metódicamente todos los preparativos de la comida.

—Todavía no ha llegado ese caso —le respondió don Felipe.

—Pero llegará —saltó doña Juana enfadada—, sí, señor, llegará, porque yo lo quiero.

—Muy bien, hasta cuando te dé la gana.

—Repito que yo haré lo que me parezca más conveniente, y a lo más dentro de veinte días ha de estar tu hija casada.

—Es tiempo más que suficiente, doña Juana —saltó don Sancho—; en seis tan solo dispongo yo el banquete más magnífico que darse pueda; a bien que en esta ciudad se halla toda clase de mantenimientos, y que yo sé sacar manjares guisados de las mismas piedras; en cuanto al epitalamio o cántico nupcial… Porque ya veis, esto es tan esencial como el comer… Tengo una gran porción de ellos en todas lenguas, podremos echar mano de aquel antiguo

Cernitis, innuptae, juvenes? consurgite contra...[2]

o en especial de otro que es un prodigio del arte...

—Permitid —dijo don Felipe— que me retire.

—No, que habéis de oír primero el plan de la obra.

—Otra vez.

—¡Qué disparate! Ahora mismo... Figuraos una espléndida mesa cubierta con los más exquisitos platos. ¿Estáis ya?

—Estoy, pero soltadme el brazo.

—Muy pronto —contestó nuestro poeta—, afianzando todavía un poco más, y los convidados coronados de fresca yedra, y la desposada vestida de blancos ropajes, con una guirnalda en la cabeza de claveles y azucenas, y más coloreada que el carmín... Ya se ve la cortedad del lance... Y el novio, mirándola de soslayo, y todos los concurrentes ya casi beodos, gritando con el vaso en la mano:

Ven, sabroso himeneo;
Ven, baja acelerado,
Y en plácido recreo...

Soltó don Sancho el brazo de don Felipe para accionar estos versos, y aprovechando esta tan feliz coyuntura se salió apresuradamente.

—¡Se me escapó! ¡Vaya, el tal hombre no tiene migaja de afición a las cosas buenas! Y luego estudiar, y devanarse los sesos, y no se encuentra un cristiano a quien decirle esta boca es mía.

—Sosegaos, don Sancho; ¿no sabéis que mi amable marido solo sabe dormir, comer y dar gusto a su preciosa hija?

—Es verdad, es verdad... Ignoro si será mejor poner el epitalamio en versos cortos o largos de doce sílabas.

—¡Y ya se ve cómo Elvira es tan dócil y tan buena!

—Convengo en ello, doña Juana... Porque si se canta es preciso antes aprenderlo bien de memoria.

—Una riña formal tendré con ella para conseguir...

—Bien hecho, manteneos firme... Quizás sería mejor que un coro de ninfas... ¿Pensáis, doña Juana, que deberá retirarse al principio o al fin del banquete?

—Como mejor os parezca; yo ahora atiendo solo a lo principal.

—Hacéis perfectamente... Y nada es más principal que indagar y escudriñar el momento más oportuno y crítico para entonar el himno nupcial... Sin duda será mejor cuando los convidados estén a media vela... Entonces,

2 Verso de la Carmen Nuptiale (62) de Catulo (87 a.c. – 57 a.c.): 'Muchachas / ¿Divisáis, doncellas, a los jóvenes? Levantaos, por el contrario'.

cuando suenen los cristalinos vasos… Entonces yo, puesto en medio sobre un banquillo, porque ya veis cómo soy algo chico de cuerpo, exclamaré en alta voz: 'callar, profanos, y atended a los acentos del mismo Apolo, que os habla por mi boca… Callad…'. ¡Hola! ¡También doña Juana se me ha escurrido! Vamos, lo digo y lo redigo, el gusto y la afición a las cosas buenas se van perdiendo en este pícaro mundo.

Capítulo 36º

El convento

No todas las vestales que se vieran
En solitarios muros encerradas
Adoran a su Dios como debieran.
Autor anónimo.

Al otro día de este diálogo le dijo doña Juana a su hija:

—Óyeme, Elvira; ya sabes que don Juan Pérez está reestablecido de las heridas que le causó el maldito ferí de Benastepar.

—Sí, señora, ya lo sé —respondió doña Elvira sumamente turbada, y sin saber cómo disimular su agitación.

—¡Maldito moro! Por poco me quita de en medio al más galán caballero de Ronda. ¡Mira tú lo que es el amor! Sin duda por lo mucho que te quiere se expuso a tal peligro.

—Pues yo me hubiera guardado muy bien de aconsejar a nadie midiese su espada con tan terrible mahometano.

—Es verdad, pero los finos amadores aprovechan con placer cualquier brillante ocasión para lucir la fuerza de su brazo, y presentar trofeos a su dama.

—Convengo, pero no siempre sale bien esa cuenta.

—Mas el resultado no le quita la gloria de haber desafiado al mayor enemigo del hombre cristiano que hay en estas sierras; como te iba diciendo, don Juan, ayer me ha pedido tu mano, pues desea casarse contigo al instante.

—Mucha prisa tiene.

—Ya sabes que te ama hace mucho tiempo.

—¿Y le habló también a mi padre?

—No me acuerdo, pues eso no hace al caso. ¿Qué es tu padre en el mundo mientras yo viva?

—Al fin es mi padre.

—Sí, pero es de tan pocos alcances…

—No lo hagáis tan tonto.

—Sea como fuere, quien manda en estos asuntos soy yo, y porque lo entiendo, noto perfectamente el gran mérito de don Juan Pérez, su esclarecido nacimiento, gallarda presencia, finos modales y cuantiosos bienes que lo ponen a la par de los más esclarecidos duques y condes.

—Todo eso sí es verdad, mas por ahora tengo poca inclinación al matrimonio.

—Pues, hija mía, no debes desperdiciar esta buena fortuna que se presenta, que no siempre la tenemos en la mano, y cuando neciamente nos descuidamos luego es preciso asirla por los cabellos, y ¡ay de la incauta doncella que desdeña una buena colocación fiada en el excesivo número de sus amadores! Pronto los años blanquean sus cabellos, arrúgase su rostro, y el mundo es para ella la más espantosa soledad... No, Elvira, no quiero que te suceda tal desgracia.

—Bien poco me importaría.

—¡Qué necedad! ¡Si tú hubieses visto los torneos que en días más felices se hicieron para festejarme! Más de diez caballeros perecieron en aquellos azarosos juegos, y después, ¡qué diferencia! Si no fuera por ti, nadie entraría a verme.

—Lo principal que os suplico es que me dejéis disfrutar vuestra compañía todavía por algunos años.

—No, Elvira, yo quiero que te cases, porque así nos conviene.

—Pues dadme al menos algún tiempo para pensarlo.

—El plazo será muy corto, pues te casarás dentro de veinte días a lo más.

—¡Dentro de veinte días!

—Sí, han sido tantas las instancias de don Juan...

—No me hallo dispuesta para en tan poco tiempo...

—Bien sabía yo quién eras a pesar de tan aparente dulzura.

—Pero, madre...

—No me llames madre, hija inobediente; este es el fruto de los perniciosos consejos de tu tío, mas yo haré que respetes mi autoridad.

—Haced de mí lo que gustéis, pero nunca me casaré con don Juan Pérez.

—¿Que no te casarás?

—No, señora.

—¿Que no te casarás?

—No creo sea justo sacrificaros el reposo y bienestar de toda mi vida uniéndome con un hombre para mí en extremo odioso.

—¡Odioso!

—Sí, señora, para mí lo es.

—Pues para mí no.

—Mas como yo soy la que debo casarme...

—Dices bien, Elvira, no quiero incomodarte; pero una de dos, o se efectúa al instante este matrimonio, o vas a un convento.

—Iré a un convento, aunque antes quisiera que mi padre...

—¿Para qué quieres a tu padre? —prosiguió doña Juana, sonriendo amargamente— ¿Quieres, sin duda, embaucarlo y engañarlo como acostumbras?

—No acostumbro engañar a mi padre ni a nadie.

—Si yo te conozco bien; primero le dirías cuatro palabras estudiadas, luego su ribete de lágrimas y suspiros, y el pobre hombre se derretiría y lloraría contigo.

—Mal me conocéis, madre mía, y extraño tengáis siempre para mí tan endurecida vuestra alma.

—También yo extraño que jamás quieras darme gusto.

—Pedidme todo, menos…

—Pues yo te pido que te cases, y te casarás, y si no, lo dicho, dicho.

—Haced de mí lo que gustéis.

Mucho trabajo costó a doña Juana contener los arrebatos de su cólera; mas apenas se quedó sola, se entregó a todo el frenesí de su arrebatado genio; aquel altivo pecho acostumbrado a siempre mandar no podía comprender cómo se atrevía su hija a desobedecer sus terminantes preceptos; resolvió, pues, hacer respetar su despótica autoridad, y, aprovechando la ausencia de su hermano, dispuso al otro día cumplir la amenaza que a su hija hiciera.

Luego que Ronda se conquistó, pensaron algunas personas piadosas llevadas de ardiente celo, fundar un convento de monjas, y en efecto, a poco viose salir en la plaza de la ciudad de entre las ruinas de unas casas árabes el de Santa Isabel, lozano y erguido, cual siempre son las nuevas fundaciones; una prima de doña Juana era entonces la abadesa, y a su cuidado quedó entregada doña Elvira.

Monjas, novicias, criadas todas acudieron a verla apenas llegó, atraídas por la curiosidad, que es como se sabe tanto más vehemente cuantos más obstáculos se le oponen.

—Pues no es tan hermosa como nos pintaban —dijo en voz baja la madre Soledad, que era una vieja seca y arrugada, a otra de sus compañeras.

—¡Se celebran tanto las cosas de este mundo! —le respondió esta— ¡Y ya veis lo que son las cosas de este mundo! Polvo y ceniza, ¡hermosa! Nada hay hermoso más que Dios.

—Es verdad, mas al cabo es sobrina…

—Ya os entiendo, madre Soledad.

Acercose la madre Soledad a la huéspeda, y prodigole tantas y tan multiplicadas caricias que ya daba grima y fastidio oírla.

—Reverenda madre —dijo entre otras cosas—, vuestra sobrina no parece mujer, sino un angelito. ¡Qué cara tan linda! ¡Pues y el color sonrosado de las manos! Parecen a las del niño Jesús, que tenemos en nuestra sacristía; ahora que miento este asunto, ¿le hicieron ya el vestido color de rosa y el sombrerito verde?

—Sí, madre.

—¿Y le concedió ya vuestro señor obispo las indulgencias que se le pidieron?

—Aún no ha respondido.

—No sé cómo, porque, pedidas como han sido por medio de nuestro padre confesor, es cosa obtenida al instante.

—Así también lo creo, pero Su Ilustrísima tendrá sin duda ocupaciones más urgentes.

—Nada es más urgente que atender al consuelo espiritual de estas pobres religiosas; yo le aseguro que, si viese a nuestro niño, se volvía loco de alegría, cual nosotras.

—No nos acomoda que lo vea, pues si le gustase sería necesario regalárselo.

—Primero ciegue que tal vez vea, madre abadesa. ¡Mi niño Jesús fuera del convento! Aunque me diesen por él todos los santos y santas del mundo…

—Esto es solo hablar…

—¡Ya! Se entiende…

Acercáronse después otras varias monjas, y encomiaron a cual más el mérito de doña Elvira, hasta que la madre Soledad les dijo:

—Vámonos, hermanas, que ya demasiado hemos molestado a nuestra madre; a Dios, pimpollo; es preciosa —prosiguió encarándose con las compañeras—, y eso que está vestida con los profanos trajes del siglo, que si se cobijase nuestro santo hábito parecería un serafín alado.

—¿Qué tal mis monjas? —le dijo la tía a la sobrina así que se retiraron.

—Habrá de todo.

—Es verdad, querida Elvira; hay algunas que cual cándidas palomas tienen el corazón más puro que el incienso de nuestros altares, y piensan tan solo en su celestial esposo; amantes de la humanidad, respetan las flaquezas y pasiones, y miran todos los estados de la vida como propios para alcanzar la bienaventuranza.

—Habéis hecho sin pensar vuestro retrato.

—Podrá ser —respondió la abadesa sonriéndose—, al menos tengo siempre el dulce placer que la ardiente vocación que me hiciera vestir estas tocas aún no se ha enfriado en mi corazón, aún miro estos solitarios muros como la más segura mansión contra las borrascosas tormentas de la vida; mas no creo, como otras de mis insensatas compañeras, que solo las monjas son buenas, que solo las monjas son dignas de elogio, y que solo las monjas pueden salvarse. No todas las mujeres tienen, hija mía, el suficiente valor para impávidos abandonos; los numerosos placeres del mundo, y los lazos sagrados que las unen a la sociedad, ¿mas por eso no podrán ser buenas esposas y excelentes madres?

—Tanto más me agrada vuestro lenguaje cuanto es menos común entre vosotras, mi amada parienta.

—Dices bien, y si yo lo tengo contigo es porque conozco tu cultivado talento, y quiero prevenirte de los ataques maliciosos e imprudentes que para excitarte o tomar el hábito pudieran hacerte.

—La vocación viene solo de Dios y yo por ahora no la tengo.

—Mas las sugestiones engañosas pueden alucinarnos, hacernos creer que la tenemos, y sumergirnos para siempre en un mar de inagotables calamidades.

—Es verdad.

—No pienses que todas las que ves encerradas en estos sombríos recintos adoran como debieran a su Dios; el gusano roedor del arrepentimiento está anidado en el corazón de muchas; un momento de enfado, un disgusto de familia, un amor burlado, les hacen jurar en falso que solo amarán mientras vivan a su divino esposo; ¿y qué sucede luego? ¡Ay! ¿Qué sucede? Se les acaba el entusiasmo con la reflexión, miran con horror el abismo en que se hallan sumergidas sus pasiones, a la par de más contrariadas se hacen más fuertes; y o perecen en la flor de su juventud, o arrastran por mucho tiempo una vida lánguida y aburrida; algunas de estas últimas con hipócrita zalamería procuran atraer al lazo a las incautas jóvenes, y entretienen el tiempo en pueriles supersticiones. Por el contrario, las que conocen bien que los placeres y ambiciones de la tierra son como el humo de encendida hoguera que desaparece de repente, entran con favor en la vida religiosa, y la aman siempre; la oración y las piadosas lecturas entretienen de contino sus horas, y ajenas de la superstición y de la intolerancia, pasan dulcemente de esta vida transitoria al seno de su criador.

—¡Cuán perfectamente, mi querida tía, habéis pintado estos dos tan opuestos cuadros!

—Pues cree que la más exacta verdad dirige mis palabras; desde mañana no faltará quien trate de seducirte y pintarte con suavísimos colores todos los objetos que dentro de estos muros se encierran; desconfía de tales narraciones, pues como has dicho muy bien, la verdadera vocación no se crea ni nace con consejos, sino viene de Dios.

Es cierto que si doña Juana hubiera conocido a fondo el carácter de su parienta no colocara a doña Elvira en tal convento, pues aunque esta respetable monja no era capaz de darle malos consejos, la exhortó firmemente a no sacrificar, casándose contra su gusto, la libertad natural que para tales ocasiones deben tener las mujeres.

Una de las noches, cuando ya reinaba en las celdas el más profundo silencio, doña Elvira, que no dormía, notó que llamaban aceleradamente a la puerta, levántase de repente, mas su tía le dijo desde la cama:

—No te ausentes, hija mía, que eso no es nada.

Redoblaron a poco los golpes, y entonces se levantó la abadesa de su lecho, abre y viose entrar por ella a una mujer que en sus modales indicaba no estar muy cabal su juicio; vestía el hábito de monja, pero sin toca, y todo desgarrado; su enmarañada cabeza, ojos relumbrantes, y pálidas y extenuadas facciones la harían pasar muy bien por fantástico espectro que por criatura humana.

—¿Ha venido ya? —le dijo con melancólica voz a la abadesa.

—No, hija mía, te avisaré cuando llegue; acuéstate, que es tarde.

—No, señora, quiero esperarlo... Pero... ¿No oís unas voces, unos gemidos...? Mis pobrecitos hijos me llaman.

Desapareció a estas palabras de repente, dejando atónita y suspensa a doña Elvira, que no sabía lo que de tal visión pensar.

—Trataba —exclamó la abadesa— de ocultar a tu tierno corazón la desgracia de esta infeliz; mas ella se habrá escapado de la vigilancia de las criadas que la guardan y cuidan.

—¿Y que es en efecto monja esta desdichada?

—Sí.

—Contadme su infortunio, querida tía.

—Para no revelarte secretos de familia que me están confiados, no te diré el nombre de esta triste víctima del paterno orgullo; solo sí que es natural de Medellín, de elevada alcurnia, y de educación fina y numerada; esa misma que ahora ves pálida, arrugada y objeto solo de horror y de compasión, mostrábase en otros tiempos tan apuesta y llena de gracia como tú, querida Elvira, sus mejillas cárdenas y descoloridas parecían blancas azucenas, y rojos carmines, y salían de sus labios, que ahora solo profieren desacordadas palabras, los más razonables conceptos; al propio tiempo que te pinto su belleza y dotes naturales, no te callaré tampoco que su excesiva ternura fue la que acibaró sus días, y la ha conducido al penoso estado en que se encuentra; apasionose de un caballero pobre, sin meditar en la pena que a sus padres daría, que ricos y ambiciosos deseaban entroncar con algunas de las más nobles y opulentas familias del reino; en vez de combatir este volcán, que empezara a encenderse en su pecho, creció más y más con los obstáculos que se le oponían, y declaró francamente que ya su corazón había elegido esposo; sobremanera se alteraron sus deudos al oír tan decidida determinación, y acordaron encerrarla en un convento hasta que cediese dócil, y se desvaneciese tan obstinado capricho.

—Hasta aquí —dijo para sí doña Elvira— parece que esta historia es la mía propia.

—Jamás, hija mía, aprobaré —prosiguió la abadesa— que los padres usen de violencia con sus hijas en ningún caso de esta clase; pero no pensaban así los de esta cuitada monja, y una noche, que dormía muy ajena de su mal, sacáronla en una litera, y sin permitirle que se despidiese de nadie, la llevaron a Córdoba a un convento de nuestra orden, donde tenía una pariente; esta perversa mujer atormentó tenazmente a su infeliz sobrina; su alma, en vez de abatirse, se exasperó y agrió sobremanera con las persecuciones, y entonces, conociendo que nada lograrían de ella por la crueldad, cambiaron de plan sus[1] perversos parientes; fingieron, pues, condescender con su amor, vino su madre a visitarla, permitieron que la hablase su amante, y, en fin, le hicieron creer que el santo lazo del matrimonio los uniría muy pronto; salió en esto de Sevilla una expedición para las Islas Canarias, y lograron que el novio fuese de cómitre[2] de una de las carabelas, para que así, según decían, adquiriese honores y riquezas; ¡mas, ay! Bajo este velo de fingida amistad,

1 'de sus' en el original.

2 Los capitanes de las galeras se llamaban cómitres en aquellos tiempos (*N. del A.*).

tapábase la más horrible perfidia. La sacaron para aumentar su engaño del convento, procurando alegrarla y distraerla a toda costa; saraos, festines agradables, pláticas; nada, en fin, se omitió, y la pobre, engañada, víctima de su credulidad, bendecía mil veces a su familia, y nadaba su corazón en la más pura y acendrada alegría; a poco tiempo recibiose una carta de otro de los cómitres, en que noticiaba el naufragio de la nao en que el malhadado amante iba, y que salvándose en una tabla había sido, después de luchar largo rato con las olas, presa del cruel elemento; terrible fue la pena de aquella doncella; una ardiente calentura comenzara a circular por sus venas, y solo agotando los recursos de la medicina púdosela sacar del sepulcro; después, apenas notó el fingido dolor de sus padres, crédula y débil, empezó a consolarlos, y les pidió encarecidamente licencia para tomar el hábito en el convento de su tía; combatieron esta resolución lo suficiente para excitarla más, y mientras estaba de novicia, sujetaban las cartas, y consiguieron de los reyes que detuviesen a su amante en las islas sin permitirle tornar a España; querían, así, más bien verla religiosa que casada contra su gusto. Pasó en tanto el año, y acercose el día de la profesión; la joven, aunque quería fingir serenidad y placer, estaba triste y azorada; funestos presagios agitaban su corazón, y presentose ante el altar trémula y casi sollozando; ¡bárbaros! ¡Cómo tolerábais tal sacrificio! No, Elvira mía, Dios no quiere esposas forzadas, ni víctimas del capricho, o de la seducción; Dios quiere solo corazones cándidos, y no mancillados con terrestres pasiones. Quitaron a la triste el mundano ropaje; ya había proferido el terrible juramento, cuando alza la vista y ve delante de sí a su amante, que le dijo con voz airada: 'Infeliz mujer, ¿por qué te has sacrificado?'. No oyó más palabras la desgraciada; una violenta convulsión, seguida de terrible y prolongado delirio, asaltó su extenuado cuerpo; su enfermedad se ha mitigado con los recursos del arte; mas jamás ha vuelto a recobrar su razón; unas veces furiosa durante semanas enteras, y otras más templada, y llamando a su esposo y a unos hijos que cree tener, es siempre para los corazones buenos objeto de horror y de lástima al propio tiempo.

'El impío y el malvado, amada Elvira, poco prosperan en el mundo; así los padres de esta víctima murieron consumidos por el más terrible remordimiento; yo, que entonces estaba en aquel monasterio, me encargué del cuidado de esta pobre demente, y me la he traído conmigo a Ronda, pues la miro como si fuera hija, ¡desgraciada! Si no hubiese perdido la razón, reclamaría contra sus más violentos votos, pero, ¿qué haría ahora en el mundo? Aquí al menos está libre de la burla y del escarnio que hacen en el siglo de los que tienen la desgracia de estar como ella.

Capítulo 37º

El mendigo fingido

Y es que traigo yo mis carnes
Asomadas a mi ropa
Más delicado de capa,
Que de estómago una monja,
Que los dedos de los pies
Por el zapato se asoman
Como tortuga que saca
La cabeza por la concha,
Que cómo de arrebatiña
Que soy gavilán de ollas
Y que sola mi conciencia
Es la que come a mi costa.
(...)
¿Pues cómo, si lo sabéis
Me pedís en larga prosa
Dineros...?

Quevedo, Musa Thalía.[1]

Después de escuchar tan amarga historia, acostose doña Elvira; pero inquietas cavilaciones apartaron el sueño de su lecho; los puntos de contacto que aquella anécdota tenía con su actual situación la agitaban sobremanera.

—Tengo al menos en mi desdicha —exclamó para sí— el suave consuelo que es incapaz mi amorosa tía de permitir se me violente en lo más mínimo.

Con tan poderoso amparo endulzáronse un poco los pesares de la amable joven; pero tenía una profunda espina clavada en el corazón, y que lo destrozaba de contino; se le figuraba, oía de repente el funesto estampido de los arcabuces, y ver en la plaza de la ciudad a un brillante escuadrón de moros, y correr la sangre a mares, y desplomarse los edificios, y el ferí al frente de todos... Pálida, fatigosa, hervía su pecho, y la misma muerte fuera más apetitosa para ella que la situación en que se hallara. ¿Y a quién confiar sus penas? ¿Cómo desviar de Ronda este rayo asolador? Si estuviese en la ciudad su tío... Si hablar pudiera de nuevo con Abenamet... ¡Ah!

—Quizás —decía entusiasmada—, quizás está en mi mano la salvación de millares de infieles. ¿Y yo, tranquila e inocente, no acorreré a socorrerlos?

1 'Musa VI, Thalia' del *Parnaso español* (1648), de Francisco de Quevedo.

Quizás yo pueda domellar aquel irritado pecho... Quizás... ¿Pero cómo hacer...? Don Sancho tiene infinidad de defectos... Pero debo aventurarlo todo para salvar a mi patria.

Más largas hubieran sido sin duda sus reflexiones; pero interrumpiolas la madre vicaria, que le dijo que un caballero quería hablarle en el locutorio, y que, estando ocupada la abadesa, iba a acompañarla si gustaba bajar; lo hicieron en efecto, y encontrose allí a don Sancho Nuño.

—Diréis, mi amada doña Elvira, que es muy de mañana para visitar damas, y en especial si están en conventos.

—Por el contrario, aquí nos levantamos temprano.

—¿Qué tal? ¿Os vais ya acostumbrando a la vida monástica?

—Como aquí llevo la misma que en mi casa...

—Siempre hay una notable diferencia; no es nada sabroso estar encerrada entre cuatro paredes.

—No me gusta mucho, pero debo callar y obedecer cual buena hija.

—Vuestro padre no se halla nada contento de veros aquí, y quisiera cedieseis un poquito...

—Antes de todo, don Sancho, aún no habréis almorzado.

—Hace ya mucho rato que lo he hecho.

—¡Tanta prisa!

—Es costumbre que tengo; pongo el pie fuera de la cama, ya tengo el plato en la mano y la sopa en la boca.

—Pero tomaréis algunos dulces.

—¡Ya! Ese es otro cantar. ¿Quién se resiste a la suavísima palabra de dulces, y más de monjas?

Trajéronselos, y, después de comer razonable cantidad, prosiguió diciendo:

—Parece que las monjas tienen manos de ángeles; esta pera es la más deliciosa que he comido en toda mi vida; si yo fuese mujer indudablemente acababa mis días entre gentes que saben tanto, y luego esta grata quietud. ¿No es verdad, madre vicaria?

—Casi, casi iguales palabras le digo de continuo a esta hermosa niña, ¿para qué vivir en un mundo malo y corrompido, pudiendo aquí gozar los más puros y celestiales placeres...? Se entiende, espirituales.

—Pues este almíbar de sidra no es muy espiritual que digamos, con perdón de vuestra reverencia.

—Es verdad que tenemos alguna provisión de comida, porque esto, al fin, no es pecado.

—¡Pecado el comer! Que me echen a mí muchos de esos pecadillos; lo repito, me parece cosa singular estar aquí encerrada una mujer; porque comer bien, beber mejor, y luego irse de patitas a la gloria, ¿no es cosa lindísima?

—Cierto, y que luego, además del placer de los buenos manjares que siempre huele a cosa terrestre y mundana...

—¡Si vierais cuánto me gusta a mí ese olor mundano!

—Alienta y consuela nuestro corazón de tiempo en tiempo algún piadoso ayuno.

—¡Ya!

—O contemplativa meditación.

—¡Bueno!

—O prolongado cilicio.

—¡Zape! Otro perro roa ese hueso, madre Vicaria; siento no concordar con vos sobre estos puntos, en especial el último, y no quiero tampoco que se martirice las carnes por ningún pretexto esta hermosa señora.

—En lo mismo estoy —replicó doña Elvira, sonriéndose.

—Creedme —siguió la monja—, que en llevando con paciencia estas mortificaciones sirven de una delicia…

—¡Floja será la delicia! ¿Y los azotes?

—Casi no duelen.

—Que os hagan muy buen provecho, reverenda madre; yo venía a aconsejar a esta niña… Probemos esta conserva de ciruelas… Mas yo, con toda esta monserga de ayunos y azotes… El diablo que los aguante.

—¡Jesús, María y José! —prosiguió la vicaria— No mentéis al enemigo de nuestras almas, que se alegra mucho cuando oye su nombre, y suele tal cual vez aparecerse.

—Lo que yo desearía en el alma era que tornaseis a vuestra casa.

—Ese también es mi mayor deseo; mas no piense jamás mi madre que me he de casar contra mi gusto.

—¿Y quién os dice que hagáis tal disparate? Fingid un poco, pedid espera, y arreglaremos luego este asunto al gusto de todos.

—Soy incapaz de engañar.

—Pero al menos…

—No nos cansemos, don Sancho; decidle a mi madre que, menos en este punto, en todos los demás soy y seré hija obediente y sumisa.

Al escuchar tan terminante resolución, levantose don Sancho de su asiento, después de comerse media toronja, y guardarse la otra media en el bolsillo.

—¡Válgame santa Ana! Qué hombre tan estrafalario —dijo la vicaria apenas salió nuestro poeta—, ¡tiene el gusto tan estragado y pervertido! Solo piensa en asuntos mundanos, y no se acuerda que hay infiernos.

—No todos piensan del mismo modo, madre vicaria, y no porque a ese caballero le incomode la oración continua y el ayuno hemos de decir que está en pecado mortal.

—Pero se halla muy próximo a caer en él.

—Dios solo sabe el interior de cada criatura y lo que sucederá.

Fuese la vicaria a su celda alzando los ojos al cielo, y dando un doloroso suspiro, como pidiendo al Ser Supremo que librase a tan hermosa criatura de las garras de Satanás.

Pasaron algunos días, y, después de meditarlo mucho, doña Elvira pensó que no podía echar mano de otra persona de confianza más que de Pablo, para el espinoso y delicado encargo que quería darle. Pablo era un criado antiguo de su casa y merced a sí vivía jubilado y casi en absoluta independencia; fiel y prudente, los años no habían disminuido en nada su natural jovialidad.

—Querida ama mía —le dijo a doña Elvira apenas la vio—, ¿qué tal le va a vuesamerced en este gallinero?

—Bien, Pablo, y ojalá pudiese yo tener la debida vocación para imitar en todo a estas santas mujeres.

—Corriente, pero yo me atengo al refrán de que el buey suelto bien se lame.

—Como te trato con la mayor confianza...

—¡Pudiera no gastarla conmigo, cuando estos brazos la han tenido tantas veces...!

—Por eso quiero recibir de ti una señalada merced, y es que con el mayor secreto aparentando que vas a visitar a tus parientes de Marbella busques por toda la serranía a...

—¿Para qué se turba vuesamerced?

—¿Podré con seguridad fiarme...?

—Esa sospecha me ofende sobremanera.

—Quiero que entregues esta carta... ¡Y me conviene tanto que lo hagas...!

—¿A quién?

—¿Ya ves si es necesario cuando me atrevo...?

—¿Pero a quién?

—¿Qué dirían si supiesen...?

—¿Mas a quién va dirigida?

—¡Es tan interesante para todos! Si no fuera así, no es capaz doña Elvira, no, de faltar a sus sagrados deberes.

—Pero —añadió Pablo, alzando la voz— a quién busco, a quién busco, a ver si ahora me oye vuesamerced.

—Tienes sobrada razón; soy una necia y no sé lo que no digo; la carta es para el ferí de Benastepar.

—¡Para el ferí! Más valdría que fuese para el mismísimo demonio; cuanto vean mi traje, hombre muerto.

—En un caso apretado di a quién buscas, y ningún moro te ofenderá.

—¿Conque vos...?

—Silencio y obediencia.

—Está bien, pero...

—Vete, que la madre vicaria se acerca; milagro es me haya dejado sola estos cortos momentos.

—¡Por la virgen! —dijo Pablo, saliéndose del convento— ¡No está mala la fiesta! Atravesar vericuetos, breñales y canchos; ¡como quien no dice! Si encuentro moros, pescuezo en tierra, pícaro cristiano; si hallo cristianos, ¿dónde vas? ¿Quién eres? Me hallan la carta; ¡pero! ¿Tienes trato con los enemigos de la fe? Y me cuelgan boniticamente de un árbol; si yo al menos abriese esta carta, sabría... Fuera, fuera, tan maldita tentación, ánimo... Aunque mi ama me mandase ir al infierno, obedecer y callar, es mi obligación... ¡Pobre señora! ¿Qué trato tendrá con el ferí... si será...? Sea lo que fuese... Chito en boca.

Sentose un rato en los poyos de ladrillo que hay en la misma plaza a espaldas de la iglesia de Santa María, y prosiguió tirando sus planes de viaje.

—¿Cómo lograremos desempeñar mejor este encargo? ¿Qué se yo dónde está ese maldito moro? Él anda siempre a salto de mata... Será imposible.

Estuvo un rato suspenso, se levantó; se sentó otra vez, hasta que exclamó, dándose un golpe en la frente:

—¡Valiente zascandil soy! Ya no me acordaba de mi compadre... Es un condenado, mas ninguno mejor que él podrá decirme dónde hallaré el pájaro que busco; además, disfrazándome... ¡Bueno...! ¡Qué caprichos de mujer...!

No había clareado bien la mañana del día siguiente, y ya vemos a nuestro amigo por el camino de Alifa[2] dirigiéndose hacia Istán, donde su comadre viviera; iba montado en un ético[3] jumento, y su sayo, calzas y jubón estaban tan derrotados que parecía el mendigo más miserable de toda la serranía; creyó sin duda que merced a su traje podría caminar libremente entre moros y cristianos; era tan corto el paso de su cabalgadura que oscureció, y aún se hallaba a más de un cuarto de legua del pueblo; pareciéndole trabajoso andar lo que de camino le restara, determinó pasar allí la noche, y para ello encendió una gran hoguera; cenó alegremente, y quedose profundamente dormido; ya el sol iluminaba las crestas y picos de Sierra Bermeja, cuando despertando notara que se había extraviado un poco el día anterior; pues estaba en la senda de Marbella a Istán; oyó en esto un gran estruendo, metiose entre unas retamas, y vio caminar hasta este último pueblo cerca de ochenta caballeros armados de punta en blanco; dejolos pasar, y a poco encaminose detrás de ellos, y ya divisaba las casas del lugar cuando unos lamentos prolongados y terribles hirieron su oído; adelantose más, y vio arder las casas, y esparcirse los moradores de ellas por los agrestes matorrales; entonces pone pies en polvorosa, escondiose en lo más hondo del monte, y cuando el sol bañaba con su lumbre los mares de occidente, tomó de nuevo el camino de Ronda, sin saber qué pensar de lo que había visto, y sin acordarse ya para nada de su compadre; a una legua de la ciudad, ya bien entrada la noche, fue asaltado de repente por treinta o cuarenta hombres, que él creyó monfíes; pero en realidad eran Aliatar y los suyos, que rondaban hacía tiempo sin cesar por aquella comarca.

—¿Qué queréis hacer —exclamó, algo azorado— de este pobre infeliz?

[2] Seguramente se refiera al antiguo camino de Lifa, que partía de Ronda hacia El Burgo, al este.

[3] Variante de 'hético': 'flaco, en los huesos' (DRAE).

—Mala hora es —le dijo Aliatar— de andar por estos caminos un hombre de tu laya.

—Piadosos señores, como este animalillo tiene tan corto el paso, me precisa tomar con tiempo la jornada.

—¿Y dónde ibas? —le preguntó otro.

—A Ronda.

—¿A qué?

—A pedir limosna.

—Tienes tú —siguió el jefe— muy robustos los carrillos para mantenerte de limosnas, muchachos, encended una tea, y registrad la talega de este hombre; ¡qué tal! Tazajos de carne, pan, queso, vino... Tentado estoy en vista de tal respuesta de hacerme mendigo como tú.

—Siempre hay en el mundo almas buenas, que se duelen de los trabajos de los pobres.

—¡Ya!

—Y luego Dios les da la gloria.

—Te engañas si pretendes deslumbrarme con tus palabras; te repito que tienes muy pocas trazas de lo que aparentas.

—Parece —interrumpió uno— que se oyen pasos acelerados.

Escondiéronse, y vieron bajar hacia el llano varios moros y cristianos; los sujetaron, y supieron por ellos la quema de Istán.

—¿Qué tal —prosiguió Aliatar, acercándose— ese pobre fingido? ¿Conque vienes de ese lado, y no nos has dicho lo que ha sucedido en ese pueblo?

—Señor, yo nada sé.

—¿Cómo nada?

—Nada.

—Es imposible, y, por evitar dudas, lo mejor será que te ahorquemos.

—Perdone vuesamerced que le diga que para mí eso es lo más malo que pudiera sucederme, y en caso de duda, más me conviene marcharme sano y salvo después que estos señores caritativos me den alguna limosna.

—Más vale —dijo uno de los moros— que nos pague su rescate, ¿porque de qué nos serviría ahorcarlo?

—En efecto —añadió Pablo, recobrando algún valor—, de nada, de dar vueltas en el aire sin provecho.

—Dices bien —siguió Aliatar—; muchachos, llevadlo cuatro de vosotros a nuestra habitación, y si de aquí a mañana no apronta dinero, morirá sin remedio.

—Pero, señor, por Dios y por su madre.

—Ni por Mahoma.

Fuese Aliatar, y a las pocas horas ya estaba Pablo en el mismo sitio donde estuvo atado el ferí.

—Caballeros —dijo apenas entró—, tened cuidado con mi jumento, pues el pobre animal no tiene la culpa de estos fracasos que me suceden, y está tan flaquito.

—Puede servir de asador —contestó uno de los moros.

—Y si tuvieseis algo que mascar…

—¿Para qué quieres comer, si pronto vas a hacer pataletas en el aire?

—Al fin será necesario —dijo para sí Pablo— cantar de plano y decir a quién busco; estos malditos son moros, ¿y si no respetasen a Abenamet ni a nadie? Ruede la bola, y veremos cómo salimos con pellejo de este zarzal, que, si lo logro, en Ronda me zampo, y no curo de buscar, no digo al ferí, pero ni al mismo perro de san Roque, que diz andaba siempre entre espinos metido.

Además de los cuatro que trajeron a Pablo, estaban allí Tarfe, que aburrido después de la marcha de su amo, saliose de la cueva de las Motillas, y servía de cocinero a Aliatar y los suyos; condolido de los lamentos del preso, llevole un gran pedazo de carnero asado, y sentose junto, riendo al ver con las ganas que tronzaba y engullía la carne el amigo.

—¿Podrá saberse —exclamó, al cabo de tiempo, Pablo— hasta cuándo estaré aquí?

—¡Toma! —le contestó uno— Hasta que aflojes lo menos cincuenta escudos por tu rescate.

—¡Cincuenta escudos! ¡Virgen santa de la Iniesta! ¡Cincuenta escudos! Pedir tal cantidad a un mendigo es pedir peras al olmo.

—Pues no hay remedio.

—Si yo fuera joven y robusto, pase; pudiera haber ganado dinero y tenerlo ahorrado; pero un viejo enfermo y andrajoso… Vaya, es cosa imposible del todo.

—Otras cosas más imposibles sabemos nosotros vencer; pues así que te veas tendido…

—¿Dónde, dónde queréis tenderme?

—En unas parrillas, y te vayamos asando a fuego lento.

—¡Ay, Dios mío!

—Muy poco a poco, untándote primero con manteca.

—¡Cuerpo de Dios! No en mis días.

—Entonces…

—Entonces —prosiguió Pablo, bajando la voz— diré que maldito sea el ferí de Benastepar, y aun la niña que me ha puesto en tan espinoso lance.

El criado de Abenamet, que era el que estaba más cerca, oyó distintamente estas últimas palabras, y de repente le dijo a los demás:

—Amigos, permitidme que hable con este hombre un rato a solas.

Habiéndole dicho a Pablo que era criado de Abenamet, supo por él la necesidad que tenía de verlo al instante, y entonces salieron los dos juntos, y en la misma noche llegaron a la casa de Abdalá.

Capítulo 38º

La iglesia de Istán

Los moros fueron fuyendo
Maldiciendo su ventura
El maestre los siguiendo
Por las puertos de Segura
E feriendo, e derribando
E prendiendo a las manos
E Santiago llamando
Escudo de los cristianos.
Argote, *Nobleza de Andalucía*, p. 195.[1]

El compadre de Pablo... Mas antes conviene que mis lectores sepan de estas personas que hasta ahora no han conocido.

Istán es un lugar colocado en lo más áspero de Sierra Bermeja, y cercado por todas partes de oscuros pinares y hondísimos derrumbaderos; al tiempo de la conquista de Ronda, casi todos sus moradores tornáronse cristianos y cambiose en templo católico la mezquita; debemos creer piadosamente que estos nuevos hijos de la ley de Dios no serían muy afectos a ella, pues su cura párroco, Pedro Escalante, que con su sobrina doña Juana vivía en una casa inmediata a la iglesia, estaba siempre en perpetua alarma, temiendo se rebelasen sus díscolos y agrestes parroquianos; en tan crítica situación contaba solo con el amparo de su sacristán; en efecto, Domingo era el matón de aquellos contornos, y justamente el compadre de Pablo, y a fuer de cristiano viejo y hombre de puños; hablaba a todos con voz alta y cascarreña, y se hacía respetar aún de los más atrevidos; mantúvose así algunos años; empero el oro y la continua seducción lo cambiaron de tal manera que no solo tenía ofrecido tomar la mano en el asunto del alzamiento, sino que era el jefe conocido de los descontentos de Istán, y en su casa estuviera el ferí cuando visitó el pueblo.

El inocente no sabía nada de lo que pasaba, y proseguía dispensando su confianza a tan perverso hombre, que hueco y envanecido con ella atreviose a mirar con amorosos ojos a la linda y agraciada doña Juana, que recibió con la

[1] Gonzalo Argote de Molina extracta aquí las estrofas 726 y 727 del 'Poema de Alfonso XI' (véase *Poema de Alfonso Onceno, Rey de Castilla y Leon, con noticias y observaciones de Florencio Janer*, Madrid: Rivadeneyra, 1863).

debida indignación las declaraciones enérgicas y poco decorosas de un hombre de la laya de Domingo; seguro el malvado de que la incauta doncella no diría nada al cura, por no apesadumbrarlo, apretaba de tal modo sus ataques, que doña Juana suplicó encarecidamente a su tío la llevase a Ronda pretextando tristeza y falta de salud.

—¡Tú enferma! —exclamó el cura asombrado— Jamás te he visto más gorda y colorada que ahora.

—Pues a pesar de eso.

—Pero mujer, ¿qué tienes? ¿Qué te duele?

—Mareos, dolores continuos de cabeza, fatiga interior y…

—¡Jesús! ¡Vaya por la virgen! ¡Friolera es la cáfila de males que me vas diciendo! Con uno solo basta para morirse cualquiera, ya va anocheciendo; voy a dar una vuelta a la iglesia y te mandaré a Domingo, pues bien sabes tú que él entiende de pulsos.

—No, señor, no lo mandéis.

—¡Cómo no! Si no tenemos otro médico… Si él te halla enferma…

—Para qué se tiene de molestar a nadie.

—Domingo es tan complaciente…

—Decid más bien tan zalamero.

—Veo que te peta poco mi sacristán, sabes muy bien que si no fuera por él ya a los dos nos hubieran cortado el pescuezo en este condenado pueblo.

Sin oír más razones, fuese el cura a su obligación, y a poco ya estaba Domingo pulsando a su sobrina.

—Me han dicho que se halla vuesamerced mala, y yo advierto el pulso en buen estado.

—Pues no estoy nada buena, y quisiera dijeseis a mi tío me llevase unos días a Ronda, para disipar un poco las tristezas que padezco.

—¡Hola! ¿Queréis iros a Ronda? ¿Queréis huir de mí? Pues no, creedme, no lo lograréis.

Saliose de la casa en extremo agitado, y se encaminó a paso largo a la taberna, su lugar favorito; se sienta, pide un jarro de vino, y entre sorbo y sorbo que bebía con la mayor turbación se le oía decir a media voz.

—El pájaro se me quiere escapar de la jaula… ¡Voto a Sanes! Por el alma de mi abuelo que no se ha de ir… Cuándo avisará el maldito Abenamet… Entonces… ¿Y si se marcha en tanto qué me importan las demás cosas de este mundo…? Ella es para mí lo principal, pues mientras más me aborrece, más la quiero.

Así pasó más de una hora, ya bebiendo, ya exhalando horribles maldiciones hasta que llegaron otros cuatro o seis de los principales vecinos del lugar.

—Bebed vino, bebed y alegraos —les dijo el sacristán—, pues espero que pronto alzaremos la espada…

—La cimitarra —contestó un viejo que se había acurrucado en un rincón.

—Será la cimitarra, el alfanje, o lo que os diera la gana. ¿Queréis que sin ser moro sepa yo el catálogo de todos vuestros nombres, y se me olvide de pronto mi habla y mis costumbres?

—Es verdad, y la de beber vino y aguardiente te costará mucho trabajo perderla.

—¿Y es cosa tan sumamente necesaria no hacerlo?

—No entrará en el paraíso, dice nuestro Alcorán, quien desobedezca los sagrados mandatos del poderoso y justo Alá.

—Lo que yo veo es que vos también alzáis el codo a menudo.

—Yo lo hago solo por disimulo cuando hay algunos cristianos verdaderos delante.

—También yo ahora empino por disimulo, que otro día será otra cosa.

Llamaron a la puerta a Domingo, y asomándose vio a la criada de doña Juana, que le dijo que vencido el cura con las importunaciones de su sobrina había condescendido en llevarla por la mañana a Ronda, y que estaban preparándose para el viaje.

No es más fuerte el estampido súbito de un volcán que la cólera que se encendió de repente en el crudo corazón de Domingo; acelera el paso hacia la casa del cura con ánimo inquieto, y sin saber a qué iba, cuando al subir una cuesta que entre la taberna y la iglesia se encontrara, advierte claridad hacia el camino de Marbella; sube a otra ladera más empinada, y ve en lo hondo la hoguera que acababa de encender su compadre Pablo, diose un golpe en la cabeza, y exclamó en alta voz:

—¡Ya es mía! Y luego... Perezca yo mil veces.

Torna otra vez a la taberna a paso acelerado.

—Amigos —prorrumpió casi a gritos—, ya llegó la hora.

—¿Pues qué ha sucedido? —le preguntó el mismo moro que antes trabara plática con él.

—¡A las armas! Ya han dado la señal.

—¡La señal!

—Sí, ya los mandaderos del ferí han encendido la hoguera. ¿No sabéis que en eso convinimos los dos?

—¿Y dónde está?

—En las laderas bajas del chaparral.

—¿No quedó en que la encendería en lo alto del monte? ¿Pues entonces...?

Decía verdad el moro, el convenio era que apenas viesen la hoguera los vecinos de Istán puesta en lo alto de la inmediata sierra encendiesen otra en la torre de la iglesia; bien lo sabía el sacristán; mas conviniéndole aparentar otra cosa prosiguió diciendo:

—Os engañáis, señores, se habló solo de hoguera; más no de sitio, además ahora es la ocasión más favorable, pues están ausentes los pocos cristianos que pudieran hacernos cara.

—Domingo, tú eres un calavera.

—Más vale serlo que no cobarde, suz, amigos, quien ame a la patria, que me siga, y maldito sea por un cuento de siglos, el que se quede sentado alrededor de esta nueva.

Alzáronse todos de tropel; unos caminan en pos de Domingo hacia la iglesia, y otros a armarse, equiparse y llamar a los demás; oyó felizmente la zambra Pedro Escalante, y pudo escapar por una puerta falsa antes que llegase el tropel, mientras que su sobrina, anteponiendo la seguridad de su tío a la suya propia, quedose en la casa para enterarse del motivo del tumulto y procurar aplacarlo. ¿Cuál fue su turbación y susto cuando vio que el caudillo principal de los amotinados era el sacristán? Creyose entonces verdaderamente perdida y resolvió impávida perecer antes que caer en manos de aquel bárbaro.

—¿Qué queréis? —gritó desde una ventana— ¿A qué es este alboroto?

—La libertad y la independencia de la serranía es lo que deseamos.

—¿Y qué tenemos nosotros que ver con esos objetos?

—Vuestro tío —exclamaron algunos— es su perro alfaquí, y queremos verlo; abridnos la puerta, o si no a hachazos la echaremos por tierra.

—Mi tío no merece el vil nombre que le dais. ¿No ha sido siempre en todas ocasiones vuestro padre?

—Es verdad —replicó una sola voz—, pero es cristiano.

—¿Y vosotros no lo sois también todos?

—Nosotros somos todos musulmanes.

—¿Y tú, Domingo?

—También pienso tornarme moro —respondió el sacristán.

—¡Qué horror! ¡Un cristiano viejo!

—Dejaos, doña Juana, de charla, y abrid la puerta, y si queréis evitar las desgracias, que podrán sobrevenir; veníos conmigo, yo os aseguro entonces la vida.

—No quiero que un monstruo como tú me dé la vida.

—¿Me insultas así, mujer necia, y orgullosa, cuando puedo aniquilarte con solo una palabra que pronuncie?

—¡Aniquilar a la que nada teme! ¡Qué presunción estúpida!

—¡No quieres paz! —gritó Domingo— ¡No quieres paz! Traed leña, amigos, traed leña, echad la puerta abajo, y vamos a achicharrar a esta fiera.

En un instante cayó la puerta al suelo a los reiterados golpes de las hachas; doña Juana, sin acobardarse, subiose a la torre, tira tras sí la escala de madera, y empezó a arrancar ladrillos del suelo y de la pared para vender al menos cara su vida; hizo el sacristán que callase la multitud, y la exhortó de nuevo a que se entregase; mas viendo su tenaz resistencia, pegaron fuego a la iglesia por todas partes; nuestra heroína, aunque herida de un flechazo y fatigada con el humo, se defendía denodadamente; tenía el golpe tan certero que cada vez que desde las ventanas arrojaba una piedra, hería más o menos gravemente a sus contrarios; ya el temor había resfriado a algunos, pero el sacristán, cada vez más furioso, pateaba, gritaba y se mesaba las barbas sin cesar.

—¿Qué hacemos aquí? —gritó uno de los viejos— ¿Consumiremos nuestras flechas contra una débil mujer? Vámonos a la sierra, procuremos buscar pólvora y arcabuces, mientras los demás pueblos se arriman en masa.

Domingo quiso sujetarlos viendo que, si no, perdía el fruto de su engaño; pero al cabo de algunas horas empezaron ya a desbandarse; los más animosos vacilaban y no sabían qué hacer, cuando entraron por las calles gran porción de jinetes armados precedidos por Pedro Escalante, que no olvidó un momento el peligro de su querida sobrina; allí era de ver los tajos y reveses que dieron los cristianos causando inmenso daño a aquellos infelices desnudos y casi desarmados; Domingo y los más valientes se resistieron, y acribillados a golpes murieron en las calles, mientras los medrosos y los más prudentes huían despavoridos por aquellas laderas seguidos de los cristianos, que como menos prácticos en la tierra, tuvieron a poco que dejarlos y volverse a Istán.

Capítulo 39º

La prisión inquisitorial

Algunos parientes de los presos e condenados reclamaron diciendo que aquella inquisición y execución era rigorosa, allende de lo que debía ser e que en la manera que se tenía de facer los procesos, y en la exención de las sentencias, los ministros y exentores mostraban tener odio a aquellas gentes.

Crónica de los Reyes Católicos,
por Hernando del Pulgar, parte 2ª, cap. 77.[1]

Hacía muy pocas horas que sabía el ferí el imprudente y mal motivado alzamiento de Istán, y entreteníanse en hablar del asunto con Mahamud, cuando llegó Pablo y le entregó una carta que decía así:

Abenamet; la persona a que salvasteis la vida en la Sierra de los Alfaques, y el honor en la ermita de Benameda, quiere hablaros al instante; buscadla en la casa de Abul-Hacem; por el Tajo... Cae una ventana baja...

—¡La casa de Abul-Hacem! ¿Allí hay un convento? —exclamó el ferí— ¡Ya! Ya caigo en el misterio; volaremos a verla. Mira —prosiguió, llamando al criado—, vuelve a la señora que te dio esta carta, y dile que esta misma noche serán exactamente obedecidos sus mandatos.

Bien comido, quitado el disfraz, y andando tanto como una mala nueva, llegó Pablo en pocas horas a Ronda, y dejó a su ama satisfecha del buen éxito de su encargo; detrás de él salieron el ferí y Mahamud, y dejando que oscureciera para acercarse a la ciudad sin peligro se escondieron en una viña de Sijuela, donde vivía un morisco amigo suyo.

—¿Por qué —dijo Mahamud— nos paramos en este sitio? Ya habrá corrido como fuego la noticia de Istán, saldrán de Ronda los cristianos a perseguir a los fugitivos, y plegue a Alá no nos encuentren; si así sucediese con nuestra muerte se acababa para siempre la esperanza de libertad que cual sagrado depósito se conserva en nuestros corazones.

[1] Este fragmento de Hernando del Pulgar sobre el establecimiento de la Inquisición fue resucitado durante la campaña contra el Tribunal desencadenada a principios del XIX por liberales y afrancesados. Juan Antonio Llorente (1756–1823) la cita como prueba de la existencia de una oposición persistente al Santo Oficio desde sus orígenes en su influyente *Memoria histórica sobre cuál ha sido la opinión nacional de España acerca del tribunal de la Inquisición* (Madrid: Imprenta de Sancha, 1812, p. 79).

—Dices bien, sin nosotros, que somos los primeros que nos lanzaremos a la lid, ¿qué harían nuestros infelices compatricios?

—¿Pues entonces por qué nos detenemos aquí, expuestos a perecer sin gloria?

—Este es un secreto, Mahamud, que por ahora me conviene no revelarte.

Acercáronse a la ciudad por el lado del Bosque de los Césares apenas oscureció bien, y quedándose Mahamud emboscado con los caballos junto a la Fuente de los Gomeles; llegó el ferí solo al pie del Tajo, en cuyos bordes estaba edificado el Convento de Santa Isabel, y como tan práctico en aquellas veredas por estrechas y peligrosas que fueran, logró, apoyando los pies en los ahujeros de las peñas, y asiéndose a los arbustos que allí crecían, subir, aunque con trabajo, a lo alto; veíase en aquel sitio un espacio vacío en forma de meseta que las monjas habían destinado para jardín, pero que aún estaba inculto; acercose el ferí a la ventana, llamó suavemente, mas nadie le contestara; redobló un poco más los golpes, pero tampoco obtuvo respuesta; entonces llegó a sospechar que o lo habían engañado, o que algún desmán sucediera a doña Elvira; con tenaz porfía permaneció delante de la ventana hasta que empezara a amanecer, y pareciole notar algún rumor dentro del convento; a esta hora bajose poco a poco, y juntándose de nuevo con su compañero, tornose a la casa del morisco, deseando que volviese otra vez a oscurecer para aclarar aquel misterio.

Mientras el ferí llamaba a la ventana sucedía en el convento una extraña escena; serían las once de la noche, y doña Elvira estaba aún hablando con su tía esperando se durmiese para acudir a la cita, cuando el portero llama aceleradamente; despierta la tornera, vístese, y entra diciendo a la abadesa que quieren hablarla al instante de orden del Santo Oficio; mudaron de color las dos a este nombre, y en especial doña Elvira, que había visto en Sevilla el celo horrible y fanático de los inquisidores.

Levantose la superiora, llegó al locutorio, y allí encuentra a un fraile dominico acompañado del regidor bizco.

—Madre —dijo con campanuda voz el religioso—; os mando de orden de la santa inquisición, de quien soy pesquisidor, aunque indigno, que me entreguéis al instante a vuestra parienta doña Elvira de Castro.

El más horrible rayo que hubiera estallado sobre su cabeza no le causara tan profunda impresión como estas palabras a la desgraciada monja; dio un terrible grito y cayó en el suelo agitada de violentas convulsiones; a este estrépito acudieran las monjas más vecinas; comunicose la alarma al convento; en vano el fraile las mandaba callar amenazándolas con horribles anatemas; las infelices, trémulas y espantadas, rodeaban a su Abadesa, semejantes a las tímidas ovejas, cuando a la vista del sanguinario lobo se apiñan en derredor del asustado pastor; en tanto llega doña Elvira, y enterada de la orden superior manda abrir la puerta, y se entrega con la mayor serenidad en manos del pesquisidor; colocáronla en una litera forrada de negro, y la llevaron hasta la puerta de su misma casa, y sin permitirla ni aún subir a abrazar a sus padres como encarecidamente pidió; la hicieron bajar por la oscura escalera que conducía a los Baños de Galiana; en una de las más profundas salas estaba un mal jergón, una mesa de pino y una opaca lámpara, y allí le dijeron que era su habitación, y se retiraron.

Apenas quedó sola, dejose caer la infeliz sobre la dura cama, anegado el pecho en un mar de confusiones sin poder atinar la causa de su prisión.

A las ocho de la mañana trajéronle un regular almuerzo, y aunque quiso preguntar alguna cosa, su carcelero parecía más frío y mudo que una estatua, así pasó el día entre dolorosas angustias, pero al acercarse la noche le dijo su guardián:

—Seguidme.

Hízolo así doña Elvira, hasta que llegaron a otra de las salas, donde había una mesa cubierta con paño negro, un crucifijo y dos velas encendidas; detrás de ella estaba un largo escaño donde veíase a un fraile dominico; hizo señas con la mano a doña Elvira para que también se sentase en uno de los poyos que revestían aquellas paredes, y retirose el carcelero; guardaron los dos un profundo silencio hasta que, al cabo de algunos minutos, dijo el fraile, bajándose la capilla que le ocultaba el rostro:

—Doña Elvira, ¿me conocéis?

—¡Ay…! ¡Dios mío! ¡Fray Silvestre!

—Sí, fray Silvestre, no ya aquel desgraciado lego a quien amenazaba de muerte el puñal de un moro asesino; entonces yo era la víctima, y vos mandabais, y ahora, por el contrario, yo mando, y vos sois la víctima.

—Tenéis razón, bastante grande es mi desventura, pues tengo que sufrir vuestros denuestos y provocaciones, y en mi propia casa; mas decidme, y seréis siquiera una vez indulgente y bueno; ¿por qué estoy presa?

—Porque yo lo he querido.

—¿Y quién os ha hecho dueño de mi persona y de mi libertad?

—Os lo diré: las malas leyes, que ahora son para mí excelentes, pues me acomodan.

—¿Mas por qué?

—Me precisa hablaros con alguna intención; debéis acordaros de lo que pasó en Benameda, fundamento de todo lo que vais a oír. ¿No hacéis memoria de lo que allí os dije?

—¡Ojalá os hubiese tragado antes la tierra que pronunciar tan osadas palabras!

—¡Me deseáis buena cosa!

—¿Y no lo merecéis?

—Enseguida de aquel lance me vine a Ronda, tendí mis redes, preparé lo conveniente, y don Juan Pérez y yo presenciamos la conversación que tuvisteis con el ferí de Benastepar.

—¿Vos estabais también?

—Sí, por señas, que el ferí estaba sentado en ese mismo sitio que ahora ocupáis vos ahí enfrente; Inés, con la luz en la mano, un poco más retirada, y yo y don Juan Pérez agazapados tras aquella columna. ¿Qué tal? Ya veis que nada olvido; don Juan, despreciando mis consejos, hizo la locura de salir, locura que le ha costado el pellejo, pues ya sabréis ha muerto de resultas de sus heridas.

—Lo ignoraba.

—Fue a restablecerse a una hacienda que tenía en Coín, y allí ha finado; yo le tenía ofrecido que mientras viviese no os perseguiría, porque al cabo os miraba como su futura esposa.

—¡Yo su esposa! Jamás lo hubiera sido.

—Al menos él así lo creía, y yo debía, a fuer de amigo, respetar el objeto de su amor; murió el desdichado a manos de vuestro amante…

—Nada os importa que sea o no mi amante.

—Es verdad, pero creedme, se acabaron todos los respetos, y he buscado quien os delate a la inquisición.

—¡Vos!

—Sí, yo, y espero, Dios mediante, que os quemarán viva u otra cosa así parecida.

—¿Y por qué?

—El Santo Tribunal está perfectamente enterado de que no solo tenéis secretas conversaciones con los enemigos de nuestra fe, sino que aún os hallais dispuesta a abjurar la religión de Cristo.

—¿Yo abjurar la religión de mis padres? Jamás encerraré en mi pecho tan perversa idea.

—Conozco que sois incapaz de ese cambio, pero me precisa hacer creer al tribunal lo contrario, porque estoy resuelto a perderos sin remedio.

—¿Y por qué tenéis tan encarnizado furor contra mí?

—Acordaos de Benameda.

—¿Y no os concedí allí la vida?

—Sí, pero me despreciasteis.

—Os desprecié aún menos de lo que merecíais; mas al fin…

—Al fin me evitasteis el golpe mortal; mas no fue por lástima, fue porque dijisteis para vos: ‘Sujetemos el brazo a Abenamet, ¿para qué tiene de matar a un miserable lego que ni aún merece la pena de mirarlo a la cara?’.

—No abrigué jamás en mi corazón tales ideas, pues, aunque despreciaba vuestras palabras, no así vuestra persona, que era para mí respetable gracias al santo hábito que vestís.

—Si no fue como digo, así debisteis pensar.

—Por vuestra maldita alma juzgáis de los otros.

—Piensa mal y acertarás, dice uno de nuestros antiguos adagios; el hecho principal fue que despreciasteis mi amor…

—¿Cómo os atrevéis a hablar de ese sacrílego y abominable amor?

—Desde entonces solo respiro venganza, pero ya estáis en poder de la inquisición, y me basta.

—Nada temo, escudada con mi inocencia.

—¿Qué vale la inocencia contra Inés y otros tantos testigos que para perderos tengo preparados?

—También yo buscaré otros en mi abono.

—No se escucharán, y mucho más cuando el tribunal ha cometido la pesquisa de vuestro delito a tres religiosos de mi orden; ¿os estremecéis? Sí, de mi orden, ¡veo que bien librada saldréis! Es cierto que el padre Vicente es uno de ellos.

—El padre Vicente es el amparo de todos los infelices.

—Por eso ya haremos que no sea vuestro juez; el nos pidió por merced que siquiera por miramiento a vuestra familia no os pusiésemos en la cárcel, sino en este solitario sitio.

—¿Y no pudiera yo hablar con mi padre?

—Buenamente no es posible permitíroslo, y a la fuerza menos, pues las dos únicas puertas de este subterráneo están con su competente guardia; he consentido que vengáis aquí, pues al menos puedo hablaros con franqueza y sin ser notado.

—Me sirve de mucho consuelo el saber que el padre Vicente es uno de mis jueces.

—Ese consuelo, os repito, se os quitará pronto; desengañaos, doña Elvira; estáis en mis manos entregada; si yo quiero, os salvaréis, y si no, moriréis afrentosamente, y vuestra familia quedará infamada hasta la consumación de los siglos.

—¿Y no hay más que morir?

—Al menos sufriréis por toda la vida un encierro perpetuo, porque el Santo Tribunal más quiere castigar diez inocentes que dejar impune un solo culpado.

—¡Horrible máxima!

—Será así, pero ahora, como me acomoda, me parece santa y buenísima. Ya veis, señora, si os hablo claro; con todo, aún en vuestra mano está libraros de tan fatal destino; hablad, hablad una sola palabra, y os pongo al instante en libertad.

—Más bien quiero morir, fray Silvestre, que consentir en vuestros infames deseos.

—Además, para que confeséis y declaréis, vuestros cómplices os harán sufrir los más acerbos tormentos.[2] Mirad aquel rincón; allí está un potro

[2] Presentaremos a nuestros lectores una pequeña muestra de lo que acostumbraba hacer la inquisición. Es digna de saberse la historia de doña Juana Bohorques, que fue declarada inocente; era hija legítima de don Pedro García de Jerez y Bohorques, hermana de doña María Bohorques, que pereció en el auto de fe anterior, y esposa de don Juan de Vargas, señor de la villa de Higuera; fue conducida a las cárceles

para estirar vuestros huesos y clavaros luego en la carne ásperos y durísimos cordeles, y, si esto no basta, se os hará beber a la fuerza dos o tres cántaros de agua, y otras friolerillas así parecidas que no os refiero por ser ya tarde.

—¿Y queréis, aunque me asesinen mil veces, diga lo que no he hecho, ni pensado hacer?

—Pues no hay otro camino; si calláis, tormento, y más tormento si mentís diciendo que habéis pensado dejar la religión cristiana; entonces, sambenito público e infamia perpetua, y eso por la parte más corta.

—¿Y si hablo claro? ¿Y si digo y revelo vuestra infernal lujuria?

—¡Lujuria un religioso! No os creerán, y agraviaréis más vuestras culpas.

—¿Y si en público os impelo a que en nombre de Dios declaréis mi inocencia?

—Diré que sois culpable.

—¿Y no sabéis lo contrario?

—Sí, pero este es secreto para los dos.

—¿No teméis la cólera celeste?

—Nada temo cuando se trata de satisfacer mis caprichos; no hay remedio, doña Elvira; escuchad mi última palabra; morir, o ser mía.

—Pues moriré —exclamó con viveza la hija de don Felipe levantándose de su asiento.

—Morir o ser mía —repitió otras dos veces el fraile, y otras dos escuchara igual respuesta.

—Carcelero.

Presentose a poco el satélite de Bercebú.

---

secretas del tribunal, porque su desgraciada hermana declaró que le había manifestado su creencia religiosa, y no la contrarió ni reprendió sin reflexionar que el silencio es más bien en varias circunstancias señal de no entender un asunto que de admitirlo, por cierto. Aunque doña Juana Bohorques estaba embarazada de seis meses, no esperaron los inquisidores a que pariese para seguir su proceso, maldad tan horrible como el mandarla prender sin tener la menor prueba del delito que se acumulaba; parió dentro de la misma cárcel; quitáronle su hijo a los ocho días, y la encerraron en uno de los calabozos ordinarios del Santo Oficio, despreciando así los sagrados derechos de la naturaleza. Creyeron, sin duda, proveer a todo lo que la humanidad reclamaba, poniéndola en un sitio menos incómodo que la cárcel común... Fue conducida después a la sala del tormento, donde negó lo que se le imputaba; las cuerdas que apretaron sus miembros, débiles aún del parto, penetraron hasta los huesos, y sin duda le rompieron algunas venas y arterias en el interior de su cuerpo; la infeliz empezó a echar sangre por la boca a borbollones; lleváronla a su lecho, y expiró a los pocos días; se figuraron los inquisidores expiar este cruel homicidio declarando inocente a doña Juana Bohorques en el auto de fe del 22 de diciembre de 1560; ¡con qué terrible responsabilidad se presentarían en su día aquellos caníbales ante el tribunal de Dios! (Llorente, *Historia crítica de la Inquisición de España*, tomo 2º, página 295) (*N. del A.*).

—Llevad esta señora a su prisión, póngasela a pan y agua, y atadla a unas cadenas como han mandado sus jueces; está —prosiguió, suavizando la voz— inflexible en su maldad; ojalá que el rey de los reyes la ilumine y traiga a verdadero conocimiento.

Capítulo 40º

Libertad y tristeza

¿Qué se hicieron las damas
Sus tocados, sus vestidos,
Sus olores?
¿Qué se hicieron las llamas
De los fuegos encendidos
De amadores?
¿Qué se hizo aquel trovar
Las músicas acordadas
Que tañían?
¿Qué se hizo aquel dançar
Aquellas ropas chapadas
Que traían?

Jorge Manrique, copla 17.

Imposible fuera figurarse el inmenso pesar que reinaba en la casa de doña Elvira desde su prisión; el misterio profundo con que el tribunal inquisitorial encubría siempre sus procedimientos aumentaba el temor y el desconsuelo, no solo en los deudos de la inocente doncella, sino aún en las personas más indiferentes; 'si un sujeto tan honrado y virtuoso se halla en tal conflicto', decían unos, '¿quién estará seguro y libre?'. 'Lástima es', exclamaban otros, 'que le suceda el menor desmán a tan linda señora'; 'pero cuando la inquisición la ha preso', contestaban algunos: 'sus razones tendrá, y al buen callar llaman Sancho';[1] así todos, ya por preocupación, ya por miedo, acataban silenciosos los decretos del Santo Oficio; ¡cuán digno entre todos era de lástima el desgraciado don Felipe, que más que nadie adoraba a su hija! Varias veces quiso verla, pero, rechazado cruelmente por los esbirros que guardaban la entrada del subterráneo, retirábase taciturno a llorar a solas; una fiebre violenta se apoderó dél, y estaba ya en los últimos trances de su vida, cuando llegó don Tello de su viaje. ¿Podrá haber pluma, por expresiva que fuese, que pinte la desesperación de este amoroso tío? Mucho hubiera tenido que hablar; pero venció la prudencia a la indignación, y cuanto más furor se reconcentraba en su pecho, más tranquilo parecía; así, algunas veces las olas del océano están

[1] 'Al buen callar llaman Sancho': refrán que aconseja la moderación y la prudencia al hablar.

como dormidas, mientras ya el aire se oscurece, caen gruesas gotas de agua, y empieza a hervir en su seno la terrible tempestad. Los consuelos del padre Vicente, y la mejoría notable que tuvo el enfermo al otro día restituyeron algún alivio al pesar de aquella familia; ¡pero, ah! Concluyeron allí los pesares y las diversiones; aquella casa, que era el punto de reunión de los más finos amadores y de las más apuestas damas, parecía oscuro y solitario desierto: donde antes sonaban plácidos laúdes; oíanse solo lastimeros ayes, pues la inquisición, hiriendo a su víctima con el terrible anatema de impiedad, hizo que, excepto don Sancho, todos los amigos y conocidos huyesen de aquella mansión.

Volvamos al ferí, que inquieto esperaba con ansia la llegada de la próxima noche para entrar en la ciudad, lo que, merced a su traje de cristiano, hizo sin el menor peligro. ¿Cómo indagar lo que deseaba? ¿A quién preguntaría? Entre estas irresoluciones, dirigiose a casa de doña Elvira, y notó, sentado en el zaguán, a un anciano que sollozaba, y de tiempo en tiempo se enjugaba el rostro con el pico de su sayo; a la luz de la lámpara que alumbraba aquel sitio lo conoce, y se acerca más.

—Pablo —le dijo, bajando la voz—, Pablo.

—¿Quién llama a este desdichado? —respondió el leal doméstico, alzando la cabeza.

—Silencio; yo soy el ferí.

—Señor —prosiguió Pablo, rebosando de alegría—, allí... Allí...

—¿Qué hay? ¿Y tu ama?

—Allí... —y señalaba con el dedo al patio, y los suspiros volvieron otra vez a ahogar su voz.

—¿Qué desgracia...?

—Sí, allí está.

—Sígueme.

A paso ligero atravesaron la ciudad, bajaron rozando con la fuente de la arena, y se hallaron presto en el Prado, donde se sentaron entre unos espesos lentiscos.

—¿Por qué lloras? —le dijo Abenamet a Pablo.

—¡No he de llorar!

—¿Ha muerto doña Elvira?

—No, señor, pero está presa por mandato de la inquisición.

—¡De ese tribunal que ha asesinado a millares de judíos!

—Del mismo.

—¿Y de qué se le acusa?

—¿Quién alcanzar puede esos hondos misterios?

—¿Dónde está? Dímelo; ¡si yo pudiera librarla!

—¡Ah! Sí, señor; vamos a librarla.

—¿Está todavía en el convento o en la cárcel?

—Como asilo el más oculto, la han puesto en las salas de Galiana, y guardan con el mayor cuidado las puertas.

—No importa, Pablo; cuenta ya a tu ama por libre.

Viérase entonces pasar el criado del extremo del pesar al de la alegría; lloraba aún más, pero era el llanto puro y suave del placer.

—Búscame una lima por si fuese necesario, y una lamparilla de mano, y espérame mañana a las doce de la noche en este mismo sitio.

Al llegar la hora de la cita sin decir nada a Mahamud, juntose el ferí con Pablo, y dejándolo encargado en el caballo, salta con paso firme por entre las peñas del río, llega a la entrada del charco de los Pares un buen trecho por bajo de la puerta del subterráneo; allí metiose entre dos lajas estrechas, y, a pesar de la oscuridad, y de lo resbaloso de las paredes, fue poco a poco subiendo hasta topar con la entrada de una de las salas; apartó entonces las piedras que le impedían el paso, y con la lámpara encendida en una mano y la gumía en la otra, lanzose por aquellas cuadras; después de andar un rato oyó suspirar, y conoció la voz de doña Elvira; ¡ay, cual entonces palpitó de placer su corazón! Mas acibarose con la más profunda amargura al acercarse y notar el triste estado de la infeliz; estaba tendida sobre su miserable lecho, pálida y desgreñado el cabello. ¿Quién podía conocer en aquel estado a la hermosa cazadora de Libar?

—Doña Elvira —dijo el ferí con suave voz—, ¿no me ves?

—¿Quién sois? —respondió, alzando los ojos— ¡Ya...! El carcelero... ¿Venís otra vez a mortificarme?

—¿No me conoces?

—Acercaos un poco más... ¡Ah...! Sí... Estas facciones... Pero el traje...

—El traje es de cristiano, pero yo soy Abenamet.

—¡Ay, Abenamet! ¿A qué vienes a este sitio de la desesperación y del dolor? Huye, y deja sola a esta desdichada.

—A librarte.

—¿Y cómo entrastes...? ¿Has asesinado...?

—A nadie he asesinado; levántate y sígueme.

—¡Levantarme! ¿No ves?

Y sonó entonces la cadena con que estaba atada por la cintura.

—¡Impíos! —exclamó Abenamet, mordiéndose los labios, y rechinando los dientes de furor— ¡Sujetar así a una débil mujer! ¿Qué haríais con el más horrible parricida? ¿Y os llamáis ministros de Dios e invocáis su nombre santo? Libre quedarás, doña Elvira, y yo juro por el sepulcro de mi divino profeta que ya concluyeron los miramientos para siempre; ya no escucharé ni la voz de la razón, ni la de la prudencia, ni nada.

—Por Dios, Abenamet.

—Sí, doña Elvira; o yo moriré en la demanda, o pondré a sangre y fuego esta abominable ciudad, este asilo de horrorosas maldades donde... Yo juro de nuevo que los infames que a este miserable estado te han reducido no vivirán mucho, no; estas manos destrozarán sus cuerpos, yo los asesinaré a sangre fría, me sentaré sobre sus palpitantes cadáveres, y me sonreiré al ver los gestos dolorosos de su prolongada agonía.

—¡Ay, ferí, déjame en paz!

—Ven conmigo, doña Elvira.

—Yo no abandono la casa de mi padre.

—Ya no tienes ni casa ni padre entre los cristianos; aunque seas inocente, el sanguinario tribunal te perseguirá por todas partes.

—¿Quién duda que así lo hará?

—No busques amparo entre tus deudos; yo solo puedo protegerte.

—Dices, por desgracia, la verdad; estoy del todo perdida y deshonrada.

—No lo estás a los ojos del criador del universo, y es lo principal.

Con la mayor presura limó Abenamet los hierros que sujetaban a doña Elvira; la indignación redoblaba sus fuerzas, y en pocos instantes ya estuvo libre; mas la desdichada no podía andar; entonces tomola el ferí en sus hombros, hizola con mil trabajos pasar por el estrecho boquerón, y ufano con tan preciosa carga saltó de piedra en piedra hasta que felizmente llegara a donde estaba Pablo escondido.

Sería nunca acabar si contásemos los extremos que este hizo cuando vio libre a su señora.

—Pablo —exclamó el ferí—, ni aquí podemos detenernos, ni tú seguir a pie el caballo; ¿conoces en Sijuela la viña del morisco Diego?

—Sí, señor.

—Ve allá, y dile a Mahamud que se vaya al instante contigo a la Cueva de los Alfaques, y que te suba en su caballo para que lleguéis más pronto.

Apenas se acercaron al expresado sitio, dio el ferí un silbido, sale Aliatar, le habla aparte, y excepto Tarfe y otros tres, los demás moros desocuparon al instante la caverna; a poco llegaron también Mahamud y Pablo, hicieron acostar un rato a doña Elvira, ¿pero cómo había, en su crítica y extraña situación, de descansar la infeliz? Entretanto enteró Abenamet a sus amigos de las razones que le obligaban a proteger aquella señora cristiana contra el furor de sus contrarios.

Luego se levantó doña Elvira, y pusiéronse a almorzar los tres, mientras Pablo, sentado en el lugar, ya miraba alternativamente el plato que delante tenía, ya con ojos enternecidos a su ama.

—Come —dijo el ferí a doña Elvira—, que gracias al cielo ya libre estás de tus enemigos, y ahora te pregunto, ¿sabes quiénes son los malvados que te delataron a la inquisición? ¿De qué se te acusa?

Doña Elvira, temiendo encender de nuevo la cólera de Abenamet, le replicó:

—Aunque lo supiese, ¿de qué serviría que yo te revelase los nombres de mis perseguidores? En cuanto a motivo de mi prisión, creo que se funda solo en la plática que tuvimos en los baños de Galiana.

—No digas más, ya sé quién es tu indigno delator.

—Don Juan Pérez murió, pero, aunque viviese, no era capaz de cometer acción tan indigna.

—Lo mismo iba a decir, pero hay otro que está muy avezado a cometer maldades; no era don Juan solo el que estaba escondido detrás de la columna, había también un pérfido, cuyo nombre no te diré hasta que pague su enorme delito.

—Depón ese encono, que, aunque justo, es por lo menos estéril; ¿si yo ya estoy ya perdida para siempre, a qué quiero perder a otros?

—¿Y merece acaso el menor respeto un alma tan vil?

—Las apariencias, Abenamet, eran contra mí en aquella malhadada ocasión.

—¿Y por solo apariencias podrá juzgarse a las personas con tanto rigor?

—Tales son las máximas del tribunal que me prendió.

—Lo sé muy bien, doña Elvira, pues he conocido casualmente a algunos judíos, y aún cristianos de razón, que por menudo me enteraron de la conducta del llamado entre vosotros Tribunal de la Fe; así me horroricé apenas supe por Pablo tu amarga situación.

—¡Conque tú…!

—Sí, señora —contestó el fiel doméstico—, yo lo dije todo; mas a quien debemos agradecer más que a nadie esta libertad es al empeño que tomó el padre Vicente para que dejasen en el subterráneo a vuesamerced.

—No siendo así —prosiguió el ferí— me hubiera sido imposible sacarte de Ronda y librarte de las desgracias que te esperaban sin duda.

—Nadie mejor que yo sabe lo que iba a padecer, y por eso consentí que quebrases mis cadenas.

—¿No habrá un medio —dijo Mahamud— de reconciliar a esta señora con el tribunal, ya que, según creo, está inocente de los delitos que pueden achacársele?

—¡Reconciliarla con el Santo Oficio! —exclamó con viveza Abenamet— ¡Ay, amigo mío! Más fácil es que duerman juntos los lobos y los corderos, y que las águilas y las palomas vivan en plácida calma, que los inquisidores declaren inocentes a los que en su interior han designado ya por víctimas. ¡Si supieses a fondo lo que han hecho en Sevilla…![2]

—Lo que deseo, Abenamet —contestó doña Elvira—, es que me lleves a cualquiera otra ciudad donde pueda ocultarme.

—No te deslumbres con tales pensamientos, el brazo inexorable de la venganza te buscaría por do quier, y así ya no puedes encontrar asilo oculto mi protección, más que entre nosotros; pero yo te juro que mientras viva nadie se atreverá, no digo a molestar, pero ni aun a mirar con malos ojos a doña Elvira de Castro.

2 Durante sus primeros años de existencia, la actividad de la Inquisición se centró con especial intensidad en la ciudad de Sevilla, donde se celebró el primer Auto de Fe, el 6 de febrero de 1481.

Capítulo 41º

Alzamiento de los moros

En esto levantó el pie, y en señal de general obediencia postrose Aben-farax en nombre de todos, y besó la tierra donde el nuevo rey tenía la planta.

[Diego Hurtado de] Mendoza, *Guerra de Granada*, libro 1º, p. 40.

Después de esta conversación, montaron a caballo, y atravesando por un lado de Cortes, metiéronse en los inmensos breñales de la Sauceda, y estaban al caer la tarde junto al Peñón de Benajú, situado frente a la Cueva de las Motillas.

—Estoy dudoso —dijo el ferí a Mahamud— si deberemos hospedar o no a esta señora en la caverna, porque allí no se ve la luz del sol, y estará muy triste.

—¿Y por qué no llevarla a lo alto del peñón?

—No os molestéis por mi causa —exclamó doña Elvira—; ya en cualquier parte estaré bien.

—Tendrás —prosiguió el ferí— cómoda vivienda, aunque no sea tan buena como a las que estás acostumbrada.

Subieron después poco a poco hasta lo alto de la meseta.

—¡Cuán frágiles son las cosas de este mundo! —exclamó Mahamud— Aquí puedes contemplar, hermosa señora, en estas ruinas el destino final de los hombres y de los imperios; mira esta mezcla de columnas esparcidas por el suelo, y de casas medio arruinadas, pues estos son los restos de la antigua ciudad de Sepona,[1] y del pueblo de Benajú, que nuestros ascendientes construyeron sobre ella, y que abandonaron algunos años antes de la entrada de los cristianos en Ronda.

Trajeron aquella noche para doña Elvira una cama, y al día siguiente adornaron del mejor modo posible una de las casas que aún se conservaban enteras, y María la de Pedro con dos hijas de Mahamud vinieron a acompañarla; condolidas de su desgracia, y notando el interés grande que por ella se tomaba el ferí, procuraron mitigar y endulzar sus pesares.

Al otro día despidiose este de la hermosa cristiana, y fuese a la Cueva de las Motillas, resuelto a no volver más a verla hasta que se hubiese dado el heroico grito; quería, sin duda, evitar las quejas y súplicas que pudieran trastornar o modificar sus proyectos.

[1] Véase capítulo 4, nota 3.

Apenas llegó, envió mensajes a todos los pueblos para que acudiesen a hora fija los moros principales, y en efecto, a los tres días estaban allá más de cuarenta, descollando entre ellos el valiente Abdalá y el respetable ferí de Jubrique.

Había en aquella oscura caverna un salón ovalado, cuya alta techumbre abovedada tocaba al firmamento, y cien columnas blancas como la pura nieve bajaban hasta el suelo en torno de las altísimas paredes, y una arena más fina que la plata formaba el pavimento; allí, alumbrados por infinidad de teas de pino se juntaron todos los habitantes de aquellos oscuros subterráneos; veíanse en un lado las mujeres, en el opuesto los jóvenes solteros, y los casados y gentes de edad colocados en el centro; sentáronse en el suelo, menos los ancianos y jefes que lo hicieron en almohadones, y después de imponer silencio cruzaron los brazos, y Abenamet, puesto de pie al frente de todos, les hizo el siguiente razonamiento:

—Si otro día tuve la honra de hablar solo en los llanos de Gebalhamar a los antiguos habitantes del arruinado Benastepar, hoy he querido que mis acentos sean escuchados por todos los caudillos de los pueblos de esta serranía. Musulmanes, nuestros trabajos subieron ya a tal punto que sería vituperable mengua tolerarlos más; a proporción que los cristianos notan nuestro desaliento, crecen y se aumentan sus rapiñas y crueldades. ¿No es entre otras cosas el más ominoso baldón prohibirnos nuestra habla, tan armoniosa, significativa, y que fue en la que nuestro Santo Profeta estampó los mandatos del altísimo Alá, criador del cielo y de la tierra? También quieren dejemos nuestras magníficas ropas y vistamos su mezquino e incómodo traje, ¿cómo los hijos del profeta, que hanse presentado por tantos siglos en todas partes con sus anchos alquiceles y sus turbantes, domellando así el universo entero, sufrirán ahora la terrible humillación de ponerse los mismos vestidos que sus contrarios? Nos obligan, asimismo, a que abandonemos nuestros juegos y nuestras nacionales diversiones; ya no escuchamos el sonoro acento del adufe, ni los blandos y muelles sonidos de la dulzaina, que daban tanto placer a nuestras hermosas doncellas, ni ya vemos hervir los pechos en santa cólera, y encenderse la sangre en puro y libre fuego, oyendo los entusiastas ecos de los añafiles y atabales; no, nada de esto sucede; el silencio de la tumba reemplaza en nuestros lugares a los antiguos cantos de alegría, porque es muy cierto que jamás puede haber placer con esclavitud. ¿Y qué quieren de vosotras —prosiguió Abenamet volviéndose hacia las mujeres—, qué quieren de vosotras, hijas de la desgracia? Se entrometen hasta en vuestros ocultos aposentos, os vedan los usos más sencillos e inocentes, y sin mirar el recato y pudor tan recomendado por nuestras santas leyes, os mandan salgáis sin velo por las calles, presentando así los rostros descubiertos porque sirvan de pábulo a su infernal lujuria; ¡ay! Aún hay más, ¿no os amenazan sin cesar que os quitarán vuestros hijos? ¿Que arrancarán esos tiernos pimpollos de vuestros brazos para qué, criados con nuestros enemigos, vengan luego armados con ellos a clavar sus afiladas gumías en los pechos de sus mismas madres, a quienes ya no conocerán y serán sin saberlo abominables parricidas?

Después de aplacarse el llanto que estas últimas palabras ocasionaron a muchas de aquellas mujeres, prosiguió el ferí:

—Se nos dirá acaso, ¿si queréis libraros de esta persecución por qué a ejemplo de los godos no os tornáis cristianos? Aunque olvidásemos por un instante las costumbres venerandas y la santa religión, ¿pensáis acaso que adelantaríamos mucho? A los desgraciados que, faltos de valor para padecer, han abrazado la ley de Cristo, ¿qué les ha sucedido? Engreídos nuestros contrarios con la palabra entre ellos tan acatada de cristianos viejos, miran con desprecio a los que de nuevo entran en su religión; así no nos queda más camino honroso que vivir escondidos entre ásperos tajos, o padecer horribles insultos si nos quedamos en nuestros hogares. ¡Y si al menos nos dejasen pacíficos en ellos! ¿Qué temen de nosotros? ¿Por qué no han probado el medio de la dulzura? ¿Por qué no nos dejan tranquilos cultivadores, ya que nos han echado de la hermosa ciudad? Entonces el amor de la libertad se hubiera extinguido poco a poco en nuestros pechos, y nos acostumbraríamos a tan suave esclavitud; ¡pero, ah! Mirad las cenizas humeantes de los pueblos; ellas sirven de padrón eterno que prueban la atrocidad y barbarie de los cristianos, ¿y qué haremos nosotros? ¿Permitiremos que cual tímidos corderos nos vayan degollando uno a uno? ¿Se habrá agotado ya el honor y el patriotismo en nuestros corazones? No puedo creerlo; yo veo agitarse vuestros pechos a mis acentos; brillan vuestros ojos y ansiáis ya por esgrimir en las poderosas manos las fuertes cimitarras; pues bien, las esgrimiréis; ya llegó la santa hora; el grito que asusta a todos los tiranos del mundo; aunque estén sumergidos en sus amurallados alcázares, ese grito heroico sonará en todas partes; los picos de las montañas, los risueños prados y los cóncavos peñascos repetirán a un tiempo la sublime y ardorosa voz de 'libertad o muerte'.

—Libertad o muerte —gritaron todos de consuno, poniéndose de pie y echando mano a las gumías; y estos acentos retumbaron por aquellos solitarios salones cual el rumor prolongado del trueno que desde lo lejos nos anuncia terrible y espantosa tempestad.

Apenas se sentó Abenamet, dijo así el caudillo de Casares:

—Debemos, lo primero, elegir un jefe a quien obedezcamos, y atajemos, pues, de este modo, la licencia y el desorden que pudieran introducirse entre nosotros; darían por tierra en un instante con todos nuestros propósitos.

—Tienes sobrada razón —respondió el venerable ferí de Jubrique—, y para que el caudillo que elijamos se atraiga sobre sí el respeto y la veneración, démosle el título de rey. ¿Y qué otro lo merecerá mejor que el ilustre Abenamet?

—Abenamet, Abenamet —gritaron todos.

—Yo no desdeño mandaros —dijo el ferí—, a pesar que tan dispuesto estoy a ser jefe como súbdito; pero hay otros más beneméritos que yo, y sentiría mucho perder el glorioso dictado de ferí de Benastepar.

—No lo perderás —prosiguió el anciano de Jubrique—, aunque te revistamos de la regia púrpura.

Fenecidas estas pláticas, extendieron varias alfombras por el suelo, colocaron encima cuatro banderas con dirección a las cuatro partes del mundo; pusose de pie el ferí, se inclinó hacia el oriente y exclamó en alta voz:

—Yo juro por Alá, por Mahoma y por su santo sepulcro de no cesar en el empeño que hemos contraído hasta que las fuerzas de la vida me falten.

Enseguida inclinó el rostro, hizo la oración del mediodía, y sentose otra vez; Mahamud, entonces, en nombre de todos besó la tierra que había el nuevo rey pisado; alzáronlo luego en hombros, gritando 'Dios ensalce a Abenamet, rey de Ronda y sus serranías'.

Concluida así la solemne proclamación, retiráronse todos, y se quedó el ferí en plática secreta con los principales adalides.

—Amigos míos —les dijo—, yo opino que debemos alzar al instante el sagrado estandarte; los cristianos se han alarmado, pero con el suceso de Istán, y aunque es verdad que aún no ha tornado Hacem de África, también lo es que ahora están nuestros contrarios desprevenidos.

—Señor —respondió Mahamud—, hágase en todo lo que ordenéis; mas ya que deseáis saber nuestro dictamen, el mío es que debemos aún detener algunos días el alzamiento; avisemos a los amigos de las Alpujarras para que se aúnen con nosotros, si no podemos esperar que nos sacrifiquen los cristianos unos tras otros, como han hecho con los infelices habitantes de Istán.

—Llevas en parte razón, Mahamud; mas nuestra larga permanencia en este sitio podrá hacerse sospechosa, mucho más después del suceso de ese malhadado pueblo; enviemos mandaderos a la Sierra de Bentomiz, al Val de Lecín, a Cadiar, a Orgiva y al río de Almanzora; mientras nosotros hacemos en masa el alzamiento ahora se halla Ronda sin soldados y sin vituallas, y mal podrá resistir nuestros primeros ataques; entretanto, el fuego santo de la libertad se habrá encendido por el reino de Granada, y ¡ay entonces de los tiranos!

Convenidos casi en general con este dictamen, marcháronse a sus pueblos los principales adalides con orden de que a los dos días se diese el grito de independencia; en efecto, así aconteció, y a una misma hora el día 10 de enero de 1501 encendiéronse las hogueras, y desde Ojén, por un lado, hasta Benoacaz, por otro, armáronse los esclavos de consuno para romper las ominosas cadenas.

Capítulo 42º

Temor y pláticas de los rondeños

Acorred sin temor a la pelea
Ármanse los valientes adalides
Maldito amén todo cobarde sea.

Autor anónimo.

Luego que se efectuó la proclamación, fue Abenamet, a quien seguiremos llamando siempre ferí de Benastepar, a Benajú, y contara a doña Elvira lo que había pasado.

—Has sido —le dijo esta— sumamente cruel conmigo.

—¿Por qué, señora?

—¿Cuando te creía más tranquilo y ajeno de guerreras ideas, vas a dar el golpe destructor a mi patria?

—Acuérdate, doña Elvira, que por desgracia ya no es tuya esa patria; pensaba yo detener por algún tiempo aún el glorioso alzamiento, mas por el mal trato que impíamente han causado he adelantado la hora terrible de la venganza; ¡ay del desgraciado enemigo tuyo que caiga en mis manos! No me hartaré de molestarlo una y mil veces.

—Pues yo, Abenamet, los perdono.

—Yo no.

—¿Y por cumplir una venganza que no apetezco quieres sacrificar hasta mis amigos y deudos?

—No, doña Elvira; cuando llegue la hora feliz que la media luna se halle encumbrada de nuevo en los altos muros de Ronda, tus parientes serán completamente respetados; tampoco pienses que sacrificaré cruelmente ni a los indefensos, ni a los que alzan su espada en apoyo de Castilla; no, yo respeto el valor do quier que lo encuentro; ¿mas quieres que respete a los indignos arcabuceros que quemaron a Benastepar, a los que robaron la hija del ferí de Jubrique, y, sobre todo, al ermitaño de Benameda, y a Inés, su cómplice impía?

—¿Pues acaso…?

—Yo lo sé todo felizmente; sé que fray Silvestre estaba oculto en las salas de Galiana, y sin duda él es quien, por venganza, ha querido sacrificarte.

—Dejo a un lado mis cuitas, y te pido que suspendas por ahora el golpe mortífero.

—Es imposible, señora; ¿soy yo acaso solo el que conspira, ni el agraviado? Detrás de cada mata, detrás de cada piedra, hay ya un hijo de Mahoma ansiando por correr a la lid; además, aunque yo quisiese, se alzó ya el estandarte, y quizás a esta hora marcharán los cristianos de Ronda contra nosotros; vuelve la cara. ¿No ves las hogueras en la cumbre de los montes?

—Sí las veo.

—Pues ellas son la señal de la libertad.

—¡Qué fatalidad terrible!

—Así lo tiene decretado el destino; el cielo te guarde, doña Elvira.

—¿Y qué te vas?

—Es preciso, mas pronto volveré a verte.

Saliose entonces de la habitación, y, a pesar de su fortaleza, corrió una lágrima por sus mejillas, mientras doña Elvira permaneció envuelta en la más terrible y angustiosa aflicción.

Apenas se encendieron las hogueras, comenzara a circular por Ronda un sordo rumor, precursor siempre de alguna desgracia pública; nadie sabía de cierto a qué causa achacar aquellas lumbradas que se veían, y se contentaban con asomarse a las murallas inquietos y curiosos, y formar mil cavilaciones sobre lo que podría ser; a la medianoche aumentase la inquietud; se presentasen huyendo varios cristianos de Atajate, y ya la voz de que los moros se habían sublevado empezó a correr contra todos y tomar cuerpo; entonces, unos cuantos regidores se reunieron en las salas del cabildo, y mientras salían mandaderos a los vecinos campos a tomar lengua de lo que pasaba, iban acudiendo los otros cabildantes, unos medio desnudos, y a toda prisa; y otros bostezando, y a paso de tortuga.

—Caballeros —dijo el regidor bizco, que seguía de corregidor—, el asunto que nos ocupa es tan arduo que…

—Pero, señor, a todo esto, ¿qué es lo que hay? —contestó Alonso Yáñez Fajardo.

—¿Qué es lo que hay? ¿No notáis las lágrimas… la confusión… el trastorno…? ¡Toma! ¡Ya veis si hay…!

—Ahorremos razones, y decidnos en pocas palabras lo que hay, pues hasta ahora nada habéis hablado.

—Yo en conciencia tampoco sé lo que pasa, pero, apenas vuelvan los que he enviado afuera, conoceremos a fondo nuestra situación.

—Bien, entonces habrá lugar de asustarse si hay motivo; pero, entretanto, ¿por qué os veo tan pálidos y tristes?

—Ya se ve —respondió el escribano— cómo vuesamerced está ágil y sano de pies a cabeza; no os daría cuidado que hubiese alguna poquita de zambra. ¿Mas qué queréis haga yo con este reumatismo que padezco en la pierna derecha? Por cierto, que con la humedad del aire estoy fatal esta noche; por tanto, temo que si se acercan los moros me agarren al instante y me pongan el cuerpo como a san Bartolomé.

—Además de que aún no han venido, ¿qué no habrá más que entrar así en Ronda?

—Digo lo mismo que el escribano —saltó el presidente—, porque en verdad cuando un hombre tiene sanos todos sus miembros, puede entonces... Pero, como ya sabéis, soy tan corto de vista... Cada bulto me parece a mí esta noche un moro a caballo.

—De modo que vosotros —siguió Fajardo— sois más propios para estar en un hospital que para ir a la guerra.

—¡Qué flojera! —volvió a decir Francisco de Madrid— Todavía no estamos más que seis, de suerte que entretanto que llegan los demás, nos vamos todos a resfriar, y luego a pasar quince días de cama.

Aumentábase en la plaza la confusión y el alboroto, y empezaron a pedir con desaforados gritos que tomase el ayuntamiento las más activas providencias para evitar el actual peligro.

—Señores —les gritó Alonso Yáñez desde el balcón—, yo os ofrezco en nombre de todo el cabildo que no nos iremos a nuestras casas hasta que se sepa lo que pasa, y si hay peligro se tomarán las oportunas medidas para la seguridad y custodia de la ciudad.

Aplacose un poco el clamoreo popular con este razonamiento, y entonces dijo uno de aquellos señores:

—¡Pues no está malo el ofrecimiento que ha hecho nuestro compañero! ¿Y si esto dura dos días nos tenemos de estar aquí?

—Aunque sean veinte —le respondió Fajardo—, ¿quién repara en tales cosas cuando se mira a la patria en peligro?

—¿Y la comida? ¿Y el sueño?

—Aquí sobre esta mesa se come, y sobre estos bancos se duerme.

—Es muy cruel que este maldito hombre —exclamó entrando Fernando de Zafra, y señalando con el dedo a uno de los porteros— no me haya dejado absolutamente respirar hasta que he conseguido levantarme; que toma el peligro, que daca el alzamiento, que hay tantas hogueras... ¡Vaya una bataola! Enciendan enhorabuena, no digo veinte hogueras, sino ochocientas si a bien lo tienen.

—Pero esas hogueras, amigo mío —le respondió Alonso Fajardo— indican que algún suceso notable pasa en la serranía, y nosotros, como padres de la patria...

—Sí, que no duerman los padres de la patria, y luego veremos dónde van a parar; yo acababa de cerrar los ojos, lo más que había dormido serían seis horas.

—Ya se entregó el castillo de Montejaque —gritó una voz desde la plaza.

En esto algunos de los mandaderos entraron en la sala, y dijeron que Montejaque y Benoaján estaban en completa rebelión.

—¿Se han aumentado las guardias de las puertas? —dijo Alonso Yáñez.

—Ya está eso hecho —respondió el bizco.

—Pues no hay entonces por qué fatigarse; el daño, si es así, parece corto, y apenas amanezca se tomarán las medidas convenientes.

Al empezar a clarear el día, ya por todas partes llegaban siniestras noticias, abultadas como en iguales lances se acostumbraba; a poco entró en las salas del cabildo Juan de Villalba.

—Ya tenéis presente —dijo— el fruto de las persecuciones y de la tiranía; yo, antes de venir a este recinto, he querido escudriñar lo que pasa, y así estoy enterado de todo.

Con un movimiento instantáneo alzáronse de pie los regidores, y lo rodearon para atender mejor a sus razones.

—No creáis que esas hogueras significan algún alzamiento parcial, no; en masa está rebelada la sierra, la medialuna ondea por todas partes; solo nuestros castillos se defienden aún, pero caerán pronto si no se les envía eficaz socorro; si fuese ocasión de reconveniros agriamente os diría que vosotros, que el cabildo de Ronda es el principal culpable de este alzamiento; en efecto, señores, si no se hubiese quemado a Benastepar, el ferí, que es el rey electo por los sublevados, quizás no estaría al frente de ellos.

—Tenéis sobrada razón —prosiguió Fajardo—, mas ahora lo que hace al caso es procurar librar a la ciudad de un asalto repentino; los moros son osados, y querrán aprovechar los primeros momentos para aterrarnos.

—Por el peligro inminente que corremos he vuelto a entrar en esta sala, que si no, no hubiera sido muy fácil.

—Ya se entregó el castillo de Gaucín —gritó la plebe desde la plaza—; ya está todo perdido.

Quedáronse los cabildantes atónitos a esta nueva, y a poco asomó la cabeza uno de los alguaciles por la puerta de la sala, y dijo con voz retumbante y campanuda:

—Ya está el ferí de Benastepar en el Arroyo de las Culebras.

Sin oír más, acurrucose el escribano debajo de la mesa; el bizco se metió detrás de un armario, y otros varios regidores temblaban como azogados, creyendo ya ver entrar por la sala al terrible moro; fueron inútiles todos los esfuerzos que por apaciguarlos hicieron Villalba y Fajardo.

—Que viene —gritó otra voz desde la escalera.

—¿Quién? ¿Quién? —dijo el bizco asomando media cabeza—; ¡El ferí...!

—¡Qué ferí ni qué diablo! —exclamó entrando don Alonso de Aguilar— Yo soy el que vengo, ¡mas qué es esto! Salid afuera, escribano.

—Pero están ya ahí en efecto —prosiguió el bizco sacando otra vez la cabeza tan llena de telarañas que era imposible conocerlo, mucho más cuando una le tapaba casi del todo el ojo sano.

—¿Quién ha de venir? —repitió Aguilar.

—Los moros.

—Dejaos ahora de moros ni de moras; salid, limpiaos y pensemos solo en lo que pasa; el caso, caballeros, es apretado; yo he escapado a uña de caballo;

la serranía arde toda en un fuego que es necesario contener desde el principio; urge socorrer a Gaucín, pues es falso que se ha perdido; yo mismo, si queréis, me encargaré de esta empresa.

Así en efecto sucedió; reunieron varios arcabuceros y cargas de bastimento de boca y guerra, y apenas salió el sol, ya estaba Aguilar puesto en su camino; por esta celeridad se salvó de caer en manos de los moros tan importante posición; acallose un poco el pueblo con esta salida, y tuvieron lugar los regidores para seguir disponiendo lo que a la buena defensa y seguridad de Ronda convenía.

Capítulo 43º

El tesoro

Martín.	*Ese es otro desatino,* *¿no es mejor que acá muramos?* *¿Para eso solo nos vamos* *Tantas leguas de camino?* *Tú solo te puedes ir.*
Don Juan.	*¿Tanto un español desmaya?*
Martín.	*¿Has visto español que vaya* *De buena gana a morir?*
Don Juan.	*¿Tan cierto lo tienes ya?*
Martín.	*Cuanto menos es mejor* *Y para incierto, señor* *Mejor estamos acá;* *Yo, punta de acero y bala,* *¿fuego y flecha? Linda cosa.*
Don Juan.	*Es muerte menos penosa.*
Martín.	*Cualquiera muerte es muy mala.*

Cada cual a su negocio,
comedia de don Gerónimo de Cuéllar, jornada 1ª.[1]

—Señores —entró gritando don Sancho, sudado y fatigado—; estaba empezando a almorzar cuando me llegó el aviso, de suerte que me he acelerado tanto, que protesto que estoy a pique de tener una indigestión según lo mal que he masticado hoy.

[1] La cita de este fragmento de Gerónimo de Cuellar (1622–1666) es incorrecta: el parlamento que Martín debería leer es 'Ese es otro desatino / ¡no es mejor que acá muramos! / ¿a morir quieres que vamos / tantas leguas de camino? / Tú solo te puedes ir' (*Dramáticos posteriores a Lope de Vega* (Madrid: Rivadeneyra, 1858), I, p. 606).

—Nada, amigo mío, nada; como vivo tan retirado de la bulla, allá en aquel callejón junto a la Calle Real... Pero quitaos esa telaraña que tenéis en la frente... Parece que Zafra ronca a más no poder... ¡Hola! Amiguito...

—Yo no cedo a nadie mi cama —respondió este, bostezando.

—Que os haga buen provecho, pues a fe mía no es muy blanda.

—Sigamos —prosiguió Villalba—; pensando en aquello que mejor conviene para que no puedan sorprendernos la ciudad, lo primero deberá ser armar a todo el mundo, y salir a recobrar el castillo de Montejaque, que, aunque pequeño, es por su posición de la mayor importancia.

—Me parece muy bien pensado —respondió don Sancho.

—¿No pudierais vos encargaros de la empresa?

—¡Yo!

—Sí, vos; ¿es alguna locura lo que digo?

—Prueba por lo menos que no me conocéis; soy excelente para dar consejos, mas para tomar armas, no en mis días; mucho más desde que en el sitio de Almería juré no hacerlo.

—¿No se os enciende la sangre como a buen castellano?

—Sí, se me enciende muchísimo; pero luego pienso en el peligro, bebo un vaso de vino y templa mi ardor marcial.

—¡Un vaso de vino!

—Sí, señor, cada cual tiene su modo particular de atemperarse y refrescarse.

—Es cosa muy dulce morir por la patria.

—Esa dulzura se la regalo yo a cualquiera. ¿Y luego a qué salir a buscar la muerte, cuando ella, aunque nos pese, vendrá sin falta por nosotros?

—La gloria que se adquiere con las armas es eterna. ¡Ay de la patria si todos pensasen como vos!

—Por eso hay distintos pareceres y gustos en el mundo, y el mío es no exponer mis carnes a que las punce una flecha o las atraviese una bala.

—Contaremos con otros para esta empresa; urge además avisar a los reyes que están en Granada, y ellos dispondrán lo más conveniente mientras nosotros nos aparejamos a una vigorosa defensa si osan atacarnos los rebeldes.

Escribiose en efecto la carta, y con un ágil mensajero despachose al instante.

—Una de las cosas primeras que deben resolver vuesamercedes —dijo Madrid— es buscar dinero, porque, sin dinero, ni hay soldados, ni vituallas, ni nada.

—Cierto —respondió Villalba.

—Mi parecer es —dijo don Sancho— que el mejor arbitrio que tomar podemos para hallar metal tan precioso es sacar una multa semanal; por ejemplo, un escudo al que beba agua pura, y a fe mía que ya veréis cómo se aumentan los fondos públicos.

—Todos, entonces, beberían vino a más no poder, y se aumentarían los vicios.

—No os acomoda mi arbitrio, pues al cabo tendré que descubrir un secreto... Y cuidado, que a nadie quería decirlo... Yo sé dónde hay un tesoro.

—¡Un tesoro! —dijeron tres o cuatro regidores a la par.

—Chit... Silencio... Cuenta que nadie sepa esto más que nosotros... ¿No notáis mi generosidad a favor del bien público...?

—Ya os parece que tomáis el dinero en la mano —le respondió Villalba.

—Es tan seguro como dos y dos son cuatro, señor mío.

Sacó entonces del bolsillo un libro pequeño, forrado en pergamino, y empezó a hojearlo, diciendo:

—Guiso de ternera... Perdices verdes... Salpicón...

—¿Pero, hombre, qué diablos...? —le respondió Villalba.

—En este cuaderno apunto todas las cosas curiosas y útiles, y ya debéis figuraros que nada hay más útil que comer bien... Relleno de anguilas... Salsa blanca... Ya... Ya... Lo encontré... Atención. En la atalaya del puente del río Guadalevín yacen ocultas las grandiosas riquezas de Alí-Hacem-Petrám, y las de su hermano el gran general Aben-Hamar-Hacem; las que se encargaron al gran profeta Mahoma en la luna sexta, día primero del mes, en que murió el gran Tamerlán, en cuya noche se ocultaron, y en la misma se sacarán estando la luna en la última estación, y en el quinto grado, y se hallarán sin duda a los siete codos y tres palmos del solar de la Atalaya por la parte que mira a la ciudad, y nace el arco del puente pegando contra el Tajo. Ya veis si soy franco, pues os doy este dinero contante y sahumado.

—Que me claven un hierro en la frente encendido y puntiagudo —saltó Fajardo—, si tales patrañas creo, y frescos estábamos si no tuviésemos para la guerra otro dinero si no el que en ese sitio encontremos; chinos y tajos es lo que solo allí hay.

—Plata y de muy buena ley, amigo mío, y si no la he sacado ya es porque hace muy poco llegó a mis manos esta apuntación, y es necesario esperar a que esté en proporción la luna según terminantemente se previene.

—Pues yo —dijo el bizco— creo a pie juntillas en el tesoro, pero además de las dificultades que habrá para sacarlo, el cabildo de beneficiados nos debe dar el permiso competente... Porque al fin... Es tesoro de moros... Y podrá hallarse alguna cosa herética.

—Dejemos a un lado la herejía cuando se trata de buscar dinero —saltó Francisco de Madrid—; lo peliagudo del asunto es que no sabemos si ese tesoro estará guardado por algún dragón alado, lince, unicornio u otro animalito semejante, porque lo que es encanto, encanto hay, sin duda, y no seré yo el que vaya a sacar esos escudos, y más de noche.

—Yo os acompañaré, y en buena custodia iremos, Dios mediante, a henchir nuestras talegas —replicó don Sancho.

Después de acordar otras varias providencias se retiraron a sus casas, y muchos, al día siguiente, ni aun se acordaban siquiera del tesoro; pero don Sancho avisó a los diez días que ya la luna, según el parecer de los astrólogos que había consultado, estaba en el punto y situación convenientes para proceder a la operación; así pues, a las once de aquella misma noche empezó a bajar la comitiva por el puente; echaron delante dos escuchas que se colocaron, una en el cerro de la fuerte del Aljarife, y la otra a la salida del barrio de San Miguel; después abrían la marcha ocho o diez arcabuceros, quince a veinte trabajadores con picas y azadones formaban el cuerpo de batalla, y detrás iban el bizco, el escribano y don Sancho.

—Les aviso a todos —dijo el regidor— que como soy tan corto de vista me parecen moros todas las piedras y matas que veo, y así a cualquier novedad que haya, por ligera que sea, espero que me avisaréis para poner pies en polvorosa.

—Por eso —le replicó don Sancho— llevaremos tanta gente para que protejan, si necesario fuere, nuestra retirada.

—Se entiende. ¿Y las teas?

—¡Cómo las teas!

—Sí, señor; las teas para alumbrarnos. ¿Pues qué vamos acaso a hacer a oscuras tan importante pesquisa?

—¡Las teas! ¡Tremendo disparate! ¿Habéis oído jamás decir que se sacan tesoros a la luz de teas ni de hachones?

—¡Como yo nunca me he hallado en tales lances…!

—Ni yo tampoco, pero he leído el modo exacto con que otros se han sacado, y solo se permite alguna opaca lamparilla.

—Los espectros ni los mágicos no quieren mucha luz —respondió el escribano.

—Más valiera, don Sancho, que trajésemos quien los exorcizase.

—Lo que decís está muy bien —replicó don Sancho—, y obraremos según se vea; por ahora, acercad hacia aquí la luz; cuidado que no haya más que una; muchachos, formad un círculo alrededor de nosotros; las mechas en las serpentinas, al menor rumor fuego, y caiga el que caiga… Vaya, así estáis bien colocados… Ahora busquemos en el sitio… Volveré de nuevo a leer… En la atalaya… Por la parte que mira a la ciudad, y nace el arco del puente pegando contra el tajo… De modo que aquí es… No… Un poquito más a la izquierda… No volváis la cara, arcabuceros; a vosotros solo os toca mirar adelante para que los moros no nos sorprendan y corten el pescuezo… Bien… Aquí… Ea, manos a la obra y Dios sea con nosotros.

Empezaron a cavar, y a poco dijo el bizco:

—Necesitamos en realidad de la protección de Dios y de su santa madre, porque a esta hora… Me parece que oigo un ruido…

—También yo creo notar algún rumor —respondió don Sancho.

—Más vale que vaya a la ciudad y mande un clérigo…

—No es necesario —respondió una voz que salió de las inmediaciones.

Quedáronse todos suspensos sin atreverse a chistar, y aun hubo hombre a quien se le cayó el arcabuz de la mano.

—¡Ay de aquel —prosiguió la voz— que ose tocar a las grandiosas riquezas de Alí-Hacem-Petrán, y a las del gran general Aben-Hamán-Hazem; yo castigaré tan desenfrenadas demasías!

Creció el espanto; miraron todos hacia el sitio por donde sonaba la voz, que era por detrás del arco del puente, y vieron salir una mano que les pareció seca, descarnada y larguísima; allí ardió Troya; cayó al suelo la lámpara; los arcabuceros y trabajadores, con más rapidez que corzos, corrieron a la ciudad; el bizco y el escribano se turbaron tanto que perdieron el camino; metiose el uno en el barrio de san Miguel, y zambullose el otro de cabeza en el arroyo de las culebras, mientras don Sancho quiere huir; tropieza, cae, porfía por levantarse; pero la mano terrible lo asió por el cuello.

—No me matéis —gritaba el infeliz—, yo juro aquí, y delante de Dios, y de todos los santos y santas de la corte celestial, que no volveré, no digo a querer sacar, mas ni aún acordarme siquiera de las grandiosas riquezas de Alí-Hacem-Petrán, ni de las de su hermano el gran general Aben-Hamán-Hacem.

Sin atender a estas razones, dio la persona que lo tenía afianzado un silbido, y salieron otras veinte de entre las adelfas, y se llevaron a don Sancho a hombros, pues del susto no podía andar, lo menos media legua distante de la ciudad.

Capítulo 44º

El asedio de Gaucín

Asáltanse con ímpetu furioso
Suenan los hierros de una y otra parte,
Allí muestra su fuerza el sanguinoso
Y más que nunca embravecido Marte;
De vencer cada uno deseoso
Buscaba nuevo modo, industria y arte,
De encaminar el golpe de la espada
Por do diese a la muerte franca entrada.

La Araucana de Ercilla, canto 2º.

Aliatar, que sin cesar rodaba en torno de Ronda, fue el que ahuyentó con sus palabras a los cristianos y prendiera a don Sancho; apenas supo quién era y advirtió su buen humor, lo trató con la mayor consideración y dulzura; anduvieron cuatro o cinco días con él por aquellas sierras, hasta que por solio más seguro determinaron llevarlo a la Cueva de las Motillas y a la entrada de La Sauceda se detuvieron a almorzar.

—Voto a sanes —dijo don Sancho—, amigo Aliatar, que no pasaré de aquí aunque hagan briznas mi cuerpo como no me des siquiera un sorbo de vino. ¿No es cruel andar un hombre subiendo y bajando cuestas a medio trote, y luego no tener sino agua clara para enjuagarse la boca?

—Lo mismo hacemos nosotros, y no nos acontece desmán.

—Porque en vosotros el hábito vence a la naturaleza; pero yo estoy acostumbrado desde chico a apreciar más un trago del zumo de la parra que cuanta agua hay en mares, fuentes, ríos y arroyos. ¡Y luego no comer cosa de sustancia! Porque sin jamón ni tocino nada hay de provecho.

—Nuestra ley…

—Ya lo sé, y esa es la razón por lo cual jamás en ningún caso me tornaría moro; pero vamos a lo principal, cuidado que no me muevo de este sitio si no me das lo que he pedido.

—Ahora es imposible, amigo; mas te doy palabra que dentro de pocas horas se te proveerá con abundancia de todo.

—Corriente, y entonces me es igual estar entre moros o entre cristianos, porque, como decía Horacio: *Integer vitae, scelerique purus.*[1] ¿No sabéis quién era Horacio?

—No.

—¡Jesús! ¡Qué horror!

—A las armas —gritó uno de los moros.

—Son muchos —preguntó Aliatar.

—No alterarse, que nadie viene —contestó otro.

—Pues prosigue comiendo sin recelo, amigo don Sancho.

—Ya se me quitó el apetito; estas continuas voces, 'alerta, firme, a las armas', son capaces de apagar el hambre del más glotón del mundo.

Al poco se levantaron, y llegaron sin tropiezo a la Cueva de las Motillas; alegrose sobremanera el ferí cuando avistó a nuestro poeta, pues podía acompañar y distraer a doña Elvira.

—Ven acá, don Sancho —le dijo—. ¿No te acuerdas del moro de la alquería de Sijuela?

—Y bastante.

—¿Y del mercader que os libró de los monfíes en la venta de Algatocín? Pues yo soy... El ferí de Benastepar.

—¡Ay, Santa María! Cree, cree que jamás he hablado la menor palabra contra ti, ni te he deseado mal alguno.

—Estoy en ello, ni yo tampoco, y como prueba, ahora mismo verás personas muy amigas tuyas.

Lleváronlo, en efecto, a Benajú, donde pensó morir de gozo al ver a doña Elvira, a quien aún creyera presa en las oscuras salas de Galiana.

Al otro día trató Abenamet de que Mahamud, con dos mil moros escogidos, fuese a sitiar a Gaucín, castillo sumamente importante, ya por su posición, ya por la gran copia de provisiones de boca y guerra que dentro se encerraban; al punto que se efectuó el simultáneo alzamiento, Malique y los moros de aquella villa pronunciáronse también francamente; pero Juan Pimentel, que era alcaide de la fortaleza, supo defenderla con tal brío que imposible les fue apoderarse de ella; muchos cristianos huyeron despavoridos a Ronda, y otros se encerraron en sus muros; fueron, entre otros, de estos últimos el zapatero Santiago, a quien ya conocen mis lectores, y fray Silvestre; el primero se hallaba en Gaucín por casualidad, y contaremos por qué estaba allí el segundo.

Aconteció que apenas se escapó doña Elvira de las aguzadas uñas del perverso ermitaño de Benameda, sospechó este que podría haber contribuido el ferí a aquella evasión, y trató de abandonar su antigua morada; confiado en la custodia de gran porción de arcabuceros que llevaba consigo, fue a

1 'recto de vida y libre de vicio', de la Oda I.22 de Horacio.

ella dos días antes de la sublevación con ánimos de recoger sus muebles y traerse a Inés.

Tembló de pies a cabeza cuando escuchara las voces de libertad, que repetían de continuo aquellos agrestes peñascos, y se creyó hombre perdido si no se acogía a la ciudad con prontitud; entre tanto, Aliatar, que por mandato del ferí acechaba sus pasos, hallolo de vuelta a Ronda en las estrechas laderas del río Genal; defendiéronse un rato los arcabuceros, y luego, vencidos por el número, se desordenaron; fray Silvestre, a pesar de su gordura, pudo escapar, pues el miedo le daba alas; sube al carril, y al ir a torcer hacia Ronda se topó con un tercio de soldados cristianos que iba a Gaucín, y prefirió por su seguridad irse con ellos; Inés murió en la refriega, y su cuerpo fue pasto de las aves de rapiña, digno fin a su infame y dañosa traición.

Entretanto, don Alonso de Aguilar, que fue a quien encontró fray Silveste, fortificó y abasteció suficientemente a Gaucín, y, dejándolo al cuidado del acreditado Pimentel, pasó a Benadalid, vio que no era defendible su castillo, lo desmanteló, y recogiera los soldados que lo guarnecían, metiéndose de nuevo por Ronda, para desde allí disponer los planes de guerra que más al servicio de sus altezas conviniesen.

Ya Mahamud marchaba a su destino, y el ferí se iba al castillo de Gebalhamar, donde establecer pensaba el punto céntrico de sus operaciones militares, cuando supo casualmente que entraba fray Silvestre en Gaucín; encendiose su cólera, y quiso él mismo asediar en persona aquella fortaleza.

Confiado Juan Pimentel en la gran cantidad de bastimento que tenía, no se asustó nada cuando vio delante del castillo la inmensa muchedumbre de moros que llegaron, cuyos gritos retumbaban en los solitarios tajos; conocía muy bien Abenamet que no se las podía haber su gente con los disciplinados adalides que dentro estaban, provistos de cañones de que ellos carecían, y así trató de obligarlos por hambre a rendirse, aunque durase algo más el cerco, o formar alguna mina subterránea; no ignoraba que la comida era abundante en la fortaleza, pero que el agua escasearía pronto; en vista de este plan, formó los oportunos atrincheramientos, señaló el sitio que cada caudillo debía ocupar, y contentose solo con ligeras escaramuzas que mantenían a los cristianos en perpetuo alarde, y adiestraba a la ardiente juventud mora; pasaron así ocho días cuando supo una nueva que lo hizo cambiar de proyecto, y disponerse a dar un asalto general.

Pasamos a ver lo que sucedía dentro del fuerte.

La gente de una opinión y carácter se conocen y amistan al instante, y así se amaron fray Silvestre y Santiago; con pretexto de no estorbar por la estrechez del castillo, se les veía siempre en un antiguo subterráneo que hacia el lado del levante caía y servía de despensa y bodega; estaba dividido en dos piezas; la primera era ancha, y recibía la luz por varias ventanas que caían a un hondísimo tajo; la segunda era más estrecha y muy oscura; había arrimadas a sus paredes como unas veinte botas grandes de vino de cabida de cincuenta arrobas, todas excepto una, vacías; un día, sentados los dos alrededor de una mesa, que también solía servirles de cama; oigamos sus diálogos.

—Santiago, hijo, trae otro traguito, que este jarro sea ya de apuro.

Entonces el zapatero tomaba el jarro, encendía una lamparilla, lo llenaba, se lo bebían, y a la hora se volvía a repetir la operación.

—¿Qué es esto, fray Silvestre —dijo entrando el alcaide Pimentel—; por qué habéis venido a habitar este sitio incómodo y húmedo?

—Aquí me hallo —respondió el lego—, quitado de la bulla y libre de las profanas pláticas de los soldados, que mal se aúnan con los modestos usos de un religioso.

—Es verdad.

—Para evitar el daño de la humedad, me bebo al día dos o tres sorbos de vino hasta que quiera Dios sacarnos de estos aprietos.

—Pero veníos a mi cuarto.

—Pensad, amigo mío, en defender como debéis la fortaleza, y dejadme a mí que aquí retirado ruegue a Dios nos libre de tamaños peligros como nos rodean.

—Yo los siento más por vos que por mí.

—¡Por mí! ¡Qué disparate! Yo soy un pobre fraile, una migaja de polvo estéril, y vos un joven en extremo útil y provechoso a la patria.

—¡Hola! —prosiguió el alcaide, reparando en Santiago, que estaba acostado en un rincón— ¿Qué hace ahí ese necio? ¿Por qué no está arriba con un arcabuz en la mano?

—Yo, señor, soy un infeliz zapatero de Ronda, que ni tan siquiera sé lo que es un arcabuz.

—Podrás servir para otra cosa.

—Este desdichado —prosiguió fray Silvestre— es tonto, y medio perlático, y aquí me sirve de criado.

—Si es así, quédese en buenhora.

Fuese el alcaide, y entonces llenó otra vez el jarro Santiago, y volvió diciendo:

—¡Terrible desgracia! Ya no tenemos vino.

—¡Como no tenemos vino! ¡Buena nueva, por cierto! Por apurar esos toneles no me he ido yo a Ronda con don Alonso. ¿Y ahora salimos con eso?

—Apenas he podido sacar dos dedos.

—¿Absolutamente hay ninguno?

—Vino me parece que hay; pero será necesario alzar el tonel por detrás.

—Pues vamos, hijo mío, a hacer esa operación. ¡Es tan necesaria!

Quitaron en efecto las dos pipas inmediatas al tonel, alzaron este a fuerza de mucho trabajo, y brillara el más puro placer en los ojos de los dos cofrades cuando vieron otra vez correr un grueso y abundante chorro.

Diéronle aquel mismo día al ferí la falsa nueva de que fray Silvestre quería escaparse de Gaucín mientras él solo pensaba en beber, y no se curaba de los moros ni del cerro; confiaba Abenamet en la vigilancia de sus soldados, pero no quiso exponerse a que por casualidad pudiera fugársele el mayor malvado que para él existía sobre la tierra, y proyectó, pues, dar un asalto general; mas antes quiso hablar con el antiguo alcaide Malique.

—Señor —le dijo este—, lugar hay de comprometer la vida de nuestros valientes; yo sé que por el lado del levante hay un oculto subterráneo que llega hasta el mismo castillo; examinaré, si gustáis, el estado en que se encuentra.

Al punto con el mayor secreto, y cubiertos con los espesos matorrales que crecen entre aquellos peñascos, pudo Malique, después de largas pesquisas, hallar la boca de la mina; enciende una tea, sube poco a poco por una cuesta agria y resbaladiza, halla en lo alto la puerta, y ve que se abre con facilidad.

—Parece —dijo, hablando con el ferí, y rebosando de alegría su pecho— que la fortuna quiere sernos del todo propicia por lo que os contaré. Mi padre guardaba en el mismo subterráneo adonde cae la boca de la mina su cosecha de vino en grandes toneles que los cristianos han dejado en el mismo sitio; uno de ellos tapa exactamente la puerta secreta, pero ahora lo han levantado de suerte que sin estrépito se puede penetrar en la sala; si así no fuese, sería terrible el estruendo que se armaría para romper la vasija que nos estorbaba el paso; acudirían los sitiados, y nuestra tentativa resultaría impracticable.

—Bien, Malique, mañana asaltaré yo la puerta principal, y cuando todos acorran a su defensa, tú penetrarás por el subterráneo con veinte jóvenes escogidos, y, atacando por la espalda a nuestros contrarios, el triunfo es seguro.

Amaneció, y los atambores y añafiles llamaron a los moros a la lid; asaltaron el castillo por todas partes dando terribles alaridos; pero eran vanos sus esfuerzos; los cristianos sembraban el campo de cadáveres.

—Síganme los valientes —dijo el ferí en alta voz, y llegó, a pesar de los arcabuzazos que en su contra se disparaban, hasta la misma puerta seguido solo de Mahamud y Aliatar; empiezan a derribarla a hachazos; bajan los cristianos de la muralla, y asestan sus armas por los mismos agujeros que los moros hacían; salen en esto por la espalda Malique y los suyos; trabose una terrible lid en el mismo patio; redobla el ferí sus esfuerzos, cae la puerta al suelo, e inúndase la fortaleza con los hijos de Mahoma; en vano Juan Pimentel esgrimía impávido la poderosa tizona, en vano gritaba y acalorizaba a los suyos; pudo más la muchedumbre que el valor, y, cubierto de heridas gloriosas, cayó en poder de Abenamet; todos los demás cristianos, o perecieron, o quedaron cautivos; buscó el ferí con el mayor empeño a fray Silvestre, y lo hallaron muerto en la bodega, igualmente que a Santiago.

Así pereció aquel hombre irreligioso y malvado, que era lunar y borrón horrible de la especie humana.

Capítulo 45º

La batalla de Sierra Bermeja

Comenzaron a subir la sierra donde se decía que los cuerpos habían quedado sin sepultura; triste y aborrecible vista y memoria; había, entre los que miraban, nietos y descendientes de los muertos, o personas que por oídas conocían ya los lugares desdichados.

Mendoza, *Guerra de Granada*, p. 131.[1]

Dejando bien abastecida de soldados la fortaleza de Gaucín, marchose el ferí a los llanos de Gebalhamar, con gran pena por no haber podido haber a las manos vivos a fray Silveste o a Inés; como eran testigos de la inocencia de doña Elvira, al propio tiempo que sus perseguidores, quería Abenamet que confesasen en público sus enormes delitos, para que así quedase bien puesto a la vista de todos el honor de tan esclarecida doncella; pero frustrósele cual hemos visto su plan.

Era la sierra de Gebalhamar excelente sitio para lo que deseaba el ferí, pues además de su aspereza, se daba a la mano con los importantes puntos de Casares, Genaguacil y Jubrique, se vigilaba sobre los cristianos de Estepona y Marbella, y se podían recibir socorros por la mar del bey de Túnez; estos socorros que Hacem había ido a pedir se esperaban de un día a otro; mas súpose a poco tiempo el desgraciado fin del mensajero; en efecto, la madrugada del mismo día que los de Marbella quemaron a Istán; desembarcó Hacem en aquella costa; traía la nueva, según se indagó, de que esperasen los moros algunos meses antes de proclamar su independencia para dar tiempo a que el tunecino aprestase en su favor fuerte y poderoso auxilio; en compañía de dos criados atraviesa nuestro enviado los arenales de la playa, y endilga sus pasos hacia los escasos pinares, donde sabía que estaba el ferí. Apenas pisa la entrada de la sierra, toparon con él los cristianos que iban a Istán, y, a pesar de su defensa vigorosa, perecieron los tres honradamente.

No le plació nada al ferí este contratiempo, pero ya estaba muy adelantado el alzamiento para volver atrás y así pensó solo en aparejarse para proseguir con valor la principiada lucha; dieronse las competentes órdenes para que los caudillos de los pueblos hostilizasen sin cesar a los cristianos de Ronda; ya aprisionándoles, ya interceptando convoyes de víveres y municiones; los

[1] Sobre esta cita, véase la introducción p. 14.

moros ancianos e inútiles para las armas ocupáronse en hacer gavias profundas, echar árboles en los caminos, clavar en el suelo puntas de hierro, todo con el fin de que no pudiese la caballería cristiana penetrar por las sierras sin gran peligro y molestia; enviáranse nuevos mensajeros a las Alpujarras y Hoya de Málaga, y se empezó con la mayor premura a adiestrar en el uso del arcabuz a mil jóvenes escogidos para con ellos atacar luego a Ronda antes que la socorrieran con gente y municiones; empero sus altezas obraron con más celeridad que Abenamet creía; desde el día dieciocho de enero, mandó el rey sus cartas a las principales ciudades de Andalucía para que acudiesen a Ronda con el oportuno auxilio; así, en efecto, aconteció; los primeros que llegaron fueron el pendón de Sevilla con mil peones, trescientas lanzas mandadas por su asistente, el conde de Cifuentes; varios veinticuatros,[2] y mucha y esclarecida nobleza, que ardía por distinguirse y ganar eterno prez al servicio de los reyes en las porfiadas pugnas.

Súpose en la ciudad a tiempo esta llegada, y apresuráronse a recibir con pública ostentación a tan honrados huéspedes; se vio, pues, una mañana colgada, y aderezada la Calle Real y demás del tránsito con ricas telas y variados arcos de flores; cobijáronse las damas sus mejores vestidos, los caballeros se adornaron con luciente orfebrería y matizadas plumas; si otro día aciago se entristecía el corazón generoso, viendo destinarse tal pompa para premiar solo la maldad y el asesinato, ahora se solazaba el alma contemplando la honra que se hacía al valor y a la patria con tan hermoso recibimiento; entraron, pues, haciendo sus airosos cuerpos y sus briosos corceles los hijos del fértil Guadalquivir, y se admiraron de ver tanta hermosa rondeña como a su vista se presentaba; alojados y obsequiados grandemente por los vecinos, pensose mientras llegaban otros pendones en preparar la juventud rondeña a la pelea, dirigida por don Alonso de Aguilar, Juan de Villalba, Alonso Yáñez Fajardo y otros; ya competían en brío y soltura aquellos lúcidos jóvenes con los caballeros de Sevilla, cuando se recibió la fatal noticia de la toma de Gaucín y de la prisión de su alcaide Juan Pimentel.

Entonces no solo creció el desaliento y confusión entre los habitantes de la ciudad, sino empezaron a amotinarse abiertamente.

—¿Quién ha visto tal desorden —decían unos— dejar así que los moros se enseñoreen de todo el campo, nos corten los mantenimientos y vengan luego a achicharrarnos en nuestras mismas casas?

—Aquí tenemos —decían otros— una brillante juventud que ansía por correr a los combates; ¿y será bien hecho dejar que se entibien sus corazones y se emboten sus armas? 'Mueran los traidores', gritaban algunos de la plebe, y fue tal la algazara que se movió, que, reunidos otra vez los regidores,

2 El veinticuatro era un cargo municipal equivalente al de regidor o concejal.

empezaron a discurrir qué harían en aquellas críticas circunstancias para apagar el fuego de la rebelión, que empezaba a cundir impetuoso.

—Aquí no hay más —dijo Alonso Yáñez Fajardo—, sino salir de consuno y atacar a los moros, ¿qué tenemos con el auxilio de los sevillanos?

—Hay —respondió un regidor viejo— el grave inconveniente de que esos forasteros no conocen las agrias veredas de la sierra, y podrían caer en cualquier celada, y perecer sin gloria; además, es vituperable mengua que otros, y no los hijos del país, se lleven la palma de la victoria, caso que se consiga.

—Dejemos a un lado esas rencillas particulares; nosotros los de Ronda iremos de vanguardia, y partiremos con los forasteros los triunfos y los desmanes.

—Bien pensado —respondieron algunos de los cabildantes.

—Mañana mismo —respondió Fajardo— debe salir nuestro pendón.

—Será imposible —contestó otro regidor—, ¿quién lo lleva? Ya sabéis que nuestro alférez mayor está en Granada

—Nada me importaría llevarlo; mas no quiero quitar al señor corregidor esta honra.

—Cierto es —replicó este— que, a falta del alférez, debo yo alzarlo; mas estoy estos días tan perdido de la vista, me figuro que será con el cruel levante que sopla, que vaya; ¿cómo he de salir de Ronda si han tenido que traerme aquí de la mano?

—Está, en efecto, tan cruel el tiempo —prosiguió el escribano— que apenas puedo moverme hoy.

—Ya se sabe —replicó Fajardo— que decís padecéis esos dolores; veo que muchos de mis compañeros no son muy aficionados a salir en defensa de la patria.

—No se sabe quién habló de llamar a don Tello de Lara.

—¡Don Tello de Lara! —dijo apresurado el bizco— ¿Cómo es posible que un cristiano se atreva a proponer tal cosa? Se conoce que no todos saben quién es don Tello de Lara.

—Yo solo sé —saltó Villalba— que es un honrado y valiente caballero.

—Será así, pero también es seguro que tiene ciertos caprichos traídos allá de sus viajes, y habla siempre de libertad, igualdad y otras palabrotas endemoniadas, que, a pesar que yo no comprendo bien, me horrorizo y estremezco al oírlas pronunciar. ¿Queréis que, si va con nuestro ejército, cargue el diablo una noche con él, y con la flor de los jóvenes de Ronda? No, amigo mío; además, ya sabéis lo que le ha pasado a su sobrina… Ahora que recuerdo este asunto, dicen que, efectivamente, se escapó de la prisión.

—Así es —prosiguió Villalba.

—¿Y a quién se atribuye su libertad? Porque yo tengo mis sospechas…

—Solo se sabe que, al tiempo que ella desapareció, faltó también de la casa un antiguo criado llamado Pablo.

—¿No estaban las puertas de su prisión perfectamente guardadas?

—Demasiado.

—Vamos; doña Elvira, sin duda, como tan instruida en las doctrinas de su tío, hizo algún conjuro o pacto, y se marchó por el aire, quién sabe dónde.

—No debe nunca sospecharse tan mal del prójimo.

—¿Cómo explicar de otro modo su extraña fuga? Pero sea como sea, la tal familia, y don Tello, por consiguiente, están deshonrados con la prisión de doña Elvira, y no es posible que un hombre tachado vaya a nuestro ejército, porque eso sería tentar a Dios; en lo demás, pienso que es muy justo que salga nuestro pendón, digo en no yendo yo, así cumpliremos con nuestros deberes.

Después de acaloradas disputas, determinose que el bizco y Juan de Villalba quedasen en Ronda para el buen orden interior de la ciudad, y que Alonso Fajardo, bajo las órdenes de don Alonso de Aguilar, llevase el pendón; ardió en placer la juventud cuando supo la próxima marcha que, según el convenio de Aguilar con el conde de Cifuentes, era a los ocho días; pensaban atacar al ferí en su mismo campamento, y destruir de un golpe la rebelión; llegó el momento ansiado, y coronáronse los terrados y balcones con las principales doncellas de Ronda; las madres y esposas corrieron a la Puerta de Almocábar para despedir a sus maridos e hijos; mientras los amantes marchaban ufanos caracoleando sus briosos caballos por delante de las puertas de sus queridas, y estas pagaban su cortesía con alguna expresiva sonrisa o amorosa lágrima.

Llegaron sin el menor contratiempo hasta las mismas orillas del Genal, por debajo de Genaguacil; dispusieron allí acamparse, y al día siguiente viéranse ya muchas calles de tiendas, y flotaban a merced de los vientos sus anchos y matizados alfeñiques; observemos a los dos jefes principales sostener pertinaz y acalorada disputa; quería don Alonso atacar a los moros en sus principales guaridas.

—¿Cuánto más prudente y mejor será —respondió el conde de Cifuentes—, atraerlos y esperarlos en este sitio, lugar a propósito donde nuestros arcabuceros pueden envolverla y destrozarles fácilmente nuestra caballería?

—Y aunque ellos vengan atraídos con engaño, ¿no se dirá siempre de que hemos esperado nos ataque, sin atrevernos a salir de nuestras trincheras?

—Se dirá que conocemos exactamente el arte de la guerra, y que no queremos aventurar por una acción imprudente el resultado de nuestra justa y patriótica empresa.

—Ahora que están los moros aterrados al ver la muchedumbre de peones y jinetes que traemos; ahora es cuando debemos acometerlos sin cuidado.

Después de otras varias razones, y no conviniéndose los caudillos, llamaron a los demás capitanes, y, por desgracia, siguieron los moros en su parecer a don Alonso de Aguilar, el más valeroso, si bien el menos prudente.

El fruto amargo de esta temeridad empezó a coparse al instante; apenas pasaron al río, conocieron que la caballería no podía seguir adelante en vista de los obstáculos de todas clases que en el camino se presentaban; y así pues, los capitanes y adalides principales siguieron marchando con los peones de Sevilla y Ronda, y se replegaron los demás jinetes al campo atrincherado; ya era bien entrada la tarde cuando se acercaron los cristianos a los campos de Gebalhamar; los moros, emboscados entre aquellas peñas, les lanzaban flechas y piedras sin cesar; don Alonso, delante de su hueste, la animaba de contino con sus enérgicas palabras.

—Mirad —les decía—, apenas lleguemos a lo alto caerá en nuestro poder el soberbio castillo que domina y manda en estas sierras; adelante, hijos míos, adelante; acordaos que sois descendientes de Pelayo y del Cid Campeador.

¡Mas, ay! Apenas eran escuchadas estas entusiastas razones por los soldados que le acompañaban, gente toda concejil de la ínfima plebe, dispuesta más bien a la rapiña y al robo que a pelear por la patria.

Acercáronse entonces algunos capitanes a don Alonso, y le dijeron que ya se conocía bien que la idea de los moros era envolverlos por todas partes apenas entrase la noche; que prudencia grande sería retirarse, y al día siguiente, quitados poco a poco los obstáculos, avanzar de nuevo con los jinetes, gente útil y de confianza.

—Sé muy bien —respondió en voz baja don Alonso— con quién me las he; el ferí sabe más que yo —pensaba—, solo nuestro arrojo, y aún temeridad, podrá ya salvarnos; debemos apoderarnos del castillo antes que oscurezca, porque, si volvemos atrás, ¿quién contendrá la soldadesca? ¿Quién les hará entender que es retirada y no fuga? Ya hemos adelantado mucho, amigos míos, y no hay camino hábil para retroceder; valor, serenidad y adelante.

Mandó entonces tocar todos sus atambores, y al grito nacional de 'Santiago y a ellos', prosiguieron con suma rapidez su marcha; conoció el ferí su designio, y salió con sus arcabuceros a cortarles el paso; trabose entonces terror y sangrienta lucha casi al pie de la torre; animados con el ejemplo de don Alonso, peleaban con valor; pero extendió la noche su negro manto, y a su oscuridad acercáronse los moros a los cristianos impunemente, y los herían a su placer; a poco empezaron a desmayar los hijos de Castilla, y a desbandarse sin orden alguno; don Alonso se retiró contra una peña, y allí se defendía valerosamente del ferí; tirole este un tajo en la cabeza que lo hizo vacilar.

—Ríndete —le dijo Abenamet—, ¿quién eres, que te defiendes con tanto tesón?

—Yo no me rindo nunca; yo soy don Alonso.

—Yo soy el ferí de Benastepar.

Renovose de nuevo la pelea hasta que, traspasado el pecho, cayó el valeroso Aguilar, varón ilustre que se halló en mil azarosas pugnas y escabrosos combates;[3] no salió tampoco muy bien parado el ferí; desmayose por la mucha sangre que brotaba de sus heridas, y estuvo casi toda la noche tendido en el

[3] El autor de las *Guerras civiles de Granada* duda que fuese en Sierra Bermeja la muerte de don Alonso de Aguilar, y cita un romance que así acaba:

suelo sin socorro; los moros siguieron por las laderas abajo a los cristianos, pero la caballería, con el Asistente[4] de Sevilla al frente, contuvo su arrojo; recogió apenas amaneció a los fugitivos, y entre ellos al conde de Ureña y a don Pedro de Aguilar, hijo mayor de don Alonso, que salvaron aquella fatal noche su vida ocultos entre peñascos; las diez serían de la mañana, cuando todos se retiraron a Ronda, renegando y maldiciendo de tan triste empresa.

Don Alonso, don Alonso,
Dios perdone la tu alma,
Pues te mataron los moros,
Los moros de la Alpujarra.

Pero es indudable que fue junto a Casares, en el sitio donde dicen hoy Reales del Duque, según los romances siguientes, la tradición constante del país y las palabras terminantes de don Diego de Mendoza en su *Guerra de Granada*: [El autor inserta aquí una nota muy extensa que hemos trasladado al Apéndice B]. (*N. del A.*).

[4] Cargo que, en ciudades como Sevilla, era equivalente al de corregidor.

Capítulo 46º

Los baños de Pasada Blanca

Como la tierna madre que el doliente
Hijo le está con lágrimas pidiendo
Alguna cosa, de la cual comiendo
Sabe que ha de doblarse el mal que siente.
Y aquel piadoso amor no le consiente
Que considere el daño que haciendo
Lo que pide hace, va corriendo
Aplaca el llanto, y dobla el accidente;
Así a mi enfermo y loco pensamiento
Que en mi daño os me pide yo querría
Quitalle este mortal mantenimiento
Mas pídemelo y llora cada día
Tanto que cuanto quiere le consiento
Olvidando su muerte y aún la mía.

Obras de Garcilaso, soneto 14.

Conocieron los moros, apenas amaneció, lo doloroso de sus victorias, pues a más de haber muerto muchos de los caudillos, tales como Abén-Zaide, Abdalá y otros; hallaron casi moribundo a su ilustre rey; después de restañarle la sangre, notó el alfaquí Almanzor, que era práctico bastante en la cirugía, que una herida que tenía en el muslo era hecha con flecha envenenada; usaban todavía los moros en aquellos tiempos cocer el acónito a fuego lento hasta que hiciese correa y adquiriese un color negro; untaban luego con este zumo las puntas de las flechas, envolviéndolas después con limo; dañaba mucho a la carne esta ponzoña, pues causaba frío, torpeza, privación de sentidos, arcadas, flaqueza en las fuerzas y otros graves y complicados accidentes; con la cercanía y ejemplo de los moros, solían también los flecheros de Ronda usar este veneno; al instante, buscó Almanzor un hombre diestro en el arte de chupar sin gran peligro esta clase de heridas, y después, invocando el nombre de Alá, y volviendo el enfermo hacia el oriente, hicieron una incisión crucial en la herida, y pusiéronle encima una espesa cataplasma de hojas de retama, harina de avena y zumo de membrillos; fue tan maravilloso el remedio que a las pocas horas se presentara ya de buen color los bordes de la herida, y los accidentes mortales desaparecieron del todo; quedó, sin embargo, una extrema debilidad consiguiente a la mucha sangre que había derramado el enfermo. Al otro día enterraron los moros sus cadáveres, y porque así lo quiso trasladaron a Benajú en una camilla al ferí de Benastepar.

Estaba doña Elvira entretenida en oír la charla de don Sancho, cuando le llegó la fatal nueva de que el denodado caudillo venía subiendo la cuesta del peñón; corrió a su encuentro la hija de don Felipe, y le manifestó con palabras y acciones la pena profunda que en su corazón se albergara al verle en tan penoso lance; colocaron a Abenamet en un buen lecho, y merced a la ciencia de Almanzor y al esmero de doña Elvira, que de día y noche vigilaba a su lado, pudo levantarse a los quince días fuera de peligro; pero siempre tan débil que opinaron los curanderos más hábiles de aquella sierra que en tres o cuatro meses no podría volver a empuñar las armas.

—¿Será posible, hijos míos —dijo el ferí— que tenga de permanecer tanto tiempo ocioso mi brazo? ¿Y cuándo? Cuando aterrados los cristianos de Ronda íbamos a entrar en la ciudad casi sin pelear; Alá me dé paciencia para sufrir tamaña pena.

Tenía en realidad motivo para apesadumbrarse, porque Mahamud, que quedó mandando las tropas, era demasiado prudente para empeñar ningún lance; ¿y no es muchas veces de absoluta necesidad en la guerra los hechos arrojados, y las acciones temerarias? Contentose, pues, con formar continuas emboscadas al enemigo, cortar los víveres a Ronda y dar algunas ligeras escaramuzas; mas si hubiese marchado después de la batalla de Sierra Bermeja derecho hasta la esclarecida ciudad, es casi seguro que sus asustados habitantes hubieran abierto las puertas al indomable vencedor.

Entretanto que estas cosas sucedían, las personas que rodeaban a Abenamet para alentarlo y acelerar su curación propalaban noticias falsas o exageradas, favorables siempre a la causa de los moros; ya al mes estuvo el ferí bastante fuerte para pasear, no solo por la meseta del peñón, sino por todos aquellos contornos, y así se distraía de la profunda melancolía en que yacía envuelto.

Una tarde, cuando ya el sol bañaba solamente con su lumbre la mitad de la Sierra de las Motillas, veíanse bajar hacia la cañada de Pasada Blanca al ferí y a doña Elvira, seguidos de Pedro, María y una de las hijas de Mahamud; el paso del convaleciente era lento, y de cuando en cuando alzaba la vista para ver a doña Elvira, que saltaba ligeramente por entre las ásperas piedras; su semblante aparentaba placer y serenidad; pero una sombra de tristeza esparcida en él hacía conocer al atento observador las punzantes penas que en su corazón se albergaban; así muchas veces en las cercanías de un volcán brotan algunas flores y arbustos, pero el viajero prudente advierte bien por entre aquella capa de lava engañadora el vacío espantoso que hay debajo.

Llegaron todos a la garganta; allí se miran esparcidos de trecho en trecho solitarios y agrestes acebuches; salen, como ya he dicho, otra vez las sulfurosas aguas por un ancho acueducto romano embovedado y cubierto por encima con yedras y madreselvas, y forma el agua a la salida un profundo charco, donde nadan negruzcos peces; divisábanse por los lados altas colinas de tierra encarnada, donde lozanas crecían las palmas africanas; terminan el horizonte por el norte y sur los empinados peñascos de las sierras de las Motillas y de Benajú; diríase que son como dos gigantes que guardan aquella melancólica floresta donde solo se oyen retumbar de tiempo en tiempo los grandes chillidos de las aves de mal agüero, y tal vez en medio de la tempestuosa noche los lentos y prolongados aullidos del lobo carnicero.

Sentáronse el ferí y doña Elvira sobre la menuda grama, no muy lejos de las fatídicas piedras tan temidas por Tarfe; mientras, por respeto, las otras tres personas lo hicieron a alguna distancia junto a dos robustos álamos. Gran rato se mantuvieron los dos en silencio, hasta que empezó doña Elvira a hablar así:

—Cuánto me alegro, Abenamet; verte ya casi del todo restablecido.

—Las heridas de mi cuerpo se van cicatrizando; aunque lentamente, merced al cuidado con que me has asistido.

—Solo te he pagado una pequeña parte de lo mucho que te debo, y, además, ¿si hubiese sido yo la enferma no hicieras lo mismo conmigo?

—Una y mil veces, mujer encantadora —respondió Abenamet, tomándole la mano—; una y mil veces... ¿Por qué me hablas con tanta dulzura? ¿No conoces que así se renuevan mis heridas?

—¡Tus heridas!

—Sí, doña Elvira, las heridas de mi alma. ¿Imaginas acaso que, aunque arda mi pecho al santo nombre de patria, monte a caballo, me cargue la brillante juventud de estas sierras, desenvaine el ominoso alfanje... ¡Ah! ¿Imaginas que yo olvide ni por un momento a doña Elvira de Castro?

—¿Y por qué, entonces, así cruel, has entregado al robo y a la desolación las hermosas campiñas de Ronda?

—Esa es una de las fatalidades que me rodean, ¿no sería yo indigno de ver la luz del sol si antepusiese mi amor al bien de millares de infelices?

—¿Cabe felicidad entre robos, saqueos y asesinatos?

—Consecuencias son esas funestas y terribles de la guerra, que no nos es dado evitar; mas si nosotros no disfrutamos los puros placeres de la paz, aunados con los de la libertad; si nuestras almas se juntan con el poderoso Alá en los celestiales salones antes que se termine la heroica lucha; nos consolará al menos la idea plácida que dejamos esa dicha a nuestros hijos, y que al disfrutarla recordarán llorando cuanto para hacerlos felices trabajaron sus padres.

—Tienes en parte razón, Abenamet; pero son tan terribles y desastrosas las discordias civiles que vale más que nada la tranquilidad.

—Si el yugo de los cristianos hubiera sido suave, lo sobrellevaríamos con resignación. ¿Mas cómo pudieran ser blandos con el vencido moro, cuando dejan que el Tribunal de la Fe asesine y queme impíamente a un sinnúmero de desgraciados? Me horrorizo cuando recuerdo la suerte que te preparaban, amada Elvira. ¡Ah! Perdona si esta palabra se ha escapado de mis labios, pero ¿por qué me avergonzaría yo de amarte y decírtelo mil veces?

—Mejor será que no fatigues tu alma con pensamientos inútiles e infructuosos.

—Bien lo sé, doña Elvira, pero deja que desahogue mi corazón; este amor es para mí como el agua para el hidrópico; conoce que le hace daño, mas la ardiente sed que devora sus entrañas le trastorna el juicio, y la bebe sin cesar.

—Es necesario que la razón domine a nuestros sentidos.

—Tú tienes, doña Elvira, sobrado seso, yo no; ausente de ti resistía bien a mis amorosos pensamientos, y solo pensaba en la patria. ¿Pero a tu lado…? No, y no puedo sufrir el fuego abrasador que se ha encendido en mi pecho. ¿Por qué no lo apagas…? Una sola palabra tuya… Una sola… No pienses que yo quiero enlazarme contigo, pues son ahora más que nunca insuperables los obstáculos. ¿Quién soy yo, en efecto, sino el jefe impío de una cuadrilla de bandidos?

—No pienses tan mal de ti.

—Al menos así lo creen tus deudos y amigos; si llega el día feliz en que triunfen nuestros esfuerzos, entonces, sí, entonces yo aspiraré a tu mano, porque ya no tendrás más patria que la nuestra; pero ahora, ¿qué te pudiera yo ofrecer? Destierros y persecuciones, robos y asesinatos; he aquí lo que acompaña al ferí de Benastepar, mas ya que ese placer está vedado para mí, que oiga yo al menos de tu labio las suaves palabras del amor.

Empezara en esto a desprenderse de la cresta de la Sierra de las Motillas una nube parda; extendiose poco a poco, y comenzaran a caer goterones de agua; mandó el ferí a Pedro que aceleradamente fuese a Benajú y trajese caballos para tornarse con prontitud y comodidad, antes que la tormenta amenazadora descargase, y entretanto se sentaron los dos sobre las piedras encarnadas que a sus espaldas tenían; sombreadas estas por un alto acebuche, se resguardaron por entonces del agua, y siguieron su animado diálogo.

—Esas palabras que quieres que pronuncie mi lengua solo servirían para aumentar el incendio de tu corazón.

—No, amada Elvira; lo refrescarían y alentarían, por el contrario; ¡cuánto placer lograría al saber que era amado!

—¿Y por qué exiges de mí ese sacrificio?

—¡Sacrificio! ¿Tienes por tal amar a un infeliz?

—No.

—¿O decírmelo?

—Eso sí, porque veo las consecuencias terribles… ¡Ah! Deja, Abenamet, que lleguen otros más serenos días; entonces, cuando la plácida paz…

—¿Y en tanto quieres que yo muera?

—Antes perezca yo que tal cosa suceda. ¿Qué sería de mí sin ti?

—Pues en pago de los ligeros servicios que te he prestado, dime una vez siquiera que no aborreces a este desdichado, dímelo una vez solo. ¡Ay! Sí, una vez solo.

—Ya que lo quieres saber, hace muchos días que te amo, Abenamet.

Al pronunciar doña Elvira estas palabras, un vivo resplandor, seguido de un horrible trueno, los dejó atónitos; empezó a caer el agua a mares; las dos mujeres se subieron a los árboles, aunque con trabajo; el ferí tembló, quizás por la primera vez, porque recordó las palabras de Tarfe, y que estaban sentados sobre las terribles piedras encarnadas. ¿Será cierto que aún los hombres más briosos y varoniles, y que están más ajenos de hacer caso de las supersticiones populares, tienen momentos en que, ofuscada su razón, titubean y creen también las necias patrañas del vulgo? Así, por desgracia, sucede muchas veces. Doña Elvira estaba también pálida y triste, y mucho más al ver cómo las aguas crecían e iban a llenando la honda cañada.

Aparecieron en esto a lo lejos Pedro y Tarfe, seguidos de otros cuatro moros a caballo.

—Adelante, amigos míos, adelante —decía Tarfe—; libremos a nuestro señor. ¡Qué tarde, Alá santo! Mas, ¡ay…! Atrás, atrás huyamos todos.

—¡Como huir! ¿Y nuestro monarca?

—¿No las veis? Allí están.

—¿Quién está? —prosiguió Pedro.

—Mira encima de las piedras… Las fantasmas… Una vestida de moro, y es el macho, y la otra… En traje raro…

—Necio, ¿no ves que son el ferí y doña Elvira, que se han subido sobre aquellas piedras, huyendo del agua?

—Y ahora… Apenas nos han visto, se han remontado por el aire… Se fueron… Ya están sobre el acueducto; dicho y hecho, ellas son.

A estas palabras quiso Tarfe volver la brida al caballo, pero al movimiento cayó de la silla; Pedro sigue con los demás compañeros hacia donde estaba el ferí, quien, habiendo visto que las aguas crecían sin cesar, y que el sitio donde estaban era bajo y poco seguro, agarró debajo del brazo a doña Elvira, y, aunque con gran peligro y trabajo, logró subir con ella a lo alto de la bóveda del acueducto romano; llegaron todos, acomodáronse en los caballos con rapidez, pues el temporal crecía cada vez más; recogieron en el camino a Tarfe, que aún estaba del susto tendido en el suelo, y llegaron sin desmán alguno a Benajú.

Capítulo 47º

Muerte de doña Elvira

Ya para mí se ha oscurecido el día,
Y, pues en las tinieblas me lamento,
Llora conmigo, amor, la pena mía.
(...)
¿A dó el coral lustroso y encendido
Y el color dulce de suave rosa
Tiernamente tal vez descolorido?
¿A dó la blanca mano y generosa
Que el yugo puso blandamente al cuello
Y fue prenda a mi alma dolorosa?
¿A dó el ardor luciente del cabello?
¿A dó más que el marfil y no tocada
Nieve, del pecho tierno el candor bello?

Rimas de Herrera, eleg. 16.[1]

Toda la noche duró terrible la tempestad; fueron algunas personas por la mañana a ver los destrozos que en la garganta y baños de Pasada Blanca había hecho, y notaron, entre otras cosas, que las dos piedras encarnadas no existían ya; sin duda se harían pedazos; o taparían con el limo del hinchado torrente; pero los moros creyeron firmemente que desaparecieron porque había ya concluido su encanto.

Lo cierto es que, desde aquel día aciago, nuevas y continuas desgracias asaltaron el corazón del ferí; por una parte, aumentábanse los cristianos en Ronda, y con frecuentes correrías incomodaban y dañaban a los que antes eran los agresores; y por otra, doña Elvira entregose más y más a sus melancólicas reflexiones. ¿Y cuál fue el fruto? Que fue acometida de una fiebre lenta; las rosas de su rostro desaparecieron, y aquella tierna y rozagante flor amenazaba destruirse para siempre.

Deseando a los pocos días saber de sus padres, envió a Ronda a don Sancho; veamos a este, que, en compañía de don Tello, llega al convento de

[1] Elegía de Fernando de Herrera (1534–1597), así numerada en la edición de Ramón Fernández, *Rimas de Fernando de Herrera* (Madrid: Imprenta Real, 1808) IV, pp. 184–190.

Santo Domingo, sito no lejos de la Fuente de los Gomeles, y está llamando a la puerta de la celda del padre Vicente.

—Amigos míos —exclamó el anciano, abriendo acaloradamente—, ¿qué es esto? ¡Hola! ¡Don Sancho! Dadme los brazos, ¿estáis libre y bueno?

—Ya pareció —le interrumpió don Tello—, sí, señor, ya pareció.

—¿Quién?

—Mi sobrina Elvira, y está sana y salva.

—¡Ay, Dios mío! ¡Qué placer! —prosiguió fray Vicente, llorando de gozo— ¿Dónde está? Vamos a verla...

—Poco a poco —saltó don Sancho—; eso no es muy fácil, porque está con los moros.

—¡Con los moros!

—Y en un sitio que pocos conocen.

—Ahora —siguió don Tello— no debemos admirarnos de nada; quien quiera acompañarme, que me siga, ¡infeliz! Ya no tiene más padres que yo; cuidado, don Sancho, no la digáis que han muerto; ea, guiadme, y vamos allá al momento.

—Yo también iré —dijo el religioso—, a pesar de mi edad, y de mi carácter, y... Al fin iré.

Enseguida, casi sin detenerse nada, se internaron los tres en el bosque, y allí hallaron seis moros que los llevaron y custodiaron hasta ponerlos al pie del peñón de Benajú.

—Cristianos vienen —gritó la atalaya, que estaba al pie de la escalereta.

—¿Cuántos? —respondió la de lo alto de la meseta.

—Tres.

—Pasen adelante.

—Elvira mía, Elvira mía —gritó don Tello, arrojándose en los brazos de su sobrina.

—¡Cómo! ¡Aquí...! Yo solo quería saber de vosotros; ¿y mis padres?

—Tristes y pesarosos, mas con buena salud. ¿Pero tú, amarilla...? ¡Ay! Dame otra vez los brazos, Elvira, de mi alma.

Durante esta conversación, el ferí, callado, contemplaba a los dos; fray Vicente lloraba de gozo, y don Sancho, paseándose, decía en alta voz:

—Pues yo los he traído; soy excelente para un mandado... Acercaos, que tengo boca, y hace ya seis horas, por lo menos, que no cato migaja.

Aumentose el placer de la enferma cuando reparó en el padre Vicente.

—Vosotros —les dijo—, como no sabéis exactamente lo que he padecido, creeréis que cometí una imprudencia entregándome en las manos del que veis ahí sentado, del ferí de Benastepar.

Hizo a estas palabras el padre Vicente un movimiento como de sorpresa y horror.

—Antes de juzgar de mí, permitid, caballeros, que yo me retire, y doña Elvira os hable con extensión; entonces me podréis negar o conceder vuestra amistad, según mejor os parezca.

Aquella propia noche contó menudamente la hija de don Felipe a sus huéspedes su historia y la del ferí, y concluyó así:

—Tal ha sido el motivo de mi prisión y fuga; ya la mano de la eterna justicia ha quitado del mundo a mis perseguidores, después que me han abrumado con sus muchas maldades.

—¿Quién hubiera imaginado que tan perversas inclinaciones albergase en su pecho el ermitaño de Benameda? —replicó el padre Vicente.

—Y como yo no tenía más testigo en mi abono que un triste desterrado, por eso me resolví a huir de los calabozos de la inquisición; el temor de la muerte no me arredraba, pero sí el de la ignominia y deshonra.

—Hiciste muy bien —exclamó don Tello, alzando la voz—, y yo, mientras viva, agradeceré al ilustre Abenamet el importante servicio que te prestó. ¡Tribunal impío! ¡Ay, hija! Vámonos al instante de España, huyamos de este suelo de maldades.

—Pero mis padres…

—¡Tus padres…!

'Y el secreto de su muerte', estuvo para escaparse de su labio.

—Se les avisará que se reúnan con nosotros en la costa de Estepona; allí nos embarcaremos para Italia; vente con nosotros, ferí.

—Mi suerte me condena —respondió este— a expirar entre estos peñascos.

—Podremos irnos a Florencia, donde hallan los extranjeros, bajo la protección de sus ilustres duques, seguridad y multiplicados placeres; si determinamos habitar en Génova, allí se encuentra un pueblo libre, donde no los necios y feudales tiranos, sino las leyes son las que mandan; sin inquisición ni despotismo se goza con seguridad de la vida.

—¿Y queréis —exclamó dolorosamente fray Vicente— dejarme aquí solo?

—No está en nuestra mano remediarlo.

—Tenéis razón; marchad, yo en mis cortas oraciones rogaré encarecidamente por vosotros al Ser Supremo.

—Y nosotros tampoco os olvidaremos jamás.

—Me vais a quitar —dijo Abenamet— el único consuelo de mi corazón… Doña Elvira…

—Mi sobrina no debe permanecer aquí más tiempo. ¿No veis que así reunidos se fomenta inútilmente el fuego de vuestra alma? Dejo a un lado la diferencia de religión, pues quizás, casada mi sobrina contigo, te tornaría con sus ruegos y persuasiones a la verdadera creencia; mas lo que por ahora me retrae de ese proyecto es la opinión política que nos separa; al ferí le conviene que caiga la reina de Castilla, y a la reina de Castilla que perezca el ferí, y así no será regular que una mi sobrina sus manos con las de nuestro enemigo; no, hija, esto no fuera decente; pronto llegará el día en que esta tremenda lucha se termine; si el ferí logra sentarse tranquilo en el eminente solio, que lo disfrute en paz; Elvira y yo nos acordaremos todos los días de su valor, de sus virtudes y de su generosidad; lo amaremos de corazón, mas no podremos participar de sus dichas; si, por el contario, la fortuna te es adversa, abandona a tu patria, Abenamet, búscanos y partirás con nosotros al destierro, y será tuya la mano de Elvira; no puedo hacer más, hijos míos, ¿y no es bastante?

—Sí lo es —respondió el ferí—, y agradezco sobremanera tu cortesanía.

Pareció por algunos días que con la llegada del tío había mejorado la salud de doña Elvira; pero a poco se supo que ya estaba en Estepona preparada la ligera nave que debía llevarlos a Italia, lo que agravó mucho su mal; también contaron que trataban los cristianos de atacar a Gaucín; quiso el ferí montar al instante a caballo, pero una mirada tierna de Elvira lo contuvo.

—No te vayas —le dijo a solas—, un fuego devorador corre por mis entrañas... Deja que yo muera... O más bien vente conmigo a Italia.

—Amada Elvira, es imposible; yo debo perecer con los míos.

—¡Qué cruel eres!

—¿No me mirarías con malos ojos si faltase a mis sagrados juramentos?

—Dices bien.

—Pues entonces deja que cumpla mi destino.

—Detente al menos por algún tiempo.

—Sí; me detendré; no te abandonaré por ahora.

Dio el ferí las oportunas órdenes para defender debidamente los castillos de Gaucín y de Gebalhamar, únicos puntos fortificados que estaban en poder de los moros, pues ya habían perdido los de Istán y Montejaque, y determinó permanecer en Benajú hasta la partida de doña Elvira.

Se creyó alguna vez que su curación se lograría pronto, y así opinaban los médicos moros, merced a la poca edad de la enferma y al esmero con que se la cuidaba; ¡pero, ay! ¿Alcanzan acaso las pócimas ni las yerbas a sanar las enfermedades del alma?

Vanos eran, pues, todos los recursos del arte, y todos los consuelos de don Tello y de fray Vicente, porque debía cumplirse el destino fatal de aquella triste víctima.

Una noche, sentados alrededor de la cama de doña Elvira, decía así don Tello:

—Grandes placeres vamos a disfrutar en Italia, mi querida sobrina, porque creo que tú querrás acompañarme en las varias correrías que por sus reinos pienso hacer; verás circular ligeras góndolas por las calles de Venecia, las soberbias antigüedades y monumentos de la eterna Roma, y... Me parece que se te ha mudado el color, ¿te duele algo?

—No, señor; proseguid.

—También podremos ver los prodigiosos encantos que se hallan en las montañas del Piamonte y del Tirol.

Quiso responder doña Elvira, mas una palidez notable alteró sus facciones.

—Amigos míos —dijo—, vosotros me creéis mejorada, y yo veo que la muerte se acerca hacia mí con agigantado paso; tomadme el pulso, ¡estoy tan débil...! La respiración se me acelera...

—¡Ay, Dios! —gritó don Tello— Es verdad lo que dices. ¿Y qué hacemos?

—Nada hay que hacer... Decidle y rogadle a mis padres que me perdonen... Que su hija, hasta el último instante de su vida, se ha acordado siempre de ellos... También, mi querido tío, visitad a mis amigos y deudos... Llegad a mí, padre Vicente... Conozco que mi hora postrimera está ya muy cercana... Perdono a los que tanto mal me han causado... Bien sabe Dios, que ve el fondo de todos los corazones, que yo no deseaba su muerte... Que gocen de la gloria eterna... Abenamet, el cielo no ha querido que se unan nuestras manos, pero ya hace tiempo que lo están nuestros corazones... Al fin voy ya a morir... ¿No pudierais, padre Vicente, unir nuestras manos...? ¿Qué se perdería, si voy a morir?

—Sí —dijo, llorando amargamente don Tello—; serás complacida, Elvira de mi alma y de mi vida.

Entonces el padre Vicente juntó las manos de los dos amantes, y los bendijo sollozando profundamente.

—Padre Vicente —prosiguió doña Elvira—, ya os veo poco, el velo de la muerte empaña mis ojos... Siento caer sobre mi rostro vuestras piadosas lágrimas... Acordaos... Mucho de esta infeliz... A Dios, querido tío... Olvidemos los sucesos pasados... Abenamet, acércate, ¿qué te has ido?

—No, Elvira mía —respondió, gimiendo el desgraciado.

—Casi ya no distingo tus facciones... Amigo mío... ¡Si vieras cuánto te ha amado este corazón de fuego...! ¡Cuánto he delirado por ti...! ¡Y callaba y sufría...! Ahora... Ya es tarde... Retiraos todos un poco; quiero pensar en Dios.

Callose un rato, y a poco prosiguió con voz trémula.

—Dios mío, recibidme en vuestro seno, y acordaos del triste... Abenamet.

Este, fuera de sí, le apretó la mano; doña Elvira abrió los ojos como para mirarlo, se sonrió, y los cerró otra vez para siempre.

—Ya he vivido —dijo fray Vicente—, ¿por qué he vivido tanto tiempo para presenciar tamaña desventura?

—Ni aún siquiera —contestó don Tello—; podemos enterrar con seguridad el cadáver de esta desdichada; la pérfida inquisición persigue a los mismos muertos, aunque pasen años y años.

—Colocaremos —respondió el ferí— estos restos preciosos donde nadie sepa de ellos.

Apenas llegó la noche del día siguiente, pusieron en un negro ataúd el cuerpo de la infeliz, y, a la fúnebre luz de varias teas, bajaron hasta la garganta de Pasada Blanca, y entraron en la Cueva de las Motillas; allí, mientras puesto el cadáver en el suelo don Tello y don Sancho exhalaban profundo suspiros, y el padre Vicente rezaba las preces de los difuntos, el ferí, apoyado contra la pared, y con ojos desencajados, miraba tan triste y doloroso espectáculo; a poco cubrió la tierra aquella virgen pura y encantadora, digna de mejor suerte.

—Descansa en paz —dijo fray Vicente.

—Amén —dijeron los demás.

—Esperad —dijo el ferí en alta voz—, no cubráis todavía ese ataúd del todo con la tierra; dejad que adore, postrado, a esa celestial mujer... ¡Ah! Dejadme, no me sujetéis... ¿Para qué quiero yo vivir sin el sol luminoso que vivificaba mi existencia...? A Dios, hermosa doña Elvira, ahora divina; a Dios, ¡ojalá que pronto me reúna contigo! A Dios, a Dios.

Cayó entonces al suelo accidentado, y, apenas volvió en sí, tuvieron que sacarlo a la fuerza de aquel terrible y espantoso lugar de amargura.

El padre Vicente y don Sancho tornáronse al día siguiente a Ronda; el primero vivió algunos años, siempre llorando a doña Elvira, y el segundo murió a los pocos meses de una apoplejía; don Tello se fue inmediatamente a Italia, y la última palabra que pronunció al embarcarse fue una eterna maldición contra los impíos que mancillaban con sus crueldades el suelo que lo vio nacer.

En cuanto a Abenamet, marchose al instante al socorro de Gaucín, y logró penetrar dentro con vituallas y municiones; llegara en esto don Rodrigo Ponce de León, marqués de Cádiz, y los ataques y peleas eran diarios; en una salida cayó, atravesado el pecho de una bala el desgraciado moro, y solo pudo decir, antes de expirar, que lo enterrasen junto a doña Elvira; con su muerte cayó Gaucín, y volvieron a sufrir los moros de la Serranía de Ronda aún más cruel y espantoso yugo que de antemano.

Así pereció la interesante y hermosa doña Elvira, víctima de sus angustiosos pesares, y así murió también, peleando con gloria, el valiente y leal ferí de Benastepar, el que siempre socorrió a los desgraciados y jamás doblegó su cuello a la ominosa tiranía.

APÉNDICE A

Canción

Granada, 1828

Volad allá, versos tristes
Do está el bien del alma mía
Y decidle la porfía
De mi continuo penar;
Decidle cómo vos fuiste
En mi soledad y duelo
El efímero consuelo
De quien la sabe adorar.

¡Ay! Expresad cuanto espera
Y teme y anhela y siente,
El desventurado ausente
Que a sus plantas suspiró;
Si una lágrima siquiera
De sus bellos ojos salta,
¿a recompensa más alta
Aspirar osara yo?

Aura, leve, así las rosas
De abril su caliz esquivo
Brinden al soplo lascivo
De tu aliento bullidor;
Que en tus alas vagarosas
Lleves con grato gemir
Donde yo no puedo ir
Los acentos de mi amor.

Óyelos tú, compasiva
Hechicera dulcedumbre,

Por quien arde en viva lumbre
Mi llagado corazón;
Que mientras tu amante viva
Seguro de tus favores
Soportará los rigores
De fatal separación.

¡Oh! ¡Cuán fiel es mi memoria
En recordarme los días
Que a mi lado estar solías...!
¡Oh, cuán vehemente y cuán fiel!
Y a un tiempo tormento y gloria
Del espíritu angustioso
Es en mi infeliz estado
Esta ocupación cruel.

Siempre en ella embebecido
Ora se me representa
El punto en que darte cuenta
De mi inclinación osé;
Y suena dulce a mi oído
Aun aquel, si, delicioso
Que perturbado y medroso
De tus labios escuché.

Tú lo pronunciaste, hermosa,
Con la gracia y donosura
De que pródiga natura
Quiso adornarte al nacer;
Y enlazando cariñosa
La mano que te pedía
Con la ardiente mano mía
Consumarte mi placer.

¿Por qué magia tu contacto
Me enajena, me suspende
Y mi sangre toda enciende
En el fuego más voraz?
¿Creyera yo en aquel acto
Por desgracias que soñara,
Las que el destino fraguara
Y trajo el tiempo fugaz?

¿Creyera las veces tantas
Como en plácido recreo
Al solitario paseo
Fuimos, joviales, los dos?
¿Cuándo con dulces gargantas
Los ruiseñores trinaban
Y por las ramas vagaban
De sus amadas en pos?

Cuando las noches serenas
Del abrazador estío
El precipicio sombrío
Nos vio a su margen andar;
De allí columbrado apenas
El alfombra de esmeralda
Que extendía por su falda
Semejaba al ancho mar.

Una ocasión resonaba
Por las rocas el bramido
Que en ellas embravecido
Lanza audaz Guadalquivir;
Y a lo lejos se escuchaba
Con el nocturno reposo
El ladrido querelloso
Del vigilante mastín.

Balsámico olor corría
Por el sosegado ambiente
Que soplaba blandamente
En el chopo y el rosal;
Y luminosa ofrecía
La alta bóveda azulada
A nuestra vida pasmada
En cada estrella un fanal.

Febe la ruda corteza
De los árboles copados
Con sus rayos plateados
Bañaba de grato albor;
¡ay, cuán sabrosa tristeza
De nosotros se apodera!
Aquel al instante era
De vivir para el amor.

Voló... Y en vano anhelando
El fin de tan cruda ausencia;
Del destino la sentencia
Quizá irrevocable es.
Muramos, mi bien, muramos,
Pues al placer perecimos,
Y solo dichosos fuimos
Para más sufrir después.

¡Morir tú! Brutal codicia
Que aumentando mi martirio
La intensidad del delirio
Logró despertar en mí;
Vive para ser delicia
De las dichosas criaturas
Que merecidas ternuras
Pueden consagrar a ti.

Muera yo, que debí al cielo
Por don funesto y terrible
mi pecho tierno y sensible
a tu hermosa y virtud;
muera lejos de ese suelo
de voluptad y de holganza
do tu pie ligero danza
donde suena tu laúd.

Acaso en este momento
Cabe la playa arenosa
El mar tranquilo reposa
Al encanto de tu voz;
Quizá al pérfido elemento
Abandonando la orilla
Tu deleznable barquilla
Ora se entrega veloz.

¿Dónde vas, envidia, siendo
De Tetis en medio al agua
Que a tu débil leño fragua
Horrísona tempestad?
Ya silva Aquilón horrendo
Y el lado frágil insulta.
¿Cielos finará insepulta
Su encantadora beldad?

¡Qué digo! ¿Pues yo la miro?
No, que hierve y se extravía
Mi ofuscada fanasía
Con la imagen de mi bien;
Mientras el mundo retiro
Recorro de asombro lleno,
Que al abatido agareno
Fuera postrero sostén.

De la soledosa Alhambra
En las bóvedas sonantes
Mis sollozos anhelantes
Eco repite flébil;
Do en tanta morisca zambra
Los magníficos salones
Retumbaron con los sones
De dulzaina y añafil.

Aquí también, amor blando
Cuando dominó más fuerte
Del poder y de la suerte
Los embates padeció;
Aquí de rencor infando
Abenamet, perseguido;
Zoraida, ¡cuán afligido
De tus brazos se arrancó!

Vuelve el pálido semblante
A ver la sultana bella,
Mas ya desparece ella
Por el hojoso vergel;
Pierde su valor constante
Entonces el moro fiero,
Y con su llanto primero
Moja el mirto y el laurel.

Llanto de Cupido tierno
Que entre sus labios suspira,
Llanto del cisne que expira
Présago llanto de amor.
Evítalo, anuncio interno
Que al triste adalid previene
Dolor y ausencia perenne,
Mortal y ausencia y dolor.

Cumple asaz su estrella cruda
El vaticinio aciago,
Y tras el horrible amago
Le va el golpe atroz a herir.
¡Ay de mí! La planta ruda
Del ciprés mi lloro baña,
¡También, también yo tu saña
Hado adverso, he de sentir!

Ya miro mis restos fríos
Cobijo tierra extranjera,
¿usa queja lastimera
Quién a mi muerte dará?
Volad, volad, versos míos
Y decid a mi adorada
Que solo la tumba helada
A entrambos nos mirará.

Himno sáfico y adónico al río Guadalevín

Risueño el manso Guadalevín desciende
Bañando el muro que al tostado alarbe
Sirvió de asilo en la tremenda lucha,
Lucha de muerte.

Plácido corre por el ancha vega;
Luego, rugiendo en la garganta oscura
Gira sombrío entre gigantes rocas
Y las socava.

Audaz desdeña la soberbia puente
Mira el abismo desde el alta margen
Y denodado con feroz bramido
Se precipita.

Tal en el polo la glacial montaña
Los mares rompe con horrible estruendo
Cuando impelida del mugiente noto
Súbito vuelca.

Más allá, lento en la arboleda umbrosa
Riega los guindos que el galante moro
Para regalo de su dama esquiva
Ledo plantara.

Y allí a su sombra la gentil doncella
Escuchó el eco de laúd suave
Que repito en el musgoso tajo
Sus glorias canta.

Ora en sus aguas la calor estiba
Burla la simple zagaleja hermosa
Y en solar grato placentera juega
Con las náyades.

Entonces el padre Guadalquivir, riendo
De entre los juncos y espadañas alza
La cama frente y a la ninfa pura
Llega y la besa.

Y alborozado con su blando beso
Sigue su curso entre empinadas rocas
Y al mar de Calpe con sus ondas lleva
Recuerdos gratos.

La 'Canción' de Ríos Rosas fue incluida en *Poesías de Ríos Rosas, coleccionadas por H. Giner de los Ríos* (Málaga: Dirección y Administración, Biblioteca Andaluza, 1888), pp. 121–128. No hemos encontrado, sin embargo, evidencia impresa del 'Himno sáfico y adónico al río Guadalevín'.

APÉNDICE B

ROMANCE 1º

Río verde, río verde
Tinto vas en sangre viva,
Entre ti y Sierras Bermeja
Murió gran caballería;
Murieron duques y condes,
Señores de gran valía,
Huyendo va Sayavedra
Por una ladera arriba,
Tras él iba un renegado,
De esta manera decía:
'Date, date, Sayavedra,
Que muy te conocía,
Bien te vide y jugar cañas,
En la plaza de Sevilla;
Y bien conocí a tus padres,
Y a tu mujer, doña Elvira;
Siete años fue tu cautivo
Y me diste mala vida;
Ahora lo serás mío
O me has de costar la vida'.
Sayavedra, que lo oyera
Como un león revolvía
Tirole el moro un cuadrillo,
Y por alto hizo vía.
Sayavedra, con su espada
Duramente le hería;
Cayó muerto el renegado
De aquella grande herida;
Cercaron a Sayavedra
Más de mil moros que había,
Hiciéronle mil pedazos
Con saña que dél tenían.

Don Alonso, en este tiempo
Muy gran batalla hacía;
El caballo le habían muerto,
Por muralla lo tenía,
Y arrimado a un gran peñón
Con valor se defendía;
Muchos moros tiene muertos
Mas muy poco le valía;
Porque sobre él cargan muchos
Y le dan grandes heridas,
Tantas que allí cayó muerto
Entre la gente enemiga.

ROMANCE 2°

Río verde, río verde,
Cuanto cuerpo en ti se baña,
De cristianos y de moros
Muertos por la dura espada,
Y tus ondas cristalinas
De roja sangre se esmaltan,
Entre moros y cristianos
Muy gran batalla se traba;
Murieron duques y condes,
Grandes señores de salva;
Murió gente de valía
De la nobleza de España;
En ti murió don Alonso
Que de Aguilar se llamaba;
El valeroso Urdiales
Con don Alonso acababa;
Por una ladera arriba
El buen Sayavedra marcha,
Natural es de Sevilla,
De la gente más gallarda;
Tras él iba un renegado,
De esta manera le habla:
'Date, date, Sayavedra,
No huyas de la batalla;
Yo te conozco muy bien,
Gran tiempo estuve en tu casa;
Y en la plaza de Sevilla
Bien te vide jugar cañas;

Conozco a tu padre y madre,
Y a tu mujer, doña Clara;
Siete años fui tu cautivo,
Malamente me tratabas;
Y ahora lo serás mío
Si Mahoma me ayudara;
Y también te trataré
Como tú a mí me tratabas'.
Sayavedra, que le oyera
Al moro volvió la cara;
Tírale el moro una flecha
Pero nunca le acertaba;
Hiriérale Sayavedra
De una herida muy mala;
Y al punto cayó por tierra
Sin poder hablar palabra;
Sayavedra fue cercado
De mucha mora canalla,
Y al cabo cayó allí muerto
De una muy mala lanzada.
Don Alonso, en este tiempo
Bravamente peleaba;
El caballo le habían muerto
Y lo tiene por muralla;
Mas cargaron tantos moros
Que mal lo hirieron y tratan;
De la sangre que podía
Don Alonso se desmaya;
Al fin, al fin cayó muerto
Al pie de una peña alta.

En el entretanto que la gente se juntaba, le vino voluntad de ver y reconocer el fuerte de Calahú en Sierra Bermeja, que los moros llamaban Gebalhamar, a donde, en tiempos pasados, se perdieron don Alonso de Aguilar y el conde de Ureña; don Alonso, señalado capitán, y ambos grandes príncipes entre los andaluces; el de Ureña, abuelo suyo de parte de madre, y don Alonso, bisabuelo de su mujer; salió de Casares descubriendo y asegurando los pasos de la montaña, provisión necesaria por la poca seguridad en acontecimientos de guerra y poca certeza de la fortuna; comenzaron a subir la sierra donde se decía que los cuerpos habían quedado sin sepultura, triste y aborrecible vista y memoria; había entre los que miraban nietos y descendientes de los muertos, o personas que por oídas conocían ya los lugares desdichados. Lo primero dieron en la parte donde paró la vanguardia con su capitán por la oscuridad de la noche, lugar harto escondido y sin más fortificación que la natural, entre el pie de la montaña y el alojamiento de los moros; blanqueaban calaveras de hombres y huesos de caballos amontonados, esparcidos, según como y donde habían parado, pedazos de armas, frenos, despojos de jaeces; vinieron más adelante al fuerte de los enemigos, cuyas señales parecían pocas, y bajas, y aportilladas; iban señalando los prácticos de la tierra, donde habían caído oficiales, capitanes y gente particular; referían cómo y dónde se salvaron los que quedaron vivos, y entre ellos el conde de Ureña y don Pedro de Aguilar, hijo mayor de don Alonso; en qué lugar y dónde se retrajo don Alonso y se defendía entre dos peñas; la herida que el ferí, cabeza de los moros, le dio primero en la cabeza, y después en el pecho con que cayó, las palabras que le dijo andando a brazos: 'Yo soy don Alonso', las que el ferí le respondió cuando lo hería; 'Tú eres don Alonso, mas yo soy el ferí de Benastepar'; y, que no fueron tan desdichadas las heridas que dio don Alonso como las que recibió; lloráronle amigos y enemigos, y en aquel punto renovaron los soldados el sentimiento, gente desagradecida sino en lágrimas. Mandó el general hacer memoria por los muertos, y rogaron los soldados que estaban presentes que reposasen en paz, inciertos si rogaban por deudos o por extaños, y esto les acrecentó la ira y el deseo de hallar gente contra quien tomar venganza (*N. del A.*). Sobre la importancia de este último fragmento de Hurtado de Mendoza como fuente para la novela, véase Introducción, pp. 14–17. Las versiones del romance 'Río verde, río verde' citadas por Hué se corresponden con las que incluye Ginés Pérez de Hita en *Guerras civiles de Granada*.

ÍNDICE GENERAL

Printed in the USA
CPSIA information can be obtained
at www.ICGtesting.com
LVHW012015160324
774517LV00004B/664